FOM-Edition

FOM Hochschule für Oekonomie & Management

Reihe herausgegeben von

FOM Hochschule für Oekonomie & Management, Essen, Deutschland

Bücher, die relevante Themen aus wissenschaftlicher Perspektive beleuchten, sowie Lehrbücher schärfen das Profil einer Hochschule. Im Zuge des Aufbaus der FOM gründete die Hochschule mit der *FOM-Edition* eine wissenschaftliche Schriftenreihe, die allen Hochschullehrenden der FOM offensteht. Sie gliedert sich in die Bereiche Lehrbuch, Fachbuch, Sachbuch, International Series sowie Dissertationen. Die Besonderheit der Titel in der Rubrik Lehrbuch liegt darin, dass den Studierenden die Lehrinhalte in Form von Modulen in einer speziell für das berufsbegleitende Studium aufbereiteten Didaktik angeboten werden. Die FOM ergreift mit der Herausgabe eigener Lehrbücher die Initiative, der Zielgruppe der studierenden Berufstätigen sowie den Dozierenden bislang in dieser Ausprägung nicht erhältliche, passgenaue Lehr- und Lernmittel zur Verfügung zu stellen, die eine ideale und didaktisch abgestimmte Ergänzung des Präsenzunterrichtes der Hochschule darstellen. Die Sachbücher hingegen fokussieren in Abgrenzung zu den wissenschaftlich-theoretischen Fachbüchern den Praxistransfer der FOM und transportieren konkrete Handlungsimplikationen. Fallstudienbücher, die zielgerichtet für Bachelor- und Master-Studierende eine Bereicherung bieten, sowie die englischsprachige *International Series,* mit der die Internationalisierungsstrategie der Hochschule flankiert wird, ergänzen das Portfolio. Darüber hinaus wurden in der FOM-Edition jüngst die Voraussetzungen zur Veröffentlichung von Dissertationen aus kooperativen Promotionsprogrammen der FOM geschaffen.

Weitere Bände in der Reihe https://link.springer.com/bookseries/12753

Gottfried Richenhagen · Michael Dick
(Hrsg.)

Public Management im Wandel

Auf dem Weg zur Agilität in der
öffentlichen Verwaltung

 Springer Gabler

Hrsg.
Gottfried Richenhagen
FOM Hochschule
Essen, Deutschland

Michael Dick
Otto-von-Guericke-Universität
Magdeburg, Deutschland

ISSN 2625-7114   ISSN 2625-7122   (electronic)
FOM-Edition
ISBN 978-3-658-36662-9   ISBN 978-3-658-36663-6   (eBook)
https://doi.org/10.1007/978-3-658-36663-6

Die Deutsche Nationalbibliothek verzeichnet diese Publikation in der Deutschen Nationalbibliografie; detaillierte bibliografische Daten sind im Internet über http://dnb.d-nb.de abrufbar.

Planung/Lektorat: Angela Meffert
Springer Gabler ist ein Imprint der eingetragenen Gesellschaft Springer Fachmedien Wiesbaden GmbH und ist ein Teil von Springer Nature.
Die Anschrift der Gesellschaft ist: Abraham-Lincoln-Str. 46, 65189 Wiesbaden, Germany

Vorwort

In diesem Sammelband haben wir den Versuch unternommen, wissenschaftliche Exzellenz mit disziplinübergreifendem Arbeiten und aktuellen Praxisbezügen zu verbinden. Er hat zum Ziel, verschiedene Aspekte der Organisation einerseits und der individuellen Arbeitssituation andererseits im Kontext neuer Anforderungen an die öffentliche Verwaltung abzubilden, dabei auf wichtige Gestaltungsaufgaben hinzuweisen und mögliche Handlungsansätze aufzuzeigen. Dazu versammelt er aktuelle Forschungs- und Diskussionsbeiträge, die eine Brücke zwischen etablierten Konzepten der Arbeits- und Organisationsforschung und den Diskursen im New Public Management schlagen. Die Autorinnen und Autoren haben in gemeinsamen Projekten erfahren, wie fruchtbar die Verbindung dieser Forschungsfelder sein kann, wenn beide sich aufeinander einlassen. In diesem Sinne wurden Forscherinnen und Forscher eingeladen, Beiträge einzureichen, die dann ein anonymes doppeltes Peer-Review durchlaufen haben.

Der Band gliedert sich in drei Teile: Im ersten Teil werden die theoretischen und praktischen Zusammenhänge rekapituliert, die die neuen Managementansätze in der öffentlichen Verwaltung begründen. Dabei sind Widersprüche und Spannungsfelder deutlich geworden, die differenzierte Konzepte und variable Instrumente erfordern. Im zweiten Teil werden die Bedingungen, Anforderungen und Belastungen an Organisation und Personal genauer betrachtet, während im dritten Teil Umsetzungsbeispiele in Fallstudien zu finden sind.

Wir danken folgenden Gutachterinnen und Gutachtern für ihre Unterstützung:

- Prof. Dr. Rüdiger Buchkremer
- Prof. Dr. Egon Endres
- Prof. Dr. John Erpenbeck
- Prof. Dr. Andreas Gourmelon
- Prof. Dr. Stefan Heinemann
- Prof. Dr. Benedikt Hell
- Prof. Dr. Herman Hill
- Prof. Dr. Bernd Kriegesmann
- Carina Kröber

- Prof. Dr. Philipp Pohlenz
- Prof. Dr. Isabella Proeller
- Prof. Dr. Thomas Russack
- Dr. Kim-Oliver Tietze
- Nathalie Weisenburger
- Prof. Dr. Fritz Westermann
- Prof. Dr. Rüdiger von der Weth

Den Leserinnen und Lesern wünschen wir eine aufschlussreiche Lektüre. Gerne hören wir von Ihnen, seien es nun Kritik und Verbesserungsvorschläge oder auch Lob und Fragen.

im März 2022

Gottfried Richenhagen
gottfried.richenhagen@fom.de
Michael Dick
michael.dick@ovgu.de

Inhaltsverzeichnis

Herausgeber- und Autorenverzeichnis

Über die Herausgeber

Prof. Dr. Gottfried Richenhagen ist Professor für Allgemeine Betriebswirtschaftslehre, insbesondere Personalmanagement. Er lehrt und forscht an der FOM Hochschule in Essen und ist dort Direktor des ifpm Institut für Public Management. Seine Forschungsschwerpunkte sind Agilität, Personal- und Kompetenzentwicklung, Arbeitsfähigkeit sowie HR-Management.

Prof. Dr. Michael Dick ist Universitätsprofessor für Betriebspädagogik an der Fakultät für Humanwissenschaften der Otto-von-Guericke-Universität Magdeburg. Seine Forschungsschwerpunkte sind Lernförderliche Gestaltung von Arbeitssystemen und -prozessen, Organisations- und Personalentwicklung, Weiterbildung und Professionsentwicklung.

Autorenverzeichnis

Prof. Dr. Malte Gunnar Auth Hochschule Meißen (FH) und Fortbildungszentrum, Meißen, Deutschland

Prof. Dr. Malte Frank Bensberg Hochschule Osnabrück, Osnabrück, Deutschland

Prof. Dr. Malte Julian Christ FOM Hochschule, Stuttgart, Deutschland

Prof. Dr. Christoph Clases AOC Unternehmensberatung, Zürich, Deutschland

Prof. Dr. Michael Dick Otto-von-Guericke Universität Magdeburg, Magdeburg, Deutschland

Manuela Jales Hon Green Datacenter AG, Lupfig, Deutschland

Almut Lahn FOM Hochschule, Essen, Deutschland

Yvonne Oberbeck Celle, Deutschland

Manuel Pietzonka FOM Hochschule, Hannover, Deutschland

Prof. Dr. Philipp Pohlenz Otto-von-Guericke-Universität Magdeburg, Magdeburg, Deutschland

Mirko Ribbat Bundesanstalt für Arbeitsschutz und Arbeitsmedizin, Dortmund, Deutschland

Prof. Dr. Gottfried Richenhagen FOM Hochschule, Essen, Deutschland

Dr. Götz Richter Bundesanstalt für Arbeitsschutz und Arbeitsmedizin, Dortmund, Deutschland

Prof. Dr. Christian Schachtner IU Internationale Hochschule, Bad Reichenhall, Deutschland

Prof. Dr. Malte Schophaus Hochschule für Polizei und öffentliche Verwaltung NRW, Bielefeld, Deutschland

Prof. Dr. Julia Schorlemmer FOM Hochschule, Berlin, Deutschland

Prof. Dr. Markus Seyfried Hochschule für Polizei und öffentliche Verwaltung NRW, Duisburg, Deutschland

Andreas Steffen WENIGER. UND MEHR., Berlin, Deutschland

Martin Steffen Offconsult AG, Zürich, Deutschland

Prof. Dr. Petra Strehmel Hochschule für Angewandte Wissenschaften, Hamburg, Deutschland

Dr. Corinna Weber Bundesanstalt für Arbeitsschutz und Arbeitsmedizin, Dortmund, Deutschland

Teil I

Standortbestimmung zwischen Theorie und Praxis agilen öffentlichen Verwaltungshandelns

Public Management im Wandel: Auf dem Weg zur Agilität in der öffentlichen Verwaltung

Eine Einführung

Gottfried Richenhagen und Michael Dick

Inhaltsverzeichnis

Zusammenfassung

Im vorliegenden Beitrag wird gezeigt, welche neuen Anforderungen sich aus Digitalisierung und VUCA-Welt an die Max-Weber-Verwaltung ergeben und wie dem durch das Prinzip der Agilität begegnet werden kann. Zudem erläutert er kurz die Beiträge dieses Sammelbandes.

Schlüsselwörter

Public Management · Agilität · Max Weber · VUCA · Onlinezugangsgesetz

G. Richenhagen (✉)
FOM Hochschule, Essen, Deutschland
E-Mail: gottfried.richenhagen@fom.de

M. Dick
Otto-von-Guericke Universität Magdeburg, Magdeburg, Deutschland
E-Mail: michael.dick@ovgu.de

G. Richenhagen und M. Dick (Hrsg.), *Public Management im Wandel*, FOM-Edition, https://doi.org/10.1007/978-3-658-36663-6_1

▶ **Abstract**

This article shows which new requirements arise from digitalization and the VUCA world for the Max Weber administration and how this can be countered by the principle of agility. It also briefly explains the contributions to this anthology.

1.1 Neue Anforderungen an die Verwaltung

Die Herausforderungen, denen sich die öffentliche Verwaltung stellen muss, sind immens. So hat z. B. die Corona-Pandemie starke Digitalisierungsdefizite aufgezeigt, die sich nicht nur auf die Kontaktnachverfolgung und die Meldungen der Neuinfektionen beziehen, sondern auch die Notwendigkeit betreffen, Verwaltungsabläufe mithilfe von modernen IT-Systemen neu zu definieren und sie für Bürgerinnen und Bürger, aber auch für die Beschäftigten gebrauchstauglicher zu gestalten. Der technische Modernisierungs-rückstand ist groß und es zeichnet sich in den nächsten Jahren keine durchgreifende Veränderung ab. Der Erneuerungsprozess droht zwischen Zuständigkeiten, Planungs-räten und dem Datenschutz unter die Räder zu kommen oder sich doch erheblich zu ver-langsamen. Es werden zwar immer wieder Fortschrittserfolge kommuniziert, die sich aber beim näheren Hinsehen als brüchig erweisen.

So gibt das Bundesministerium des Innern zwar im sogenannten OZG-Dashboard unter www.onlinezugangsgesetz.de an, es seien schon 315 der 575 Leistungen nach Onlinezugangsgesetz (OZG) online verfügbar. Schaut man aber genauer hin, so bedeutet dies, dass sie mit dem Reifegrad 2 verfügbar sind. Dies heißt: „Eine OZG-Leistung gilt als online, wenn mindestens eine zugehörige Verwaltungsleistung den Reifegrad 2 erreicht hat (und im Digitalisierungsprogramm Föderal in mindestens einer Kommune verfügbar ist)." Eine Online-Beantragung ist dann zwar grundsätzlich möglich. Aber: „Nachweise können regelmäßig noch nicht online übermittelt werden" (Bundes-ministerium des Innern, für Bau und Heimat, 2021).

Die schleppende Umsetzung hat einige Gründe. Einer besteht darin, dass es den öffentlichen Verwaltungen schwerfällt, das zusätzlich notwendige IT-Personal für die OZG-Umsetzung sowie für die Pflege der OZG-Leistungen zu rekrutieren. Eine jüngst veröffentlichte Schätzung zeigt, dass zur Realisierung insgesamt 46.600 IT-Fachkräfte benötigt werden und davon mindestens 33.000 direkt bei der öffentlichen Verwaltung angesiedelt sein müssen, weil deren Funktionen nicht ausgelagert werden können. Auf-grund dessen sei von einer fünfstelligen Lücke bei den IT-Fachkräften auszugehen (vgl. Holler & Schuster, 2021).

Ein noch tieferer Grund besteht im traditionellen Verwaltungsmodell, das Max Weber (1864–1920) in seiner Bürokratietheorie beschrieben hat und dem heute alle öffentlichen Verwaltungen folgen. Verkürzt wird es als „Webersches Modell" bezeichnet. Weber hat dieses Modell in seinem zentralen Werk „Wirtschaft und Gesellschaft" (vgl. Weber, 1976) ausführlich beschrieben. Der Verwaltungsstaat tritt danach an die Stelle willkürlicher Herrschaft und ersetzt sie durch eine legitime, funktionale und kontrollierbare Hierarchie. Sie fußt auf allgemeinen, widerspruchsfreien, berechenbaren, vollständigen und kontrollierbaren Prinzipien. Weber beschreibt drei Grundprinzipien der öffentlichen Verwaltung (vgl. Kieser, 1999):

1. Versachlichung des Weltbezugs: Das ursprünglich monistische Weltbild des Mittelalters wird durch ein duales ersetzt, in dem Subjekt und Objekt geschieden und durch Werkzeuge vermittelt sind. Der Mensch wird selbst für sein Schicksal verantwortlich, lernt seine Affekte zu beherrschen, diszipliniert sich und gestaltet seine Umwelt.
2. Rationale Herrschaft durch Institutionen: Verwaltung diente der Feudalherrschaft der Mehrung von Vermögen und dem Ausbau von Macht und Einfluss. Bürokratische Herrschaft hingegen beruht auf verbindlicher Vereinbarung und dient der Herstellung von Gerechtigkeit, Kontrolle, Gleichheit und Wiederholbarkeit. Die Mittel dazu sind: Arbeitsteilung und Spezialisierung, Hierarchie und Instanzenzug, eine Amtsführung nach Regeln und Ordnungen sowie Aktenförmigkeit und schriftliche Dokumentation.
3. Trennung von Amt und Person: Um Willkür zu vermeiden, werden Beamte allein auf die Sache und die Form hin verpflichtet.

In der wissenschaftlichen Public-Management-Diskussion wird immer deutlicher erkannt, dass dieses Modell nicht mehr allein die Organisationsformen öffentlicher Verwaltungen bestimmen kann. So schreiben Thom und Ritz in ihrem Standardwerk „Public Management": „Die bürokratische Organisation gewährleistet unter bestimmten konstanten Bedingungen (z. B. konstante Umwelt) eine effiziente Aufgabenerfüllung, behindert aber den Wandel einer Institution" (Thom & Ritz, 2017, S. 7). Der Wandel zu einer digitalisierten Verwaltung wird durch die Organisationsform der Weberschen Verwaltung erschwert, weil diese dem Wandel einer Institution generell Grenzen setzt. Thom und Ritz greifen bei dieser Analyse auch auf frühe Arbeiten von Hermann Hill zurück, der schon 1997, also schon vor der Digitalisierung, aber im Kontext von Lean Management und Qualitätsmanagement, auf veränderte Anforderungen an den öffentlichen Sektor hingewiesen hatte (vgl. Hill, 1997).

   Schedler und Proeller diagnostizieren in ihrem Lehrbuch „New Public Management", dass das klassische Verwaltungsmodell Weberscher Lesart immer mehr unter Argumentationsdruck gerate und sie schreiben weiter: „Die Webersche Ausprägung der öffentlichen Verwaltung … stößt in der heutigen Zeit einer zunehmend dynamischen Umwelt, die auch von der Verwaltung immer höhere Anpassungsfähigkeit verlangt, an ihre Grenzen" (Schedler & Proeller, 2011, S. 17). Das Akronym VUCA beschreibt turbulente Umwelten, denen Unternehmen und Verwaltungen ausgesetzt sind, nämlich Volatilität, Unsicherheit, Komplexität und Ambiguität. Die Anforderungen und Bedingungen, auf die die Verwaltung zu reagieren hat, verändern sich demnach dynamisch, sind schwer bis gar nicht vorherzusehen, durch unübersehbar viele Wirkfaktoren beeinflusst und schließlich durch inhärente Widersprüche charakterisiert.

Wie kann nun Agilität helfen, diesen Zustand zu überwinden und zu einer digitalisierten öffentlichen Verwaltung zu kommen? Die hier verfochtene These lautet: Agilität ist die Arbeits- und Organisationsform der digitalen Verwaltung. Sie ist notwendig, um bei der Digitalisierung voranzukommen. Sie soll dabei die bürokratische Verwaltung im Sinne Webers nicht ersetzen, sondern tritt als zweite Säule neben das traditionelle Verwaltungsmodell. Wir sprechen in diesem Zusammenhang von der sogenannten VUCA-Weber-Waage (Abb. 1.1), um die Zweigleisigkeit oder besser die Ambidextrie auszudrücken (vgl. Birkinshaw et al., 2016).

Die Waage beschreibt ein Spannungsfeld zwischen zwei Prinzipien, die jedes für sich genommen einem guten Zweck dienen. Das Webersche Modell begründet und beschreibt die Idee der Rechtsförmigkeit, Verlässlichkeit und Stabilität öffentlichen Verwaltungshandelns und -entscheidens. Aktuelles Managementhandeln hingegen folgt der Idee der Veränderungsfähigkeit, ständigen Anpassung und Innovation. Damit geht es keineswegs nur um den Wettbewerbsvorteil einer Organisation, sondern zunehmend auch um Prävention und Bewältigung krisenhafter Umweltereignisse. So gilt der „sense of urgency" als wichtige Voraussetzung für das Gelingen organisationalen Wandels (vgl. Kotter, 1999). Wie aber soll jemand Dringlichkeit empfinden, der seine persönlichen Interessen im beruflichen Handeln ausschaltet, um neutral zu bleiben und um allen Anspruchstellern gegenüber gleiche Bedingungen zu schaffen? Diese Idee der Gerechtigkeit und Gleichheit steht wiederum im Gegensatz zum gezielten Ressourceneinsatz, der es erlaubt, selektiv Ziele zu verfolgen oder akute Bedürfnisse zu bedienen. Gerade in Akutsituationen ist ein spontanes und beherztes Handeln gefordert, die Umsetzung von

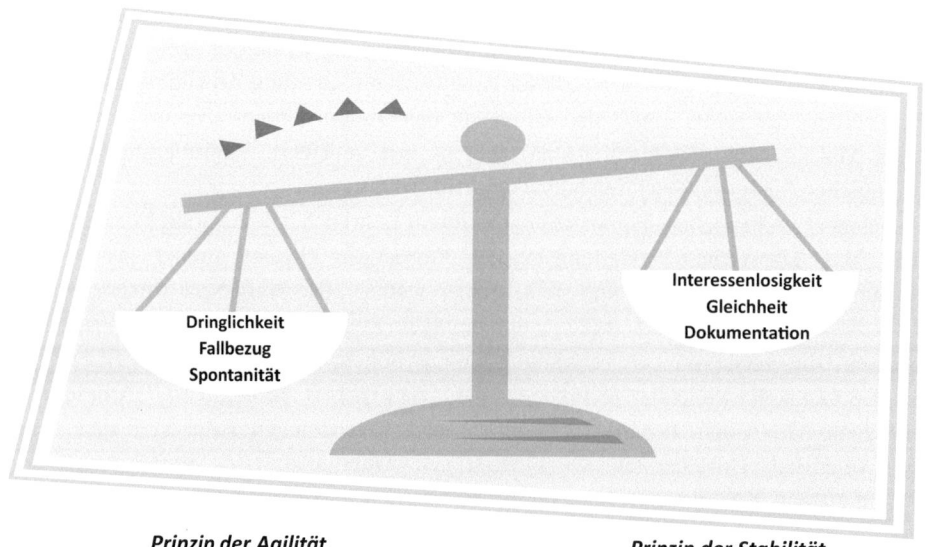

Abb. 1.1 Die „VUCA-Weber-Waage": Spannungsfeld zwischen Agilität und Stabilität

Maßnahmen hat Priorität gegenüber ihrer Dokumentation und Kodifizierung in allgemeinen Regeln. Beispielsweise stehen für die digitale Ausstattung von Schulen Mittel zur Verfügung, die aber aus der Praxis nicht abgerufen werden, weil das Verfahren dazu zu voraussetzungsreich ist. Das Balancieren beider Anforderungen oder das beidhändige Handeln ist nicht banal, denn wer oder was kann darüber befinden, welcher Pol des Spannungsfeldes gerade gestärkt, und welcher in den Hintergrund treten sollte?

1.2 Agilität als Handlungsprinzip

Schauen wir näher auf den Begriff der Agilität. Stock-Homburg und Groß führen fünf verschiedene Definitionen von Agilität mit ihren Quellen auf, wie z. B. „die Fähigkeit, sich an veränderte Rahmenbedingungen anzupassen" oder „die Exploration neuer Möglichkeiten auf Basis der eigenen Kompetenzen". Es kann festgehalten werden, dass sich dieser Begriff relativ unabhängig voneinander aus drei Quellen entwickelt hat (vgl. Stock-Homburg & Groß, 2019, S. 886): Der agilen Produktion, der agilen Softwareentwicklung und der agilen Unternehmen. Für diese drei Richtungen stehen jeweils prototypisch die agilen Methoden Kanban, Scrum und Design Thinking.

In der Softwareentwicklung ist seit dem Agilen Manifest (vgl. Beetle et al., 2001) die agile Softwareentwicklung, die dem Scrum-Framework folgt, zum Standardvorgehen geworden. Die Arbeit wird hier nicht mehr nach klassischen Wasserfallmodellen organisiert, sondern folgt Iterations- und Entwicklungsschritten, die neben dem Entwicklungsteam z. B. die Rolle des Product Owners vorsehen. Der Product Owner sammelt im Dialog mit den Kundinnen und Kunden (Bürgerinnen und Bürgern), aber auch mit den Fachabteilungen, die Funktionen und Anforderungen, die die Software (eine Leistung) erfüllen muss. Softwareentwicklung ist also kein Prozess, bei dem einmal festgelegte Anforderungen technisch umgesetzt werden, sondern entsteht im agilen Dialog mit den Kunden und Kundinnen und den Fachabteilungen.

Der Begriff diffundiert nun zurzeit aus den drei genannten Entstehungsrichtungen in das Projektmanagement, in die Managementlehre und Managementpraxis sowie in die Organisationsentwicklung. Es scheint sich um einen Leitbegriff zu handeln, der im Rahmen eines neuen Paradigmas (vgl. Hill, 2015) das betriebswirtschaftliche Denken in Theorie und Praxis bestimmen könnte. Er fußt auf der Tatsache, dass traditionelle Ansätze, die auf Perfektion und detaillierte Planung ausgerichtet sind, insbesondere in der digitalen Ökonomie an Grenzen stoßen (vgl. Petry, 2016). Daher wurde nach Methoden gesucht, Komplexität, Unklarheit und Veränderungsdynamik besser berücksichtigen zu können.

Als Gemeinsamkeit von agilen Managementmethoden kann (in Anlehnung an Petry, 2016; Richenhagen, 2017) festgehalten werden: Das Ziel von Agilität ist, durch Vernetzung (Teams), Offenheit (Austausch) und Nutzung von Partizipation (Einbeziehung der Beteiligten) in der Lage zu sein, schnell die Richtung des Organisationshandelns ändern zu können. Dabei wird von den tatsächlichen Bedürfnissen der Kundinnen und

Kunden, der Bürgerinnen und Bürger ausgegangen. Die praktizierte Vorgehenslogik lautet: Develop, try, fail, retry, fail again, retry, succeed. Man spricht auch vom „klugen Scheitern" oder vom „gescheiten Scheitern". Ein Kernelement agilen Handelns ist also Fehlerfreundlichkeit, Scheitern wird zugelassen, um daraus lernen zu können (vgl. Wehner, 1992). Strebt man unbedingt an, direkt die Lösung zu erreichen, so beraubt man sich der Möglichkeit, klüger zu werden.

Weitere Kernelemente von Agilität sind: Teamarbeit auf Augenhöhe, Experimentier-freude, Prototyping und kurze störungs- und weitgehend hierarchiefreie Entwicklung (Sprints), frühzeitiges und regelmäßiges Feedback sowie das Idealbild der lernenden Organisation. Als Vorteile des agilen Handelns nach außen sehen Unternehmen vor allem die bessere Einbindung von Kunden in Prozesse, die ein flexibleres Agieren am Markt ermöglicht, sowie eine erhöhte Arbeitgeberattraktivität für künftige Mitarbeiterinnen und Mitarbeiter. Nach innen stehen insbesondere die Schnelligkeit bei der Reaktion auf Veränderungen, Offenheit und Transparenz bei Strukturen, Prozessen, Zielen und Ent-scheidungen sowie eine andere Fehlerkultur im Vordergrund, nach der Fehler eher als Lernchance denn als zu vermeidende Ereignisse betrachtet werden („fail early and often"). Im Sinne der VUCA-Weber-Waage wird Effizienz also nicht durch Arbeits-teilung und Weisung, sondern durch Partizipation und Teamarbeit möglich, Transparenz nicht durch Dokumentation, sondern durch häufiges Feedback.

Auch im Public Management beginnt der Begriff Agilität Karriere zu machen. So stellt z. B. Hill (2015) die verschiedenen ideengeschichtlichen Ansätze der Agilität in den Kontext der Verwaltungslehre. Wernham definiert: „Agile Government is able to change direction quickly due to unforeseen or unforeseeable circumstances. This reduces risks of failure. Just as an athlete may fall attempting to jump over a hurdle that is set too high, in an agile world we set the hurdles at a comfortable height and at regular intervals. Agility, then, corresponds to setting short, realistic targets and reacting fast to changing circumstances" (Wernham, 2012, S. xxviii).

1.3   Neue Anforderungen an die Beschäftigten

Agilität ist also eine Antwort, um auf Turbulenzen, schnelle und komplexe, zum Teil auch unvorhersehbare Veränderungen in der Verwaltungsumwelt reagieren zu können. Dies genau ist im Rahmen der Digitalisierung für die öffentliche Verwaltung erforder-lich, um sinnvolle digitale Wege zu den Bürgerinnen und Bürgern ebnen zu können. Agilität ist die Organisations- und Arbeitsweise der digitalen Verwaltung. Eine ähnliche These findet sich bei Bendel und Latniak (2020, S. 285): „Vor dem Hintergrund der Digitalisierung benötigen die Akteurinnen und Akteure betrieblicher Arbeitsgestaltung mehr denn je Orientierungswissen. Derzeit dominieren diesbezüglich Ansätze, die sich an agilen und Lean-Production- bzw. Lean-Management-Konzepten orientieren."

Neben diesem Orientierungswissen wird von betrieblichen Akteuren eine Haltung erwartet, die oft als agiles Mindset bezeichnet wird, um agile Verwaltungsstrukturen realisieren zu können. Eine gängige Definition, die sich in der einen oder anderen Variante immer wieder finden lässt, definiert Mindset „als innere Grundhaltung. Es ist die Art und Weise, wie Menschen denken, fühlen und handeln – basierend auf eigenen Werten und Prinzipien. Kurz: die Logik des Denkens, Fühlen und Handelns eines Menschen" (Sichart und Preußig, 2019, S. 81). Der Begriff des Mindsets geht auf die amerikanische Psychologin Dweck zurück (2006) und bedeutet Selbstbild. Sie unterscheidet zwischen einem statischen („Fixed") Mindset, bei dem die Grundhaltung fix und unveränderbar ist, und einem dynamischen („Growth") Mindset, bei dem die Grundhaltung veränderbar und entwickelbar ist. Sie wendet diese Dualität im Übrigen auch auf sich selbst an (vgl. Dweck, 2019). Ein agiles Mindset wird verschiedentlich, z. B. von Sichart und Preußig (2019), als dynamisches Mindset beschrieben. Diese Unterteilung in ein statisches und ein dynamisches Mindset wurde auch herangezogen, um Attributionsstile von Beschäftigten zu unterscheiden (vgl. Richter, 2021). Nicht agil orientierte Beschäftigte sehen Talent im Sinne einer Veranlagung als kennzeichnend für den Erfolg, Misserfolge werden demzufolge auf mangelnde Begabungen zurückgeführt. Agil orientierte Beschäftigte glauben an die Fähigkeit, sich über Leistungen und Anstrengungen weiter entwickeln zu können. Sie gehen davon aus, permanent zu lernen. Wir verstehen eine agile Haltung als eine Bewertungsdisposition von Personen gegenüber ihrer Arbeit, die von einer eigenen permanenten Lernbereitschaft ausgeht und diese auch bei anderen Mitarbeiterinnen und Mitarbeitern annimmt.

Versucht man den Begriff des Mindsets und insbesondere des agilen Mindsets in den Personal- und Organisationswissenschaften wiederzufinden, so fällt zunächst einmal auf, dass er dort kaum auftaucht oder gar im Zentrum der Überlegungen steht. In der psychologischen Diagnostik spielt er bislang keine Rolle (vgl. Schuler & Kanning, 2014). In der Managementdiagnostik haben verwandte Konstrukte wie „Selbstregulation und Selbstkontrolle", „Eigeninitiative", „Werthaltungen" oder „Teamfähigkeit" Bedeutung erlangt (vgl. Sarges, 2013, S. VI). In der jüngeren Führungsforschung werden ebenfalls Konzepte favorisiert, die die Eigeninitiative der Beschäftigten fördern. Neben der lateralen und indirekten Führung, die Verantwortung auf die Arbeitsebene verlagern, sollen Charisma und Vorbildfunktion dazu beitragen (vgl. Felfe, 2006). In der Eignungsdiagnostik gewinnen zunehmend Kompetenzmodelle an Bedeutung, die sich weniger an theoretischen Konstrukten wie Intelligenz oder Persönlichkeit, sondern an Anforderungen orientieren (vgl. Dick, 2018). Neben den verschiedenen und je nach Modell etwas variierenden Kompetenz- und Verhaltensbeschreibungen wird Kompetenz allgemein als Selbstorganisationsfähigkeit verstanden und kommt damit einem agilen Arbeitsverständnis nah (vgl. Erpenbeck, 2006).

Stock-Homburg und Groß beschreiben in ihrem Lehrbuch des Personalmanagements (2019) eine Sammlung agiler Kompetenzen und sagen zugleich, welche Instrumente der Personalauswahl geeignet sind, diese zu überprüfen (Abb. 1.2).

Allerdings sind hierbei einige Punkte kritisch anzumerken. Erstens wäre es zielführend, die genannten Kompetenzen durch einen Rückgriff auf entwickelte Kompetenzmodelle, wie z. B. das von Heyse et al. (2019) operationalisierbar zu machen. Zweitens

Kompetenzbereiche	Eigenschaftsorientierte Instrumente		Biografieorientierte Instrumente		Simulationsorientierte Instrumente					Agilitätsorientierte Instrumente	
	Intelligenztests	Persönlichkeitstests	Bewerbungsunterlagen	Biografischer Fragebogen	Rollenspiele	Postkorbübungen	Arbeitsproben	Computerszenarien	Gruppendiskussionen	Persönliches Gespräch	Peer-to-Peer-Feedback
Agile Haltung	-	++	+	+	+	-	+	+	+++	+++	++
Agile Methodenkenntnis	-	-	++	+	++	+	+++	-	++	++	++
Personenzentrierte Kommunikation	-	++	-	-	+++	-	+++	-	+++	+++	+++
Team(botschafter)fähigkeit	-	++	+	++	+++	-	+++	++	++	++	+++
Offenheit für neue Erfahrungen	-	+++	++	++	+++	-	++	++	+	++	+
Markt- und Technologiesensibilität	-	+	-	+	++	-	+	++	++	++	-
Kundenorientierung und Endnutzerperspektive	-	+	+	+	+++	+	+	+	++	++	++
Vernetztes Denken	+++	-	-	-	++	++	+++	++	+++	+++	++
Unternehmertum	-	++	+	++	+	+++	+++	-	++	++	
Umsetzungsstärke	-		-	++	++	++	+++	+++	+	+	
Ambiguitätstoleranz	-	+++	-	-	+++	-	++	-	++	+++	++
Selbstführung	-	++	-	++	++	+	+++	++	-	++	+
Lernfähigkeit	+	+++	+	++	++	-	+		+++	++	+++

Abb. 1.2 Agile Kompetenzen und ausgewählte Instrumente der Personalauswahl. (Quelle: Stock-Homburg & Groß, 2019, S. 920). Anmerkungen: $-$ = keine Eignung; + = geringe Eignung; + + = mittlere Eignung; + + + = hohe Eignung

bleibt auch zum Teil offen, was denn unter der „Agilen Haltung" (erst genannte Kompetenz) genau zu verstehen ist. Die Diskussion zu Agilität in der öffentlichen Verwaltung zeichnet sich häufig durch eine definitorische Unschärfe aus und bezieht sich wenig auf etablierte Theorien und Konstrukte beispielsweise der Arbeits- und Organisationspsychologie, die neue Team- und Führungskonzepte formuliert, oder der Berufs- und Betriebspädagogik, die Ansätze des lebenslangen Lernens und der Abbildung digitaler Anforderungen in neuen Berufsbildern verfolgt. Drittens findet die Diskussion über die Subjektivierung von Arbeit (vgl. Moosbrugger, 2008) und die Verlagerung von Verantwortung und Risiken auf die Beschäftigten bislang keinen

Niederschlag im Diskurs zu Agilität. Es ist empirisch gut belegt, dass Modelle der indirekten Steuerung und Selbstorganisation Belastungen mit sich bringen, die sich besonders psychisch äußern (vgl. Krause et al., 2012).

1.4 Zu den Beiträgen des Bandes

Dieser Band unternimmt den Versuch, Aspekte der Organisation und der individuellen Situation im Kontext neuer Anforderungen der öffentlichen Verwaltung abzubilden. Er versammelt aktuelle Forschungs- und Diskussionsbeiträge, die die Brücke zwischen etablierten Konzepten der Arbeits- und Organisationsforschung und dem Diskurs zu New Public Management weiter bauen können. Es gliedert sich in drei Abschnitte: Im ersten Teil werden die theoretischen und praktischen Zusammenhänge rekapituliert, die die neuen Managementansätze in der öffentlichen Verwaltung begründen. Dabei werden Widersprüche und Spannungsfelder deutlich, die differenzierte Konzepte und variable Instrumente erfordern. Im zweiten Teil werden die Bedingungen, Anforderungen und Belastungen an Organisation und Personal genauer betrachtet, während im dritten Teil Umsetzungsbeispiele in Fallstudien dokumentiert werden.

Teil 1
Philipp Pohlenz und Markus Seyfried ordnen den Diskurs zu New Public Management in die soziologische Diskussion zu gesellschaftlichen Transformationsprozessen ein, die die neuen Anforderungen an das öffentliche Management begründen. Die Konkretisierung am Wissenschaftsbetrieb als Anwendungsfall ermöglicht es, die Erwartungen, Argumentationen, Funktionsweisen und Dysfunktionalitäten neuer Steuerungsmodelle konkret aufzuzeigen. Deren Übertragung auf andere Felder der öffentlichen Verwaltung ist leicht möglich, beispielsweise entlang der Frage, ob Wettbewerb oder Kooperation der bessere Modus sei, Gemeingüter zu bewirtschaften. Entlang einer eher skeptischen Einschätzung der Auswirkungen aktueller Steuerungsmodelle stellen die Autoren abschließend die Frage, ob deren Ablösung oder deren Modifikation angezeigt wäre und zeigen Perspektiven auf. Vielleicht lässt sich aus der im Hochschulbereich bereits fortgeschrittenen Diskussion etwas für andere Bereiche der öffentlichen Verwaltung lernen, um Fehlsteuerungen des NPM zu vermeiden.

In eine ähnliche Richtung weisen die Schlussfolgerungen, die Christian Schachtner aufgrund seiner Situationsbestimmung zur Umsetzung von Agilität in der öffentlichen Verwaltung zieht. Auch er sucht nach einer Synthese oder einer Balance zwischen eher linearen Methoden klassischer Prägung und agilen Ansätzen, ohne das eine oder das andere pauschal abzulehnen. Mit dem Cynefin-Modell schlägt er einen Orientierungsrahmen vor, um Anforderungen im Grade ihrer Komplexität bestimmen zu können und daraus die richtigen Steuerungsinstrumente abzuleiten.

Malte Schophaus wechselt die Perspektive vom theoretischen Abwägen zum praktischen Geschäft der Personalarbeit. Auch er arbeitet zunächst die wichtigsten

Trends und Herausforderungen an Verwaltung in einer systematischen Literaturanalyse heraus. Er validiert diese mithilfe von Expertinnen und Experten-Workshops und leitet daraus neue Aufgaben und Kompetenzerfordernisse an Beschäftigte in der öffentlichen Verwaltung ab. Mit Zukunftsszenarien und der Delphi-Methode stellt er gleichzeitig Verfahren vor, die es besser als bislang erlauben, künftige Entwicklungen zu antizipieren.

Teil 2

Julian Christ, Gunnar Auth, Frank Bensberg vertiefen die Diskussion über Kompetenzanforderungen an Beschäftigte. Ihr Beitrag bietet einen Überblick über die vorliegenden Kompetenzmodelle und deren Grundlagen auf nationaler und europäischer Ebene. Sie untersuchten auf dieser Basis, welche Kompetenzen in deutschen Stellenannoncen der Verwaltung konkret nachgefragt wurden. In einem Data-Mining-Verfahren wurden über 21.000 Stellenanzeigen erfasst und in verschiedenen Schritten ausgewertet. Zur inhaltlichen Kategorisierung wurde ein umfassendes literatur-basiertes Kompetenzmodell für die digitale Verwaltung angelegt, welches E-Kompetenzen und digitale Kompetenzen unterscheidet. Das Ergebnis ist vieldeutig, deutet das Potenzial dieser neuen Forschungsmethodik an und verweist sowohl inhaltlich wie methodisch auf wichtige Forschungsbedarfe.

Im Beitrag von Götz Richter, Corinna Weber und Mirko Ribbat werden von den gleichen Prämissen ausgehend die Rolle und Funktion der Führungskräfte in der öffentlichen Verwaltung thematisiert. Die Erwartungen an diese sind gerade in Veränderungsprozessen häufig widersprüchlich und überzogen. In zahlreichen Interviews mit Führungskräften und Stabsfunktionen in der kommunalen Verwaltung werden die Rahmenbedingungen für deren Handeln aufgefächert. Um diese lern- und veränderungsförderlich zu gestalten, so wird in den Daten und der Diskussion immer wieder deutlich, sind die Funktion und die Instrumente einer modernen Personalentwicklung unabdingbar.

Dass die Veränderungsprozesse den Beschäftigten und Führungskräften einiges abverlangen, wird in allen Beiträgen deutlich. Yvonne Oberbeck und Manuel Pietzonka konzentrieren sich auf die psychischen Belastungen – genauer: Die kognitive und emotionale Irritation, die Beschäftigte in der öffentlichen Verwaltung erleben. Sie haben ihre Daten in einem laufenden, umfassenden Veränderungsprozess erhoben, und untersuchen, welche Merkmale eines Veränderungsprozesses sich besonders stark auf die psychische Gesundheit auswirken. Dabei spielen besonders das Ausmaß der Veränderungen und deren Auswirkungen auf den individuellen Arbeitsplatz eine Rolle. Weniger wichtig ist das Ausmaß an Beteiligung am Veränderungsprozess. Bedeutsam hingegen ist das soziale Klima der Organisation, das Belastungen puffert.

Was zuvor empirisch belegt wurde, thematisiert der Artikel von Julia Schorlemmer und Andreas Steffen aus theoretischer Perspektive: Angst als Reaktion auf als bedrohlich erlebte Veränderungen, besonders wenn die eigenen Handlungsmöglichkeiten gering sind. Auf Basis prominenter psychologischer Angsttheorien leiten sie Bedingungen ab, unter denen Angst entsteht, und diskutieren, wie man diesen Bedingungen begegnet, um Angst zu bewältigen. Es gelingt ihnen, diese Überlegungen schlüssig auf Veränderungsprozesse in der öffentlichen Verwaltung zu übertragen, sodass sich theoretisch gut abgesicherte Handlungsempfehlungen zum Management von Transformationsprozessen ergeben.

Teil 3

Die erste der dargestellten Fallstudien greift das zentrale Spannungsfeld aus Stabilität und Agilität auf. Die Kernthese lautet, dass Systemvertrauen dann entsteht, wenn ein Führungssystem die Erwartungen an beides erfüllen kann. Christoph Clases, Monika Jales Hon und Martin Steffen explizieren zunächst ihr Verständnis von Führung und Organisation sowie vom Begriff der Agilität. Sie betrachten das Führungssystem anstatt Führungskraft/-person und differenzieren den Agilitätsbegriff in drei Bedeutungen aus, als Arbeitsmethode, als Haltung oder als soziales System. Anschließend schildern sie die Vorgehensweise im Veränderungsprozess eines schweizerischen Energieversorgers, den sie als Forscherinnen und Forscher und Beraterinnen und Berater begleitet haben. Schließlich werden am konkreten Fall die förderlichen und hinderlichen Faktoren des Veränderungsprozesses sowie dessen Wirksamkeit aufgezeigt – was in den Beiträgen zuvor theoretisch postuliert wurde, wird einer Realitätsprüfung unterzogen. Ohne viel vorwegzunehmen, bestätigt sich eine Hauptthese des gesamten Bandes, nämlich, dass trotz bester Absichten und sorgsam überlegter Interventionen der Übergang in die neue Organisationsform für die Beschäftigten eine große Herausforderung ist und einen langen Atem benötigt.

Petra Strehmel berichtet aus der Domäne der Kinder- und Jugendarbeit, die zum Teil auch von Kommunen realisiert wird und zur öffentlichen Daseinsvorsorge gehört. Personalentwicklung ist hier ein vergleichsweise neues Thema, gewinnt angesichts struktureller Änderungen und erhöhtem Fachkräftebedarf einerseits und eigener Professionalisierungstendenzen andererseits an Bedeutung. Am Beispiel des kommunalen Kita-Trägers einer mittelgroßen Stadt zeigt sie die Aufgaben und Prozesse der Personalarbeit auf, beschreibt die Herausforderung Personal zu gewinnen, zu motivieren und zu binden, und geht auf die Entwicklung von Personal im engeren Sinne ein. Innerhalb der dokumentierten Aktivitäten und Themen im Feld zeichnet sich ein immanenter Veränderungsprozess ab, der zum Teil ähnliche Ziele verfolgt wie der in der vorherigen Fallstudie, jedoch organischer wirkt. Mit der Einziehung von zentralen Steuerungsinstrumenten werden Parallelen zum Fallbeispiel der Hochschulen deutlich (vgl. Pohlenz und Seyfried in diesem Band). Schließlich wird auch die zentrale Funktion der Personalentwicklung für Veränderungsprozesse erkennbar.

Almut Lahn schließlich stellt die Innovationsfähigkeit öffentlicher Verwaltung in den Mittelpunkt und untersucht die Wirkungsweise und die Wirksamkeit der Methode des Design Thinking. Diese zeichnet sich dadurch aus, dass sie interdisziplinär, experimentell und lösungsorientiert vorgeht und die Bedarfe der Nutzer in den Mittelpunkt stellt. Vor allem aber, und das scheint ein wichtiger Punkt, geht sie strukturiert und nach einem festen Ablauf vor. Das schafft Sicherheit im Experimentiermodus. Der Beitrag stellt die Methode detailliert dar und begründet deren Funktionsweise entlang der Anforderungen an Verwaltungshandeln. Ähnlich wie in der Fallstudie von Strehmel legt auch diese Fallstudie nahe, dass es nicht immer das groß angelegte Change-Projekt ist, das Wirkung entfaltet, sondern ein gezielt und handwerklich sauber eingesetztes methodisches Verfahren. Andererseits liegen die Grenzen des Verfahrens dort, wo es lediglich bei lokalen Anwendungen bleibt, die oft nicht in den Regelbetrieb übernommen werden.

Die hier versammelten Beiträge zeichnen ein erstes, noch unvollständiges Bild der Transformation, in der sich die öffentliche Verwaltung derzeit befindet. Dennoch konvergieren einige Gedankengänge in allen Beiträgen, ob theoretisch oder empirisch begründet. An erster Stelle wäre dies die Erkenntnis, dass Agilität und Stabilität nicht gegeneinander ausgespielt werden dürfen, sondern eine Balance oder noch besser: Eine Synthese gefunden werden muss. Dazu gehört, dass es sich um einen langwierigen und fordernden Veränderungsprozess handelt, der neue Rollenverständnisse und Kompetenzprofile von den Beschäftigten fordert. Dieser Veränderungsprozess muss ausdauernd moderiert, immer wieder transparent gemacht und begründet werden. Hierbei kann eine rührige Personalentwicklung eine zentrale Rolle spielen. Schließlich macht es Mut, dass dort, wo man sich auf Experimente einlässt, Methoden und Ansätze durchaus wirksam werden. An solchen Methoden mangelt es sicher nicht. Ihnen, liebe Leserinnen und Leser, wünschen wir trotz der langwierigen Mühsal, um die sich hier alles dreht, ein kurzweiliges Lesevergnügen.

Literatur

Beetle, M., Bennekum, A., Cunningham, W., Fowler, M., Highsmith, J., Hunt, A., Jeffries, R., Kern, J., Marick, B., Martin, R. C., Schwaber, K., Sutherland, J., & Thomas, D. (2001). *Manifesto for agile software development.* http://agilemanifesto.org/. Zugegriffen: 28. Juli 2021.

Bendel, A., & Latniak, E. (2020). Soziotechnisch – agil – lean: Konzepte und Vorgehensweisen für Arbeits- und Organisationsgestaltung in Digitalisierungsprozessen. Gruppe Interaktion. Organisation. *Zeitschrift für angewandte Organisationspsychologie, 51,* 285–297.

Birkinshaw, J., Zimmermann, A., & Raisch, S. (2016). How do firms adapt to discontinuous change? Bridging the dynamic capabilities and ambidexterity perspective. *California Management Review, 58*(4), 36–58.

Bundesministerium des Inneren, für Bau und Heimat. (2021). *Onlinezugangsgesetz.* www.online-zugangsgesetz.de. Zugegriffen: 21. Mai 2021.

Dick, M. (2018). Berufsarbeit und Kompetenzentwicklung: Einführung. In F. Rauner & P. Grollmann (Hrsg.), *Handbuch Berufsbildungsforschung* (S. 377–383). wbv, utb.

Dweck, C. S. (2006). *Mindset. The new psychology of success.* Random House.

Dweck, C. S. (2019). The choice to make a difference. *Perspectives on Psychological Science, 14*(1), 21–25.

Erpenbeck, J. (2006). Metakompetenzen und Kompetenzentwicklung. QUEM Report 95/I, Arbeitsgemeinschaft Betriebliche Weiterbildungsforschung.

Felfe, J. (2006). Transformationale und charismatische Führung – Stand der Forschung und aktuelle Entwicklungen. *Zeitschrift für Personalpsychologie, 5*(4), 163–176.

Heyse, V., Erpenbeck, J., Coester, S., & Ortmann, S. (2019). *Kompetenzmanagement mit System – Theorie und Anwendung der international bewährten KODE-Verfahren.* Waxmann.

Hill, H. (1997). Strategische Erfolgsfaktoren in der öffentlichen Verwaltung. In H. Hill & H. Klages (Hrsg.), Qualitäts- und erfolgsorientiertes Verwaltungsmanagement (2. Aufl.) Duncker und Humblot.

Hill, H. (2015). Wirksam verwalten – Agilität als Paradigma der Veränderung. *Verwaltungs-Archiv, 106*(4), 402.

Holler, F., & Schuster, F. (2021). Verwaltung digital – doch wer macht's? *Public Governance, 2021,* 6–30.

Kieser, A. (1999). Max Webers Analyse der Bürokratie. In A. Kieser (Hrsg.), *Organisations-theorien* (S. 39–64). Kohlhammer.

Kotter, J. P. (1999). *Leading Change.* Harvard Business School Press.

Krause, A., Dorsemagen, C., Stadlinger, J., & Baeriswyl, S. (2012). Indirekte Steuerung und interessierte Selbstgefährdung. In B. Badura, A. Ducki, H. Schröder, J. Klose, & M. Meyer (Hrsg.), *Fehlzeiten-Report 2012. Gesundheit in der flexiblen Arbeitswelt: Chancen nutzen – Risiken minimieren* (S. 191–202). Springer Gabler.

Moosbrugger, J. (2008). *Subjektivierung von Arbeit: freiwillige Selbstausbeutung.* VS Verlag.

Petry, T. (2016). Digital Leadership – Unternehmens- und Personalführung in der Digital Economy. In T. Petry (Hrsg.), *Digital Leadership – Erfolgreiches Führen in Zeiten der Digital Economy* (S. 21–82). Haufe.

Richenhagen, G. (2017). *Auf dem Weg zur Agilen Verwaltung. Arbeitspapier „Auf dem Weg zur Agilen Verwaltung" Statement beim Zukunftskongress Staat und Verwaltung, 21.06.2017, Zukunftsdialog Agile Verwaltung.* https://www.fom.de/forschung/institute/ifpm-institut-fuer-public-management/publikationen.html#!acc=2017. Zugegriffen: 28. Juli 2021.

Richter, C. (2021). Scrum: Auf die Haltung kommt es an! Was ist dran an der „neuen Sau" des Projektmanagements? *Projektmanagement aktuell, 32*(2), 27–34.

Sarges, W. (2013). *Managementdiagnostik.* Hogrefe.

Schedler, K., & Proeller, I. (2011). *New Public Management* (5. Aufl.). Haupt.

Schuler, H., & Kanning, U. P. (Hrsg.). (2014). *Lehrbuch der Personalpsychologie* (3. Aufl.). Hogrefe.

Sichart, S., & Preußig, J. (2019). *Agil führen – Neue Methoden für moderne Führungskräfte.* Haufe.

Stock-Homburg, R., & Groß, M. (2019). *Personalmanagement – Theorien, Konzepte, Instrumente* (4. Aufl.). Springer Gabler.

Thom, N., & Ritz, A. (2017). *Public Management – Innovative Konzepte zur Führung im öffentlichen Sektor* (5. Aufl.). Springer Gabler.

Weber, M. (1976). *Wirtschaft und Gesellschaft* (5. Aufl.). Mohr Siebeck.

Wehner, T. (1992). *Sicherheit als Fehlerfreundlichkeit.* Westdeutscher Verlag.

Wernham, B. (2012). *Agile project management for government.* Maitland and Strong.

Prof. Dr. Gottfried Richenhagen ist Professor für Allgemeine Betriebswirtschaftslehre, insbesondere Personalmanagement. Er lehrt und forscht an der FOM Hochschule in Essen und ist dort Direktor des ifpm Institut für Public Management. Seine Forschungsschwerpunkte sind Agilität, Personal- und Kompetenzentwicklung, Arbeitsfähigkeit sowie HR-Management.

Prof. Dr. Michael Dick ist Universitätsprofessor für Betriebspädagogik an der Fakultät für Humanwissenschaften der Otto-von-Guericke-Universität Magdeburg. Seine Forschungsschwerpunkte sind Lernförderliche Gestaltung von Arbeitssystemen und -prozessen, Organisations- und Personalentwicklung, Weiterbildung und Professionsentwicklung.

Kann die Wissenschaft ohne New Public Management überhaupt gesteuert werden?

2

Theoretische und konzeptionelle Überlegungen zu zeitgenössischen Paradigmen für die Hochschulsteuerung

Philipp Pohlenz und Markus Seyfried

Inhaltsverzeichnis

Zusammenfassung

Für die Steuerung öffentlicher Dienstleistungen – von denen hier speziell auf die Hochschulen eingegangen wird – lässt sich in den meisten entwickelten Ländern seit den 1980er-Jahren eine zunehmende Orientierung an den Prinzipien des „New Public Management" beobachten. Dieses stellt eine wettbewerbliche Organisation und Rechenschaftspflicht über die Leistungserbringung auf der Basis von Leistungs-indikatoren in den Mittelpunkt. Steuerungsparadigmen, wie das New Public

P. Pohlenz (✉)
Otto-von-Guericke-Universität Magdeburg, Magdeburg, Deutschland
E-Mail: philipp.pohlenz@ovgu.de

M. Seyfried
Hochschule für Polizei und öffentliche Verwaltung NRW, Duisburg, Deutschland
E-Mail: markus.seyfried@hspv.nrw.de

© Der/die Autor(en), exklusiv lizenziert an Springer Fachmedien Wiesbaden GmbH, ein Teil von Springer Nature 2022
G. Richenhagen und M. Dick (Hrsg.), *Public Management im Wandel*, FOM-Edition, https://doi.org/10.1007/978-3-658-36663-6_2

Management sind ihrerseits Ergebnis eines bestimmten gesellschaftlichen und historischen Kontextes. Angesichts gesellschaftlicher Transformationsdynamiken ist daher die Eignung von Steuerungspraxen im Lichte veränderter gesellschaftlicher Vorstellungen darüber, was gelingende Steuerung ausmacht, zu diskutieren. Der Beitrag beschreibt das derzeit dominierende Steuerungsparadigma und stellt es in einen gesellschaftstheoretischen Kontext. Im Ergebnis wird auf zukünftige Anforderungen an Verfahren des Hochschulmanagements eingegangen und ein Bezug zu alternativen Steuerungsparadigmen hergestellt.

Schlüsselwörter

New Public Management · Transformationsdynamiken · Transformation dynamics · Agilität · Agility · Trust-based Management

▶ **Abstract**

For the management of public services – of which higher education will be particularly emphasised here – an orientation towards the „New Public Management" (NPM) paradigm can be observed in most industrialised countries since the 1980s. NPM focuses on competition and institutional accountability, based on outcome-oriented indicators. Management paradigms, such as NPM, are the results of particular societal and historical contexts. In the light of social transformation dynamics, the appropriateness of management practices needs to be discussed against the background of changing social attitudes on the suitability of these practices. The paper describes the currently predominant management paradigm and places it in a broader sociological context. As a result, future demands towards higher education management are conceptualised and related to alternative management paradigms.

2.1 Einleitung

Die im Titel formulierte Frage mutet zunächst einmal widersprüchlich an: Insofern ein Wissenschaftsmanagement[1] nach Mustern des New Public Management (NPM) keiner naturgesetzlichen oder göttlichen Ordnung folgt, ist ein Organisationsleben ohne sie natürlich vorstellbar. Was hat also die Autoren bewogen, diese Frage dem vorliegenden Beitrag als Titel voranzustellen?

---

[1] Wenn im vorliegenden Beitrag von „der Wissenschaft" oder „dem Wissenschaftssystem" die Rede ist, werden damit sowohl Hochschulen und ihre Leistungsbereiche als auch andere Organisationsformen von Wissenschaft wie außeruniversitäre Forschung gemeint und dabei unterstellt, dass deren Steuerung in gleicher Weise organisiert ist.

Zum einen wird dem von den Prinzipien des NPM inspirierte Steuerungsparadigma in weiten Teilen der Diskussion oder eher: der Praxis, eben doch nahezu naturgesetz-liche oder zumindest dogmatische Bedeutungen zugeschrieben, sodass Entwürfe für eine „Welt nach NPM" vielfach marginalisiert werden oder gerade erst dabei sind, Raum zu greifen (vgl. Abraham, 2017). Dies ist insofern auffällig, als erstens eine kontroverse Debatte über Steuerungsdefekte in einer nach NPM-Modus gemanagten Hochschule persistent sind (vgl. z. B. Gougoulakis, 2015), und zweitens eine Abkehr von auf der Verlautbarungsebene oder in der Praxis erprobten und somit in einem bestimmten historischen Kontext erfolgreichen Steuerungsprinzipien zugunsten von neuen Modellen, die sich in wandelbaren und mit veränderten Anforderungen aufwartenden Zeiten besser bewähren, nichts Ungewöhnliches ist. Letzteres könnte man als soziale Innovation im Sinne von Howaldt und Schwarz (2010) beschreiben, die allgemein gesprochen, in der Einführung neuer sozialer Praktiken bestehen, von denen angenommen wird, dass sie besser als die bisherigen in der Lage sind, Probleme zu lösen. In einem weiteren soziologischen Verständnis wäre davon zu sprechen, dass gesellschaftliche Transformationsdynamiken auch auf der Ebene der eingesetzten Prinzipien für das Management öffentlicher Dienstleistungen, neue Verfahren, Routinen und „Mindsets" produzieren und mithin die Steuerungspraxis gewissen Konjunkturschwankungen oder einem gewissen Anpassungsdruck an die Erfordernisse veränderlicher sozialer Realitäten unterliegt.

Ziel des vorliegenden Beitrags ist es, die Steuerungspraxis öffentlicher Dienst-leistungen – und hier im Speziellen der Leistungen von Hochschulen – gemäß den Prinzipien des NPM in der Perspektive gesellschaftlicher Transformationsdynamiken zu diskutieren. Diese stellen, so die Vermutung, ihrerseits erneut das bestehende, dominierende Verständnis über das Management öffentlicher Dienstleistungen (oder ganzer gesellschaftlicher Reproduktionsprozesse) infrage. Entsprechend ist der „Zeit-geist", der das NPM ursprünglich hervorgebracht hat, zu beschreiben und in einen gesellschaftstheoretischen Kontext zu stellen. Sodann ist zu diskutieren, ob neue Anforderungen einer neuen Zeit wiederum neue Anforderungen an dieses Management hervorbringen, und ob NPM angesichts veränderter Anforderungen noch eine angemessene Bezeichnung für die entsprechende Steuerungspraxis ist, oder ob nicht bereits neue Steuerungsansätze am Horizont erkennbar sind, die besser geeignet sind, auf derzeit bestehende Bedarfe und Probleme zu reagieren?

Diesen Fragestellungen folgt der Aufbau des vorliegenden Beitrags. Er geht zunächst auf die Definition von NPM ein, was im Kontext von unterschiedlich gelebter Hoch-schulpraxis aufgrund vielfach fehlender begrifflicher Präzision nicht trivial ist. Sodann wird auf die gesellschaftstheoretischen Grundlagen von NPM im Kontext seiner Ent-stehungszeit eingegangen. Es schließt sich eine Diskussion zu der Frage an, inwieweit aktuelle gesellschaftliche Erwartungen an die Leistungen von Hochschulen sich in den Steuerungsprinzipien des NPM noch widerspiegeln und diesen damit überhaupt gerecht werden können. Im Ergebnis wird auf zukünftige Anforderungen an Verfahren des Hoch-schulmanagements eingegangen und ein Bezug zu alternativen Steuerungsparadigmen hergestellt, wie etwa beispielhaft das „Trust-based Management" (vgl. Bringselius, 2017) bzw. „post-NPM"-Ansätze allgemein (vgl. Abraham, 2017).

Der vorliegende Beitrag basiert nicht auf Ergebnissen empirischer Forschung zu den angesprochenen Themen. Er versteht sich eher als (Vor-)Entwurf zu einer zukünftigen Forschungsagenda, die von der Frage nach dem – ausgewogenen – Verhältnis zwischen (zeitvarianten) gesellschaftlichen Ansprüchen an die Leistungen von Hochschulen einerseits und der Art der Steuerung von Hochschulen zur zweckmäßigen Erbringung dieser Leistungen andererseits geleitet ist.

2.2 New Public Management – Definitionen und (problematische) Konzeptmerkmale

Wir kommen zurück zu der Ausgangsfrage, ob es überhaupt denkbar ist, Hochschulen ohne NPM zu steuern bzw. zu der interessanteren Frage, warum es an Vorstellungskraft für den Entwurf einer Organisationswelt „ohne NPM" zu mangeln scheint.

Um dies zu beantworten, ist es hilfreich, sich begriffliche Definitionen zum Konzept des NPM zu vergegenwärtigen (auch wenn der vorliegende Beitrag die umfangreiche Literatur zu diesem Thema nicht vollumfänglich wiedergeben will). Einigkeit herrscht jedoch offensichtlich weitgehend darin, dass es an präzisen Definitionen dessen, was NPM im engeren Sinne ist, mangelt (vgl. z. B. Pausits et al., 2014). Vielmehr wird es u. a. als „disperse set of ideas on how to modernize the public sector, increase its efficiency and in general improve its performance" (Hood, 1991) beschrieben. Im Kern der Einführung von NPM als Leitbild für die Steuerung aller möglichen Arten öffentlicher Leistungen (im Bildungs-, wie dem Gesundheitsbereich oder der Justiz und weiteren), stand das Ziel, zu einer effizienteren Mittelverwendung zu kommen sowie zu einer durch Wettbewerbssituationen zwischen Leistungserbringern angereizten Profilierung und Qualitätssteigerung. Einfach ausgedrückt ging es darum, Managementmethoden aus der Privatwirtschaft auf öffentliche Dienstleistungen anzuwenden, um durch eine höhere Marktorientierung ein höheres Maß an Effizienz zu erzielen (vgl. Reichard & Röber, 2001, S. 371) oder noch einfacher ausgedrückt, die Formel „less state – more market" (vgl. De Boer et al., 2007) zum Leitbild für die Steuerung zu machen. Für den Wissenschaftsbereich beschreiben Maasen und Weingart (2006) insbesondere die steigende Rechenschaftspflicht, die Notwendigkeit, Entwicklungsziele zu formulieren und Pläne zu deren Erreichung zu entwickeln sowie den Ausbau formaler Strukturen (mit dem Ziel des Aufbaus professioneller Managementkapazitäten) als wesentliche Merkmale einer nach New Public Management gesteuerten Wissenschaft (vgl. auch Hanft, 2004; Hölscher, 2015; Whitley, 2010). In der deutschen Diskussion sind die entsprechenden Managementinstrumente unter der Bezeichnung „Neues Steuerungsmodell (NSM)" in die Steuerung der öffentlichen Verwaltung allgemein sowie in die Hochschulsteuerung eingeführt worden (vgl. z. B. Bogumil et al., 2007;

Grohs, 2012; Winkel, 2006). Dabei sind länderspezifische Ausformulierungen und Ausprägungen verfolgt worden, die in unterschiedlichem Maße mehr oder weniger intensiv auf marktwettbewerbliche Steuerungsverfahren umgestellt haben. Allgemein herrscht in der entsprechenden verwaltungswissenschaftlichen Debatte der Befund vor, dass von substanziellen Paradigmenwechseln hin zu einer rein wettbewerblichen Steuerung nicht gesprochen werden könne (vgl. Grohs, 2012), und dass mithin eine Abkehr von den traditionellen, bürokratischen Steuerungsverfahren nicht erreicht wurde. Daraus lässt sich schlussfolgern, dass neue Steuerung in Teilen nur auf der Verlautbarungsebene stattfand.

Dies trifft auch für den Hochschulbereich zu – auch wenn hier die eingeführten Instrumente, wie etwa Hochschulräte als (hochschulexterne) Aufsichtsgremien und die Stärkung von Präsidien und Rektoraten zulasten akademischer Selbststeuerung, einen immerhin kulturell vergleichsweise tiefen Impact hatten (vgl. Winkel, 2006). Letztlich sind jedoch die Vorstellungen des NPM im Neuen Steuerungsmodell in aller Regel nicht umgesetzt bzw. ihre Ziele nicht erreicht worden (vgl. Dohmen, 2016), nicht zuletzt, weil die leistungsorientierte Mittelvergabe nur einen vergleichsweise kleinen Anteil am gesamten Budget betrifft (vgl. z. B. Leszczensky & Orr, 2004) oder weil lediglich formale Anpassungen an neue Regelungen vorgenommen wurden, ohne dass sich an Steuerungspraktiken Grundlegendes verändert hätte (im Sinne einer isomorphistischen Anpassungsstrategie an externe Forderungen; vgl. z. B. Seyfried et al., 2019).

Ungeachtet dieser Befunde zur öffentlichen Verwaltung beschäftigen wir uns in diesem Beitrag eher mit den allgemeineren Grundideen des NPM (unter welches sich das Neue Steuerungsmodell für die öffentliche Verwaltung in Deutschland als Anwendungsfall subsummieren lässt), unabhängig von deren konkretem Umsetzungsstand. Ziel ist es eher, wie zuvor bereits erwähnt, Steuerungslogiken, wie die des NPM, in der Perspektive ihres Verhältnisses zu gesellschaftlichen Transformationsdynamiken zu diskutieren.

Die Grundidee des NPM lässt sich etwas abstrakter damit beschreiben, dass den Leistungserbringern Autonomie für die Leistungserbringung übertragen wird, sie zugleich aber unter Rechtfertigungsdruck hinsichtlich der Ergebnisse bei der Leistungserbringung sowie hinsichtlich einer möglichst großen Effizienz beim Mitteleinsatz gesetzt werden. Währenddessen zieht sich der Staat aus der Detailsteuerung zurück, stattdessen wird seine „Gewährleistungsfunktion" (Reichard & Röber, 2001, S. 372) stärker betont.

Ferlie et al. (2009, S. 335 zit. nach Andresani & Ferlie, 2006) fassen die Charakteristika von NPM folgendermaßen zusammen: „NPM relies on 1) markets (or quasi markets) rather than planning, 2) strong performance measurement, monitoring and management systems, with a growth of audit systems rather than tacit or self-regulation and 3) empowered and entrepreneurial management rather than collegial public sector professionals and administrators."

Zur Umsetzung eines an der Privatwirtschaft orientierten Managements im Hochschulbereich wurde zudem die Stärkung der hochschulinternen Leitungsebenen angestrebt, weitgehend zulasten des traditionell von akademischer Selbststeuerung geprägten Leitbildes (vgl. z. B. Abraham, 2017). Präsidien oder Rektorate wurden mit neuen Entscheidungsbefugnissen ausgestattet, und neue Entscheidungsgremien – neben der akademischen Selbstverwaltungsstruktur – wie etwa Hochschulräte wurden eingeführt (vgl. Gerber et al., 2009).

Die über indikatorbasierte Leistungsmessung ausgeübte Rechenschaftspflicht der einzelnen Akteure und Institutionen forcierte einen Anstieg der Begutachtungs- und Bewertungsdichte. Powers (1997) sah darin gar kritisch das Heraufziehen einer „Audit Society". Auch gegenwärtig beschäftigen sich viele Studien mit der Frage nach den (intendierten und nicht-intendierten) Wirkungen sowie möglichen methodischen Problemen einer stark indikatorbasierten Steuerung öffentlicher Leistungen (vgl. Van Thiel & Leeuw, 2002). Diese beziehen sich in der Professionsorganisation Hochschule[2] beispielsweise auf die Möglichkeit opportunistischer Anpassungseffekte an die Belohnungslogik der eingesetzten Indikatoren oder auch auf Bedrohungen der Validität dieser Indikatoren und einer damit einhergehenden niedrigen Akzeptanz bei „den Gesteuerten" (vgl. z. B. Pohlenz, 2009).

Die Belohnungslogik ist ihrerseits zumeist quantitativ ausgerichtet. So wird ein „Mehr" an Publikationen, Absolventinnen und Absolventen, eingeworbenen Drittmitteln etc. belohnt und beispielsweise in Form von Rankings öffentlich gemacht, während niedrigere Quantitäten im Sinne der gängigen Vorstellungen von Effizienz, als Minderleistung angesehen werden. Dabei sind die Art der Publikationen, die Leistungsfähigkeit der „produzierten" Absolventinnen und Absolventen oder der gesellschaftliche Impact der eingesetzten Drittmittel unter Umständen gar nicht Gegenstand der indikatorbasierten Leistungsmessung. Sie sind zudem hauptverantwortlich für verschiedenste Messproblematiken, die besondere Anforderungen an Erhebung, Auswertung und Interpretation dieser oder ähnlicher Daten stellen (vgl. Hornbostel, 2004). Diese und ähnliche Aspekte sind es letztlich auch, welche die Kritik an entsprechenden Steuerungsvorstellungen nie haben verstummen lassen (vgl. Stock, 2004). Im Sinne des zuvor als „Professionsorganisation" beschriebenen Selbstbildes von Hochschulen wäre die mit der Belohnungslogik des NPM verbundene Annahme eines nahezu linearen Verhältnisses zwischen Input (Mitteleinsatz) und Output (Leistungserbringung im Sinne einer bestimmten Zahl von Publikationen, Absolventinnen und Absolventen etc. je eingesetzter Geldmenge) als der Komplexität des Prozesses der Leistungserbringung völlig unangemessen zu bezeichnen. Vergleichbare Diskussionen finden sich auch in anderen Professionsorganisationen als dem Wissenschaftssystem, wie etwa in der allgemeinen Verwaltung (vgl. Davies, 1999). Die mit dem NPM verbundene Vorstellung, lückenlos kontrollierbarer und planbarer Prozesse der Leistungserbringung seien hingegen naiv und würden der Unvorhersehbarkeit und den Ambiguitäten sowie individuellen intrinsischen Motivationen, die für professionelle Arbeitskontexte kennzeichnend seien

---

[2]Vgl. zum Begriff der Professionsorganisation allgemein Mintzberg (1979) und im Zusammenhang mit der Hochschule z. B. Stock (2006) sowie Kehm (2012).

und jenseits von planbaren Prozesslogiken auf die Leistungserbringung und deren Qualität einwirkten, nicht gerecht (vgl. Lange, 2008; Stock, 2004; Wilkesmann, 2011).

Im Gegenteil bestünde ein möglicher nicht-intendierter Effekt dieser Art von Leistungsmessung darin, dass diejenigen Aspekte des Aufgabenspektrums von Wissenschaftlerinnen und Wissenschaftlern, die sich nicht unmittelbar vermessen bzw. mit quantifizierenden Leistungs- oder Erfolgsindikatoren verknüpfen lassen (beispielsweise im Bereich der Wissenschaftskommunikation), deshalb vernachlässigt würden, weil mit ihnen keine Belohnungserwartungen verbunden seien. Entsprechend besteht die Gefahr, Praktiken anzunehmen, die zu „pervertierten Ergebnissen" führen (vgl. Cuganesan et al., 2014).

Auch in den „vermessenen" Leistungsbereichen selber, wie etwa der wissenschaftlichen Publikationstätigkeit, seien indes nicht-intendierte Effekte der quantifizierenden Leistungsmessung und -belohnung erwartbar. Diese beziehen sich auf künstliche (quantitative) Anreicherungen der Publikationsbilanz, sei es durch Zitationskartelle (also die Praxis u. a. einer abgesprochenen gegenseitigen Zitation von Autorinnen und Autoren, mit dem Ziel, die Zahl der Zitationen insgesamt in die Höhe zu treiben, um den „Impact-Faktor" der eigenen Publikation künstlich zu erhöhen) oder durch Vermeidungsstrategien, wie etwa die Veröffentlichung in Publikationskanälen, die (vermeintlich) vergleichsweise leicht zu erreichen sind (vgl. Matthies et al., 2020). Im Bereich von Studium und Lehre wurde im gleichen Zusammenhang nicht zuletzt über die Gefahr der Anpassung von Benotungspraktiken an die Belohnungslogik der Indikatoren („Zahl examinierter Absolventinnen und Absolventen") diskutiert (vgl. z. B. Greenwald & Gillmore, 1997).

Ungeachtet dieser Diskussion und der beispielhaft herausgegriffenen und beschriebenen Einwände gegen eine von NPM inspirierte Steuerungspraxis im Hochschulbereich, haben die für die Leistungsbeurteilung eingesetzten Verfahren eine nicht zu unterschätzende Öffentlichkeitswirksamkeit erreicht, die über die hohe Komplexität von Hochschulen und ihren Leistungsbereichen hinwegtäuschen (vgl. Tight, 2000). Dies zeigt sich etwa im Fall von Hochschulrankings, die ihrerseits die einzelnen quantifizierenden Leistungskennzahlen von Hochschulen verdichten und diese in leistungsbezogene Rangreihen bringen. Es ist aufgrund der öffentlichen Präsenz von Rankings offensichtlich nahezu unmöglich geworden, sich ihnen mit Verweis auf deren methodischen und inhaltlichen Defekte zu verweigern. So titelte beispielsweise die Frankfurter Rundschau (2009) in einem Bericht über die Universität Bonn, die sich zu diesem Zeitpunkt entschieden hatte, nicht mehr am – in Deutschland besonders einflussreichen – CHE-Ranking teilzunehmen mit der Schlagzeile „Uni Bonn möchte nicht mehr beurteilt werden". Die Universität Bonn und andere Einrichtungen, die sich diesem Vorgehen angeschlossen hatten, haben ihren Widerstand inzwischen aufgegeben und nehmen wieder am CHE-Ranking teil.

Dieses soll hier gar nicht hinsichtlich methodischer Probleme oder etwaiger Verzerrungen oder hinsichtlich seines bestehenden Informationswertes bewertet oder kommentiert werden. Vielmehr dient die de facto offensichtlich bestehende Unmöglichkeit, sich ihm zu entziehen, zur Beantwortung der zuvor gestellten Frage, wieso das NPM zu einer dominierenden und quasi naturgesetzlichen Doktrin für das Management auch im Hochschulbereich werden konnte. Typisch für die Diskussion zum Ranking ist nämlich, dass sich derjenige verdächtig macht, der methodische oder inhaltliche Argumente gegen die Ranking-Praxis ins Feld führt. Die Kritik sei der schlechten Rangplatzierung der eigenen Hochschule geschuldet. Wäre man höher eingestuft worden, würde die Kritik nicht nur verstummen, man hätte sich in diesem Fall sogar mit dem komfortablen Ergebnis auf der eigenen Homepage geschmückt und es als Marketingargument für sich genutzt.

Diese vielfach in der Auseinandersetzung mit kritischen Einwänden eingesetzte Argumentationsstrategie ist auch auf andere Aspekte im Zusammenhang mit dem NPM übertragbar. Kennzeichnend für NPM ist – im Sinne einer Definition des Begriffs – nämlich auch, dass in ihm Managementpraktiken und normative Elemente vermischt werden. So setzt NPM Wertvorstellungen, denen im Grunde nicht widersprochen werden kann: Niemand würde sich absichtsvoll *gegen* eine effiziente Verwaltung oder gegen Haushaltsdisziplin und die Vermeidung von Ressourcenverschwendung aussprechen und rational für das Gegenteil argumentieren können. Genau dies – also Effizienz und Ressourcenschonung sowie Leistungstransparenz und (gesunder) Wettbewerb – sind aber die proklamierten Ziele von NPM. Damit ist zugleich bzw. im Umkehrschluss impliziert, dass andere, also insbesondere die durch NPM abgelösten Steuerungsleitbilder, wie ein traditionelles, auf Selbststeuerung und Kollegialität ausgerichtetes Hochschulmanagement, ineffizient, intransparent, ressourcenverschwenderisch, haushaltsmäßig undiszipliniert, etc. sind. Zustandsbeschreibungen über die Zeit „vor NPM" bzw. aus der Zeit seiner Einführung, wurden entsprechend mitgeliefert und zeichnen ein Bild von organisiertem Versagen, in dem traditionelles Management öffentlicher Leistungen, mit einer stärkeren Rolle des Staates (und im Fall des Hochschulbereichs mit starker akademischer Selbstverwaltung), als „arrogant bureaucracy, poor performance and lack of accountability in public organizations, wide spread corruption" (Minogue et al., 1998) beschrieben wird.

Relativierend muss mit Blick auf die hier dargestellten Entwicklungslinien des New Public Management in der Steuerungsrealität (auch) der Wissenschaft erwähnt werden, dass seiner Umsetzung in Reinform gewisse Grenzen gesetzt waren und sind. So ist die Umstellung beispielsweise auf eine leistungsbezogene Mittelvergabe – unterschiedlich in Abhängigkeit von landesgesetzlichen Vorgaben – in engen Grenzen geblieben und es wurden nur Anteile der Hochschulbudgets auf eine leistungsbezogene Mittelvergabe umgestellt, um wettbewerblich ausgerichtete Elemente als ein Teilinstrument in die Hochschulsteuerung einzuziehen. Das ist nicht zuletzt auf unterschiedliche Wettbewerbsvorstellungen und Divergenzen in deren Umsetzung zurückzuführen (vgl. z. B. Krücken, 2008; Leszczensky & Orr, 2004).

2.3 New Public Management – historischer Kontext und gesellschaftstheoretische Grundlagen

Seinen entscheidenden Aufschwung hat NPM in nahezu allen Bereichen der öffentlichen Dienste im Zuge des „Thatcherismus" der 1980er erlebt, unter dem die Einführung marktliberaler Reformen zu verstehen ist (vgl. Ferlie & Andresani, 2009; Ferlie et al., 2006). Von Großbritannien ausgehend hat sich das entsprechende Steuerungsleitbild mit seinen zuvor bereits beschriebenen Charakteristika inzwischen global durchgesetzt. Ungeachtet verschiedener Pfadabhängigkeiten der Entwicklung in den einzelnen Ländern lässt sich als Argumentationsmuster für die Umstellung auf marktliberale, wettbewerbs- und effizienzorientierte Steuerungsprinzipien durchweg der Verweis auf schrumpfende staatliche Haushalte in den 1980er- und 1990er-Jahren finden, die ihrerseits zwangsläufig eine stärkere Betonung von Effizienzgewinnen und Haushaltsdisziplin erforderlich machen würden. Effizienzgewinne versprach man sich davon, lokale Autonomie, gepaart mit lokaler Rechenschaftspflicht einzuführen (s. Abschn. 2.2). Dies sollte den Wettbewerb der einzelnen Einrichtungen um die insgesamt in knappem Umfang zur Verfügung stehenden öffentlichen Mittel auslösen, von dem man sich wiederum Qualitätssprünge erhoffte. Ziel war es, Hochschulen (oder auch Einheiten im Inneren von Hochschulen) zu Wettbewerbsakteuren zu machen und dazu anzuhalten, ihre Ressourcen auf besonders starke Profile auszurichten. Es setzte sich die Auffassung durch, dass „deregulierte, differenzierte Hochschulsysteme mit Institutionen, die über hohe Autonomie und entsprechende institutionelle Profile verfügen, eher in der Lage (seien), mit Wandel umzugehen und vielfältige Bedürfnisse, wie sie an ein Massenhochschulsystem herangetragen werden, zu befriedigen" (Pellert, 2002). Nicht alles könne überall gleich gut angeboten werden, und die Hochschulen sollten selber darüber entscheiden, welche Bereiche sie gemäß der Leistungsbewertung (durch Evaluationen) entwickeln bzw. profilieren und welche sie – angesichts notwendiger Sparanstrengungen – „absterben" lassen wollten.

Als theoretische Erklärungsfiguren für gesellschaftliche Reproduktionsprozesse, in denen die Kennzeichen von NPM – namentlich Wettbewerb und Konkurrenz, Flexibilität und Autonomie, Rechenschaftspflicht und Leistungsmessung – am besten abgebildet sind, lassen sich individualistische Modelle der rationalen Wahl (vgl. Esser, 1999) oder delegationsbezogene „Prinzipal-Agent-Modelle" (vgl. z. B. Schreyögg, 2003) identifizieren.

Dieser Beitrag ist sicher nicht der Ort, um die Ideengeschichte des Individualismus und der theoretischen Erklärungsmodelle individuellen und rationalen Handelns, die dieser hervorbringt sowie die Kritik an diesem Theoriegebäude umfänglich zu rekapitulieren. Es soll bestenfalls auf dessen Grundannahmen, etwa zu nutzenmaximierenden Individuen zurückgegriffen und diese in den Kontext der Entstehungszeit von NPM gestellt werden. Davon ausgehend kann diskutiert werden, inwieweit angesichts neuer Wellen gesellschaftlicher Transformationsdynamiken, die seit der Einführung einer NPM-Steuerung unbestritten stattgefunden haben, Anpassungen der Art

der Steuerung gesellschaftlich relevanter Reproduktionsprozesse, etwa im Hochschulbereich, angezeigt erscheinen.

Neben der Figur des nutzenmaximierenden Individuums bzw. nutzenmaximierender
kollektiver Akteure wie Organisationen, ist die Vorstellung über das Zustandekommen
von individuellen oder organisationalen Handlungsweisen und Entscheidungen in
Rational-Choice-Ansätzen dadurch beschrieben, dass Menschen bestrebt sind, die
ihnen zur Verfügung stehenden Ressourcen geschickt zu nutzen, dass sie zugleich um
die Begrenzung ihrer Möglichkeiten und Fähigkeiten wissen, dass sie von (Nutzen-)
Erwartungen in Bezug auf die Zukunft – also von erwarteten Renditen ihres Handelns –
geleitet werden und dass sie aufgrund von Bewertungen ihrer Situation auf der Basis von
umfassender Information zu rationalen (eben nutzenmaximierenden) Entscheidungen
kommen (vgl. Esser, 1999, zit. n. Treibel, 2006). Die mit rationalem Wahlverhalten ein-
hergehende Notwendigkeit, stets Wahlentscheidungen treffen zu *müssen,* wird zudem
mit einem Lernmodell verknüpft, in welchem positive und negative Verstärkungen
(oder Belohnungen bzw. Sanktionen) stattfinden und getroffene Entscheidungen entweder bestätigen oder „bestrafen" (vgl. Opp, 1979). Auf diese Weise entstehen etwa
auch fundamentale Probleme rationaler Entscheidungen, wie etwa das Common-
Pool-Problem, bei dem individuelle Rationalität zu kollektiver Irrationalität führt (vgl.
Gardner et al., 1990; Hardin, 1968; Hess & Ostrom, 2003).

In der „Prinzipal-Agent-Theorie", einem der Wirtschaftstheorie entlehnten und in
sozialwissenschaftlichen Feldern wie dem Public Management vielfach angewendeten
Modell, wird eine dyadische Vertragsbeziehung zwischen einem Auftraggeber
(Prinzipal) und einem Auftragnehmer (Agent) beschrieben einschließlich der Interessen-
konflikte, die dabei entstehen. Angenommen wird eine Informationsasymmetrie und
opportunistisches Verhalten zulasten des Auftraggebers, die dieser durch das Verstärken
von Kontrollen auszugleichen versucht, während der Auftragnehmer versucht, seinen
Informationsvorteil durch das Umgehen von Kontrollen zu erhalten (vgl. Schreyögg,
2003). Kennzeichnend ist, dass die Formalstruktur einer Organisation (innerhalb derer
sich die Konflikte zwischen Prinzipal und Agent abspielen, wie also im Wissenschaftssystem zwischen Ministerien und Hochschulen oder zwischen Hochschulen und ihren
Fachbereichen) nicht geeignet ist, das Verhalten der Organisationsmitglieder so zu
steuern, dass die gesetzten Regeln eingehalten werden, sondern dass Akteure versuchen,
gemäß ihrer Interessen die Regeln (unbemerkt) zu umgehen (vgl. Schreyögg, 2003).
Im Verhältnis zwischen Prinzipal (Auftraggeber) und Agent (Auftragnehmer) bzw.
zwischen Ministerium und Hochschule oder zwischen Hochschulleitung und den Fachbereichen etc. ist daher ein Kontrollparadoxon kennzeichnend, welches daraus entsteht,
dass Ersterer beim Letzteren Leistungen in Auftrag gibt, weil er selber die zur Leistungserbringung nötige Expertise nicht besitzt, zugleich aber aufgrund der beschriebenen
Konflikte und Interessengegensätze nicht auf eine Leistungserbringung gemäß seinen
Interessen vertrauen kann (vgl. Kivistö, 2005, 2008). Die deswegen eingesetzten
Kontrollmechanismen engen den Spielraum für eine professionelle Leistungserbringung

durch den Auftragnehmer immer mehr ein, was neue Sublimierungen von Regeln und Kontrollen nach sich zieht, auf die wiederum mit neuen Kontrollen geantwortet wird.

Mit Blick auf die Anwendbarkeit von NPM auf gesellschaftliche Bereiche wie das Wissenschaftssystem waren und sind auch die Probleme der beschriebenen theoretischen Modelle Gegenstand einer lang anhaltenden Kontroverse. Im Zentrum der diesbezüglichen Debatten stand vor allem das bereits erwähnte Kontrollparadoxon im Falle der „Prinzipal-Agent-Theorie" im Zentrum sowie im Fall von Rational-Choice-Theorien der Umstand, dass die für einen nutzenmaximierenden, vollständig rational entscheidenden „Homo Oeconomicus" notwendige Informationsvollständigkeit gegeben sein müsse und dass deren Abwesenheit Marktverzerrungen erzeuge.

Beides lässt sich im Steuerungsalltag von Hochschulen wiederfinden. Dass aufgrund von Sublimierungen von Regeln immer neue Kontrollmechanismen eingeführt werden, die letzten Endes zu einer überbordenden Detailsteuerung durch Leistungsindikatoren führen, ist mittlerweile nahezu ein Allgemeinbefund der Hochschul- und Wissenschaftsforschung (vgl. Ball & Wilkinson, 1994; Crössmann & Kroh, 2007). Beispielhaft für die Ebene der konkreten Instrumente, anhand derer dies beobachtbar ist, lassen sich Zielvereinbarungen zwischen den verschiedenen Steuerungsebenen (Ministerien – Hochschulen – Fachbereiche) nennen. Für die Ermittlung der Zielerreichung werden vielfach Indikatoren eingesetzt, die gegenüber Sublimierungen äußerst anfällig sind.

Marktverzerrungen durch ungleiche Startbedingungen der Marktteilnehmer, um in der Sprache ökonomischer Modelle zu bleiben, lassen sich beispielsweise im Bereich der Forschung in Form der zuvor bereits erwähnten Zitierkartelle vermuten, die dann gegebenenfalls dazu führen, dass nicht notwendigerweise der beste Forschungsartikel durch eine breite Rezeption und daran anschließend die Attrahierung weiterer Forschungsmittel belohnt wird, sondern die Arbeiten derjenigen, die am virtuosesten mit den ungeschriebenen Regeln des wissenschaftlichen „Marktgeschehens" umgehen und effiziente Allianzen zu ihrem Vorteil schmieden können.

All dies ließe sich noch rechtfertigen, wenn man individuelle Vorteilsanhäufung und Privilegierung sowie Belohnung als Ziel und Daseinszweck des Wissenschaftssystems akzeptierte. Offenkundig besteht dieser aber – auch ohne Mertons ethische Prinzipien (vgl. Merton, 1973) bemühen zu müssen – eher in einer Mission, die Nutzen für die Gesellschaft insgesamt stiftet, sei es durch Wissensproduktion oder durch seine Bildungsfunktion.

Ebenso wie ein auf Konkurrenz von Individuen und individuellen Einrichtungen (Hochschulstandorten) beruhendes Paradigma wie NPM einen Resonanzboden in einem spezifischen historischen Kontext gefunden hat, kann man jedoch auch vermuten, dass weitere Wellen gesellschaftlicher Transformationsdynamik zu Neubewertungen der bisherigen Praxis führen, die dann möglicherweise mit Anpassungen einhergehen, die ein höheres Maß an Sensibilität, beispielsweise für ethische Überlegungen zur gesellschaftlichen Funktion des Wissenschaftssystems jenseits von Effizienzerwägungen aufweisen. Gedanken dazu haben derzeit vielleicht noch einen eher prognostischen Wert, weil bislang noch keine gesellschaftliche Transformation zu einer Ablösung oder einer systematischen Weiterentwicklung von NPM erkennbar wäre. Angesichts verschiedener, nachfolgend zu diskutierender Entwicklungen könnte es aber lohnenswert sein, mit dem Entwurf einer „post-NPM-Welt" zu beginnen.

2.4 Gesellschaftliche Transformation – Anpassungsbedarfe bei den Steuerungssystemen

Diesem Abschnitt sei die persönliche Bemerkung vorangestellt, dass er in einer Zeit entstanden ist, als Deutschland und Europa von den Folgen der ersten Infektionswelle mit dem neuartigen Coronavirus und der durch diesen verursachten, teils schwer oder gar tödlich verlaufenden Covid-19-Krankheit heimgesucht wurden. Um die Ausbreitung der Infektion zu verhindern, wurde die Bewegungsfreiheit der Bürgerinnen und Bürger Schritt für Schritt eingeschränkt, öffentliche Veranstaltungen wurden abgesagt. Ziel war es, durch die Vermeidung sozialer Kontakte zu einer sinkenden Wahrscheinlichkeit der Infektion beizutragen.

Gefragt war in diesen Tagen die Solidarität mit den besonders exponierten Mitmenschen (Ältere, Menschen mit „Vorerkrankungen"): Zugunsten der Verhinderung von – schlimmstenfalls tödlich verlaufenden – Erkrankungen mussten Einbußen an persönlicher Freiheit hingenommen werden. Die Worte „Solidarität" und „Kooperation" waren solche, die in diesen Tagen häufig bemüht wurden, um den Modus zu beschreiben, in dem die betroffenen Gesellschaften mit dem Phänomen am besten fertig zu werden meinten. Auch das Gegenteil von Solidarität und Kooperation, nämlich Eigennutz und Konkurrenz, wurden thematisiert, nämlich beispielsweise im Zusammenhang mit „Hamsterkäufen" von Artikeln, wie etwa Desinfektionsmitteln, die zum einen aufgrund der Bedrohungslage nicht notwendig gewesen wären und zum anderen die Gefährdungslage derjenigen potenziell verschärften, die auf diese Artikel zwingend angewiesen gewesen wären, wie etwa chronisch Kranke.

Die beschriebene Ausnahmesituation der „Coronakrise" soll nicht zum Anlass genommen werden, um „Gut und Böse" zu definieren. Sie könnte aber als ein Anlass interpretiert werden, um eine gesellschaftliche Dynamik zu verstärken, in der die Überzeugung reift, dass Kooperationsverhältnisse zu besseren Ergebnissen der Problemlösung beitragen, als Konkurrenzverhältnisse. Diese soll hier kurz skizziert und auf Prinzipien der Hochschulsteuerung – im Modus NPM vs. Post-NPM – bezogen werden.

Das Beispiel ist insofern passend, als in jüngster Zeit neben die Frage der – für nach NPM gesteuerte Wissenschaftssysteme typischen – Frage nach der *Exzellenz und Effizienz* (im Sinne der Konkurrenzfähigkeit mit anderen Wissenschaftssystemen und des „value-for-money"), verstärkt die Frage nach der *Relevanz* von Leistungen des Wissenschaftssystems für dessen verschiedenen Interessengruppen sowie deren *Partizipationschancen* tritt. Unter Relevanz ist dabei die Fähigkeit des Wissenschaftssystems zu verstehen, gesellschaftlich dringliche Probleme zu lösen, die zugleich, wie etwa der Klimawandel aufgrund ihrer Komplexität, Sprechfähigkeit der Wissenschaftsdisziplinen untereinander (Interdisziplinarität und im Falle des Einbezugs nichtwissenschaftlichen Praxiswissens: Transdisziplinarität) erfordern. Partizipationschancen beschreiben die zunehmend eingeforderte Öffnung wissenschaftlicher Wissensproduktionsprozesse für Laienpubliketen und deren Mitwirkung an der Wissensproduktion (citizen science, „Mode 2 der Wissensproduktion", vgl. Laughton, 2011; Hölscher et al., 2020).

Bezogen auf die „Coronakrise" würde dies bedeuten, dass die Leistungsfähigkeit des Wissenschaftssystems nicht mehr nur an der Zahl exzellenter Artikel in – innerwissenschaftlich rezipierten – Fachjournalen gemessen werden kann, sondern stärker an der Fähigkeit, in möglichst kurzer Zeit einen Impfstoff zu entwickeln, um eine gesellschaftlich hoch relevante Problemlage zu bearbeiten und Leben zu retten, gemessen werden muss. Die Frage, ob diese Erwartung an das Wissenschaftssystem realistisch ist oder nicht, spielt dabei hier zunächst eine untergeordnete Rolle. Vielmehr geht es um die Frage des Erhalts von gesellschaftlicher Akzeptanz durch soziale Relevanz der Outputs des Wissenschaftssystems und damit die Legitimität von Wissenschaft, gemessen am sozialen „Impact" ihrer Leistungen.

Wenn nun zeitgenössische Wissensgesellschaften bzw. deren Wissenschaftssysteme durch die beschriebenen Entwicklungen in Richtung einer stärkeren Betonung „ethischer Werte" (vgl. Bringselius, 2018) gekennzeichnet sind, inwieweit stellt dies dann eine Herausforderung für das Steuerungsparadigma des NPM dar?

Zur Klärung dieser Frage muss vermutlich zunächst diskutiert werden, was im vorliegenden Zusammenhang unter ethischen Werten zu verstehen ist. Es geht dabei nicht im Allgemeinen um „das gute Leben", sondern im Speziellen um organisationskulturelle Vorstellungen hinsichtlich der durch Organisationshandeln (hier also dem durch das Betreiben von Wissenschaft) erreichten sozialen Impacts sowie der Wege zu ihrer Erreichung. Am Beispiel von Rechnungshöfen, also oberste nationale Autoritäten für die Leistungsbeurteilung öffentlicher Einrichtungen, beschreibt Bringselius (2018), dass in der Debatte über diesbezüglich angemessene Auditierungsverfahren zunehmend die soziale Verantwortung (der beurteilten Einrichtungen) neben den vormals dominierenden Beurteilungsgegenstand der ökonomischen Effizienz tritt. Für eine Beurteilungspraxis der Leistungsfähigkeit öffentlicher Dienste würde dies bedeuten, einen stärkeren Fokus auf Organisationskulturen sowie organisationsinterne Beziehungsgeflechte und Netzwerke zu richten (vgl. Bringselius, 2018), die ihrerseits die Bedingungen markieren, unter denen Leistungen erbracht werden sowie die Vorstellungen davon, was der richtige Weg zum Erreichen der Leistungsziele sei. Mit Blick auf die Wissenschaft wäre dies beispielsweise mit einer Rückbesinnung auf traditionelle Werte zu verknüpfen, wie etwa – sensu Merton (1973) – dem Charakter von Wissenschaft als Gemeinschaftsaufgabe, deren erfolgreiche Bearbeitung nicht als persönliche Einzelleistung verbuchbar und in individuelle Belohnungen übersetzbar wäre.

Damit ist letztlich auch eine Brücke zwischen Diskussionen im Bereich der Forschung zur öffentlichen Verwaltung zu Veränderungsbedarfen der Steuerungspraxis einerseits und den mit diesen Veränderungsbedarfen korrespondierenden gesellschaftlichen Transformationsdynamiken gebaut. Der vermutlich bedeutendste

Begriff zur Beschreibung der derzeitigen gesellschaftlichen Veränderungen, die ihrerseits Implikationen für die Entwicklung akzeptierter Steuerungsverfahren bereithalten, ist der des Netzwerkes. Netzwerke prägen zunehmend die Art, wie Menschen leben, arbeiten, ihre Freizeit verbringen etc. Eine theoretische Abstraktion über „Netzwerkgesellschaften" ist bislang insbesondere von Manuel Castells (2001) vorgelegt worden. Als Kennzeichen der Netzwerkgesellschaft wird dabei explizit nicht eine bestimmte technische Materialisierungsform von Netzwerken gemeint, wie etwa das Internet oder andere Kommunikationsnetzwerke. Vielmehr geht es um soziale Positionierungen von Individuen in netzwerkartigen Verbindungen oder Knotenpunkten, ihrerseits bestehend aus Information, Macht und Kapital (vgl. Castells, 2001). Entsprechend liegt ein Modell zur Sozialstrukturanalyse moderner Gesellschaften vor, welches durch das Bild nebeneinander bestehender Netzwerkknoten impliziert, dass solche Steuerungsmechanismen am besten geeignet sind, die Partizipation zu realisieren, Hierarchien flach zu halten und die Interdependenz der einzelnen Knotenpunkte für das Funktionieren des Gesamtnetzwerks zu berücksichtigen. Empirisch wendet Castells (2001) dies beispielsweise auf Unternehmen in der Netzwerkgesellschaft an und analysiert, dass insbesondere solche Unternehmen erfolgreich sind, die flache Hierarchien und ein höheres Maß an Prozessanstatt Zielorientierung aufweisen.

Diese theoretische Perspektive spiegelt sich z. B. auch in dem wider, was in Bezug auf erfolgreiche Managementprinzipien unter dem Label „Agilität" geführt wird. Agiles Management – als Konzept ursprünglich aus der Softwareentwicklung kommend – bedeutet, Ziele von Produktionsprozessen in der laufenden Bearbeitung der Prozesse weiter zu entwickeln, offen für Anforderungsveränderungen vor dem Hintergrund veränderlicher Erwartungen und Entwicklungen zu sein, Unerwartetes und Unvorhersehbares in den Prozess der Projektbearbeitung einzubeziehen, visionär bei der Entwicklung von Lösungen für Probleme zu sein und Ähnliches mehr (vgl. Moniruzzaman & Hossain, 2013; Serrador & Pinto, 2015).[3] Inwieweit sich das Konzept der „agilen" Verwaltung für den öffentlichen Sektor als brauchbar erweist, ist derzeit noch unklar. Es ist jedoch zu befürchten, dass es auch hier zu Übersteuerungen im System Hochschule kommen dürfte und zwar unter ganz ähnlichen Vorzeichen wie beim NPM. Schließlich würde erneut allem, was nicht „agil" ist, unterstellt werden, langsam, träge, möglicherweise sogar faul zu sein. Insofern weckt das Konzept ähnlich wie NPM größere Erwartungen seitens der handelnden Akteure, wohlwissend, dass damit andere vielfach untersuchte Probleme nicht einfach obsolet werden. Dazu gehören etwa begrenzte Rationalität von Akteuren (vgl. March, 1978; Simon, 1991), deren selektive Wahrnehmung sowie Kontingenzen im Zusammenspiel zwischen diesen Akteuren

---

[3] Wiederum kann die Coronakrise insofern als Beispiel angeführt werden, als angesichts einer sich nahezu stündlich veränderten Nachrichtenlage vielfach die Rede davon ist, dass die politischen Entscheiderinnen und Entscheider „auf Sicht fahren" und spontan in der Lage sein müssen, auf jeweils neue Situationen zu reagieren.

und ihrer Umwelt (vgl. Scharpf, 2002), die Rolle institutioneller Logiken oder von Institutionen allgemein (vgl. Thornton et al., 2015), um nur einige wenige zu nennen.

Würde man nun aber, der Logik von NPM folgend, Managementprinzipien aus der Privatwirtschaft auf den öffentlichen Sektor anwenden und dabei unterstellen, dass Prinzipien agilen Managements den State of the Art im Management von Unternehmen bilden, würde man konsequenterweise mit den gängigen Steuerungsinstrumenten des NPM schnell an Grenzen gelangen: Die dort eingesetzten Leistungsindikatoren erfordern, dass Ergebnisse gemäß a priori gesetzter Kriterien bewertet werden können, dass es einen linearen Zusammenhang zwischen Input und Outputs bzw. Outcomes gibt, dass bezüglich der eingesetzten Prozesse und der zu erwartenden Ergebnisse Planungssicherheit besteht etc. Kurz gesagt: NPM stammt aus einer Zeit des „Industrialismus", also einer Zeit vor Agilität, netzwerkförmiger Vergesellschaftung und „Schwarmintelligenz", sodass sich die Frage stellt, ob es – zumindest in seiner Reinform der unterstellten linearen Planbarkeit des Zusammenhangs von Prozessen und Produkten – der derzeitigen Entwicklung in Richtung eines „Informationalismus" (vgl. Castells, 2001, 2003) noch angemessen ist.

Möglicherweise ist die durch die indikatorbasierten Kontrollverfahren des NPM unterstellte Linearität und Planbarkeit auch einer der Gründe für die Skepsis gegenüber den entsprechenden Steuerungsverfahren: Insofern beispielsweise unter Evaluationen (als eines der von NPM für die Indikatorsteuerung vereinnahmten Instrumente) landläufig die Überprüfung der Erfüllung vorab definierter Ziele und Standards verstanden wird und nicht die Gelegenheit zur selbstgesteuerten und gegebenenfalls fehlertoleranten Reflexion über Möglichkeiten der Verbesserung von Prozessen, wird Evaluation gerade nicht als Innovationstreiber, sondern als eine weitere Zumutung der marktliberalen Überformung der „universitas magistrorum et scholarium" empfunden (vgl. Reinbacher, 2019).

Gemäß seinem Selbstbild als Raum, in dem es möglich ist, das Undenkbare weitgehend frei von Effizienz- und Nutzenerwägungen zu denken und damit als Innovationstreiber per se, reagieren Wissenschaftlerinnen und Wissenschaftler vermutlich ganz rational mit Widerstand auf Steuerungsverfahren, die ihre Autonomie bedrohen oder zu bedrohen scheinen. Schimank (2015) beschreibt dies als Identitätsbehauptung (im Sinne einer hohen Autonomie als Identitätskern), die als Reaktion auf Identitätsbedrohungen (durch autonomiebedrohende Eingriffe in die Selbststeuerungskompetenzen) nur allzu erwartbar ist.

Es bleibt zu fragen, ob die skizzierten Prinzipien des agilen Managements und Charakteristika der Netzwerkgesellschaft besser das abbilden, was man als das Selbstverständnis von Wissenschaftlerinnen und Wissenschaftlern bezeichnen könnte, unabhängig davon, wie uneinheitlich dieses Selbstverständnis sein mag. Ein Konfliktpunkt im Zusammenhang mit NPM ist beispielsweise, dass dieses dazu (ver)führe, sich in der Forschung hauptsächlich mit Gegenständen zu beschäftigen, die eine hohe Belohnung erwarten lassen (im Sinne von Forschungsvorhaben, von denen a priori angenommen werden kann, dass Ergebnisse in reputierlichen Veröffentlichungskanälen untergebracht werden können (s.o.) oder weitere Förderungen nach sich ziehen). Von traditionellen Selbststeuerungsleitbildern, die ihrerseits nicht vordringlich auf Kosten-Nutzen-Effizienz ausgerichtet sind, wird im Gegenteil dazu angenommen, dass sie zu einer höheren Widerstandskraft gegenüber Tendenzen zur „Mainstream-Forschung" beitragen. Für zukünftige Managementprinzipien, also etwa solchen, die sich stärker an „Agilität" orientieren, sind die diesbezüglichen Auswirkungen noch nicht absehbar. Optimistisch lässt sich vermuten, dass sie durch die ihnen innewohnende Flexibilität und höhere Toleranz für Ambiguität und Fehlschläge eine quasi natürliche Nähe zu wissenschaftlichen Arbeitsmodi und Haltungen haben. Skeptisch stimmt dagegen die Erwartung, dass in zukünftig „agilen Prozessen der wissenschaftlichen Wissensproduktion" möglicherweise wissenschaftstheoretisch begründete Forderungen an wissenschaftliche Vorgehensweisen (z. B. empirische Testung a priori formulierter, theoretisch begründeter Hypothe-sen und deren Falsifizierung als Leitbild (quantitativer) empirischer Forschung) an Bedeutung ver-lieren. Im Zusammenhang mit den als Informationsressource an Relevanz gewinnenden „Big Data" wird bereits diskutiert, dass Theorie und mit ihr die wissenschaftliche Vorgehensweise der theoretischen Modellierung und empirischen oder experimentellen Testung obsolet werde. Angesichts der überbordend großen Zahl verfügbarer Daten könnten traditionelle Verfahren der Modellbildung von effektiveren Methoden der Identifikation von Mustern in Big-Data-Beständen abgelöst werden:

> „For instance, Google conquered the advertising world with nothing more than applied mathematics. It didn't pretend to know anything about the culture and conventions of advertising – it just assumed that better data, with better analytical tools, would win the day. And Google was right." (Anderson, 2008)

Die Entwicklung neuer methodischer Vorgehensweisen und letztlich Wahrheitsbegriffe ist vermutlich in erster Linie wissenschaftstheoretisch und wissenssoziologisch zu diskutieren. Die skizzierten möglichen Veränderungen in der wissenschaftlichen Wissensproduktion implizieren jedoch auch, dass derzeitige Steuerungsparadigmen daraufhin geprüft werden müssten, ob sie den Realitäten des Wissenschaftssystems noch Stand halten. Was wäre beispielsweise in einer Wissenschaftswelt wie der beschriebenen zu belohnen? Geht es dann wiederum um Quantitäten, z. B. mit Blick auf die in einem „Big-Data-Datensatz" identifizierten Korrelationskoeffizienten? Diese Fragen wären zukünftig zu verhandeln und hinsichtlich der Eignung eingesetzter Steuerungsmodi für ein Wissenschaftssystem, welches Anschluss an neue gesellschaftliche Realitäten und Anforderungen hält, zu diskutieren.

Auch hinsichtlich anderer Charakteristika des Managements in der Netzwerkgesellschaft, wie namentlich dem der „flachen Hierarchien" (s. Abschn. 2.2), sind aus vorliegender Sicht Zweifel angebracht, ob deren Realisierung unmittelbar vom eingesetzten Steuerungsleitbild (traditionelle Selbstverwaltung vs. NPM vs. agiles Wissenschaftsmanagement) abhängt oder nicht vielmehr in tiefer liegenden Schichten

organisationskultureller Identitätsbildung begründet ist? Durch NPM hat zwar offenkundig eine Konzentration von Machtbefugnissen auf der Ebene von Hochschul-
leitungen zulasten von dezentralen Einheiten, wie den Fachbereichen und Instituten,
stattgefunden (z. B. vgl. Kehm, 2012). Auf der Ebene der individuellen Zusammenarbeit von Wissenschaftlerinnen und Wissenschaftlern mit ihren Mitarbeiterinnen
und Mitarbeitern oder auch im Verhältnis zwischen Lehrenden und Lernenden, kann
das Wissenschaftssystem jedoch kaum ernsthaft die Klage führen, dass eine vormals existente Kultur flacher Hierarchien und egalitärer Kooperationsstrukturen
aufgrund der Einführung von NPM aufgegeben wurde. Vielmehr legen Aussagen
von Promovierenden, die ihre Arbeitssituation als „Selbstausbeutung in unsicheren
Karriereperspektiven" beschreiben würden (vgl. Lange et al., 2016), den Befund
einer überaus hierarchischen Gliederung des Wissenschaftssystems zwischen den verschiedenen Karrierestufen nahe.

Dieser Exkurs in wissenschaftstheoretische und arbeitsorganisationsbezogene Überlegungen zur Entwicklung des Wissenschaftssystems soll hier jedoch nicht zulasten der
eigentlichen Frage nach der funktionalen Eignung von NPM als Steuerungsverfahren
weiter vertieft werden. Vielmehr soll in einem abschließenden Abschnitt diskutiert
werden, welche Implikationen für zukünftige Steuerungsparadigmen aus den skizzierten
Entwicklungen und Argumenten abgeleitet werden können. Deuten die Befunde darauf
hin, dass NPM abzulösen ist, um das Wissenschaftssystem vor sachfremden Über-
griffen zu schützen, oder geht es um „behutsame Adjustierungen" des bestehenden
Paradigmas, die angesichts neuer Realitäten angezeigt sind? Nachfolgend werden dazu
zunächst alternative Ansätze der Steuerung öffentlicher Dienstleistungen im Allgemeinen
und von Hochschulen bzw. des Wissenschaftssystems im Speziellen angesprochen,
bevor in einem Fazit die Argumente des vorliegenden Beitrags zusammengefasst und
abschließend bewertet werden.

2.5 Praktische Implikationen für die Gestaltung von Hochschulsteuerung

Wenn es sich so verhält, dass NPM als soziale Praxis der Hochschulsteuerung in der
Kritik steht und es daher – im Sinne sozialer Innovationen (vgl. Howaldt & Schwarz,
2010) – erwartbar ist, dass zugunsten besserer Lösungen über kurz oder lang neue Wege
gegangen werden, dann müsste an den Defekten der bisherigen NPM-Praxis angesetzt
werden, um ein alternatives Modell zu entwickeln.

Die aus der Sicht der Kritikerinnen und Kritiker hauptsächlich zu benennenden
Problemfelder des NPM beziehen sich u. a. auf die folgenden Paradoxa, die im Ergebnis
der Umsetzung der von NPM inspirierten Hochschulreformen der letzten Jahrzehnte zu
sehen sind:

- Das Versprechen von NPM war es, die Selbststeuerungsfähigkeit der einzelnen Institutionen zu stärken und die durch staatliche Detailsteuerung entstandene Bürokratisierung zu entflechten. Durch die für die Rechenschaftslegung eingesetzten Kontrollverfahren wurden jedoch eher kleinteilige Leistungsindikatoren und aufwendige Berichtssysteme anstatt Innovation und Flexibilität geschaffen (vgl. Bringselius, 2017), wie etwa zur Darstellung der Erfüllung von Leistungsvereinbarungen oder im Fall der Akkreditierung von Studiengängen.
- Durch Wettbewerbsorientierung sollte zudem die Autonomie hinsichtlich der inhaltlichen Gestaltung und Profilierung angesichts der Stärken und Schwächen der einzelnen Standorte gestärkt werden. Diese hat jedoch tendenziell eher zu einer Konzentration auf „marktgängige" Bereiche und damit potenziell zur Vereinheitlichung des akademischen Lebens geführt (vgl. Fangmann & Heise, 2008).
- Auf der Ebene einzelner Wissenschaftlerinnen und Wissenschaftler bestand die Erwartung der Professionalisierung des Handelns, beispielsweise im Sinne einer Basierung von Studium und Lehre auf lehr-/lerntheoretischen Evidenzen. Die daran anknüpfende Standardisierung und Formalisierung professioneller Prozesse und Lehr-/Lernverhältnisse wurde jedoch eher als bedrohliche De-Professionalisierung wahrgenommen (vgl. Pohlenz, 2018).

Als Folge solcher Widersprüche werden Sublimierungen der Regeln, opportunistische Anpassungseffekte an die Belohnungslogik der eingesetzten Leistungsindikatoren, eine Aushöhlung der Rolle von Wissenschaft für die Gesellschaft sowie Tendenzen der Konvergenz (im Sinne eines „mimetischen Isomorphismus", also der Anpassung an und Kopie von erfolgreichen oder als erfolgreich wahrgenommenen Vorbildern, ohne Rücksicht auf die eigenen organisationalen Traditionen und Besonderheiten sowie regionalen Entwicklungserfordernisse; vgl. DiMaggio & Powell, 1983), als mehr oder weniger unmittelbare Folgen der durch NPM inspirierten Hochschulreform konstatiert.

Zugleich operiert NPM auf der Basis normativer Werte, deren Funktionalität für den Erfolg moderner Gesellschaften vermutlich niemand in Zweifel ziehen würde, wie etwa Effizienz. Deren (Über-)Betonung würde, um das entsprechende Argument der Kritikerinnen und Kritiker aufzugreifen, letztlich nur dann zum Problem, wenn ihr alle anderen wissenschaftsinternen Werte untergeordnet würden und das Wissenschaftssystem seine spezifischen Funktionen nicht mehr ausüben könnte. Dies könnte z. B. im Bereich der Lehre durch Verdichtung des Leistungsangebots ausgelöst werden, die ihrerseits dem Ziel folgt, ausschließlich arbeitsmarktgängige Studienangebote zu unterbreiten. Letztlich wäre sie aber nur zu dem Preis des Verlusts allgemeinerer wissenschaftlicher und kultureller Funktionen von Hochschulen einerseits zu haben sowie andererseits – ganz praktisch – mit mutmaßlich hohen Kosten für den (Wieder-)Aufbau von Studienfächern verbunden, die sich in Abhängigkeit von den Konjunkturverläufen der zu adressierenden Arbeitsmärkte als von Zeit zu Zeit unterschiedlich nachgefragt erweisen.

Wie sieht nun ein Steuerungsparadigma aus, das den Ansprüchen des Wissenschaftssystems gerecht wird und zugleich die legitime Forderung der – das Wissenschaftssystem finanzierenden – Öffentlichkeit nach ressourcenschonendem und kosteneffizienten Handeln in Einklang bringt? Verschiedene theoretische Perspektiven werden dazu derzeit in der Literatur zu Fragen der öffentlichen Verwaltung diskutiert, die hier kurz angesprochen werden sollen.

Die beschriebene, durch NPM beförderte Kultur der kleinteiligen Kontrolle, mit der Tendenz zur Standardisierung von Prozessen zum Zwecke ihrer Vergleichbarkeit, kann als Vertrauensverlust in die Professionalität der auf diese Weise kontrollierten Leistungserbringer verstanden werden (vgl. Bringselius, 2017). Insbesondere im Falle von Professionsorganisationen, wie im Falle des Wissenschaftssystems, ist das Vertrauen in die Professionalität und hier insbesondere in die Fähigkeit, auch angesichts komplexer Situationen und Rahmenbedingungen, richtige Entscheidungen treffen zu können, von zentraler Bedeutung. Überstandardisierungen sind hingegen als Angriff auf den zentralen Eigenwert des Wissenschaftssystems, nämlich autonom und durch Expertise geleitet, sachangemessene Entscheidungen treffen zu können und mit Ambiguitäten umgehen zu können.

Insofern Vertrauen eine zentrale Kategorie in diesem Zusammenhang ist, sind Diskussionsstränge zukünftig gewinnbringend, die dieses zu einem ganz praktischen Merkmal von Steuerungsprozessen machen. Insbesondere in den nordischen Ländern wird seit einiger Zeit in der Public-Management-Debatte über das Konzept des „Trust-based Management" als Alternative zum NPM diskutiert (vgl. Bringselius, 2017). Eine (vorläufige) Definition findet sich an gleicher Stelle:

> „Trust-Based Public Management is governance and management control models focused on the needs of the service user, where each level of the policy process actively promotes delegation and coordination and attempts to secure its trustworthiness based on ability, integrity and benevolence." (Bringselius, 2017, S. 3)

Im Einzelnen ist damit gemeint, dass i) die Managementverantwortung für Prozesse der Leistungserbringung von der Ebene übergeordneter Managementpositionen (z. B. Präsidien, Dekanate) zurück auf die Ebene der Leistungserbringung selber gelegt wird, um im Sinne der Nutzerinteressen („needs of the service user") bedarfsgerechte Flexibilität und Innovationsfähigkeit im Prozess der Leistungserbringung zu sichern. Zudem wird ii) betont, dass in vertrauensbasierten Managementansätzen Ermessensspielräume auf unteren Entscheidungsebenen angesiedelt werden („delegation") und durch die Orientierung auf eine netzwerkförmige Koordination („coordination") im Sinne des Einbezugs verschiedener Arten von Expertise in höherem Maße zu einer ganzheitlichen und wiederum interessenorientierten Problemlösung beigetragen wird. Schließlich drückt sich iii) in der näheren Beschreibung der Eigenschaften, die die Vertrauenswürdigkeit der einzelnen Akteure begründen („trustworthiness based on ability, integrity and benevolence"), aus, dass von diesen fachliche Expertise sowie operative (finanzielle etc.) Möglichkeiten („ability"), Kongruenz zwischen den verlautbarten

Prinzipien und dem tatsächlichen Handlungsvollzug („integrity") sowie Wohlwollen oder Einfühlsamkeit gegenüber den Bedürfnissen desjenigen, der die Leistungen nachfragt („benevolence"), erwartet werden können müssen (vgl. Bringselius, 2017).

Die beschriebenen Eigenschaften der unmittelbar an der Leistungserbringung (hier: in Forschung, Lehre und Transfer) beteiligten Expertinnen und Experten stehen vermutlich eher im Einklang mit dem auf die professionelle Rolle bezogenen Selbstbild von Wissenschaftlerinnen und Wissenschaftlern als diejenigen, die durch NPM-Steuerungsverfahren impliziert werden. Zugleich war die (zumindest erfolgreich unterstellte) Abwesenheit dieser Eigenschaften ein erfolgreiches Narrativ für die Begründung der Notwendigkeit, die Leistungsfähigkeit der Wissenschaft stärker in den Blick zu nehmen und dafür Steuerungsverfahren, die wie NPM die Effizienz in den Mittelpunkt stellen, einzusetzen.

Inwieweit diese Unterstellung tatsächlich belegt wurde, sei dahingestellt. Typischerweise wurden zu diesem Zweck wiederum quantitative Leistungsindikatoren, wie etwa eine hohe Studienabbruchquote, vergleichsweise niedrige Forschungsoutputs etc. herangezogen. Zur Legitimation eines paradigmatischen Wechsels hin zu NPM waren diese Argumente offensichtlich stark genug. Bei einem etwaigen erneuten Wechsel auf ein wiederum neues Steuerungsleitbild würde sich nun die Frage stellen, wodurch das notwendige Vertrauen in die Leistungserbringer plötzlich zu rechtfertigen wäre.

Als Argument ließe sich immerhin ins Feld führen, dass Steuerungsprinzipien, die – wie zuvor beschrieben – auf eine netzwerkförmige Koordination über verschiedene Managementebenen hinweg setzen (also: flache Hierarchien und stärker auf die Problemlösung im Sinne der Nutzerinteressen orientiert), besser den absehbaren gesellschaftlichen Transformationen in Richtung einer „Netzwerkgesellschaft" entsprechen. Dies würde aber auch bedeuten, dass eine entsprechende Transformation nicht etwa eine gleichsam naturwüchsige Rückkehr vom „ungeliebten NPM" zu traditionellen Modi der akademischen Selbststeuerung – einschließlich der der Kombination akademischer Selbstverwaltung mit hierarchischer, regelbasierter und bürokratischer Steuerung als Kennzeichen der Wissenschaft als Teil öffentlicher Verwaltung – bedeuten würde. Vielmehr wären gänzlich neue Steuerungsmodi zu erproben, die potenziell wiederum den Widerstand all derer provozieren würden, die in flachen Hierarchien und netzwerkförmigen Kooperationen althergebrachter Machtpositionen oder im Wettbewerb gewonnener Ressourcen und Reputationen beraubt wären. Angesichts der (zuvor bereits angesprochenen) Beharrungskräfte im Wissenschaftssystem ließe sich vermuten, dass auch der Versuch, NPM durch ein anderes als das traditionelle Steuerungsleitbild abzulösen, mit opportunistischen Anpassungen bei der Weiterentwicklung der Formalstruktur zu kämpfen hätte (im Sinne von Isomorphismen; vgl. DiMaggio & Powell, 1983; Pohlenz & Seyfried, 2014).

Dessen ungeachtet würde es jedoch bei einem solchen Versuch darum gehen, Schwächen von NPM mit Blick auf die Spezifika professioneller Organisationen wie dem Wissenschaftssystem abzumildern und es entsprechend neuer sozialer Realitäten weiterzuentwickeln. Dies ließe sich vielleicht am besten durch die Formel

Effizienz und Ressourcenschonung, abzüglich kleinteiliger Kontrollmechanismen und übermäßiger Prozessstandardisierung, ergänzt um Vertrauen in die Professionalität der Leistungserbringer und Anreize für netzwerkförmige Koordination, ganzheitliche („interdisziplinäre") Problembearbeitung und lokale Verantwortungsübernahme

beschreiben. Ein Entwurf für eine Reformagenda, die den Einbezug dieser Prinzipien in die Steuerungsrealität von Hochschulen ermöglichen könnte und dabei sensibel für bestehende Beharrungskräfte und notwendige Kulturwechsel wäre, steht noch aus. Mit Blick auf die Zukunft von NPM – ungeachtet der Frage, ob diese in einem Wechsel zu einer gänzlich neuen Steuerungsrealität oder in einer Rückkehr zu traditioneller büro-kratischer Detailsteuerung – lässt sich jedoch feststellen, dass selbst Autoren, die gegenüber NPM als Steuerungsprinzip überaus kritisch eingestellt sind, davon ausgehen, dass „NPM is still prevailing but there are academicians who could see the move to Post-New Public Management which is promising to alleviate the weaknesses of the NPM" (Abraham, 2017). Zur Systematisierung von Ansprüchen an eine „post-NPM-Steuerung" haben Helgøy und Homme (2016) die folgende Gegenüberstellung entwickelt (vgl. Tab. 2.1).

Auch hier wird deutlich, dass in einer Verlagerung von Kontrollfunktionen auf die lokalen Entscheidungsebenen eine Kultur flacher Hierarchien durch horizontale und vertikale Koordination und die Betonung von dialogorientierter Übernahme von Managementverantwortung auf allen Ebenen, Möglichkeiten gesehen werden, bestehende Steuerungsverfahren unter NPM besser an die Bedürfnisse und Reali-täten von Professionsorganisationen wie dem Wissenschaftssystem anzupassen. Ob die Argumente hierfür, wie etwa das einer gesellschaftlichen Transformationsdynamik in Richtung Netzwerkgesellschaften, stark genug sind, um zu einer Abkehr von einem über Jahrzehnte wirkmächtigen Paradigma zu kommen, welches zudem durchaus im Interesse

Tab. 2.1 Comparing public perspectives on reform: NPM and post-NPM (zit. n. Helgøy & Homme, 2016)

Dimensions of reform	NPM	Post-NPM
Norms and values	Economic	Democratic
View of the Public	Customers; aggregation of individual interests	Citizens and stakeholders, in dialogue about shared values
Role of government	Steering	Serving through dialogue
Mechanisms for achieving policy objectives	Incentive structures, bench-marking, competition, and marketization	Regain central capacity and control through coalition building, coordination and collaboration (…)
Approach to accountability	Hands-on management and discretionary control	Discretion is needed, but it is constrained and accountable
Organizational structure	Horizontal specialisation and vertical devolution	Collaborative structures, horizontal and vertical coordination

vieler Akteure innerhalb des Wissenschaftssystems selber ist und deren Machtinteressen vermutlich besser bedient, als kollegiale Verfahren der akademischen Selbststeuerung, bleibt indes abzuwarten. Die inneren Interessenlagen der Wissenschaft können hier im Verhältnis zu Steuerungsparadigmen nicht weiter vertieft bzw. ausdifferenziert werden. Ihre Wirkmächtigkeit kann hier entsprechend nur vermutet und als weiterer in der Diskussion insgesamt zu berücksichtigender Einflussfaktor benannt werden. Für die Argumentation hinsichtlich von Veränderungsnotwendigkeiten des bestehenden Paradigmas angesichts stattfindender gesellschaftlicher Transformationsdynamiken wurde vorläufig eine Interessensgleichheit „der Wissenschaft" in ihrem Verhältnis zu anderen Subsystemen, insbesondere der Politik und der Wirtschaft unterstellt.

2.6   Fazit: Eine Welt nach New Public Management. Ein besserer Ort?

Nach 30 Jahren der Dominanz von NPM als Steuerungsparadigma für öffentliche Leistungen scheint es angezeigt, die Validität dieses Paradigmas angesichts veränderter gesellschaftlicher Ansprüche an die Leistungsfähigkeit in diesem Bereich zu überprüfen. Ist NPM angesichts offenkundiger Defekte und einer persistenten Kontroverse bezüglich befürchteter und tatsächlicher „Verwerfungen" also radikal abzulösen, und ist – was die Frage im Titel des Beitrages impliziert – die Gesellschaft überhaupt dafür bereit, eine solche radikale Ablösung mitzutragen? In diese Frage ist insbesondere auch einzubeziehen, dass Bürokratien durchaus Beharrungskräfte aufweisen. Entsprechend ist zu vermuten, dass Kontroversen, wie diejenigen um die (beabsichtigte) Leistungsdifferenzierung und -honorierung im NPM, möglicherweise abgelöst würden durch Kontroversen zu einer weiteren neuen, nun auf Agilität und netzwerkförmige Steuerung setzende Reformagenda. Auch diese weicht von der Vorstellung einer auf den Prinzipien von Hierarchie, regelbasiertem Handeln und Überprüfbarkeit basierenden bürokratischen Steuerung ab und stellt sich damit in Widerspruch zu den in der öffentlichen Verwaltung tief verankerten Steuerungsmustern und -traditionen.

Das Spektrum der Anforderungen der Gesellschaft an die Leistungsfähigkeit öffentlicher Dienstleistungen und damit auch der Wissenschaft hat sich verändert. Neben die Effizienz sind zunehmend „ethische" Werte wie Transparenz, Partizipation, Demokratie, Nutzerorientierung etc. getreten. Dadurch hat allerdings die Frage der Kosteneffizienz öffentlicher Dienstleistungen nicht notwendigerweise an Bedeutung und Validität verloren. Es geht also zukünftig um die Frage, wie die dem NPM innewohnenden Probleme gelöst und gleichzeitig Werte jenseits der Effizienzerwartungen in ein Steuerungsparadigma eingebaut werden können.

Dafür wurden im vorliegenden Beitrag einige Diskussionsstränge und Ansätze, die in der Debatte um die Steuerung der öffentlichen Verwaltung bzw. Dienstleistungen zu diesem Thema prominent sind, diskutiert. Gleichwohl lässt sich die theoretische Diskussion hierzu nur sehr begrenzt auch auf Erfahrungswerte stützen. Es liegt mithin nicht in der Reichweite des vorliegenden Beitrags, die Wirksamkeit der verschiedenen möglichen, alternativen Steuerungsansätze vor dem Hintergrund von Kriterien, die die jeweiligen Wertvorstellungen abbilden, gegeneinander zu vergleichen. Immerhin kann die im Titel des Beitrags formulierte Fragestellung eindeutiger beantwortet werden: Eine Steuerungsrealität jenseits von NPM ist zumindest denkbar.

Literatur

Abraham, Y. G. (2017). The Neoliberal New Public Management influence on the Swedish Higher education. *Karlstads universitets Pedagogiska Tidskrift, årgång, 13*(1), 45–58.

Anderson, C. (2008). *The end of theory: The data deluge makes the scientific method obsolete.* Wired, *06*(2008). https://www.wired.com/2008/06/pb-theory/. Zugegriffen: 12. März 2020.

Andresani, G., & Ferlie, E. (2006). Studying governance within the British public sector and without: Theoretical and methodological issues. *Public Management Review, 8*(3), 415–432.

Ball, R., & Wilkinson, R. (1994). The use and abuse of performance indicators in UK higher education. *Higher Education, 27*(4), 417–427.

Bogumil, J., Grohs, S., Kuhlmann, S., & Ohm, A. (2007). *Zehn Jahre Neues Steuerungsmodell – Eine Bilanz kommunaler Verwaltungsmodernisierung.* Edition sigma, Nomos Verlagsgesellschaft.

Bringselius, L. (2017). Trust-based management. A framework. A paper to the workshop "Public Management and Institutional Quality", Gothenburg 6–8 Juni 2017.

Bringselius, L. (2018). Efficiency, economy, effectiveness – but what about ethics? Supreme audit institutions at a critical juncture. *Public Money & Management, 38*, 105–110. https://doi.org/10.1080/09540962.2018.1407137

Castells, M. (2001). *Die Netzwerkgesellschaft: Wirtschaft, Gesellschaft, Kultur* (3 Bd., 1996, 1997, 1998). Leske + Budrich.

Castells, M. (2003). *Das Informationszeitalter: Jahrtausendwende.* Leske + Budrich.

Crössmann, J. & Kroh, P. (2007). *Controlling mit Kennzahlen: Möglichkeiten und Grenzen* (Bd. 32). Fachhochschule Mainz, FB Wirtschaftswissenschaften.

Cuganesan, S., Guthrie, J., & Vranic, V. (2014). The riskiness of public sector performance measurement: a review and research agenda. *Financial Accountability & Management, 30*(3), 279–302.

Davies, I. C. (1999). Evaluation and performance management in government. *Evaluation, 5*(2), 150–159.

De Boer, H., Enders, J., & Schimank, U. (2007). "On the way towards new public management? The governance of university systems in England, the Netherlands, Austria, and Germany." In D. Jansen (Hrsg.), *New forums of governance in research organizations* (S. 137–152). Springer. https://doi.org/10.1007/978-1-4020-5831-8.

DiMaggio, P. J., & Powell, W. (1983). The iron cage revisited: Institutional isomorphism and collective rationality in organizational fields. *American Sociological Review, 48*(2), 147–160.

Dohmen, D. (2016). Performance-based funding of Universities in Germany. In J. Manuel, C. Ferrera, & S. Rodríguez (Hrsg.), *Investigaciones de Economía de la Educación* (Bd. 11, S. 111–132). Asociación de Economía de la Educación.

Esser, H. (1999). *Soziologie. Spezielle Grundlagen, Bd. 1: Situationslogik und Handeln.* Suhrkamp.

Fangmann, H., & Heise, S. (2008). Staatliche Mittelvergabe als Marktsimulation? Systemische Probleme und Lösungsansätze. *Zeitschrift für Hochschulentwicklung, 3*(1), 41–58.

Ferlie, E. & Andresani, G. (2009). "United Kingdom – from Bureau Professionalism to New Public Management?" In C. Paradeise, E. Reale, I. Bleikli, & E. Ferlie (Hrsg.), *University Governance. Western European Comparative Perspectives* (S. 177–196). Springer.

Ferlie, E., Musselin, C., & Andresani, G. (2006). The steering of higher education systems: a public management perspective. *Higher Education, 56,* 325–348. https://doi.org/10.1007/s10734-008-9125-5.

Ferlie, E., Musselin, C., & Andresani, G. (2009). The governance of higher education systems: A public management perspective. In C. Paradeise, E. Reale, I. Bleikli, & E. Ferlie (Hrsg.), *University Governance. Western European Comparative Perspectives* (S. 1–20). Springer.

Frankfurter Rundschau. (2009). *„Uni Bonn möchte nicht mehr beurteilt werden."* (09.12.2009). https://www.fr.de/wissen/bonn-will-nicht-mehr-beurteilt-werden-11491442.html. Zugegriffen: 12. März 2020.

Gardner, R., Ostrom, E., & Walker, J. M. (1990). The nature of common-pool resource problems. *Rationality and Society, 2*(3), 335–358.

Gerber, S., Bogumil, J., Heinze, R. G., & Grohs, S. (2009). Hochschulräte als neues Steuerungsinstrument. In J. Bogumil & R. G. Heinze (Hrsg.), *Neue Steuerung von Hochschulen* (S. 93–122). Edition Sigma.

Gougoulakis, P. (2015). New public management regime and quality in higher education. *Science and Society, 33*(2015), 91–114. http://www.media.uoa.gr/sas/. Zugegriffen: 11. März 2020.

Greenwald, A. G., & Gillmore, G. M. (1997). Grading leniency is a removable contaminant of student ratings. *American Psychologist, 52*(11), 1209–1217.

Grohs, S. (2012). Die Umsetzung des Neuen Steuerungsmodells – eine empirische Bestandsaufnahme. In J. Hagn, P. Hammerschmidt, & J. Sagebiel (Hrsg.), *Modernisierung der kommunalen Sozialverwaltung – Soziale Arbeit unter Reformdruck?* (S. 103–126). Schriftenreihe Soziale Arbeit.

Hanft, A. (Hrsg.). (2004). *Grundbegriffe des Hochschulmanagements* (2 überarb). Webler.

Hardin, G. (1968). The tragedy of the commons. *Science, 162*(3859), 1243–1248.

Helgøy, I., & Homme, A. (2016). Educational reforms and Marketization in Norway—A challenge to the tradition of the social democratic, inclusive school? *Research in Comparative & International Education, 2*(1), 52–68.

Hess, C., & Ostrom, E. (2003). Ideas, artifacts, and facilities: information as a common-pool resource. *Law and Contemporary Problems, 66*(1/2), 111–145.

Hölscher, M. (2015). *Spielarten des akademischen Kapitalismus. Hochschulsysteme im internationalen Vergleich.* Springer VS.

Hölscher, M., Pasternack, P., Pohlenz, P. (2020). *Gesellschaftliche Transformationsdynamiken und die Entwicklung des Hochschulsystems. Handbuch Qualität in Studium und Lehre* (Bd. 71/2020, S. 1–26). DUZ-Medienhaus.

Hood, C. (1991). A public management for all seasons. *Public Administration, 6*(3), 3–19. ISSN 0033-3298.

Hornbostel, S. (2004). Leistungsparameter und Ratings in der Forschung. In Hochschulrektorenkonferenz (Hrsg.), *Evaluation – ein Bestandteil des Qualitätsmanagements an Hochschulen* (S. 173–188). Hochschulrektorenkonferenz (HRK). https://nbn-resolving.org/urn:nbn:de:0168-ssoar-25347.

Howaldt, J. & Schwarz, M. (2010). „Soziale Innovation. Konzepte, Forschungsfelder und – perspektiven." In J. Howaldt & H. Jacobson (Hrsg.), *Soziale Innovation. Auf dem Weg zu einem postindustriellen Innovationsparadigma* (S. 87–108). VS Verlag.

Kehm, B. (2012). „Hochschulen als besondere und unvollständige Organisationen? – Neue Theorien zur ‚Organisation Hochschule'". In U. Wilkesmann & C. Schmidt (Hrsg.), *Hochschule als Organisation* (S. 17–26). VS Verlag.

Kivistö, J. (2005). The government-higher education institution relationship: Theoretical considerations from the perspective of agency theory. *Tertiary Education & Management, 11*(1), 1–17.

Kivistö, J. (2008). An assessment of agency theory as a framework for the government–university relationship. *Journal of Higher Education Policy and Management, 30*(4), 339–350.

Krücken, G. (2008). Zwischen gesellschaftlichem Diskurs und organisationalen Praktiken: Theoretische Überlegungen und empirische Befunde zur Wettbewerbskonstitution im Hochschulbereich. In K. Zimmermann, M. Kamphans, & S. Metz-Göckel (Hrsg.), *Perspektiven der Hochschulforschung* (S. 165–175). VS Verlag.

Lange, S. (2008). New Public Management und die Governance der Universitäten. *Der moderne Staat, 1*(1), 235–248.

Lange, J., Oppermann, A., & Wegner, A. (2016). *Vereinbarkeit von Beruf und Familie im Hochschul- und außeruniversitären Forschungssektor.* Begleitstudie C1 zum Bundesbericht wissenschaftlicher Nachwuchs (BuwiN).

Laughton, D. (2011) What type of knowledge is required in the business curriculum? Pedagogic and curriculum response to the "New Knowledge". In P. van den Bossche, W. Gijselaers, & R.G. Milter (Hrsg.), *Building learning experiences in a changing world* (S. 7–24). Springer.

Leszczensky, M. & Orr, D. (2004). *Staatliche Hochschulfinanzierung durch indikatorgestützte Mittelverteilung. Dokumentation und Analyse der Verfahren in 11 Bundesländern. HIS-Kurzinformation* (Bd. A2/2004). HIS GmbH.

March, J. G. (1978). Bounded rationality, ambiguity, and the engineering of choice. *The Bell Journal of Economics, 9(2)*, 587–608.

Maasen, S., & Weingart, P. (2006). Unternehmerische Universität und neue Wissenschaftskultur. *Die Hochschule, 1*(2006), 19–45.

Matthies, C., Kivistö, J., & Birnbaum, M. (2020). Following the money? Performance-based funding and the changing publication patterns of Finnish academics. *Higher Education, 79*, 21–37. https://doi.org/10.1007/s10734-019-00394-4

Merton, R. K. (1973). "The normative structure of science". In R. K. Merton (Hrsg.), *The sociology of science: Theoretical and empirical investigations* (S. 267–278). University of Chicago Press.

Minogue, M., Polidano, C., & Hulme, D. G. (1998). „*Beyond the new public management: Changing ideas and practices in governance*", in the series New Horizons in Public Policy. Edward Elgar.

Mintzberg, H. (1979). *The structuring of organizations. A synthesis of the research.* Englewood Cliffs.

Moniruzzaman, A. B., & Hossain, S. A. (2013). Comparative study on agile software development methodologies. *Global Journal of Computer Science and Technology, 13*(7), 5–18.

Opp, K. D. (1979). *Individualistische Sozialwissenschaft. Arbeitsweise und Probleme individualistisch und kollektivistisch orientierter Sozialwissenschaften.* Enke.

Pausits, A., Zeng, G., & Abebe, R.T. (2014). *New public management in higher education – international overview and analysis.* Krems, Österreich. http://donau.booktype.pro/new-public-management-in-higher-education-international-overview-and-analysis/_info/. Zugegriffen: 11. März 2020.

Pellert, A. (2002). Hochschule und Qualität. In T. Winter (Hrsg.), *Qualitätssicherung an Hochschulen: Theorie und Praxis* (S. 21–31). Bertelsmann.

Pohlenz, P. (2009). *Datenqualität als Schlüsselfrage der Qualitätssicherung von Lehre und Studium.* Universitätsverlag Webler.

Pohlenz, P. (2018). *Qualitätssicherung in der Hochschullehre und studentische Heterogenität – zwei Seiten derselben Medaille. Handbuch Qualität in Studium und Lehre* (Bd. 63/2019, S. 1–19). DUZ-Medienhaus.

Pohlenz, P. & Seyfried, M. (2014). Die Organisation von Qualitätssicherung. Heterogene Studierende, vielfältige Managementansätze? *Die Hochschule, 24*(2), 44–155.

Power, M. (1997). *The audit society. Rituals of verification.* University Press.

Reichard C., Röber M. (2001). „Konzept und Kritik des New Public Management." In E. Schröter (Hrsg.), *Empirische Policy- und Verwaltungsforschung* (S. 371–392). VS Verlag.

Reinbacher, P. (2019). Institutionelle Innovation zwischen Evaluation und Evolution. Qualitätsmanagement als Treiber und Getriebener im Veränderungsgefüge von Hochschulen. In L. Mitterauer, P. Pohlenz, & S. Harris-Hümmert (Hrsg.), *Systeme im Wandel. Hochschulen auf neuen Wegen* (S. 31–58). Waxmann.

Scharpf, F. W. (2002). Kontingente Generalisierung in der Politikforschung. In *Akteure-Mechanis-men-Modelle: Zur Theoriefähigkeit makro-sozialer Analysen* (S. 213–235). Campus Verlag.

Schimank, U. (2015). „Identitätsbedrohungen und Identitätsbehauptung: Professoren in reform-bewegten Universitäten." In V. v. Groddeck & S. M. Wilz (Hrsg.), *Formalität und Informalität in Organisationen* (S. 277–298). VS Verlag.

Schreyögg, G. (2003). *Organisation* (3. Aufl.). VS Verlag.

Seyfried, M., Ansmann, M., & Pohlenz, P. (2019). Institutional isomorphism, entrepreneur-ship and effectiveness: The adoption and implementation of quality management in teaching and learning in Germany. *Tertiary Education and Management, 25*, 115–129. https://doi.org/10.1007/s11233-019-09022-3

Simon, H. A. (1991). Bounded rationality and organizational learning. *Organization Science, 2*(1), 125–134.

Serrador, P., & Pinto, J. K. (2015). Does agile work? –A quantitative analysis of agile project success. *International Journal of Project Management, 33*, 1040–1051.

Stock, M. (2004). Steuerung als Fiktion. Anmerkungen zur Implementierung der neuen Steuerungskonzepte an Hochschulen aus organisationssoziologischer Sicht. *Die Hochschule: Journal für Wissenschaft und Bildung, 13*(1), 30–48.

Stock, M. (2006). Zwischen Organisation und Profession. Das neue Modell der Hochschul-steuerung in soziologischer Perspektive. *Die Hochschule, 2*(2006), 67–79.

Thornton, P. H., Ocasio, W., & Lounsbury, M. (2015). *The institutional logics perspective. Emerging trends in the social and behavioral sciences: An interdisciplinary, searchable, and linkable resource* (S. 1–22). Wiley online Library. https://doi.org/10.1002/9781118900772.etrds0187

Tight, M. (2000). Do league tables contribute to the development of a quality culture? Football and higher education compared. *Higher Education Quarterly, 54*(1), 22–42.

Treibel, A. (2006). *Einführung in soziologische Theorien der Gegenwart* (7. veränderte Aufl.). VS Verlag.

Van Thiel, S., & Leeuw, F. (2002). The performance paradox in the public sector. *Public Performance & Management Review, 25*(3), 267–281.

Whitley, R. (2010). Reconfiguring the public sciences: The impact of governance changes on authority and innovation in public science systems. In R. Whitley, J. Gläser, & L. Engwall (Hrsg.), *Reconfiguring knowledge production: Changing authority relationships in the sciences and their consequences for intellectual innovation* (S. 3–47). OUP.

Wilkesmann U. (2011). Governance von Hochschulen. Wie lässt sich ein Politikfeld steuern? In N. Bandelow, S. Hegelich (Hrsg.), *Pluralismus – Strategien – Entscheidungen* (S. 305–323). Springer VS.

Winkel, O. (2006). Neues Steuerungsmodell für die Hochschulen? *Aus Politik und Zeitgeschichte (APUZ) Heft, 48*(2006), 28–31.

Prof. Dr. Philipp Pohlenz ist Professor für Hochschulforschung und Professionalisierung der akademischen Lehre an der Humanwissenschaftlichen Fakultät der Otto-von-Guericke-Universität Magdeburg. Arbeitsschwerpunkte umfassen die Studierendenforschung, Organisationsforschung und -entwicklung im Wissenschaftssystem, Wissenschaftssystementwicklung und gesellschaftliche Transformationsdynamiken.

Prof. Dr. Markus Seyfried ist Professor für Politikwissenschaft und Governance an der Hoch-schule für Polizei und öffentliche Verwaltung, NRW (HSPV NRW, Mülheim). Arbeitsschwer-punkte sind die politikwissenschaftliche Verwaltungsforschung, Hochschulforschung im Bereich Evaluation und Qualitätsmanagement, Organisationstheorie und Methoden der empirischen Sozial-forschung.

Agilität als Königsweg der öffentlichen Verwaltung?

3

Eine Diskussion des Umsetzungsstandes

Christian Schachtner

Inhaltsverzeichnis

Zusammenfassung

Ziel des Beitrags ist es zu zeigen, dass es aufgrund der gesellschaftlichen Anforderungen an den öffentlichen Sektor auf unterschiedlichen föderalen Ebenen eine Beschäftigung mit Agilität benötigt, eine zielgerichtete Herangehensweise jedoch fehlt. Das Cynefin-Framework kann eine theoretische Basis darstellen, um thematische Einordnungen für Entscheidungen der Umsetzung von Projekten vorzunehmen. Verschiedene empirische Erhebungen entwickeln Modelle zur

C. Schachtner (✉)
IU Internationale Hochschule, Bad Reichenhall, Deutschland
E-Mail: christian.schachtner@iu.org

43

G. Richenhagen und M. Dick (Hrsg.), *Public Management im Wandel,* FOM-Edition,
https://doi.org/10.1007/978-3-658-36663-6_3

Implementierung von Dynamisierung und Kollaboration, um einen realen Mehrwert zur Serviceorientierung bei digitalen, nachhaltigen und gemeinnützigen Diensten zu schaffen. Im besten Falle stellen diese lose Strategieansätze dar, die zudem in der Domäne des Public Managements adaptiert werden müssen.

Schlüsselwörter

Transformation · Public Management · Cynefin-Framework · Kompetenzdiagnostik · Competence Diagnostics · Gesellschaftlicher Wandel · Social Change · E-Government · Kollaboration und Cross-Funktionalität · Collaboration and Cross-Functionality

▶ **Abstract**

This article aims to show, along the social demands placed on the public sector, the necessity of dealing with agility at different federal levels, despite not being a comprehensive solution. The Cynefin framework can provide a theoretical basis for the thematic classifications of decisions on the implementation of possible projects. Various empirical surveys develop models for an implementation of dynamization and collaboration in order to create real benefits for service orientation in digitized, sustainable and non-profit services. At best, these are loose strategical approaches, which also need to be adapted in the domain of public management.

Dieser Beitrag setzt sich mit dem Verständnis, den Anforderungen und den Implikationsmöglichkeiten von agilen Methoden in der öffentlichen, inneren Verwaltung auseinander. Dabei soll insbesondere das Cynefin-Framework auf Eignung als Modell für Überlegungen zur Einordnung des Kontextes und Situationsanalyse in komplizierten oder komplexen Situationen geprüft werden.

Das Thema Agilität ist das dominierende Paradigma in der strategischen Diskussion um modernes Management (vgl. Brandes et al., 2014). Insbesondere der Anpassungsdruck durch globale Entwicklungen wie der zunehmenden Digitalisierung unserer Wirtschaftswelt wie auch die stilisierte Notwendigkeit zu permanenter Innovation und Entwicklung disruptiver Geschäftsmodelle treiben organisatorische Veränderungen für Entscheiderinnen und Entscheider sowie der Belegschaft voran. Der gesellschaftliche Wandel trägt eine Erwartungshaltung von umfassender Servicequalität in allen Dienstleistungsbranchen in sich, sodass zunehmend individualisierte Angebote, zugeschnitten auf die jeweiligen Bedürfnisse der zudem stets heterogener werdenden Bevölkerungsgruppierungen, vielen „Anspruchsnehmern" Probleme im Umgang mit den Kundinnen und Kunden oder Bürgerinnen und Bürgern bereiten (vgl. Buis & Boex, 2015).

3.1   Treiber der Veränderung und Anlass für Agilität

Gesetzliche Anforderungen an die Praxis und Stand der Entwicklungen am Beispiel des Treibers „Digitalisierung" führen zu steigender Komplexität. Kurz beschrieben sollen hier drei Beispiele angeführt werden, womit sich die öffentliche Hand an konkreten Umsetzungsprojekten zum derzeitigen Stand beschäftigt.

1. Zum Ersten soll die Umsetzung der Vorgaben des Onlinezugangsgesetzes (OZG) angeführt werden. Auf Bundesebene sollen hier 575 sogenannte „Leistungsbündel" als Online-Dienstleistungen bis zum Ende des Jahres 2022 umgesetzt werden. Unter diesen „Bündeln" verbergen sich, in Themenfelder (z. B. Bildung, Umwelt, Recht und Ordnung) gestaffelt, über 6000 Verwaltungsdienstleistungen, die es neben dem persönlichen Kontakt auch online bereitzustellen gilt. Hinsichtlich der Handhabbarkeit der Dienste ist hier besonderes Augenmerk darauf zu richten, welche entsprechend vom Nutzer her gedacht werden sollen. Hierzu kann die Ausrichtung am Service Design und den darunter gefassten Denkansätzen, Handlungsanstößen und konkreten Methoden zielführend vor allem für Kommunen sein. Großprojekte wie Verkehrsinfrastruktur, Kultureinrichtungen oder Städteentwicklung können durch Kommunikationsplattformen sowohl in der Koordination mit allen Beteiligten als auch über Dashboards auf mobilen Endgeräten für den Bürger für Transparenz sorgen.

2. Ein weiteres Feld der Digitalisierung befasst sich mit der Entwicklung einer Nachhaltigkeitsstrategie, etwa durch smarte Stadt- bzw. Regionalgestaltung. Intelligente Sensorik, Big-Data-Anwendungen bzw. Mikrocontrollertechnik kann helfen, die Stadtplanung, Verkehrssteuerung, Parkflächenbewirtschaftung oder die ÖPNV-Dienste so aufzustellen, dass sie im Sinne der Agenda-2030-Ziele der Vereinten Nationen (UN) helfen, eine weniger klimaschädliche Dienstleistungserbringung zu realisieren. Die sogenannten SDGs (Sustainable Development Goals) sind in 17 Teilziele untergliedert und sehen u. a. verschiedene Bezüge zu intelligenten Diensten zur Reduzierung des CO_2-Ausstoßes vor. Unter anderem ist da Teilziel 11 auch exklusiv der nachhaltigen Stadt und Gemeindegestaltung gewidmet. Hierunter kann auch intern der Aufbau eines Nachhaltigkeitsmanagementsystems auf Basis der Prozessbetrachtungen nach ISO 26000 aufgebaut werden (vgl. Bertelsmann Stiftung, 2017, S. 14).

3. Ein letztes hier angeführtes Thema soll der Einbindung von Algorithmen in die Administration gewidmet werden. Seit mehreren Jahrzehnten wird an sogenannter Künstlicher Intelligenz (KI) geforscht. Um maschinelles Lernen entwickeln zu können, benötigt es neben einer optimierten Mustererkennung nach heutiger Auffassung einer „Deep Learning"-Implementierung, um Schlussfolgerungen aus Datenanalysen ziehen zu können. Diese aus den menschlichen neuronalen Netzen abgeleitete Optimierung von Prüfmechanismen schafft durch Fallabgleiche die Reduzierung von Fehlerquoten in der maschinellen Informationsverarbeitung.

So werden etwa Chatbots, Notfallsysteme oder auch Entscheidungsvorlagen für Gremien im öffentlichen Dienst mit individueller Situationsanalyse durch die KI unterstützt bzw. komplett eigenständig geleistet. Die Entscheidungsträgerinnen und Entscheidungsträger stehen also vor der Herausforderung einer disruptiven Modernisierung von Staat und Verwaltung, indem auch ethische Fragen zum Einsatz smarter Objekte und künstlicher Intelligenz in sinnvollen Einsatzfeldern beantwortet werden müssen (vgl. von Lucke, 2019).

3.2 Indikatoren und Trends der Veränderung

Verschiedene Megatrends wie das vom Zukunftsinstitut beschriebene „New Work" beinhalten Teilaspekte mit Anforderungen eines Gleichgewichts verschiedener Pole. Dies ist der Fall bei der „Dynaxity", das heißt eine Mischung aus Dynamik und Komplexität sowie „Flexicurity", als Mischung aus Flexibilität und Sicherheit. Um die Idealvorstellung der neuen Arbeitswelt erreichen zu können, sind Leitbilder des Digital Leaderships in der Arbeitswelt 4.0 je Organisationseinheit zielführend (vgl. z. B. Bruch & Berger, 2016).

Um sich empirisch einem Reifegrad von agiler Transformation im Kontext des Digital Leaderships von Unternehmen zu nähern, haben Kienbaum Consulting gemeinsam mit der Deutschen Gesellschaft für Personalführung (DGFP) die Entwicklung eines Rahmenmodells für die agile HR-Funktion für sich propagiert. Zwar wird in der Erhebung „All-Agile HR? 2018" einleitend darauf hingewiesen, dass das gefundene Rahmenmodell keinen Anspruch auf Vollständigkeit erhebt, jedoch werden im weiteren Verlauf anhand einer betrachteten Grundgesamtheit von 118 befragten Unternehmen unterschiedlicher Branchen in Deutschland „signifikante und positive Zusammenhänge" zwischen dem Agilitätsgrad einer HR-Funktion und der Innovationskraft von Services ($r = .58$, $p \leq .01$) sowie Prozesse und Systeme ($r = .51$, $p \leq .01$) attestiert (vgl. Kienbaum & DGFP, 2018, S. 13).

Unabhängig von methodischer Kritik (wie etwa dem Zusammenhang von Erhebungen im HR-Bereich und den Rückschlüssen auf die Gesamtorganisation, der Repräsentativität aufgrund der relativ geringen Grundgesamtheit etc.) ist es erstaunlich, dass ein globales Erklärungsmodell zwischen Agilität und Innovation durch Praxis-forschung entwickelt wird. Insbesondere aufgrund der zunehmenden Ausrichtung der öffentlichen Verwaltung in Richtung eines „Public Managements" als Schnitt-stelle ökonomischer Verflechtungen zwischen Privatwirtschaft und Staat bieten sich privatwirtschaftliche Ansätze zur Agilität stärker an als die eher fragmentarisch vor-liegenden Ansätze öffentlicher Verwaltungswissenschaften. Da aber aus der Erhebung und dem Rahmenmodell ein Überblick über diskutierte Aspekte entsteht, wird an dieser Stelle näher darauf eingegangen. Die agile Ausrichtung von Personalserviceein-heiten in Organisationen wurde im Kienbaum/DGFP-Rahmenmodell anhand von sechs Dimensionen im sogenannten „Overall Agility Index" zusammengefasst.

Dies umfasst folgende Teilwerte bei einem Gesamt-Agilitätsindex von 2,81 (vgl. Kienbaum & DGFP, 2018, S. 4):

1. Agile Agile Kompetenzen (3,40)
2. Agile Führung (3,13)
3. Technisches Umfeld (2,99)
4. Agile Arbeitsformen (2,60)
5. Agile Organisation (2,36)
6. Agile Methoden (2,28).

Bei der Einordnung der Ergebnisse wurde der Reifegrad 2 von 4 („Basic" M = 2.01–3.25 von 6.0) festgestellt. Die am stärksten ausgeprägte Dimension ist die der agilen Kompetenzen (jedoch wenig systemische Innovationskompetenzen, M = 3.40), während agile Methoden kaum zur Anwendung kommen (zu New Work im öffentlichen Sektor vgl. Schachtner, 2019). Weitere, auf einem Reifegrad-Level liegenden Dimensionen auf Mesoebene der Organisation sind im Modell mit agilen Arbeitsformen, agiler Organisation, agiler Führung sowie technischem Umfeld angesiedelt. Die Organisations- bzw. Abteilungskultur einer strategischen Gesamtplanung, orientiert an Trends in der Gesellschaft, scheint damit weder in der privaten noch in der öffentlichen Unternehmenswelt angekommen zu sein. Ebenso wenig hat sich ein Verständnis über nötige Organisationskompetenzen mit kompetenzbasierter Rollendefinitionen in der Struktur der Unternehmung widergespiegelt (vgl. Kienbaum & DGFP, 2018, S. 10).

Damit zeigt sich indirekt außerdem ein Gap zwischen Relevanz und Umsetzung digitaler Technologien auf der Entscheiderebene (vgl. Schachtner, 2019). Unabhängig vom zeitgerechten und serviceorientierten Design öffentlicher Dienste haben die öffentlichen Behörden in Deutschland weiterhin Probleme damit, das Vertrauen der Bürger in ihre E-Government-Dienste aufzubauen. Laut einem Kienbaum Branchendossier des öffentlichen Dienstes sind lediglich 52 % der Bürgerinnen und Bürger mit den bestehenden E-Government-Angeboten zufrieden (vgl. Kienbaum, 2015, S. 6).

Als Hauptgründe nennen die Befragten einerseits ein zu kompliziertes, nutzerunfreundliches Handling der Dienste und ein unüberschaubares Angebot an Services (vgl. Kienbaum, 2015, S. 6). Insofern zeigt sich eine Sackgasse in den eigentlich durch konsequente Weiterentwicklung der elektronischen Verwaltung beabsichtigten Bemühungen zum Bürokratieabbau im föderalen Staatsgeflecht (vgl. Reinermann, 2017, S. 3; Bertelsmann Stiftung, 2017, S. 8).

Die Auswirkungen dieser Entwicklungen auf das ethische Verständnis von Führung und Zusammenarbeit sind jedoch nur schwer absehbar. Wegweisende Entscheidungen stehen somit an, sind aber laut dem sechsten HR-Leadership-Panels von Rochus Mummert, welches 180 Unternehmen zur Zufriedenheit mit Leadership per Online-Fragebogen befragt hat, aktuell auf einem dürftigen Stand an Zuversicht (explorativ-qualitatives Forschungsdesign). Es wird von über der Hälfte der Befragten (57 %) eine mangelnde Fähigkeit von Führungskräften zur kurzfristigen und schnellen Anpassung an

Veränderungen konstatiert. Es fehle generell über alle Berufsbranchen hinweg außerdem an visionären Persönlichkeiten zur Bildung einer strategischen Doppelspitze aus Leadership und Management. Allein mit den aktuell vorwiegend in der Rolle als analytischer Managerinnen und Manager auftretenden Regulierern in Behörden kann eine aktive Gestaltung der Zukunft nicht angegangen werden. Das Führungsleitbild kann damit nicht mehr vorwiegend als Umsetzer von Vorgaben definiert werden. Dies hat laut Aussagen der Befragten auch bereits aktuell ihre Auswirkungen auf die Motivation und Aufbruchstimmung für Agilität in den Organisationen (vgl. Rochus Mummert, 2018).

3.3 Modelle der Veränderung und theoretischer Bezugsrahmen

Die Philosophie des seit dem Jahr 2001 vielfach in Bezug mit moderner Unternehmensgestaltung assoziierten Manifests der agilen Softwareentwicklung (vgl. Beck et al., 2001) propagiert, den Prozess der Leistungserbringung mit den Kundenbedürfnissen in Einklang zu bringen. Weiterhin sind dieser Logik folgend interdisziplinäre Teams nötig, die Herausforderungen der technologischen, rechtlichen, politischen und wirtschaftlichen Umwelten gemeinschaftlich unter Weiterentwicklung kollektiver Kompetenzen angehen und diese anhand von global verwendbaren Mustern einordnen (vgl. weiterführend Brandes et al., 2014).

Ansätze des Public Managements aus der Betriebswirtschaft (z. B. Absorptionsfähigkeit nach Cohen & Levinthal, 1990 sowie der Dynamic Capabilities nach Teece et al., 1997), der humanistischen Psychologie (vgl. Rogers, 1951) oder der Bildungswissenschaft (vgl. Pawlowsky, 2001) sollen dabei helfen, sich den sich dynamisch entwickelnden Umwelteinflüssen annähern zu können. Mazzucato (2017) definiert in der „öffentlichen Organisation der Zukunft" folgende Ausrichtungsschwerpunkte: Aufgabenorientierung, Innovationen, langfristige Ausrichtung, Dezentralisierung, Einbindung in Netzwerke und Risikobereitschaft. Entsprechende, beobachtbare Indikatoren können ein Schlüssel für Lern- und Zukunftsfähigkeit sein. Möglichkeiten wie die Zusammenführung und Integration von Querschnittsaufgaben mehrerer Behörden in sogenannten Shared Service Centern gibt es mit Ausnahme einzelner Landesrechenzentren aber nur vereinzelt (vgl. Kienbaum, 2015, S. 15), wie etwa auf Bundesebene in Form des Bundesverwaltungsamts (BVA).

Manch kuriose Diskussion thematisiert das agile Managementkonzept im Kontext von Theorien und Erklärungsansätzen aus verschiedenen wissenschaftlichen Disziplinen. Kühl etwa unterstellt, dass die Bewährung von Management-Tools anhand von Best-Practice-Beispielen nicht mehr ausreiche und daher durch künstliche Ableitungen eine wissenschaftliche Legitimation herbeizuführen versucht werde. Diese Herangehensweise befinde sich dann zunehmend fernab der ursprünglichen Intention eines Konstrukts zusammenhängender Überlegungen (vgl. Kühl, 2019).

Als Beispiel dient ihm die aus seiner Sicht wenig mit agiler Steuerungswirkung in Beziehung stehende Diskussion um das vom amerikanischen Soziologen Talcott Parson in den 1950er-Jahren entwickelte AGIL-Schema (vgl. Parsons, 1951). Was bei diesen Betrachtungen außer Acht gelassen wird, ist, dass die kognitionswissenschaftliche Theorie nach Parsons mit ihrer interdisziplinären Ausrichtung auf psychologische, soziologische und philosophische Ansätze eine Renaissance in der Flankierung des gesellschaftlichen Wandels verdient. Was in der Systemkritik außer Acht gelassen wird, ist, dass hiermit ein modellseitiges Ausrichtungskriterium für die Wechselwirkungen von Anforderungen gemeinnütziger Fokussierung und Umweltbelangen verbunden ist (vgl. Baecker, 2019).

Insofern erscheint für die Frage über agiles oder strukturiertes Vorgehen von Organisationen mit Parsons schematischer Grundüberlegung ein besonders passendes Ventil für systematische Transformationsüberlegungen der öffentlichen Verwaltung gegeben, was so in der Diskussion noch nicht erkannt worden zu sein scheint.

3.4 These für eine agile Organisation mit zielgerichtetem Fokus

Aus den bisherigen Beschreibungen über Transformationsanforderungen lassen sich folgende Hypothesen ableiten:

1. Die kreative Ideenfindung von Einsatzmöglichkeiten aktueller Technologien wie Blockchain oder Künstlicher Intelligenz sowie die Entwicklung von digitalen Geschäftsmodellen gilt es in Industrie wie in der öffentlichen Verwaltung auf unterschiedlichen Entscheidungsebenen von Politik bzw. der administrativen Organisationsleitung aktiv anzunehmen. Eine verbesserte Verwaltung der Humanressourcen in Behörden ist sehr stark kontextabhängig; Modelle sind daher nicht zwingend in das Public Management übertragbar (vgl. Buis & Boex, 2015).
2. Als Spezifikum in der Transformationsherausforderung des öffentlichen Sektors in Deutschland ist die föderale Struktur im Bundesstaat zu sehen, welche hohe Anforderungen an das Management innerhalb von Mehrebenensystemen stellt. Gleichzeitig kann es keinen einheitlichen Ansatz für alle Organisationsebenen und Fachrichtungen des öffentlichen Sektors geben (vgl. Morieux & Tollman, 2014).
3. Wichtig erscheint es aufgrund der genannten Anforderungen an interdisziplinäre Teams und neuartige Führungskonstellationen, eine klare Differenzierung zu finden, wann agile Strukturen und Methoden zielführend ein- und umgesetzt werden sollen, und wann professionelles „klassisches" Projektmanagement oder eine Mischform, das sogenannte „hybride" Projektmanagement, erfolgversprechender zu sein scheint.

Diese Annahmen unterstellen, dass weder vollständig agil bzw. vollständig bürokratisch aufgebaute Organisationen die nötigen Anforderungen der Umwelt vollständig bedienen können. Ein Rahmenwerk zur Orientierung zwischen diesen Polen scheint damit nötig.

3.5   Der Ansatz des Cynefin-Frameworks

An dieser Stelle wird daher ein in der Soziologie angesiedeltes Rahmenwerk, das „Cynefin-Framework", als systematische Grundlage zur Identifikation und Einordnung des Grades an Komplexität herangezogen. Es soll in aller Kürze erläutert werden.

Der Begriff „Cynefin" stammt aus dem Walisischen und beschreibt einen „Lebensraum" bzw. im adaptierten Sinne die Einordnung der Lebenswirklichkeit einer evolutionären Natur anhand unterschiedlicher Perspektiven komplexer Systeme. Der Soziologe Dave Snowden entwickelte das Framework zur Einordnung persönlicher sowie kollektiver Erfahrungen zur Entscheidungsfindung auf Basis verschiedener Disziplinen wie den Kognitionswissenschaften, der Anthropologie oder der evolutionären Psychologie (vgl. Snowden, 2018). Es unterscheidet vier in ihrer Beherrschbarkeit abnehmende Grade von Umweltanforderungen, einfache, komplizierte, komplexe und chaotische Umwelten. Entsprechend dieser Reihenfolge der Intensität der Beherrschbarkeit von Rahmenbedingungen werden verschiedene Handlungsstrategien nach folgender Aufstellung in einem ganzheitlichen System unterschieden (vgl. Hampe & Schiegel, 2014):

1. Patentrezepte nach dem Schema a) erkennen b) kategorisieren c) reagieren
2. Experten-Antworten nach dem Schema a) erkennen b) analysieren c) reagieren
3. Experimentelle Strategien nach dem Schema a) probieren b) erkennen c) reagieren
4. Entschlossenheit nach dem Schema a) handeln b) erkennen c) reagieren.

Das Modell soll Entscheidern helfen, effektive Situationsanalysen in sich verändernden Kontexten vorzunehmen. Insbesondere die Unterscheidung von komplizierten und komplexen Sachverhalten ist in der Praxis von Bedeutung. In einer verkürzten Darstellung kann von komplizierten Herausforderungen gesprochen werden, wenn Zusammenhänge zwischen Ursache und Wirkung unter Heranziehung von Fakten durch Expertinnen und Experten erarbeitet und situativ in ein Umsetzungskonzept gegossen werden müssen. In der Strategie des Vorgehens sind damit die Schritte erkennen, analysieren und reagieren zu durchlaufen.

Komplexe Anforderungen charakterisieren Situationen des Wandels und der Unberechenbarkeit. Lösungskonzepte müssen kreativ und innovativ anhand von Mustern erschlossen werden. Experimentierräume helfen anhand unterschiedlicher Methoden einen Weg zu kreieren, um Muster für eintretende Szenarien entstehen zu lassen. Damit sind in komplexen Szenarien die Vorgehensstrategien auf Ausprobieren, Erkennen und Reagieren ausgelegt (vgl. Snowden & Boone, 2007).

Abweichend von der bisherigen fließenden Form der gleichrangig vorgesehenen vier Ausprägungsgrade kann daher eine Adaption in Form einer zweistufigen Bedeutungseinordnung einerseits potenziell einer Grundstufe (diese umfasst einfache und komplizierte Sachverhalte) sowie einer Aufbaustufe von komplexen und chaotischen Sachverhalten). Dies Einordnung bedarf jedoch einschränkend weiterer Validierung durch praktische

Anwendung in passenden Kontexten. Insofern stellt das Framework eine Brücke zwischen planbar-systematisierenden und neuartig-agilen Projektanforderungen dar, die auch auf organisationale Kontexte transferierbar erscheinen. Es kann hilfreich sein, Teams zusammenzusetzen, nötige Kompetenzen zu bestimmen und ganzheitliche Wertebestimmungen im Kontext der Aufgabenstellung vorzunehmen.

3.6   Fazit und Handlungsempfehlungen

Die obigen Ausführungen haben gezeigt, dass eine kompromisslose Ausrichtung an Agilität, um einem Trend zu folgen, für den öffentlichen Sektor in Gänze nicht zielführend ist. Vorhandene Werte und Einstellungen müssen berücksichtigt und ein Weg der Vertrauensbildung beschritten werden, um systematisch-methodisch eine organisationsspezifische Lösungs- und Entscheidungskultur zu schaffen. Es werden Systeme und Instrumente benötigt, um Organisationen in die Lage zu versetzen, stilles und implizites Wissen in explizites Wissen umzuwandeln und innerhalb der Organisation weiterzugeben (vgl. Dick et al., 2010). Dies kann Organisationen weniger anfällig für Mitarbeiterfluktuation machen und die Gefahr von Effizienzverlusten verringern.

Insofern gilt es für zukunftsorientierte Organisationeinheiten, eine interne Interpretation von Agilität vorzunehmen und situative Anwendungsszenarien mit Kriterien zur Anwendung von klassischem und agilem Projektmanagement zu verbinden und zu kommunizieren. Nicht jeder Anforderung von Innovation muss mit agilen Methoden begegnet werden, auch das klassische Projektmanagement hat bei komplizierten, aber planbaren Sachverhalten seine Berechtigung. Veränderte Kompetenzanforderungen an Mitarbeiterinnen und Mitarbeiter und Führungskräfte machen eine Bestimmung des Reifegrads auch in Bezug auf die Fähigkeit in agilen Kontexten zu arbeiten nötig.

Literatur

Baecker, D. (2019). *Wie agil ist das AGIL-Schema? Eine Replik auf Stefan Kühl.* https://www.soziopolis.de/beobachten/wirtschaft/artikel/wie-agil-ist-das-agil-schema/.

Beck, K., Beedle, M., Van Bennekum, A., Cockburn, A., Cunningham, W., Fowler, M., & Kern, J. (2001). *Manifesto for agile software development.* https://moodle2019-20.ua.es/moodle/pluginfile.php/2213/mod_resource/content/2/agile-manifesto.pdf.

Bertelsmann Stiftung. (2017). *Digitale Transformation der Verwaltung – Empfehlungen für eine gesamtstaatliche Strategie.* https://www.bertelsmann-stiftung.de/fileadmin/files/Projekte/Smart_Country/DigiTransVerw_2017_final.pdf.

Brandes, U., Gemmer, P., Koschek, H., & Schültken, L. (2014). *Management Y. Agile, Scrum, Design-Thinking & Co. So gelingt der Wandel zur attraktiven und zukunftsfähigen Organisation.* Campus Verlag.

Bruch, H., & Berger, St. (2016). Leadership wird noch wichtiger! Vier Hebel der Modernisierung von Führung. *Personalführung, 6,* 18–23.

Buis, H., & Boex, J. (2015). *Improving local government performance by strengthening their 5 core capabilities*. VNG International Publishing.

Cohen, W., & Levinthal, D. (1990). Absorptive capacity – A new perspective on learning and innovation. *Administrative Science Quarterly, 35*(1), 128–152.

Dick, M., Braun, M., Eggers, I., & Hildebrandt, N. (2010). Wissenstransfer per Triadengespräch: Eine Methode für Praktiker. *Zfo – Zeitschrift Führung + Organisation, 79*(6), 367–375.

Hampe, J., & Schiegel, C. (2014). *Auswahl und Steuerung nachhaltiger Weiterbildung im Unternehmen*. Springer Gabler.

Kienbaum. (2015). *Öffentliche Verwaltung – Im Spannungsfeld wachsender Aufgaben, knapper Mittel und Digitalisierung, Branchendossiers*. http://assets.kienbaum.com/downloads/Oeffentliche-Verwaltung-Kienbaum-Studie-2015.pdf?mtime=20160810114440.

Kienbaum & DGFP. (2018). *ALL-AGILE HR? Erkenntnisse zum Reifegrad der HR-Funktion in der agilen Transformation*. https://www.dgfp.de/fileadmin/user_upload/DGFP_e.V/Medien/Publikationen/Studien/CO110-189_WhitePaper_AllAgileHR_181205.pdf

Kühl, St. (2019). *Renaissance eines Schemas – Agile Praktiker FAZ Frankfurter Allgemeinen Zeitung vom 13. Februar 2019*. https://www.faz.net/-gyl-9jpoz.

Mazzucato, M. (2017). Mission-oriented innovation policy (IIPP Working Paper, 2017-1). IIPP.

Morieux, Y., & Tollman, P. (2014). *Six simple rules – how to manage complexity without getting complicated*. Harvard Business Review Press.

Parsons, T. (1951). *The social system*. Routledge.

Pawlowsky, P. (2001). The treatment of organizational learning in management science. In M. Dierkes, A. Antal, J. Child, & I. Nonaka (Hrsg.), *Handbook of organization learning and knowledgement* (S. 61–88). Oxford University Press.

Reinermann, H. (2017). *Verwaltungsmodernisierung mit New Public Management und Electronic Government*. https://www.uni-speyer.de/files/de/Lehrst%C3%BChle/ehemalige%20Lehrstuhlinhaber/Reinermann/Duwendag.pdf.

Rochus Mummert. (2018). *HR-leadership-panel 2018*. https://www.rochusmummert.com/downloads/news/180306_Rochus_Mummert_Brosch%C3%BCre_Studienergebnisse_HR-Panel_2018.pdf.

Rogers, C. (1951). *Client-centered therapy: Its current practice, implications and theory*. Constable Publishing.

Schachtner, Ch. (2019). New Work im öffentlichen Sektor?! *VM Verwaltung & Management, 4*, 194–198.

Snowden, D. J. (2018). *A foreword to a Cynefin book, Blogbeitrag auf Cognitive Edge, erschienen am 02. Februar 2018*. https://cognitive-edge.com/blog/a-forward-to-a-cynefin-book/.

Snowden, D. J., & Boone, M. (2007). A leader's framework for decision making. *Harvard Business Review, 11*, 69–76.

Teece, D. J., Pisano, G., & Shuen, A. (1997). Dynamic capabilities and strategic management. *Strategic Management Journal, 7*, 509–533.

Von Lucke, J. (2019). Disruptive Modernisierung von Staat und Verwaltung durch den gezielten Einsatz von smarten Objekten, cyberphysischen Systemen und künstlicher Intelligenz. In M. Räckers (Hrsg.), *Digitalisierung von Staat und Verwaltung* (S. 49–61). Gesellschaft für Informatik Verlag.

Prof. Dr. rer. pol. Christian Schachtner ist Studiengangleiter im Bereich Public Management der IU Internationale Hochschule in Bad Reichenhall, Erwachsenenbildner und Fachberater im Rahmen von Akkreditierungsverfahren zu Lehr-Lernkonzeption im Öffentlichen Sektor. Arbeitsschwerpunkte sind New Work, Öffentliches Recht & Behördensteuerung, Public & Nonprofit Management sowie Nachhaltigkeitsmanagement.

Blick in die Zukunft des Personalmanagements – welche Kompetenzen benötigen öffentliche Verwaltungen in der Zukunft?

4

Malte Schophaus

Inhaltsverzeichnis

M. Schophaus (✉)
Hochschule für Polizei und öffentliche Verwaltung NRW, Bielefeld, Deutschland
E-Mail: malte.schophaus@hspv.nrw.de

© Der/die Autor(en), exklusiv lizenziert an Springer Fachmedien Wiesbaden GmbH, ein
Teil von Springer Nature 2022
G. Richenhagen und M. Dick (Hrsg.), *Public Management im Wandel,* FOM-Edition,
https://doi.org/10.1007/978-3-658-36663-6_4

Zusammenfassung

Die Personalplanung und -entwicklung in öffentlichen Verwaltungen bezieht zukünftige Entwicklungen noch nicht systematisch ein. In dem vorliegenden Beitrag werden zunächst Zukunftsstudien analysiert und mittel- und langfristige Zukunftstrends identifiziert. Als relevant für die Kommunalverwaltungen werden die Trends Demografischer Wandel, Digitalisierung, Neue Arbeit, Nachhaltige Entwicklung, alternative Mobilitätsformen sowie Migration und Integration identifiziert. In einem eintägigen Delphi-Workshop wurden diese Trends mit Expertinnen und Experten aus Kommunalverwaltungen in NRW auf ihre Bedeutsamkeit für die lokale Verwaltungsebene hin untersucht. Die Expertinnen und Experten bestätigen die Relevanz der genannten Zukunftstrends. Der Wandel der Verwaltungsaufgaben wurde aufgrund der Trends eruiert und entsprechende zukünftige Kompetenzanforderungen abgeleitet. Die Möglichkeit der Integration von Zukunftsforschungsmethoden in das Personalmanagement der Kommunalverwaltungen wird abschließend diskutiert.

Schlüsselwörter

Kompetenz · Competence · Personal-Management · Human Resource Management · Trends · Zukunft · Future

▶ **Abstract**

Human resource management in public administrations does not yet systematically include future trends. In this article, future studies are analyzed and medium and long-term future trends are identified. The trends of demographic change, digitization, new work, sustainable development, alternative forms of mobility as well as migration and integration are identified as relevant for local municipalities. In a one-day Delphi workshop, these trends were examined by local government experts in North Rhine-Westphalia regarding their significance for the local administration level. The experts confirm the relevance of the future trends mentioned. The changes in administrative tasks were determined based on the trends and corresponding future competences derived. The possibility of integrating future research methods into human resource management of public administrations is finally discussed.

4.1   Einleitung

Technische Entwicklungen, soziale und ökologische Herausforderungen sowie kultureller Wandel führen dazu, dass Organisationen und ihr Personal flexibel und mit zunehmendem Tempo auf Veränderungen reagieren müssen. Das gilt auch für die Mitarbeiterinnen und Mitarbeiter öffentlicher Verwaltungen, deren Kompetenzen an zukünftigen Entwicklungen ausgerichtet sein sollten und dabei über die Spanne des Erwerbslebens immer wieder angepasst werden müssen. Neben aktuellen Anforderungsprofilen für Mitarbeiterinnen und Mitarbeiter bedarf es ebenso der mittel- und langfristigen Prognose von zukünftigen Anforderungen an Mitarbeiterinnen und Mitarbeiter der öffentlichen Verwaltungen.

In die Personalplanung und -entwicklung von Kommunen wird die mittel- und langfristige zukünftige Entwicklung bislang selten systematisch einbezogen. Das in den letzten Jahren und weiterhin aktuell prägnanteste Beispiel für dieses Desiderat ist wohl der demografische Wandel. Die Alters- und Generationenentwicklung stellen enorme soziale, organisatorische und technische Anforderungen an die Personalsituation der Kommunen. Eine frühe systematische Auseinandersetzung mit dieser Entwicklung ist ausgeblieben, die aktuell laufenden Anpassungsbemühungen haben spät begonnen.

Dass weitere Megatrends offensichtlich direkte Auswirkungen auf die Aufgaben von Kommunen haben, wird kaum mehr infrage gestellt. Diese Wirkungen sind aktuell beispielsweise hinsichtlich der Entwicklungen der Digitalisierung (vgl. Schophaus, 2020) oder auch der Migration zu beobachten. Der vorliegende Beitrag geht der Frage nach, welche weiteren Zukunftsentwicklungen gesellschaftlich virulent sind und über welche Kompetenzen Mitarbeiterinnen und Mitarbeiter in Kommunalverwaltungen zur Bearbeitung sich verändernder Aufgaben verfügen sollten.

Der Beitrag ist wie folgt gegliedert: Nach Hinweisen zum methodischen Vorgehen der Untersuchung (Abschn. 4.2) wird das Zukunftsdenken in der Personalplanung und -entwicklung in Kommunalverwaltungen betrachtet (Abschn. 4.3). Ergebnisse von Zukunftsstudien auf unterschiedlichen Ebenen werden zusammengefasst (Abschn. 4.4) und für die Betrachtung von Zukunftskompetenzen relevante Kompetenzmodelle dargestellt (Abschn. 4.5). Die Bewertung der Trends und erste daraus folgende Handlungsanforderungen für Kommunalverwaltungen werden anhand der Ergebnisse eines Delphi-Workshops dargestellt (Abschn. 4.6) und abschließend mögliche Kompetenzanforderungen abgeleitet, die sich aus den Trends ergeben (Abschn. 4.7).

4.2   Ziel und methodisches Vorgehen

Die dargestellten Ergebnisse wurden im Rahmen des Projektes „Verwaltung 2030 – Zukünftige Kompetenzanforderungen an Verwaltungsmitarbeiterinnen und -mitarbeiter" an der Fachhochschule für öffentliche Verwaltung Nordrhein-Westfalen entwickelt (vgl. Schophaus et al., 2019; Schophaus, 2020). Das Projekt stellt die Frage, welche spezifischen Auswirkungen von Zukunftstrends für die Kommunen relevant werden, und wie diese darauf frühzeitig reagieren können. Welche Kompetenzanforderungen müssen Mitarbeiterinnen und Mitarbeiter in Kommunalverwaltungen zukünftig erfüllen?

In einem ersten Schritt wurden in dem Projekt aktuelle Zukunftsstudien ausgewertet. Dabei wurden vor allem Studien aus dem deutsch- und englischsprachigen Raum berücksichtigt, die eine mittel- bis langfristiger Perspektive (2030–2050) verfolgen. Der Fokus der Recherche lag auf themenübergreifenden Studien, die generelle Trends und Zukunftserwartungen empirisch erhoben haben. Da solche Studien nicht spezifisch öffentliche Verwaltungen und auch nicht mit spezifischem Fokus auf Kompetenzen vorliegen, wurden darüber hinaus auch Befragungsstudien zu kurzfristigen Trends in öffentlichen Verwaltungen (ein bis fünf Jahre Zeithorizont) sowie zu Zukunftskompetenzen, die in den kommenden fünf Jahren in Wirtschaftsunternehmen relevant sein werden, durchgesehen.

Die identifizierten Trends sind anschließend mit Expertinnen und Experten aus Kommunalverwaltungen kritisch diskutiert und auf ihre Relevanz für das Verwaltungshandeln in Kommunen überprüft worden. Methodisch wurde auf einen experten-basierten Ansatz der Zukunftsforschung, die Delphi-Methode, zurückgegriffen. Im Oktober 2018 wurde ein Delphi-Workshop mit zehn Expertinnen und Experten aus unterschiedlichen Städten und Gemeinden aus Nordrhein-Westfalen durchgeführt. Es wurde darauf geachtet, dass die Personen in unterschiedlichen Fachgebieten tätig sind. Der Workshop war an die iterative Systematik der Delphi-Methode (vgl. Niederberger, 2015; vgl. auch Cuhls, 2012; Häder, 2014) angelehnt. Die Expertinnen und Experten wurden nicht wie im klassischen Delphi schriftlich befragt, sondern nach der Methode des Gruppendelphis (vgl. Niederberger & Renn, 2018) zum Dialog vor Ort eingeladen. Die Diskussion wurde in iterativen Phasen gestaltet. An Trendtischen haben Expertinnen und Experten in drei Untergruppen dabei jeweils einzelne Trends in ihrer Bedeutung für die Verwaltungsarbeit bewertet. Je Gruppe visualisierte ein Moderator die Ergebnisse. Die Expertinnen und Experten diskutierten die Trends jeweils anhand der Fragen: Inwieweit sind die aus den Zukunftsstudien extrahierten Trends auch für die Kommunalverwaltungen zutreffend und zukünftig wirksam? Welche veränderten Anforderungen ergeben sich daraus zukünftig für die Verwaltungsmitarbeiterinnen und Mitarbeiter? Die Untergruppen wechselten dann von einem Trendtisch zum nächsten, während die von einem Moderator dokumentierten Ergebnisse der vorhergehenden Gruppe aus Expertinnen und Experten am Tisch verblieben. Die neue Gruppe kommentierte und ergänzte dann die Ergebnisse ihrer Kolleginnen und Kollegen. Nach drei Iterationen wurden die Ergebnisse zusammengeführt und einerseits konsensuelle Bewertungen identifiziert, andererseits Widersprüche und Dissense in der Bedeutungsabschätzung der Trends dokumentiert.

4.3   Zukunftsdenken in der Personalplanung der Kommunalverwaltungen

Die Personalplanung und -entwicklung in Kommunalverwaltungen bezieht bislang in der Regel keine Methoden der langfristigen Vorausschau ein. Auch wenn die Personalbedarfsplanung als „… die zukunftsgerichtete Bestimmung der personellen Kapazitäten" (Nicolai, 2018, S. 47) verstanden werden kann, so orientiert sich diese Zukunftsgerichtetheit meist an den üblichen drei- bis fünfjährigen Ausbildungszyklen (Ausbildungsdauer zzgl. Ausschreibungs- und Bewerbungsphase). Neben den Fragen nach der Anzahl der benötigten Beschäftigten und der Qualifikationen und Kompetenzen dieser Beschäftigten muss die zeitliche Frage stärker und sorgfältiger berücksichtigt werden: Wann und für welche Dauer werden die Personalressourcen benötigt?

Im Zuge der demografischen Entwicklung und der daraus folgenden personellen Engpässe wurde diese Fokussierung bereits vor mehreren Jahren angemahnt. So ist im Bericht der Kommunalen Gemeinschaftsstelle für Verwaltungsmanagement (KGSt) zum Demografischen Wandel von 2010 bereits zu lesen: „Da sich die kommunalen Leistungen und damit der quantitative sowie qualitative Stellenbestand und der Stellenbedarf im Zuge des demografischen Wandels in allen kommunalen Handlungsfeldern verändern werden, ist es zwingend erforderlich, die Personalbedarfsplanung zu verbinden mit: […] einer Entscheidung darüber, welche Fähigkeiten und Fertigkeiten die Beschäftigten in Zukunft brauchen." (KGSt, 2010, S. 24) Dafür werden fachbereichsbezogene Zukunftsszenarien empfohlen.

Empirische Studien dazu liegen für Kommunalverwaltungen aber kaum vor (vgl. z. B. Gourmelon, 2004) und auch normative Überlegungen zu Anforderungen an zukünftiges Personal in öffentlichen Verwaltungen sind die Ausnahme (vgl. für die Polizei Thielgen, 2016).

4.4   Zukunftstrends mit Relevanz für die kommunale Ebene

Drei Typen von Zukunftsstudien werden im Folgenden berücksichtigt:

a) allgemeine Zukunftsstudien, die sich auf die globale Entwicklung in allen gesellschaftlichen Handlungsfeldern beziehen. Diese Studien nutzen Foresight-Methoden und betrachten mittlere bis lange Zeitperspektiven (2030 bis 2050).
b) Befragungsstudien, die sich spezifisch mit Entwicklungen in öffentlichen Verwaltungen, insbesondere auf kommunaler Ebene befassen. Diese liegen nur für kürzere Zeithorizonte vor (bis fünf Jahre).
c) Weiter wird auf ein umfassendes aktuelles Projekt zur Erstellung eines Modells für Zukunftskompetenzen Bezug genommen. Dieses hat zwar ebenso kurze Zeithorizonte und fokussiert auf Wirtschaftsunternehmen, kann aber als Vergleichsfolie dienen.

4.4.1   Nationale und internationale Zukunftsstudien

Für die Analyse wurden vor allem Studien aus dem deutsch- und englischsprachigen Raum berücksichtigt, die eine mittlere bis langfristige Perspektive verfolgen. Der Fokus der Recherche lag auf themenübergreifenden Studien, die generelle Trends und Zukunftserwartungen empirisch erhoben haben. Die im Folgenden beschriebenen Prognosen beruhen maßgeblich auf den Ergebnissen des zweiten Foresight-Zyklus des Bundesministeriums für Bildung und Forschung (vgl. BMBF, 2015) und der Zukunftsstudie „Future State 2030" der Beratungsgesellschaft KPMG (vgl. KPMG International,

2014). Hinsichtlich der Trends zur neuen Arbeit werden auch eine Studie des Instituts der Zukunft der Arbeit (IZA) (vgl. Zimmermann, 2013) und der von der Böckler-Stiftung initiierten Kommission „Arbeit der Zukunft" (vgl. Jürgens et al., 2017) genauer betrachtet. Weitere Quellen sind an entsprechender Stelle angegeben.

Vorliegende Zukunftsstudien beschreiben die langfristigen Trends in sehr unterschiedlicher Differenziertheit und anhand unterschiedlicher Klassifikationen, was die Vergleichbarkeit der Trendprognosen erschwert. So bündeln einige Studien die Entwicklungen in nur wenigen Megatrends, während etwa die Foresight-Studie des Bundesministeriums für Forschung 60 Trendprofile beschreibt (vgl. Hirt et al., 2016). Im Folgenden werden die Prognosen zukünftiger Entwicklungen aus den unterschiedlichen Studien in sechs Trendbereichen zusammengefasst:

- Neue Arbeit,
- Nachhaltige Entwicklung,
- Bevölkerungsentwicklung/Demografischer Wandel,
- Alternative Formen der Mobilität,
- Digitalisierung,
- Migration, Integration und Diversität.

Die hier genannten Trendbereiche bildeten die Grundlage für den Delphi-Workshop. Die Zusammenfassung in sechs Trends war u. a. notwendig, um sie in übersichtlicher Form den Experinnen und Experten vorlegen zu können. Die genauere Beschreibung der Trends wird aus Platzgründen unten integriert mit den Hinweisen zu Kompetenzbedarfen dargestellt (Abschn. 4.5).

4.4.2   Zukunftstrends mit Bezug zu Kommunalverwaltungen

Umfassende Zukunftsstudien zu langfristigen Trends in den Kommunen liegen nicht vor. Allerdings gibt es systematische und regelmäßige Befragungen auf kommunaler Ebene, die über einen Zeithorizont von fünf Jahren oder nach Entwicklungen „der nächsten Jahre" fragen. Die Studienautoren kommen zu weitgehend einheitlichen Ergebnissen hinsichtlich der Zukunftstrends, die auch mit den zuvor dargestellten nationalen bzw. globalen Trends übereinstimmen. Lediglich in der Rangfolge der Zukunftsentwicklungen unterscheiden sich die Studien teilweise. Die aktuellen Ergebnisse der Befragung der Oberbürgermeister (vgl. Deutsches Institut für Urbanistik, 2019) sowie des Zukunftspanels Staat und Verwaltung (vgl. Wegweiser Research & Strategy & Hertie School of Governance, 2019) werden im Folgenden zusammengefasst.

Laut Befragung der (Ober-)Bürgermeisterinnen und Bürgermeister der deutschen Städte ab 50.000 Einwohnerinnen und Einwohner werden die Themen Digitalisierung, Mobilität und Verkehrskonzepte, Wohnungsbau/bezahlbaren Wohnraum schaffen sowie Stärkung von Bürgerbeteiligung, Ehrenamt und Zusammenhalt in den kommenden fünf

Jahren auf kommunaler Ebene am stärksten an Bedeutung gewinnen (vgl. Deutsches Institut für Urbanistik, 2019). Dahinter liegen die Aspekte Energiepolitik/Klimaschutz und Haushaltskonsolidierung.

Lag die Aufgabe „Unterbringung/Integration von Flüchtlingen, Asylbewerbern" im Jahr 2016 noch mit Abstand auf Platz eins der genannten Herausforderungen (ca. 60 % der Bürgermeister haben diese Aufgabe als erste Priorität angegeben), so liegt sie in 2019 auf Platz sieben (ca. 20 % geben sie noch als wichtig an). Der demografische Wandel liegt 2019 nur noch auf Platz elf, während ihr noch in den Befragungen der Vorjahre deutlich größere Relevanz für die Zukunft zugeschrieben wurde.

Das zeigt die Schwäche dieser Art der Befragungsstudien gegenüber den bereits genannten Foresight-Studien. Die Zukunftsforschung nimmt methodisch systematisch langfristige Trends in den Blick, während die kommunalen Befragungsstudien stärker nach momentanen Meinungen fragt und somit deutlich von aktuellen politischen Geschehnissen geprägt wird.

Das Zukunftspanel Staat und Verwaltung basiert auf einer weitgehenden Vollerhebung der allgemeinen öffentlichen Verwaltung in Deutschland und umfasst sowohl die Bundes-, Landes- als auch die kommunale Ebene. Die vier Herausforderungsbereiche mit dem größten Handlungsbedarf innerhalb der nächsten fünf Jahre sind demnach (vgl. Wegweiser Research & Strategy & Hertie School of Governance, 2019):

- Weiterentwicklung E-Government und Digitalisierung,
- Demografie-orientierte Personalpolitik,
- Attraktivität als Arbeitgeber,
- Stärkung der IT-Sicherheit.

Betrachtet man die Trends beider Studien, so wird deutlich, dass die in Abschn. 4.4.1 vorgestellten globalen Zukunftstrends auch als bedeutsam für die deutschen Kommunen angesehen werden.

4.5   Kompetenzkonzepte

In den letzten drei Jahren wurden zunehmend auch Befragungen zu der Entwicklung von Zukunftskompetenzen durchgeführt. Es liegt bislang aber noch kein umfassendes Modell von Zukunftskompetenzen für öffentliche Verwaltungen vor. Hier wird daher auf zwei Kompetenzansätze zurückgegriffen, einerseits der sehr umfassende Kompetenzatlas von Heyse und Erpenbeck (2009) und andererseits das aktuell vorgeschlagene Future-Skills-Framework (vgl. Stifterverband für die deutsche Wissenschaft, 2018, 2019). Beide werden im Folgenden kurz skizziert.

Breit akzeptiert für den Begriff der Kompetenzen in der betrieblichen Bildungspraxis ist die von Erpenbeck und von Rosenstiel entwickelte Definition (vgl. Erpenbeck et al., 2017). Demnach sind Kompetenzen die Fähigkeiten, in offenen, unüberschaubaren, komplexen, dynamischen Situationen kreativ und selbstorganisiert zu handeln.

Zur Handhabung in der Praxis haben Heyse und Erpenbeck (2009) einen umfassenden Kompetenzkatalog erstellt. Dieser Kompetenzatlas beschreibt 64 Einzelkompetenzen, die vier Kompetenzbereichen zugeordnet sind: Personale Kompetenzen, Sozial-kommunikative Kompetenzen, Handlungskompetenzen sowie Fach- und Methodenkompetenzen.

Auf Grundlage dieses Modells wurde eine spezifische Untersuchung von Kompetenzanforderungen in öffentlichen Verwaltungen im Projekt IntraKomp vorgenommen (vgl. Nebauer-Herzig et al., 2019). Diese konnte zeigen, dass nicht alle 64 Kompetenzen in gleicher Weise relevant für die Anforderungen in den öffentlichen Verwaltungen sind und dass auch nicht gänzlich neue Kompetenzen hinzukommen, sondern dass es vielmehr um die Verschiebung und Anforderungserhöhung von Schwerpunktbereichen geht. So konnten organisationsspezifische Kompetenzmodelle entwickelt werden, in denen für spezifische Verwaltungsorganisation die besonders relevanten Kompetenzen identifiziert wurden (vgl. Richenhagen et al., 2019).

Schon aufgrund des Titels „Future Skills Framework" scheint zudem die vom Stifterverband gemeinsam mit der Beratungsfirma McKinsey durchgeführte deutschlandweite Studie betrachtenswert (vgl. Stifterverband für die deutsche Wissenschaft, 2018, 2019). Hier wurden Personalverantwortliche von Wirtschaftsunternehmen aller Branchen nach Kompetenzen gefragt, die in den nächsten fünf Jahren besonders wichtig sein werden. Future Skills werden hier definiert „als Kompetenzen, Fähigkeiten und Eigenschaften, die in den nächsten fünf Jahren für das Berufsleben und/oder die gesellschaftliche Teilhabe deutlich wichtiger werden – und zwar über alle Branchen und Industriezweige hinweg" (Stifterverband für die deutsche Wissenschaft, 2019, S. 7).

Unter Einbezug bestehender Skills-Frameworks haben Stifterverband und McKinsey ein Future-Skills-Framework entwickelt, das zwischen drei Arten von Fähigkeiten unterscheidet. Diesen drei Typen werden 18 Fähigkeiten zugeordnet, die im Folgenden aus Platzgründen nur exemplarisch benannt werden. Die genaue Beschreibung findet sich in Stifterverband für die deutsche Wissenschaft (2018).

- *Technologische Fähigkeiten* sind Fähigkeiten, die für die Gestaltung von transformativen Technologien notwendig sind. Dazu gehören etwa der Umgang mit neuen Technologien wie z. B. Blockchain oder die Fähigkeit zur Analyse komplexer Daten.
- *Digitale Schlüsselqualifikationen* sind Kompetenzen, die erforderlich sind, um sich in einer digitalisierten Umwelt grundsätzlich zurechtzufinden und daran aktiv teilzunehmen. Beispiele dafür sind etwa die digitale Wissenserschließung (digital gestütztes Lernen), der informierte Umgang mit Daten im Netz (Digital Literacy) sowie die Fähigkeit zum kollaborativen Arbeiten.
- *Nichtdigitale Schlüsselqualifikationen* sind Fähigkeiten wie Adaptionsfähigkeit, Kreativität oder Durchhaltevermögen, die laut der Studie in Unternehmen in den kommenden Jahren im Arbeitsleben an Bedeutung zunehmen werden (vgl. Stifterverband für die deutsche Wissenschaft, 2019, S. 3 ff.).

Es wird deutlich, dass diese Untersuchung auf technologiegetriebene Unternehmungen fokussiert, die unter technischem Innovationsdruck stehen. Im Zusammenhang mit öffentlichen Verwaltungen bedarf sicher die starke Fokussierung auf Digitalisierung einer kritischen Auseinandersetzung. Kompetenzen werden in diesem Framework nicht mehr angelehnt an vorhergehende Frameworks (etwa Unterscheidungen von Fach-, Methoden-, Sozialkompetenzen, vgl. etwa OECD, 2005; Tippelt, 2014 bzw. den zuvor beschriebenen Kompetenzatlas), sondern aus dem Digitalisierungsblickwinkel betrachtet. Es gibt unterschiedliche Digitalkompetenzen und darüber hinaus Kompetenzen, die dadurch abgegrenzt werden, „nicht-digital" zu sein.

4.6   Zukünftige Kompetenzanforderungen – Ergebnisse aus dem Delphi-Workshop

In dem Expertinnen und Experten-Workshop wurde nach der Bedeutung der zuvor genannten Zukunftstrends für die Arbeit in den Kommunalverwaltungen gefragt und erörtert, welchen konkreten Herausforderungen Beschäftigte zukünftig gegenüberstehen werden und welche Kompetenzen dazu erforderlich sind. Die Ergebnisse werden strukturiert nach den bereits identifizierten Trendbereichen a) Neue Arbeit, b) Nachhaltige Entwicklung, c) Demografischer Wandel, d) Alternative Formen der Mobilität, e) Digitalisierung, f) Migration, Integration und Diversität im Folgenden zusammengefasst. Die Reihenfolge spiegelt dabei keine Bewertung nach Relevanz wider.

Die Expertinnen und Experten bestätigten die Bedeutung dieser sechs Zukunftstrends für die Kommunalverwaltungen. Methodisch war in den Expertinnen und Experten-Gesprächen keine Hierarchisierung der Trends vorgesehen. In den Gesprächen wurde auch deutlich, dass die Expertinnen und Experten es für kaum möglich hielten, einzelne Trends als zukünftig wichtiger als andere zu bewerten. Vielmehr fiel es den Beteiligten leicht, für alle sechs Trendbereiche Beispiele für sich verändernde Anforderungen in der Verwaltungsarbeit zu beschreiben. Das spricht dafür, dass die in quantitativen Trendstudien erstellten Rangreihen der Trendrelevanzen mit Vorsicht zu betrachten sind. So wurde bereits darauf hingewiesen, dass in den regelmäßigen Studien die Trends, die als besonders bedeutsam beschrieben werden, in der Rangreihenfolge bei jeder Erhebungsrunde schwanken.

In dem Workshop diskutierten die Expertinnen und Experten den Wandel von Verwaltungsaufgaben durch die Zukunftstrends und leiteten erste Kompetenzbereiche ab, die zur Bewältigung künftiger Herausforderungen als wichtig erachtet wurden. Im Folgenden werden die Entwicklungen zusammengefasst, die in allen drei Iterationen des Gruppen-Delphi als relevant diskutiert wurden. Über ihre Bedeutung bestand ein Konsens. Die Untersuchung ist aber in der Hinsicht in ihrer Reichweite begrenzt, dass sie keine Aussage über die Vollständigkeit der veränderten Anforderungen machen kann. Denn dass mögliche weitere Veränderungen im Workshop nicht benannt wurden, muss nicht allein darauf beruhen, dass sie nicht existieren oder weniger wichtig sind, sondern kann auch der begrenzten Zeit und dem Gesprächsverlauf der Gruppendiskussionen geschuldet sein. Das iterative Vorgehen hat hier den Nachteil, dass die erste Gruppe, die einen Trendbereich bespricht, die Themen prägt, die durch die zweite und dritte Gesprächsrunde in der Regel wieder aufgegriffen werden.

4.6.1   Neue Arbeit

Die Entwicklungen der Neuen Arbeit sind durch einen Wertewandel geprägt. Individualität wird den Menschen wichtiger. Optionenvielfalt und mehrere Jobwechsel werden Bestandteile in einer modernen Erwerbsbiografie sein. Die Work-Life-Dynamik gewinnt an Bedeutung. Hier entstehen Spielräume für Mitarbeiterinnen und Mitarbeiter, da aus dem Mangel an Arbeitsplätzen zukünftig ein Mangel an Arbeitskräften werden wird. Für Deutschland wird dieser Fachkräftemangel eine besondere Herausforderung darstellen. Aus den neuen Knappheitsverhältnissen auf dem Arbeitsmarkt, der kontinuierlich wachsenden Qualifikation der neuen Generation junger Frauen und der gesellschaftspolitischen Debatte ergibt sich die Notwendigkeit der besseren Nutzung des weiblichen Erwerbspotenzials. Weiter wird in Zukunft in Deutschland wieder länger gearbeitet werden. Neue Arbeitszeitmodelle werden immer mehr verbreitet sein, um dem Verlust an Arbeitsmotivation und Zufriedenheit entgegenzuwirken, der durch die Mehrarbeit entstehen kann. Hierarchische und formelle Strukturen in den Unternehmen lösen sich zunehmend auf. Die Mitarbeiterinnen und Mitarbeiter sind überall verfügbar. Heimarbeitsplätze und das Arbeiten über virtuelle Netzwerke gewinnen an Bedeutung. Folgende Aspekte heben die Experten dabei für Kommunalverwaltungen hervor:

- Aufgrund von Digitalisierungsprozessen wird es bis 2030 den Publikumsverkehr in der heutigen Form nicht mehr geben. Das Verwaltungsstudium und die Weiterbildung sollten mehr Informatikkompetenzen in Verbindung mit Verwaltungswissen vermitteln.
- Die Arbeitsaufgaben werden flexibler werden, während das Personal insgesamt abnimmt. Dieses erfordert eine zunehmende Flexibilität der Beschäftigten. Sie müssen systematisch auf Aufgaben- und Arbeitsplatzwechsel vorbereitet werden.
- Komplexere Aufgaben und eine veränderte Personalstruktur wird die Bedeutung von Kooperationen mit privaten Dienstleistern erhöhen. Kooperationsmanagement als Kompetenz wird wichtiger.
- Datenschutz als Querschnittsaufgabe muss alle Digitalisierungsmaßnahmen flankieren und auch dringend in der Breite der Mitarbeiterschaft geschult werden.

4.6.2   Nachhaltige Entwicklung

Die Expertinnen und Experten sind der Überzeugung, dass die globale Zukunftsfähigkeit in weiten Teilen von konkreten Handlungen auf kommunaler Ebene abhängt. Insbesondere ökologische Auswirkungen der Umweltkrise werden vor Ort so konkret, dass Nachhaltige Entwicklung zunehmend nicht mehr als weit in der Zukunft liegende Herausforderung, sondern als aktuell virulent betrachtet wird. Etwa der konkrete Bedarf an Maßnahmen zur Klimaanpassung oder zur Luftreinhaltung, ebenso aber auch der räumliche Kollaps des Individualverkehrs in Innenstädten erzeugen bereits jetzt neue Verwaltungsaufgaben. Dieses verstärkt die Überzeugung der Experten, dass Nachhaltige Entwicklung als Querschnittsthema in alle Ressorts integriert werden muss. Die Aufgaben- und Kompetenzbeschreibungen sind daher nur zum Teil fachlicher Natur (z. B. nachhaltige Stadtplanung), sondern vor allem werden übergeordnete strategische und methodische Hinweise zum nachhaltigen Verwaltungshandeln gegeben.

- Neue Entscheidungsmodi sowie entsprechende -kompetenzen müssen entwickelt werden, die in der Lage sind abzuschätzen, wie eine aktuelle Entscheidung auch in zehn Jahren noch angemessen und gut sein kann.
- Bürgerbeteiligung gewinnt für die nachhaltige Entscheidungsfindung an Bedeutung, besonders im Bereich der Stadtentwicklung. Verfahren der Bürgerpartizipation sollten in die Verwaltungsausbildung integriert werden.
- Aufgrund der komplexen und fachübergreifenden Herausforderungen benötigen Verwaltungen Querschnittsanalytiker, die die Bereitschaft und Fähigkeit zum fachübergreifenden Denken und Handeln mitbringen.
- Mitarbeiterinnen und Mitarbeiter sowie Führungskräfte müssen neue Perspektiven integrieren und vorausschauend denken und handeln können.

4.6.3   Demografische Entwicklung

Die Zahl der verfügbaren Nachwuchsarbeitskräfte wird abnehmen, sodass trotz verstärkter Bemühungen im Personalrecruiting mit einer weiteren Arbeitsverdichtung zu rechnen ist, die gleichzeitig auch durch die Zunahme von Aufgaben forciert wird. Um geeignete Personalstrategien entwickeln zu können, werden Kommunalverwaltungen die prospektive Personalbedarfsplanung erheblich professionalisieren müssen. Der Fachkräftebedarf kann nur befriedigt werden, wenn es gelingt, auch bislang unterrepräsentierte Personengruppen, wie Menschen mit Migrationshintergrund, stärker für den öffentlichen Dienst zu gewinnen. Die zukünftig geringere Anzahl an Personal wird die Notwendigkeit verstärken, die Beschäftigten flexibler einzusetzen. Die Einsatzflexibilität muss deutlich stärker durch Einarbeitungskonzepte und die Implementierung von Wissensmanagement unterstützt werden. Auch das Thema „alternde Belegschaften" muss stärker in den Blick genommen werden. Folgende Anforderungen ergeben sich daraus:

- Die Beschäftigten benötigen eine flexible Einsatzfähigkeit (hohe Verwendungsbreite), die durch eine höhere Kompetenzbreite und -tiefe erreicht werden kann.
- Sie brauchen Bereitschaft zu Flexibilität und ein breites Interesse an Aufgaben und Inhalten.
- Die Fähigkeiten zu interdisziplinärem Denken und Arbeiten sowie zu lösungsorientierter Kommunikation in komplexen Situationen wird sich zu einer unverzichtbaren Voraussetzung entwickeln.
- Es braucht mehr Beschäftigte, die bereit sind, Verantwortung für Mitarbeiterinnen und Mitarbeiter und Ergebnisse zu übernehmen. Entsprechende Führungskompetenzen müssen aufgebaut werden.

4.6.4   Alternative Mobilitätsformen

Nach Ansicht der Expertinnen und Experten wird es zu mehr Individual- und Logistikverkehr kommen, die Luftreinhaltung gewinnt an Bedeutung. Die Vielfalt der Mobilitätsformen nimmt zu. Innenstädte würden „Auto-frei" gestaltet. Erforderlich ist eine Verkehrssteuerung, die interkommunal abgestimmt sein muss. Den Bürgerinnen und Bürgern müssen vielfältige Daten zur Verkehrssituation und zur Mobilität bereitgestellt werden; mit Verkehrsdaten könnten auch Erlöse erzielt werden. Im Hinblick auf die Mobilitätsfrage wird die Zusammenarbeit mit Privatunternehmen zunehmen. Laut der Expertinnen und Experten müssen Beschäftigte zukünftig verstärkt mit den folgenden Anforderungen zurechtkommen:

- Daten müssen als wichtige Ressource angesehen und Fähigkeiten der Datenanalyse ausgebaut werden.
- Planungsherausforderungen sind zunehmend komplexer, zur Problemlösung bedarf es Kreativität, Experimentierfreude, der Bereitschaft über den Tellerrand zu schauen und einer hohen Offenheit für Neues.
- Die Arbeit wird häufiger projektförmig organisiert, die Bedeutung von Projektmanagementkenntnissen nimmt zu.
- Die Projektarbeit führt auch zu flacheren Hierarchien und neue Formen der Führung sind erforderlich.

4.6.5   Digitalisierung

Mit der Digitalisierung verbinden die Expertinnen und Experten für die Kommunalverwaltung vor allem die Umstellung auf digitale Bürgerservices. Das hat zur Folge, dass die Beschäftigten weniger direkt mit Bürgerinnen und Bürgern kommunizieren, sondern via elektronischer Medien. Angesichts verschiedener Bürgerinnen und Bürgergruppen und deren Fähigkeiten muss der Zugang zur Verwaltung über mehrere Kanäle möglich sein. Bürgerbüros und Rathäuser müssen umgestaltet werden – die örtliche Verwaltungspräsenz ist an das Mobilitäts- und Digitalverhalten der Bürgerinnen und Bürger anzupassen. Bei den Bürgerinnen und Bürgern entsteht die Erwartung, dass die Verwaltung nach dem One-Stop-Government-Prinzip arbeitet. Die Ansprüche an die Leistungen der Verwaltung steigen. Durch die Digitalisierung ergibt sich die Erfordernis zu mehr interkommunaler Zusammenarbeit und stärkerer Zentralisierung von Verwaltungs-leistungen (Normierung der digitalen Angebote). Auf der anderen Seite entsteht Wett-bewerb zwischen Kommunen. Die Künstliche Intelligenz kann einfache Fälle bearbeiten und nimmt Sachbearbeiterinnen und -bearbeitern Entscheidungen ab. Den Beschäftigten bietet sich die Chance, ortsunabhängig zu arbeiten. Bei der Arbeit müssen zunehmend IT-Sicherheitsaspekte berücksichtigt werden. Daraus ergeben sich folgende Anforderungen:

- Mitarbeiterinnen und Mitarbeiter müssen flexibler hinsichtlich Ort und Zeit der Arbeit sowie in Bezug auf den Aufgabeninhalt arbeiten.
- Die Fähigkeit, sich schnell in neue Aufgaben einzuarbeiten, gewinnt an Bedeutung.
- Beschäftigte sind häufiger damit konfrontiert, Prozesse zu gestalten, das bedarf der Fähigkeit zur Prozessgestaltung.
- Routinetätigkeiten werden automatisiert, die Beschäftigten sind mit den anspruchs-volleren Tätigkeiten konfrontiert. Dadurch steigt der psychische Druck.
- Vertiefte Beratungskompetenz aufgrund der Bearbeitung schwieriger Fälle ist ver-mehrt erforderlich.
- Ein grundlegendes Verständnis von digitalen Tools, deren Anwendung und Modi-fikation wird zwingend erforderlich.

4.6.6 Migration, Integration und Diversität

Beschäftigte mit Migrationshintergrund sind in der Kommunalverwaltung noch stark unterrepräsentiert. Soll auch diese Arbeitskräftereserve stärker erschlossen werden, muss die Kommunalverwaltung sich zukünftig noch deutlicher der interkulturellen Öffnung verschreiben. Dies würde auch dem Ziel einer breiten Repräsentation diverser sozialer Gruppen im öffentlichen Dienst entsprechen. Aber auch die stärker ausgeprägte Diversität in der Gesellschaft erfordert, dass Beschäftige sich mehr mit den interkulturellen Aspekten der kommunalen Daseinsvorsorge auseinandersetzen. Dies hat Auswirkungen im Bereich der Konzeption und Planung, aber auch der Kommunikation mit Einwohnerinnen und Ein-wohnern mit Migrationshintergrund. Folgende Anforderungen werden relevanter:

- Ausweitung der Fremdsprachenkompetenz.
- Bei einem zunehmenden Anteil an Bürgerinnen und Bürgern, deren Muttersprache nicht Deutsch ist, wird die Fähigkeit wichtiger, komplexe Sachverhalte in verständ-licher Form mündlich und schriftlich ausdrücken zu können.
- Wissen über und Sensibilität für die Herausforderungen einer zunehmend diversen Gesellschaft.
- Verwaltungsmitarbeiterinnen und -mitarbeiter benötigen eine umfassende interkulturelle Kompetenz, die Wissen sowie Interaktions- als auch Planungskompetenz umfasst.

4.7 Fazit

Aus der Darstellung der allgemeinen Zukunftstrends sowie daraus abgeleiteter Aufgabenveränderungen in öffentlichen Verwaltungen lassen sich a) erste Kompetenzanforderungen für die Zukunft identifizieren und b) Schlussfolgerungen für eine enge Verschränkung von Methoden der Zukunftsvorausschau und der Personalarbeit ziehen.

4.7.1 Zukunftskompetenzen

Vergleicht man die Trendbereiche der Zukunftsstudien sowie die Ergebnisse des Delphi-Workshops mit dem aktuellen Future-Skills-Framework der stark politisch wirksamen Initiative des Stifterverbandes (vgl. Stifterverband für die deutsche Wissenschaft, 2019), so kann für den Bereich öffentlicher Verwaltungen geschlussfolgert werden, dass die Verengung der Zukunftsdebatte auf die Digitalisierung unangemessen erscheint und zukünftige strategische Planungen sogar fehlleiten könnte. Der Kompetenzaufbau hinsichtlich Informatikwissen und Digitalkompetenz ist zweifellos auch für Kommunalverwaltungen zentral wichtig, zugleich kann er nur in Kombination mit dem Aufbau weiterer – „klassischer" – Zukunftskompetenzen zum Erfolg führen. Das bestätigen auch die Schlussfolgerungen anderer Projekte, etwa das aktualisierte Schlüsselkompetenzkonzept der Kommunalen Gemeinschaftsstelle für Verwaltungsmanagement (vgl. KGST, 2020) und die Ergebnisse des Projektes IntraKomp, in dem nicht vollständig neue Kompetenzbedarfe gefunden, sondern vielmehr die Erhöhung und Verschiebung der Kompetenzanforderungen beobachtet wurden (vgl. Nebauer-Herzig et al., 2019, S. 507 f.).

Die Kompetenzen, die laut der im Delphi-Workshop befragten Expertinnen und Experten zukünftig an Bedeutung gewinnen werden, lassen sich in vier Bereichen zusammenfassen:

Technische Digitalisierung
Kompetenzen, die für die technischen Veränderungen der Digitalisierung wichtiger werden, sind die sogenannten Digitalkompetenzen. Damit sind laut der Expertinnen und Experten Kompetenzen von zwei Typen gemeint, a) die Digitalspezialisten, die technische Geräte entwickeln, Software programmieren und Systeme pflegen und b) die Digitalgeneralisten, die Kompetenzen für die Anwendung von Programmen und Applikationen benötigen, die Nutzungsanpassungen an Anwendungen vornehmen und die grundlegende Arbeitsweise von Algorithmen begreifen können müssen.

Weiter besteht Bedarf für erweiterte Datenkompetenz, das heißt der Umgang mit großen Datenmengen, die Auswertung anhand statistischer Prozeduren und darüber hinaus die qualitative Interpretation von Bedeutungszusammenhängen von Datensätzen.

Auch der Datenschutz erfordert generalistische Grundkompetenzen, die zuvor nur Rechtsexperten vorbehalten waren.

Diese Digitalkompetenzen beschreiben tatsächlich neue Fähigkeiten. Sie ergänzen nach der Kategorisierung des Kompetenzatlas (vgl. Heyse & Erpenbeck, 2009) den Bereich der Fach- und Methodenkompetenzen.

Änderung der Arbeitsformen

Die zunehmende Projektförmigkeit der Arbeit erfordert Projektmanagement-kompetenzen. Führen und Kooperieren auf Distanz wird häufiger und erfordert entsprechende Kompetenzen. Hintergrund sind einerseits die neuen technischen Möglichkeiten der dezentralen Arbeit, zudem aber auch veränderte Nutzungsweisen der Heimarbeit, die sich aus Bedarfen der Work-Life-Balance ergeben.

Komplexe Handlungsprobleme sind nur noch ressortübergreifend zu lösen, wodurch die interdisziplinäre Kooperation erforderlich wird.

Die flexiblere Arbeit und der raschere Wandel von Aufgaben erfordert die Kompetenz, sich auf Neues einzulassen und einzustellen. Fälle, auf die Standardlösungen passen, werden automatisiert. Die Mitarbeiterinnen und Mitarbeiter übernehmen zunehmend schwierige und individuelle Fälle und müssen dazu in der Lage sein, Handlungsspiel-räume zu erkennen und zu nutzen. Musterlösungen sind dafür nicht mehr ausreichend.

Diese Anforderungen beziehen sich vor allem auf die zunehmende Relevanz entsprechender sozial-kommunikativer und personalen Kompetenzen.

Selbstmanagement

Der Wandel und die Flexibilisierung der Arbeit erfordern zunehmend emotionale Stabilität bei den Mitarbeiterinnen und Mitarbeitern. Die höheren Anforderungen der komplexen Aufgaben und Einzelfälle erfordern mehr Selbstständigkeit und Ent-scheidungsfähigkeit auch auf Ebene der Sachbearbeitung. Das eigene Wissen und die eigenen Kompetenzen müssen eigenständig aktualisiert und erweitert werden können, was ein hohes Maß an kontinuierlicher Lernkompetenz und (Selbst-)Reflexion erfordert. Diese erhöhten Anforderungen sind den personalen Kompetenzen zuzuordnen.

Zukunftsfähigkeit

Aufgrund der zunehmenden Geschwindigkeit von Veränderungen wird das Voraus-schauen in die Zukunft und auch das nachhaltige Handeln zur Sicherung der Zukunfts-fähigkeit wichtiger. Bei dem Personal bedarf es dazu des vorausschauenden Denkens und Handelns. Zugleich wird die Unsicherheit der Zukunft dadurch stärker bewusst und Mitarbeiterinnen und Mitarbeiter müssen den Umgang mit Ungewissheit erlernen und benötigen entsprechende Gestaltungskompetenz.

Die erwartete Zunahme an Diversität in der Bürgerschaft sowie in den Verwaltungen erfordert Diversitätskompetenz. Der Umgang mit Unterschieden benötigt darüber hinaus die Kompetenz, Zielkonflikte zu erkennen und zu berücksichtigen. Durch Ungleichheit, die in der Diversität der Menschen gegenwärtig wird, gewinnt Empathie und Solidarität mit anderen an Bedeutung.

Die Kompetenzanforderungen werden – im Abgleich mit dem zuvor genannten Kompetenzatlas von Heyse und Erpenbeck – zum Teil von Einzelkompetenzen aus dem Bereich der personalen (Lernbereitschaft, ethische Haltung, Hilfsbereitschaft) und der sozialen Kompetenzen (Beziehungsfähigkeit, Konfliktlösungsfähigkeit) abgedeckt. Hier zeigen sich aber Spezifika in den zukünftigen Anforderungen, die meines Erachtens eine Präzisierung und Ergänzung der Einzelkompetenzen erforderlich werden lassen. Die zukünftigen Anforderungen werden die Integration von stärker normativen Kompetenzkonzepten erforderlich machen, wie etwa das Konzept der nachhaltigen Gestaltungskompetenzen (vgl. de Haan, 2008; vgl. für die öffentliche Verwaltung Schophaus, 2015). Diese Gestaltungskompetenzen sind schon in der Anlage auf zukünftige Entwicklungen – nämlich eine nachhaltige Entwicklung – ausgelegt und heben etwa explizit die Fähigkeit zu vorausschauendem Denken hervor.

4.7.2 Verschränkung von Methoden der Zukunftsvorausschau und der Personalarbeit

Um diese und zukünftige Kompetenzbedarfe frühzeitig zu identifizieren, ist eine enge Verschränkung von Methoden der Zukunftsvorausschau und der Personalarbeit notwendig. Die Expertinnen und Experten stimmen in dem Delphi-Workshop der Relevanz der aufgezeigten Zukunftstrends für die Arbeit der Kommunalverwaltungen zu. Sie halten es für wichtig, dass kommunale Personalabteilungen sich mit längerfristigen Zukünften beschäftigen. „Zukunft" sollte als Konzept der Personalarbeit explizit etabliert werden. Dazu gehört ein Zukunftsbegriff, der reflektiert, dass Zukunftsvorausschau zugleich intervenierend wirkt und somit mit einer personalpolitischen Debatte verknüpft sein muss, um Personalarbeit an zukünftig gewünschten Zieldimensionen ausrichten zu können.

Bereits aus der begrifflichen Auseinandersetzung mit der Zukunft ergibt sich der Kompetenzbedarf, vorausschauend denken zu können und strategisch zu wollen. Dafür müssen auf Organisationsebene die Rahmenbedingungen für mittel- und langfristige Zukunftsvorausschau geschaffen werden. Dieses wird nur in der Integration von Personalarbeit und strategischem Management möglich sein (vgl. dazu Richenhagen et al., 2019).

Aufgrund der sehr unterschiedlichen Strukturen und Größenordnungen der kommunalen Verwaltungen wird die Integration der Vorausschau in das Personalmanagement für zahlreiche Kommunen nur durch interkommunale Zusammenarbeit möglich sein. Hier ist eine enge Kooperation erfolgversprechend, da der Wandel durch gesellschaftliche Zukunftstrends in ähnlicher Weise auf die Kommunalverwaltungen wirken dürfte.

Geeignete Methoden der Zukunftsvorausschau sollten entwickelt und eingesetzt werden. Vorliegende wissenschaftliche Methoden der Zukunftsforschung, wie etwa Delphi-Befragungen oder Szenariotechniken (vgl. Niederberger & Renn, 2019;

Tiberius, 2019; zum weiteren Methoden Überblick vgl. Cuhls, 2020), sollten dafür an Anforderungen der Kommunen angepasst und in handhabbare Tools übersetzt werden.

Armin Grunwald weist darauf hin, dass Zukunftsforschung eigentlich Gegenwartsforschung ist, da sie sich mit „in der Gegenwart erzeugten und zu begründenden Zukunftsannahmen" (Grunwald, 2009, S. 31) befasst. Die Entwürfe der Zukunft basieren immer auf dem gegenwärtigen Wissen. Zukunftsforschung liefert somit keine Sicherheit. Dennoch kommt keine Gesellschaft, auch keine Verwaltung, ohne den Bezug auf die Zukunft aus. Die Zukunftsvorausschau „gibt Orientierung, ermöglicht Planung, organisiert Erwartungen, spendet Hoffnung oder erzeugt Ängste" (Bühler & Willer, 2016, S. 9).

Mit Methoden der Zukunftsvorausschau können regelmäßig auch längerfristige Veränderungen konkreter Verwaltungsaufgaben abgesehen und reflektiert werden. Das ermöglicht Personalabteilungen frühzeitig einzuschätzen, was Verwaltungsmitarbeiterinnen und -mitarbeiter in der Zukunft können müssen.

Literatur

BMBF – Bundesministerium für Bildung und Forschung (Hrsg.). (2015). Zukunft verstehen, Zukunft gestalten. Deutschland 2030: Ergebnisse des zweiten Foresight-Zyklus. November 2015. Berlin.

Bühler, B., & Willer, S. (2016). Einleitung. In B. Bühler & S. Willer (Hrsg.), *Futurologien: Ordnungen des Zukunftswissens* (S. 9–21). Wilhelm Fink.

Cuhls, K. (2012). Zu den Unterschieden zwischen Delphi-Befragung und „einfachen" Zukunftsbefragungen. In R. Popp (Hrsg.), *Zukunft und Wissenschaft. Wege und Irrwege der Zukunftsforschung* (S. 139–158). Springer.

Cuhls, K. (2020). Time and futures. Zeit und Zukünfte in der Vorausschau – Konzepte in den Zukunftswissenschaften. In E. Schilling & M. O'Neill (Hrsg.), Frontiers in time research – Einführung in die interdisziplinäre Zeitforschung (S. 335–354). Springer.

Deutsches Institut für Urbanistik (Hrsg.). (2019). *OB-Barometer 2019.* Berlin. https://difu.de/publikationen/2019/ob-barometer-2019.html. Zugegriffen: 25. Febr. 2020.

Erpenbeck, J., von Rosenstiel, L., Grote, S., & Sauter, W. (2017). *Handbuch Kompetenzmessung. Erkennen, verstehen und bewerten von Kompetenzen in der betrieblichen, pädagogischen und psychologischen Praxis.* Schäffer-Poeschel.

Gourmelon, A. (2004). Anforderungen an die Persönlichkeit von zukünftigen Kommunalbeamten Wirtschaftspsychologie Aktuell. *Heft, 3*(2004), 15–20.

Grunwald, A. (2009). Wovon ist die Zukunftsforschung eine Wissenschaft? In R. Popp & E. Schüll (Hrsg.), *Zukunftsforschung und Zukunftsgestaltung: Beiträge aus Wissenschaft und Praxis* (S. 25–35). Springer.

de Haan, G. (2008). Gestaltungskompetenzen als Kompetenzkonzept der Bildung für nachhaltige Entwicklung. In I. Bormann & G. de Haan (Hrsg.), *Kompetenzen der Bildung für nachhaltige Entwicklung: Operationalisierung, Messung, Rahmenbedingungen, Befunde* (S. 23–44). VS Verlag.

Häder, M. (2014). *Delphi Befragungen.* Springer.

Heyse, V., & Erpenbeck, J. (2009). *Kompetenztraining – Informations- und Trainingsprogramme* (2. Aufl.). Schäfer-Poeschel.

Hirt, M., Braun, M., Holtmannspötter, D., Zweck, A., Warnke, P., & Kimpeler, S. (2016). BMBF-Foresight-Zyklus II – Vorgehensweise und Ergebnisse. *Zeitschrift für Zukunftsforschung, 5*(1), 42–56.

Jürgens, K., Hoffmann, R., & Schildmann, C. (2017). *Arbeit transformieren! Denkanstöße der Kommission ‚Arbeit der Zukunft'*. Transcript.

KGSt – Kommunale Gemeinschaftsstelle für Verwaltungsmanagement. (2010). Der demografische Wandel in Kommunalverwaltungen. Strategische Ausrichtung und Handlungsansätze des Personalmanagements. Bericht 3/2010. Köln.

KGSt – Kommunale Gemeinschaftsstelle für Verwaltungsmanagement. (2020). Schlüssel-kompetenzen in der digitalisierten Arbeitswelt. Teil 1: KGSt®-Schlüsselkompetenzkatalog-digital. Bericht 6/2020. Köln.

KPMG International (Hrsg.). (2014). *Future State 2030: The global megatrends shaping governments.* Toronto. https://assets.kpmg.com/content/dam/kpmg/pdf/2014/02/future-state-2030-v3.pdf. Zugegriffen: 25. Febr. 2020.

Nebauer-Herzig, K., Lahn, A., Vollbracht, A., Dick, M., & Richenhagen, G. (2019). Kompetenz-entwicklung, Triadengespräche und Strategie – Das Projekt IntraKomp. In B. Hermeier, T. Heupel, & S. Fichtner-Rosada (Hrsg.), *Arbeitswelten der Zukunft – Wie die Digitalisierung unsere Arbeitsplätze und Arbeitsweisen verändert* (S. 497–515). Springer Gabler.

Nicolai, C. (2018). *Personalmanagement* (5. Aufl.). UVK.

Niederberger, M. (2015). Das Gruppendelphi. In M. Niederberger & S. Wassermann (Hrsg.), *Methoden der Experten- und Stakeholdereinbindung in der sozialwissenschaftlichen Forschung* (S. 117–137). Springer.

Niederberger, M., & Renn, O. (2018). *Das Gruppendelphi-Verfahren. Vom Konzept bis zur Anwendung*. Springer.

Niederberger, M., & Renn, O. (Hrsg.). (2019). *Delphi-Verfahren in den Sozial- und Gesundheits-wissenschaften. Konzept, Varianten und Anwendungsbeispiele*. Springer.

OECD. (2005). *The definition and selection of key competencies. Executive summary*. https://www.oecd.org/pisa/35070367.pdf. Zugegriffen: 30. Nov. 2020.

Richenhagen, G., Dick, M., Lahn, A., Nebauer-Herzig, K., & Vollbracht, A. (2019). *„IntraKomp"-Handlungshilfe*. Kompetenzen, Workshops und Triadengespräche. Instrumente zur Integration des Kompetenzmanagements im Öffentlichen Dienst. Essen: MA Akademie Verlags- und Druck-Gesellschaft. https://www.fom.de/fileadmin/fom/forschung/ifpm/download/FOM-ifpm_IntraKomp-Handlungshilfe.pdf. Zugegriffen: 30. Nov. 2020.

Schophaus, M. (2015). Nachhaltige Gestaltungskompetenzen in der öffentlichen Verwaltung. In A. Gourmelon (Hrsg.), *Kompetenzen für die Zukunft – Personalentwicklung im Fokus* (S. 53–66). Rehm.

Schophaus, M. (2020). Wie denkt die Verwaltung über die Zukunft? Dokumentenanalyse von Strategiepapieren zur Digitalisierung der öffentlichen Verwaltung. In E. Schilling & M. O'Neill (Hrsg.), *Frontiers in Time Research – Einführung in die interdisziplinäre Zeitforschung* (S. 311–333). Springer VS.

Schophaus, M., Gourmelon, A., & Winschuh, T. (2019). Verwaltung 2030 – Zukünftige Kompetenzanforderungen in der öffentlichen Verwaltung. *Der Öffentliche Dienst, 9*(2019), 208–216.

Stifterverband für die deutsche Wissenschaft (Hrsg.). (2018). *Future Skills: Welche Kompetenzen in Deutschland fehlen. Future Skills – Diskussionspapier 1*. In Kooperation mit McKinsey & Company. Essen. http://www.future-skills.net/analysen/future-skills-welche-kompetenzen-in-deutschland-fehlen. Zugegriffen: 25. Febr. 2020.

Stifterverband für die deutsche Wissenschaft (Hrsg.). (2019). *Hochschul-Bildungs-Report 2020. Für die Zukunft befähigen. Jahresbericht 2019*. In Kooperation mit McKinsey & Company. Essen. http://www.hochschulbildungsreport2020.de/download/file/fid/163. Zugegriffen: 25. Febr. 2020.

Thielgen, M. M. (2016). Die Polizei der Zukunft – Wir brauchen Polizistinnen und Polizisten: Mit Herz, Verstand und …? *Polizei und Wissenschaft, 2*(2016), 39–55.

Tiberius, V. (2019). Scenarios in the strategy process: A framework of affordances and constraints. *European Journal of Futures Research, 7,* 7.

Tippelt, R. (2014). Der pädagogische und bildungspolitische Rahmen der modernen Kompetenz-debatte. Zur Differenzierung von Kompetenzkonzepten. *Journal für politische Bildung, 3*(2014), 8–16.

Wegweiser Research & Strategy & Hertie School of Governance. (2019). *Zukunftspanel Staat & Verwaltung 2019.* Berlin. www.zukunftskongress.info/sites/default/files/2019-11/Ergeb-nisse%20Zukunftspanel%202019.pdf. Zugegriffen: 25. Febr. 2020.

Zimmermann, K. F. (2013). Reflexionen zur Zukunft der Arbeit. IZA Standpunkte Nr. 56. *Forschungsinstitut zur Zukunft der Arbeit.* Bonn. http://ftp.iza.org/sp56.pdf. Zugegriffen: 30. Nov. 2020.

Prof. Dr. Malte Schophaus ist Diplom-Psychologe und lehrt das Fach Psychologie an der Hochschule für Polizei und öffentliche Verwaltung NRW in Bielefeld. Aktuelle Arbeits- und Forschungsschwerpunkte sind Nachhaltige Personalentwicklung und Partizipation, Reflexions-kompetenz und Peer-Coaching, Umweltpsychologie und wissenschaftliche Politikberatung. Malte Schophaus ist Mitgründer der umweltpsychologischen Beratungsgenossenschaft e-fect – dialog evaluation consulting eG und Mitherausgeber der Fachzeitschrift *Umweltpsychologie*.

Teil II

Anforderungen agilen Arbeitens an Personal, Führung und Organisation

Die doppelte Kompetenzlücke – Eine empirische Analyse digitaler Kompetenzanforderungen in Stellenanzeigen der öffentlichen Verwaltung in Deutschland

5

Julian Christ, Gunnar Auth und Frank Bensberg

Inhaltsverzeichnis

Dieser Beitrag ist eine überarbeitete und erweiterte Fassung eines bereits veröffentlichten Konferenzbeitrags der Autoren (Auth et al., 2021).

J. Christ (✉)
FOM Hochschule, Stuttgart, Deutschland
E-Mail: julian.christ@fom.de

G. Auth
Hochschule Meißen (FH) und Fortbildungszentrum, Meißen, Deutschland
E-Mail: gunnar.auth@hsf.sachsen.de

F. Bensberg
Hochschule Osnabrück, Osnabrück, Deutschland
E-Mail: f.bensberg@hs-osnabrueck.de

Zusammenfassung

Digitalisierung, Vernetzung und Automatisierung schreiten in hohem Tempo voran. Ähnlich wie Industrieunternehmen seit einigen Jahren bei der Einführung von Industrie-4.0-Lösungen einen tiefgreifenden Kompetenzauf- und -umbau bei großen Teilen des Personalstamms bewältigen müssen, erfordert die Digitalisierung auch im öffentlichen Dienst umwälzende Veränderungen bei Kompetenzprofilen und Stellen-anforderungen. Welche Kompetenzen von Verwaltungspersonal für die Umsetzung von E-Government benötigt werden, haben bereits mehrere Studien untersucht. Im vorliegenden Beitrag wird dagegen der Frage nachgegangen, welche Kompetenzen von öffentlichen Institutionen in Deutschland für eine zukünftige digitale Ver-waltung als erforderlich betrachtet werden. Dazu wird zunächst ein komplementäres Modell digitaler Kompetenzen inkl. einer zweckgerichteten Operationalisierung als Bezugsrahmen für quantitative Untersuchungen vorgeschlagen. Dieses Modell wird anschließend genutzt, um anhand einer großzahligen Analyse von Stellenanzeigen der öffentlichen Verwaltung (N = 21.673) das Vorkommen digitaler Kompetenz-anforderungen zu untersuchen.

Schlüsselwörter

Digitale Transformation · Digital Transformation · Digitale Kompetenzen · Digital Competences · Stellenanzeigenanalyse · Job Advertisement Analysis · Digitale Verwaltung · Digital Administration · Kompetenzmodell · Competence Model

▶   **Abstract**
    Digitalization, networking and automation are progressing at a rapid pace. Just like industrial companies have had to deal with a profound development and restructuring of large parts of the workforce when introducing Industry 4.0 solutions, digitalization also requires sweeping changes in competence profiles and job requirements in the public sector. Several studies have already examined the required competencies of administrative staff for the implementation of e-government. This article, on the other hand, deals with the question of which competencies the public administration considers necessary for future digital administration. For this purpose, a complementary model of digital competences, including a purposeful operationalization, is first proposed as a framework for quantitative studies. This model is then used to examine the occurrence of digital skills requirements based on a large-scale analysis of job advertisements from the public administration (N = 21,673).

5.1 Einleitung

Digitalisierung, Vernetzung und Automatisierung schreiten in hohem Tempo voran (vgl. Oswald & Krcmar, 2018; Arntz et al., 2016). Trotz nationaler sowie branchenspezifischer Unterschiede in Geschwindigkeit und Tiefe der laufenden digitalen Transformation (vgl. Böhm et al., 2018; Homburg et al., 2019) sind bereits heute zahlreiche Wertschöpfungs- bereiche und assoziierte Geschäftsprozesse in Unternehmen größtenteils digitalisiert und zunehmend automatisiert – mit Folgen für die Ablauf- und Aufbauorganisation (vgl. Brynjolfsson & McAfee, 2011; Scheer, 2015). Branchenspezifische Geschäftsmodelle erfahren durch die Digitalisierung eine zunehmende Veränderung, teils disruptiver, teils evolutionärer Natur und verändern zudem auch die Erwartungshaltung von Konsumenten und Unternehmen hinsichtlich der Anzahl und Nutzerfreundlichkeit digitaler Dienste (vgl. Krcmar, 2018; Böhm et al., 2018). Ebenso führt der Einsatz digitaler Technologien zu Änderungen des eingesetzten Arbeitsvolumens (vgl. Frey & Osborne, 2013; Dengler & Matthes, 2015; Kropp et al., 2018).

In annähernd gleicher Weise induziert die zunehmende Digitalisierung und Auto- matisierung der öffentlichen Verwaltung der Kommunen, Landkreise, Bundesländer und auf Bundesebene komplexe Herausforderungen für die öffentlichen Arbeitgeber und ihre Angestellten und Bediensteten in der kurzen, mittleren und langen Frist (vgl. Martini et al., 2016; Zimmerling et al., 2017). Der digitale Transformationsprozess der öffentlichen Verwaltung muss zudem als ein relativ langwieriger Anpassungsprozess verstanden werden, da die Digitalisierung, neben essenziellen technologischen Prozess- und Verfahrensinnovationen im Bereich der digitalen Behördendienste, unausweich- liche Restrukturierungen der Aufbau- und Ablauforganisation induziert, was letztlich einer Verwaltungsreform gleichkommt (vgl. Mergel, 2019). Bereits im Jahr 2013 hatte die damalige Regierungskoalition das Gesetz zur Förderung der elektronischen Ver- waltung (vgl. EGovG, 2013) beschlossen und damit die Einführung der elektronischen Aktenführung (mittels E-Akte) bis 2022 für alle Bundesbehörden als obligatorisch definiert, wenngleich dies vor dem Hintergrund der gesetzten Frist als eine echte Herausforderung bewertet werden kann (vgl. Distel, 2016). Das strategische Ziel einer digitalen Verwaltung wird zudem durch weitere entsprechende Gesetzesänderungen und Digitalisierungsstrategien der jeweils zuständigen Verwaltungsebenen flankiert (u. a. vgl. Bundesministerium des Innern, 2014; Landesregierung Baden-Württemberg, 2017). Auch das 2017 beschlossene Onlinezugangsgesetz (OZG) hat den Druck auf die Ver- waltungsebenen massiv erhöht (vgl. OZG, 2017). Das OZG verpflichtet Bund, Länder und Kommunen dazu, alle geeigneten und vorhandenen Verwaltungsleistungen, die in 14 Themenfelder und 575 Leistungen gegliedert wurden, bis zum Jahr 2022 auch online anzubieten und sie über einen Verbund der Verwaltungsportale von Bund und Ländern dem einzelnen Bürger und nachfragenden Organisationen als Nutzer zugänglich zu machen (vgl. IT-Planungsrat, 2019). Die aus den Gesetzesbeschlüssen und strategischen Zielen resultierenden Herausforderungen des digitalen Transformationsprozesses im öffentlichen Sektor werden zudem durch mittelfristig angelegte Aktionspläne der EU-Kommission gestützt (vgl. EU-Kommission, 2016).

Neben jüngst veröffentlichten wissenschaftlichen Untersuchungen und Einzelstudien zu den Auswirkungen der laufenden digitalen Transformation (u. a. vgl. Mergel, 2019) werden aktuell auch zunehmend Denkfabriken, Stiftungen und die großen Consulting-Agenturen in diesen Bereichen beratend tätig. So zeigt der öffentliche Sektor erheblichen Beratungsbedarf hinsichtlich seiner Digitalisierungsreife und mehrdimensionalen Herausforderungen, gerade auch in Bezug auf politische Meilensteine und definierte Fristen (beispielsweise OZG). Darüber hinaus besteht ein signifikanter Nachholbedarf bei Investitionen in digitale Infrastruktur, Fachkräfteausbildung und Weiterbildung (vgl. Beck et al., 2017; Bitkom, 2018; Bughin et al., 2018). Neben den rechtlichen und technischen Fragestellungen und Herausforderungen ist die angestrebte digitale Transformation unvermeidbar mit Herausforderungen im Personalmanagement verknüpft. Industrieunternehmen mussten in den letzten Jahren im Zuge der Einführung von Industrie-4.0-Lösungen und digitalen Dienstleistungen im B2B- und B2C-Bereich einen tiefgreifenden Aufbau und Umbau an Kompetenzen bei großen Teilen des Personalstamms bewältigen (vgl. OECD, 2019; Gonzalez Vazquez et al., 2019). In annähernd identischer Weise erfordert die angestrebte digitale Verwaltung ebenso im Personalmanagement des öffentlichen Sektors umwälzende Veränderungen der für eine (zunehmend) digitale Verwaltung relevanten Rollenmodelle, Kompetenzprofile und Stellenanforderungen (vgl. Rätz et al., 2016; Ogonek et al., 2016). Insofern stellt sich insbesondere die Nachfrageseite digitaler Kompetenzen als weniger systematisch beleuchtet dar. Zur Frage, welche Kompetenzen von Verwaltungsstellen selbst für die Digitalisierung ihrer Dienstaufgaben als erforderlich betrachtet werden, lassen sich wenig systematisch erhobene und publizierte Ergebnisse ausmachen.

Der vorliegende Beitrag adressiert daher folgende Forschungsfragen:

1. Welche neuen Kompetenzen sind für die Umsetzung aktueller Digitalisierungsstrategien von Bund und Ländern im Hinblick auf die öffentliche Verwaltung erforderlich?
2. In welchem Umfang werden digitale Kompetenzen in Stellenanzeigen der öffentlichen Verwaltung bereits heute nachgefragt?

Zur Beantwortung dieser Forschungsfragen schlägt der Beitrag ein komplementäres Kompetenzmodell mit einer zweckgerichteten Operationalisierung digitaler Kompetenzen als Bezugsrahmen für quantitative Untersuchungen vor und überprüft deren aktuelle Relevanz anhand einer großzahligen Analyse von Stellenanzeigen der öffentlichen Verwaltung (N = 21.673). Die resultierenden Ergebnisse werden interpretiert und diskutiert, wodurch als zentrale Erkenntnis eine doppelte Kompetenzlücke ausgemacht werden kann.

5.2   Verwandte Arbeiten

Die digitale Transformation der öffentlichen Verwaltung ist bereits in vollem Gange. Die erwarteten Strukturänderungen, die Aufbau- und Ablauforganisation sowie auch das zukünftig erforderliche Fachpersonal betreffend, sind tiefgreifend (vgl. Zimmerling et al., 2017). Vor dem Hintergrund der an Geschwindigkeit zunehmenden digitalen Transformation in der Verwaltung haben Bund und Länder bereits vor einigen Jahren begonnen, insbesondere an den Verwaltungshochschulen digitalisierungsbezogene Studiengänge einzurichten, oftmals unter der Studiengangbezeichnung *Verwaltungsinformatik*. Zudem wurden an Universitäten und Fachhochschulen vergleichbare digitalisierungsfokussierte Studienangebote bzw. Schwerpunkte eingeführt (vgl. Rätz et al., 2016). Insofern ist das heutige und zukünftige Arbeitsangebot bzw. Humankapital für Laufbahnen des gehobenen und höheren Dienstes durch heute bestehende (und zukünftige) Curricula der Hochschulen (inkl. Weiterbildungsangebote) determiniert. Das Gesamtangebot digitaler Studienmöglichkeiten in der deutschen Hochschullandschaft wurde in verschiedenen Arbeiten untersucht (beispielsweise vgl. The Potsdam Institute for eGovernment, 2014; Lück-Schneider, 2019).

Hinsichtlich der Nachfrageseite bzw. Arbeitsnachfrage der öffentlichen Einrichtungen stellt sich die Frage, welche konkreten Rollenmodelle, Kompetenzen und Qualifikationen heutige und zukünftige Beschäftigte des öffentlichen Sektors im Kontext einer digitalen Verwaltung aus Sicht der zu besetzenden Stelle erfüllen müssen, und inwieweit schon heute digitale und nicht-digitale Kompetenzen aufseiten der öffentlichen Einrichtungen erkannt und in Stellenausschreibungen explizit nachgefragt werden.

Schuppan (2009) analysierte die im öffentlichen Sektor bestehenden und zukünftig erforderlichen Kompetenzen für E-Government, im Sinne von Fähigkeiten, Fertigkeiten und Wissen, auf Basis von Interviews mit Landesverwaltungen und Experten sowie auch durch Analyse konkreter E-Government-Projekte. Hinsichtlich der offensichtlichen transformatorischen Potenziale eines diffundierenden E-Governments betont der Autor die zum damaligen Zeitpunkt vollständig fehlende wissenschaftliche Befassung mit Kompetenzanforderungen und Referenzrollen für ein zukünftiges E-Government. Der Beitrag leitet daher auf Basis von 40 halbstandardisierten Interviews erste Ergebnisse zur Einschätzung von in der Verwaltung vorhandenen und zukünftig erforderlichen E-Government-bezogenen Kompetenzen für die Referenzrollen Mitarbeiter, Projektleiter und Führungskraft ab (vgl. Schuppan, 2009). In ähnlicher Weise beschäftigte sich Gilge (2017) mit E-Kompetenzen in der öffentlichen Verwaltung des Freistaates Sachsen vor dem Hintergrund der Strategie *Sachsen Digital* und der landesspezifischen Strategie für IT und E-Government des Freistaates.

In einem breiteren Umfeld fokussierten Becker et al. (2016) im Auftrag des IT-Planungsrates zukünftig relevante Referenzrollen, Kompetenzen-Sets, Kenntnisse und Fähigkeiten einer digitalen Verwaltung. Hierbei ist herauszustellen, dass es *„sich das Projekt E-Kompetenz zur Aufgabe gemacht [hat], zunächst die Rollen mit IT-Bezug* *in der Verwaltung sowie die hierzu benötigten Kompetenzen zu identifizieren"*. Die Autoren untersuchten die Veränderung von Rollen, Rollenbildern und Kompetenzen im E-Government-Kontext auf Basis von Literaturrecherchen, Dokumentenanalysen und Experten-Workshops. Daraus wurden potenzielle Rollen extrahiert, welche für die Umsetzung von E-Government im untersuchten Kontext von Relevanz sind. Becker et al. identifizierten vier zentrale Rollenkategorien:

1. Gruppe der *Gestalter* zur Definition von organisationalen Bedingungen für den Einsatz von IT;
2. Gruppe der *IT-Koordinatoren* als Vermittler zwischen dem IT-Bereich und den internen sowie externen Stakeholdern;
3. Gruppe der *IT-Fachaufgaben* für die Entwicklung und den Betrieb der Technik (Hard- und Software) sowie für die Betreuung und Schulung der Endanwender;
4. Gruppe der *Fachaufgabenträger* zur Bearbeitung von Fachaufgaben.

Die Rollen dieser Gruppe repräsentieren die Anwendersicht und sind Ansprechpartner für Key User. Innerhalb der vier Gruppen unterscheiden die Autoren insgesamt 19 relevante Referenzrollen für E-Government. Die Studie wurde zudem als Ausgangsbasis für die Untersuchung weiterer Fragestellungen verwendet (vgl. beispielsweise Ogonek et al., 2016; Zimmerling et al., 2017). Zimmerling et al. untersuchten die für eine Digitalisierung der öffentlichen Verwaltung erforderlichen Rollenmodelle und Kompetenzen vor dem Hintergrund des demografischen Wandels.

Daneben liegen weitere aktuelle Studien vor, beispielsweise die Studie des Bundesministeriums für Arbeit und Soziales zu Kompetenz- und Qualifizierungsbedarfen bis zum Jahr 2030 (vgl. Patscha et al., 2017) oder auch die Studie von Räckers et al. (2017). Als eine der jüngsten Arbeiten ist das kürzlich veröffentlichte *Future-Skills-Framework* exemplarisch zu nennen, welches der Stifterverband für die Deutsche Wissenschaft gemeinsam mit der Unternehmensberatung McKinsey entwickelt hat (vgl. Stifterverband, 2020). Abweichend von den zuvor genannten Studien werden darin drei Kategorien essenzieller Fähigkeiten für zukünftige Fachkräfte als obligatorisch definiert: (1) sieben technologische Fähigkeiten, (2) sechs digitale Grundfähigkeiten und (3) fünf klassische, nicht-digitalisierungsspezifische Fähigkeiten (vgl. Stifterverband, 2020).

Hinsichtlich einer paneuropäischen Diffusion sind insbesondere das europäische Kompetenzmodell *DigComp 2.1* (The European Digital Competence Framework for Citizens) aus dem Jahr 2017 (vgl. Carretero et al., 2017) sowie auch das *EU e-Competence Framework 3.0* (vgl. DIN EN 16234-1, 2020; Hohoff & Gelberg, 2019) zu identifizieren. DigComp wird verstanden als *"a framework for digital competence for all [EU] citizens"*. Das Modell ist wie folgt aufgebaut: 5 Kompetenzbereiche (Dimension 1), 21 Einzelkompetenzen (Dimension 2), 8 Leistungsebenen für jede der 21 Einzelkompetenzen (Dimension 3), Wissen, Fähigkeiten und Einstellung (Dimension 4), sowie entsprechende Anwendungsfälle für die 21 Einzelkompetenzen und 8 Leistungsebenen (Dimension 5). Die Kompetenzbereiche gliedern sich hierbei wie folgt: 1)

Information and data literacy, 2) Communication and collaboration, 3) Digital content creation, 4) Safety, 5) Problem solving (vgl. Carretero et al., 2017). Das EU e-CF (3.0) wiederum basiert auf 40 Kompetenzen, die für eine Berufstätigkeit in der IKT-Branche benötigt bzw. am Arbeitsmarkt nachgefragt werden (vgl. Hohoff & Gelberg, 2019). EU e-CF wurde 2016 als Europäische Norm 16.234 verabschiedet und zuletzt 2020 aktualisiert.

So existieren heute verschiedene Kompetenzmodelle, die auf Basis heterogener fachlicher und politischer Ziele entwickelt wurden. Zudem unterscheiden sich die Kompetenzmodelle und konzeptionellen Ansätze bezüglich ihrer adressierten Zielgruppen, beispielsweise für klassische IT-Berufe (e-CF 3.0; vgl. Becker et al., 2016), für branchenübergreifende Kompetenzen (vgl. Stifterverband, 2020; EU Science Hub, 2019) sowie auch mit Fokus auf EU-Bürger (DigComp 2.1; vgl. Carretero et al., 2017). Es ist zudem festzustellen, dass diese empirischen Untersuchungen zu digitalen Kompetenzen bzw. E-Kompetenzen meist auf Basis qualitativer Methoden, insbesondere mithilfe von Experteninterviews in den stellenausschreibenden Institutionen und auf Basis von Dokumentenanalysen, jedoch nicht anhand größer angelegter quantitativer Untersuchungen durchgeführt wurden.

5.3   Methodik

Zur Beantwortung der Forschungsfragen wurde ein empirischer Ansatz gewählt, bei dem zur Primärdatengewinnung über einen Zeitraum von drei Monaten mithilfe eines teilautomatisierten Verfahrens die Texte von Online-Stellenausschreibungen der öffentlichen Verwaltung extrahiert wurden. Mit einem solchen Job Mining wird generell die Zielsetzung verfolgt, interessante, bislang unbekannte Informationen auf der Basis von Stellenausschreibungen (Job Postings) zu gewinnen (vgl. Bensberg & Buscher, 2016). Zur analytischen Erschließung von Stellenanzeigen wird der Prozess des Job Mining zugrunde gelegt.

Ausgangspunkt für den Job-Mining-Prozess bilden öffentliche oder organisationsspezifische Jobportale als Datenquellen. Im Umfeld der öffentlichen Jobportale haben sich neben generellen Jobportalen (z. B. StepStone, JobWare, Arbeitsagentur) mittlerweile auch spezialisierte Portale etablieren können. Diese zielen auf Fach- und Führungskräfte bestimmter Branchen, Sektoren oder Berufsfelder, z. B. für naturwissenschaftliche, medizinische und technische Berufe. Organisationsspezifische Jobportale werden indes von Unternehmen oder öffentlichen Institutionen zur Ausschreibung des eigenen Personalbedarfs eingesetzt. Die meisten größeren Unternehmen betreiben eigene Jobportale, die üblicherweise in die Unternehmenswebsite integriert sind. Ebenso sind im öffentlichen Sektor Jobportale für Bundes-, Landes- und Kommunalverwaltungen anzutreffen. Welche Jobportale analyserelevant sind, hängt von den Zielsetzungen des jeweiligen Job-Mining-Projekts ab. Im Folgenden werden die Basisschritte des Job-Mining-Prozesses in enger Anlehnung an Bensberg und Buscher (2016) kurz erörtert.

Die Zielsetzung der *Extraktion* besteht darin, ein Monitoring der analyserelevanten Jobportale durchzuführen und neue Stellenanzeigen für analytische Zwecke lokal verfügbar zu machen. Zu diesem Zweck werden Webcrawler verwendet, die regelmäßig nach relevanten Inhalten in Onlinequellen suchen. Mithilfe entsprechender Webcrawler werden die Jobportale periodisch (z. B. wöchentlich, täglich) nach Stellenanzeigen durchsucht und diese automatisch in einen lokalen Datenbestand überführt. Eine Stellenanzeige besteht aus unterschiedlichen Attributen, die in Tab. 5.1 anhand eines Beispiels erläutert werden.

Die extrahierten Stellenanzeigen werden in einem weiteren Schritt bereinigt. Auf der syntaktischen Ebene ist sicherzustellen, dass sämtliche Attribute einheitlich codiert sind und keine Anweisungen (z. B. HTML, JavaScript) enthalten, da diese zu Problemen bei der Textanalyse führen. Auf der inhaltlichen Ebene ist dafür zu sorgen, dass keine fehlenden Werte auftreten (Missing Values). Im Zuge der Bereinigung können Stellenanzeigen auch mit weiteren Daten angereichert werden, z. B. den geografischen Koordinaten für den Beschäftigungsort (Attribut *JobLocation*) oder einem Zeitstempel, der Auskunft über den Extraktionszeitpunkt gibt.

Durch die skizzierten Operationen entsteht ein Rohdatenbestand mit Stellenanzeigen. Aus dieser Textkollektion können Stellenanzeigen für analytische Zwecke ausgewählt und weiterverarbeitet werden. Da Stellenanzeigen überwiegend aus Textdaten bestehen, kommt der *linguistischen Vorverarbeitung* zentrale Bedeutung zu. Dabei werden die Texte in grundlegende Einheiten wie z. B. Wörter zerlegt (Tokenizing), die Stammformen der Wörter ermittelt (Stemming) sowie deren Wortarten bestimmt (Part-of-Speech-Tagging, POS-Tagging) (vgl. Heyer et al., 2012). Die linguistisch vorbereiteten Stellenanzeigen können anschließend mithilfe gängiger *Text-Mining-Methoden* untersucht werden.

Der skizzierte methodische Bezugsrahmen des Job Minings bietet sich zur Beantwortung der hier artikulierten Forschungsfrage an, da von Bund, Ländern und auch Kommunen eigene, organisationsspezifische Stellenportale betrieben werden, in denen ausschließlich Stellenanzeigen des öffentlichen Dienstes veröffentlicht werden und diese somit in homogener Form vorliegen. Zugleich führt diese Art der Ausschreibung von Vakanzen allerdings auch dazu, dass in Stellenportalen der Bundesländer oder kleinerer Gebietskörperschaften nur ein vergleichsweise geringer Bestand in einer Größenordnung von unter 300 Ausschreibungen vorhanden ist. Infolgedessen wurde die Datenerhebung auf das zentrale Stellenportal des Bundes (www.service.bund.de) sowie des Landes Nordrhein-Westfalen (www.stellenmarkt.nrw.de) fokussiert. Technisch wurde die Datenextraktion mithilfe von Softwarerobotern auf Basis einer Softwarelösung für *Robotic Process Automation* (RPA) des Herstellers UiPath durchgeführt, die für jedes Portal individuell angepasst und gesteuert wurden. Der Vorteil des neuartigen RPA-Ansatzes liegt im Zugriff auf die Daten über die Benutzerschnittstelle (vgl. Czarnecki & Auth, 2018), in diesem Fall die Weboberfläche des jeweiligen Stellenportals. Im Zeitraum von Mitte Dezember 2019 bis Mitte März 2020 konnten mit diesem Verfahren 63.339 Stellenanzeigen extrahiert werden, wovon nach Bereinigung

Tab. 5.1 Inhaltsbezogene Attribute von Stellenanzeigen am Beispiel aus dem Jobportal service.bund.de

Attribut name	Beschreibung	Exemplarischer Inhalt
Job Title	Stellenbezeichnung	Sachbearbeiter DataAnalyst/Standort Bonn
Employment Type	Beschäftigungsver-hältnis	Vollzeit oder Teilzeit
Hiring Organization	Einstellende Institution	Bundesnetzagentur für Elektrizität, Gas, Tele-kommunikation, Post und Eisenbahnen
Job Location	Beschäftigungsort	Bonn
Job Description	Stellenbeschreibung im Langtext mit Aufgaben und Anforderungen	[…] Die Bundesnetzagentur sucht mehrere Beschäftigte (m/w/d) für den gehobenen Dienst mit einem Bachelor- oder Diplom(FH)-Abschluss der Fachrichtungen Statistik, Mathematik, Volks-wirtschaftslehre, Betriebswirtschaftslehre, Wirt-schaftsingenieurwesen, Wirtschaftsinformatik, Energiewirtschaft oder einer vergleichbaren Studien-richtung mit nachgewiesener Erfahrung im Umgang mit großen Datenmengen oder mit einem statistischen Studienschwerpunkt als Data Analyst, Data Scientist bzw. Data Manager für die Abteilung Energie-regulierung u. a. für die Referate Marktbeobachtung und Markttranzparenzstelle für Großhandel mit Strom und Gas, Aufgaben nach REMIT, SMARD Strom-marktdaten und Anreizregulierung/Vergleichsver-fahren am Standort Bonn. […] Ihre möglichen neuen Aufgaben: Sie übernehmen anspruchsvolle Aufgaben rund um Datenerhebung, -haltung und -auswertung. Auch begleiten Sie die Entwicklung und Implementierung von Importschnittstellen in die Datenbanken. Zudem wirken Sie daran mit, die Datenhaltung der Abteilung sowohl konzeptionell, inhaltlich als auch technisch kontinuierlich auszubauen. Sie sollen insbesondere: Datenbanken aufbauen und pflegen Daten plausibilisieren Datenauswertungen mit Statistikprogrammen/Handelsüberwachungssoftware erstellen Datenlieferungen und Datenschnittstellen mit den Unternehmen im Energiemarkt, dem Bundeskartell-amt und u. a. mit dem Verband der europäischen Übertragungsnetzbetreiber (ENTSO-E) abstimmen Komplexe Sachverhalte mittels Daten, Grafiken und Erläuterungen inhaltlich aufbereiten […]

von Duplikaten 21.673 originäre, deutschsprachige Stellenanzeigen für die Datenanalyse verblieben. Die Stellenanzeigen wurden wöchentlich von beiden Stellenportalen
mithilfe von RPA ausgelesen. Von den gesammelten Stellenanzeigen stammen 88,2 %
aus dem Stellenportal des Bundes, während sich 11,8 % auf Vakanzen des Landes NRW
beziehen.

Die in den Stellenbeschreibungen enthaltenen Textdaten sind mithilfe linguistischer
Verfahren vorverarbeitet worden (beispielsweise Wortzerlegung, Stammform-
reduktion), sodass diese mithilfe textanalytischer Methoden untersucht werden konnten.
Der Methodeneinsatz erfolgte zur Überprüfung eines für diesen Beitrag erweiterten
Kompetenzmodells für die Verwaltung, das auf Basis existierender Kompetenzmodelle
für E-Government, einschlägigen Veröffentlichungen aus dem Bereich der öffentlichen
Verwaltung (beispielsweise Digitalisierungsstrategien und -konzepte) sowie weiterer
wissenschaftlicher Literatur entwickelt wurde. Aus diesem Kompetenzmodell sind mithilfe von regulären Ausdrücken und syntaktischen Mustern entsprechende Abfragen
formuliert worden, um Fundstellen für wesentliche Fachbegriffe bzw. Fachbegriffs-
kombinationen des Kompetenzmodells in den Stellenanzeigen zu lokalisieren und
mithilfe einer Frequenzanalyse quantitativ zu erheben (vgl. Heyer et al., 2012). Die
Häufigkeit des Auftretens einzelner Fachbegriffe des Kompetenzmodells wird dabei
zur Relevanzbewertung der einzelnen Kompetenzen zugrunde gelegt. Darüber hinaus
steht zur Auswertung von Stellenanzeigen eine Reihe weiterer, textanalytischer Verfahren zur Verfügung, die beispielsweise zur Klassifikation oder zur Segmentierung von
Stellenanzeigen nach Beschäftigungsort, ausschreibenden Institutionen, Branchen oder
Sektoren dienen (vgl. Bensberg & Buscher, 2016).

Der fachliche Bezugsrahmen für die textanalytische Untersuchung der Stellenanzeigen wird durch das Kompetenzmodell für die digitale Verwaltung aufgespannt, das
im Folgenden zu erörtern ist.

5.4   Ein erweitertes Kompetenzmodell für die digitale Verwaltung

Die Ausbreitung des neuinterpretierten Begriffs Digitalisierung bzw. digitale Transformation hat auch in der öffentlichen Verwaltung einen Begriffswandel angestoßen.
Angelehnt an den begrifflichen Übergang von E-Business zu Digital Business in der
Privatwirtschaft werden auch in der Diskussion über die technologiegetriebene Weiterentwicklung der Verwaltung zunehmend Begriffe wie Verwaltungsdigitalisierung (vgl.
Schulze, 2019), Digitalisierung der Verwaltung (vgl. Heuermann, 2018), Digitale Transformation der Verwaltung oder auch Digitale Verwaltung (vgl. IT-Planungsrat, 2016;
Lühr et al., 2019) anstelle des älteren Begriffs E-Government verwendet. Dabei ist derzeit schwer absehbar, ob der E-Government-Begriff damit zukünftig sukzessive ersetzt
werden wird oder ob die Digitalbegriffe sich als zusätzliche Begriffe mit Synonym-
charakter etablieren werden.

Versteht man digitale Transformation der öffentlichen Verwaltung als Prozess, dann lässt sich digitale Verwaltung als das Produkt (im Sinne von Ergebnis) dieses Prozesses verstehen. Dabei wird allerdings kein stationärer Endzustand erreicht, sondern die Transformation setzt sich als Folge von Prozessiterationen kontinuierlich fort, primär angetrieben durch den technologischen Fortschritt. Eine digitale Verwaltung benötigt demnach Kompetenzen zur fortlaufenden Erschließung und Nutzung der durch die allgemeine digitale Transformation erzielten Innovationen im technologischen, organisatorischen und arbeitskulturellen Bereich zum Wohle von Bürger, Unternehmen und Staat (vgl. Heuermann, 2018). Diese digitalen Kompetenzen fokussieren die Befähigung zum positiven Umgang mit dem digital induzierten Wandel bzw. weitergehend dessen aktive Mitgestaltung (vgl. Schmoelz et al., 2018). Damit sind digitale Kompetenzen einerseits als Erweiterung des E-Kompetenz-Begriffs zu verstehen, der nach Hill (2011, S. 386) die Fähigkeit bezeichnet, *„sich […] innerhalb von durch moderne Techniken erweiterten Informationsräumen und mit technikunterstützten Methoden kreativ und selbstorganisiert zurecht zu finden"*. Andererseits liegt der Untersuchungsfokus dieser Arbeit auf fachlichen Stellenprofilen der Sachbearbeitungsebene in der öffentlichen Verwaltung. Digitale Kompetenzen werden damit in Anlehnung an das EU-DigComp-Modell als allgemeine Querschnittskompetenzen betrachtet und nicht als aufgabenspezifische Kompetenzen des Personals mit IT-Bezug (wie etwa Becker et al., 2016 oder Ogonek et al., 2020) bzw. mit explizitem Digitalisierungsbezug (beispielsweise Referent für Digitalisierung oder Chief Digital Officer). Allerdings werden die Gruppen des IT-Personals und des Digitalisierungspersonals zu Vergleichszwecken herangezogen.

Zur Vorbereitung der linguistischen und semantischen Datenanalyse wurde auf Basis der zuvor ausgewerteten Kompetenzmodelle ein erweitertes Kompetenzmodell für die digitale Verwaltung entwickelt. Als Grundstruktur wurden die fünf Kompetenzbereiche des EU-DigComp (vgl. Carretero et al., 2017) herangezogen, da dessen Grundidee einer branchenunabhängigen Kompetenzbeschreibung unserem Verständnis von digitalen Kompetenzen als Querschnittskompetenzen entspricht. Anhand der *Kompetenzbereiche* (areas) sowie deren Unterteilung in *Kompetenzgruppen* (competences) wurden sodann zunächst relevante E-Kompetenzen aus den untersuchten E-Government-Kompetenzmodellen und -studien sowie aus dem E-GovG Bund (2013) identifiziert. Für die erweiterten Kompetenzen einer digitalen Verwaltung wurden zusätzlich Digitalisierungsstrategien und -konzepte von Bund und Ländern sowie die zitierte Literatur zur Digitalisierung bzw. digitalen Transformation ausgewertet. Tab. 5.2 zeigt die identifizierten Kompetenzen – unterteilt in die Profile *E-Kompetenzen* und *Digitale Kompetenzen*. In runden Klammern sind teils häufig verwendete englische Fachbegriffe, teils alternativ verwendete bzw. konkretisierende Fachbegriffe angegeben.

Mit dem in Tab. 5.2 beschriebenen erweiterten Kompetenzmodell wird die Frage aufgeworfen, welche Bedeutung die einzelnen Kompetenzen in der Arbeitsmarktnachfrage öffentlicher Institutionen bereits heute besitzen. Zu diesem Zweck sind nun die Ergebnisse der Stellenanzeigenanalyse zu erörtern.

Tab. 5.2 Erweitertes Kompetenzmodell für die digitale Verwaltung

Kompetenzbereiche gem. DigComp 2.1	E-Kompetenzen	Digitale Kompetenzen
1) Informations- und Datenkenntnisse		
1.1 Durchforsten, Suchen und Filtern von Daten, Informationen und digitalen Inhalten	Informationsmanagement; Berichtswesen (Reporting); Datenanalyse (Data Analytics); Data Warehouse; Data/Text Mining; Business Intelligence; Internet-Recherche	Business Analytics; Big Data; Data Science; Smart Data
1.2 Evaluieren von Daten, Informationen und digitalen Inhalten		
1.3 Managen von Daten, Informationen und digitalen Inhalten	Datenmanagement; Archivierung; Anwendung von Basiskomponenten (Zahlungsverkehrsplattform; Content Management System; Formularserver; Datensicherheit (E-Poststelle); (Web-)Portal; E-Bezahlverfahren (E-Payment); E-Rechnung(sempfang); E-Akte(nführung)/E-Laufmappe; Ersetzendes Scannen; E-Formulare; Elektronische Identität, E-Signatur, eID, eIDAS)	Datenaustauschstandards (XML/XÖV); Portalverbund; Bürger-/Servicekonto
2) Kommunikation und Kollaboration		
2.1 Interagieren durch digitale Technologien	Prozessorientierung; Serviceorientierung; E-Vorgangsbearbeitung (Workflowmanagement); Öffnung der Datenverarbeitung (Offene Daten, Open Data); Barrierefreiheit; E-Bürgerbeteiligung; E-Vergabe	Onlinezugang zu Verwaltungsleistungen (OZG); Mobile Computing; Soziale Netzwerke (Social Media); Cloud Computing; Virtual Reality, Augmented Reality; Digitale Assistenten, Softwareroboter; Agile Organisation (Scaling Agile); Agile Kultur; Agile Haltung (Mindset)
2.2 Teilen mittels digitaler Technologien		
2.3 Bürgerbeteiligung mittels digitaler Technologien		
2.4 Kollaborieren mittels digitaler Technologien		
2.5 Netiquette		
2.6 Managen der digitalen Identität		
3) Erstellen digitaler Inhalte		
3.1 Entwickeln digitaler Inhalte	Dokumentenmanagement; Wissensmanagement; Content Management; Georeferenzierung; Urheberrecht, Open Source, GPL, CC-Lizenzen; Programmierung	Digitale Kuratierung; Ko-Kreation (Co-Creation); Plattform-Ökosysteme
3.2 Integrieren und weiterverarbeiten digitaler Inhalte		
3.3 Copyright und Lizenzen		
3.4 Programmierung		

(Fortsetzung)

Tab. 5.2 (Fortsetzung)

Kompetenzbereiche gem. DigComp 2.1	E-Kompetenzen	Digitale Kompetenzen
4) Sicherheit		
4.1 Schutz von Geräten	IT-Sicherheit (IT Security) (ITSG, KRITIS, BSI-Grundschutz); IT-Sicherheitstechnologien; Informationssicherheit (Information Security, ITSG, BSI-Grundschutz); Datenschutz (Data Privacy, DSG, DSGVO); Datensicherung; Green IT	Distributed Ledger (Blockchain); Cyberresilienz; Individuelle Resilienz; Nachhaltigkeit i. S. v. Umweltverträglichkeit
4.2 Schutz persönlicher Daten und der Privatsphäre		
4.3 Schutz von Gesundheit und Wohlergehen		
4.4 Schutz der Umwelt		
5) Problemlösung		
5.1 Lösen technischer Probleme	Strukturiertes Vorgehen (V-Modell XT); Stakeholder Management; Benefits Management; Anforderungsmanagement (Requirements Engineering); Modellierung (UML, BPMN, Picture etc.); (IT-/Software-)Architektur; IT-Entwicklung, Anwendungsentwicklung; Change Management; Projektmanagement; Standardisierung (gemäß Standards des IT-Planungsrats); Zentralisierung (gemeinsame Verfahren); Automatisierung; Lernbereitschaft	Innovationsorientierung; Lean Thinking; Agiles Arbeiten (Scrum); Kreativitätstechniken; Innovationsmethoden (Design Thinking); Prozessdigitalisierung; Künstliche Intelligenz, Machine Learning
5.2 Identifizieren von Bedürfnissen und technologischer Antworten		
5.3 Kreative Nutzung digitaler Technologien		
5.4 Identifizieren digitaler Kompetenzlücken		

5.5 Ergebnisse und Diskussion der Stellenanzeigenanalyse

Im Hinblick auf die Untersuchungsziele wurde die Datenbasis nach Tätigkeitsschwerpunkten in drei Subgruppen eingeteilt. Weitere Unterscheidungen wie etwa nach Verwaltungsebene, Hierarchieebene oder Beschäftigungsgrad wurden für die vorliegende Studie nicht vorgenommen.

Die Subgruppe *IT* umfasst Stellenanzeigen mit primär IT-bezogenen Aufgaben, wie sie typischerweise in einer eigenen Organisationseinheit (OE, beispielsweise IT-Dezernat, IT-Abteilung) zugeordnet sind, z. *B. IT-Administrator/-in* oder *Leiter/-in IT-Verfahren.* Auf diese Gruppe bezieht sich primär die Studie von Becker et al. (2016) oder das EU-e-CF-Modell. Für ihre Aufgaben in der Verwaltung benötigt diese Gruppe insbesondere E-Kompetenzen wie sie im gleichnamigen Profil unseres Kompetenzmodells abgebildet sind.

In der Subgruppe *Digitalisierung* wurden Stellenanzeigen zusammengefasst, die einen expliziten Bezug zu den Begriffen Digitalisierung, digitale Transformation oder Ähnliches aufwiesen, wie beispielsweise *Chief Digital Officer* oder *Digitalisierungs-koordinator/-in.* Organisatorisch sind diese Stellen teilweise der IT-Abteilung zugeordnet, häufig aber auch als Stabstellen oder eigene OE ausgeprägt. Diese Gruppe benötigt sowohl E-Kompetenzen als auch digitale Kompetenzen, wobei abhängig vom Grad der Orientierung zum IT- oder zum Fachbereich ein mehr oder weniger starker IT-Bezug ausgemacht werden kann.

Die dritte Subgruppe *Fachbereich* beinhaltet alle verbleibenden Stellenanzeigen, die weder einen expliziten IT- noch einen Digitalisierungsbezug aufweisen. Diese Gruppe ist sehr heterogen und umfasst Stellenanzeigen aus den unterschiedlichsten Verwaltungs-bereichen wie z. B. Steuern, Finanzen, Soziales, Personal, Polizei, Feuerwehr, Forst-wesen und Hochschulen. Diese Gruppe stand auch im Fokus unserer Untersuchung, die auf digitale Querschnittskomponenten für Verwaltungspersonal ohne spezielle IT-Kompetenzen abzielt. Auch hier werden E-Kompetenzen als Grundlage der digitalen Kompetenzen benötigt, allerdings in einer anwendungsorientierten Ausprägung, die sich nach den Anforderungen der jeweiligen Fachaufgaben richtet. Demgegenüber sollen digitale Kompetenzen das Verwaltungspersonal befähigen, aktiv am fortwährenden digitalen Wandel zu partizipieren.

Im Zuge der Datenanalyse wurden die Stellenanzeigen aller drei Subgruppen mit den im Abschn. 5.3 dargestellten Verfahren nach Vorkommen der Kompetenz-elemente des zuvor dargestellten Kompetenzmodells für die digitale Verwaltung durch-sucht. Nachfolgend werden die Analyseergebnisse als relative Häufigkeiten in Form von Balkendiagrammen präsentiert. Zur besseren Übersicht wurde für jeden der fünf Kompetenzbereiche des erweiterten Kompetenzmodells (vgl. Tab. 5.2) ein eigenes Dia-gramm erstellt, das die jeweils zugeordneten Kompetenzelemente mit ihren relativen Häufigkeiten in sämtlichen Stellenanzeigen (Kategorie *Alle*) sowie pro Subgruppe *(IT, Digitalisierung, Fachbereich)* zeigt. Am linken Rand der Diagramme ist die Zuordnung zu den beiden Kompetenzprofilen *E-Kompetenzen* und *Digitale Kompetenzen* gemäß Tab. 5.2 dargestellt.

Über alle fünf Kompetenzbereiche hinweg zeigen sich für den größten Teil der untersuchten Kompetenzen nur geringe Häufigkeiten im einstelligen Prozentbereich (s. Abb. 5.1, 5.2, 5.3, 5.4 und 5.5). Lediglich eher unspezifische Kompetenzbegriffe wie *IT-Sicherheit* (s. Abb. 5.4), *Projektmanagement* (s. Abb. 5.5) und *IT-/Anwendungs-entwicklung* (s. Abb. 5.5) erreichen Häufigkeitswerte von deutlich über zehn Prozent, dies allerdings nur in den Gruppen *IT* und *Digitalisierung. Programmierung* erreicht in der Gruppe *IT* knapp über zehn Prozent (s. Abb. 5.3), was auf eine im Zuge der Digitalisierung wieder steigende Bedeutung von Individualsoftware hindeuten könnte, wie sie auch in der Privatwirtschaft seit einiger Zeit zu beobachten ist (vgl. Zhu et al., 2016).

Die am stärksten nachgefragten Kompetenzen in der Gruppe *Fachbereich* weisen nur bedingt spezifischen Bezug zur Digitalisierung auf; diese werden repräsentiert durch:

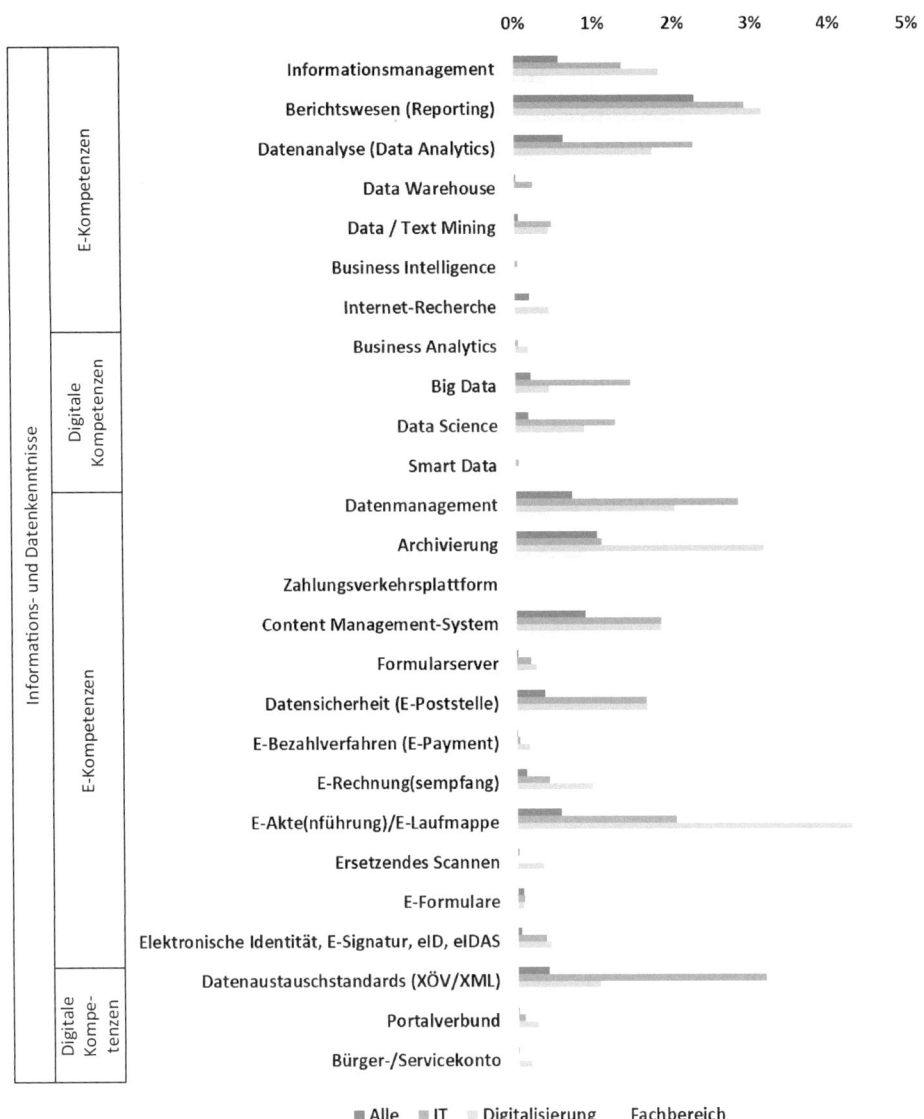

Abb. 5.1 Kompetenzbereich *Informations- und Datenkenntnisse*

Projektmanagement (5,03 %), *Serviceorientierung* (2,30 %) *Berichtswesen* (2,18 %), *Soziale Netzwerke* (1,57 %) und *Archivierung* (0,91 %). Zudem sind innerhalb dieser Gruppe Kompetenzanforderungen des Profils Digitale Kompetenzen kaum auffindbar. Einzige Ausnahme bilden hier die *Sozialen Netzwerke* mit 1,57 % (s. Abb. 5.2) aus dem Kompetenzbereich *Kommunikation und Kollaboration*.

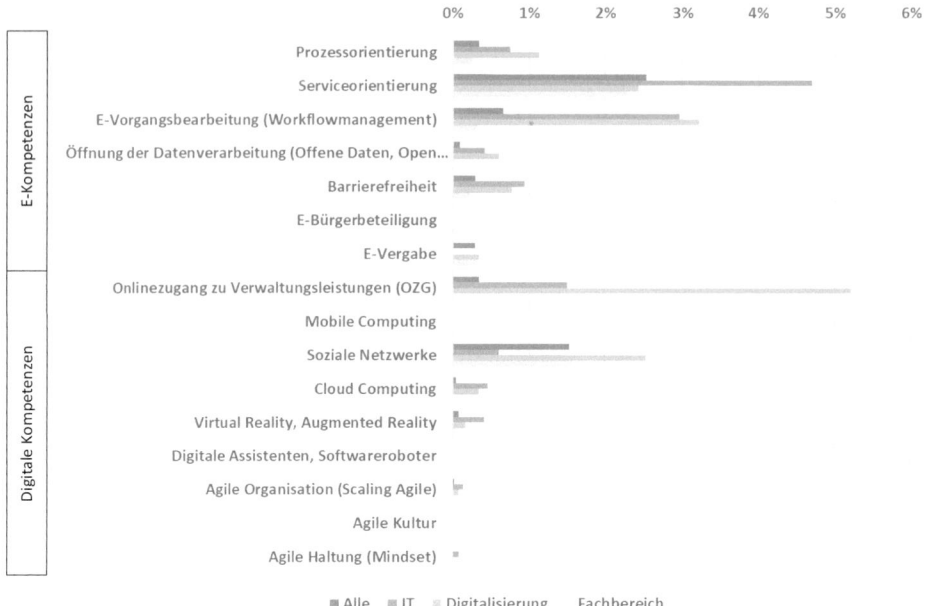

Abb. 5.2 Kompetenzbereich *Kommunikation und Kollaboration*

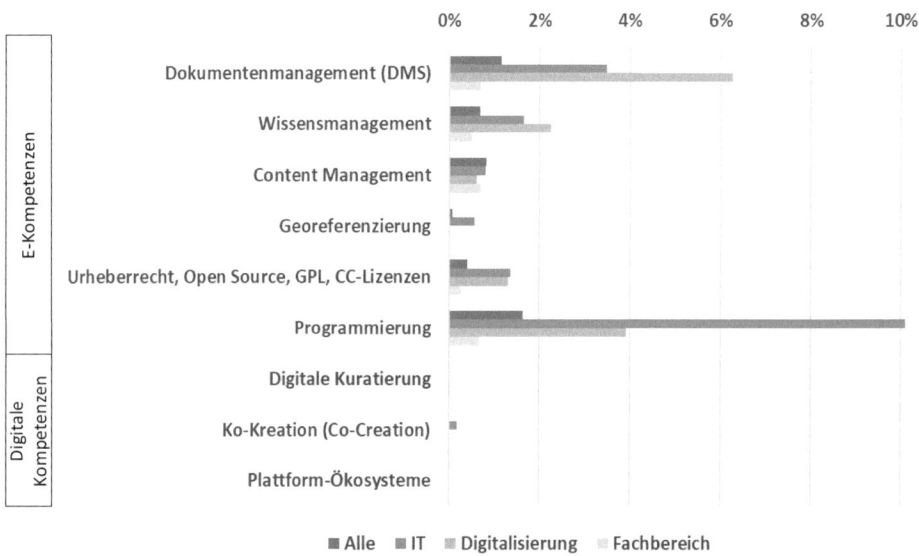

Abb. 5.3 Kompetenzbereich *Erstellen digitaler Inhalte*

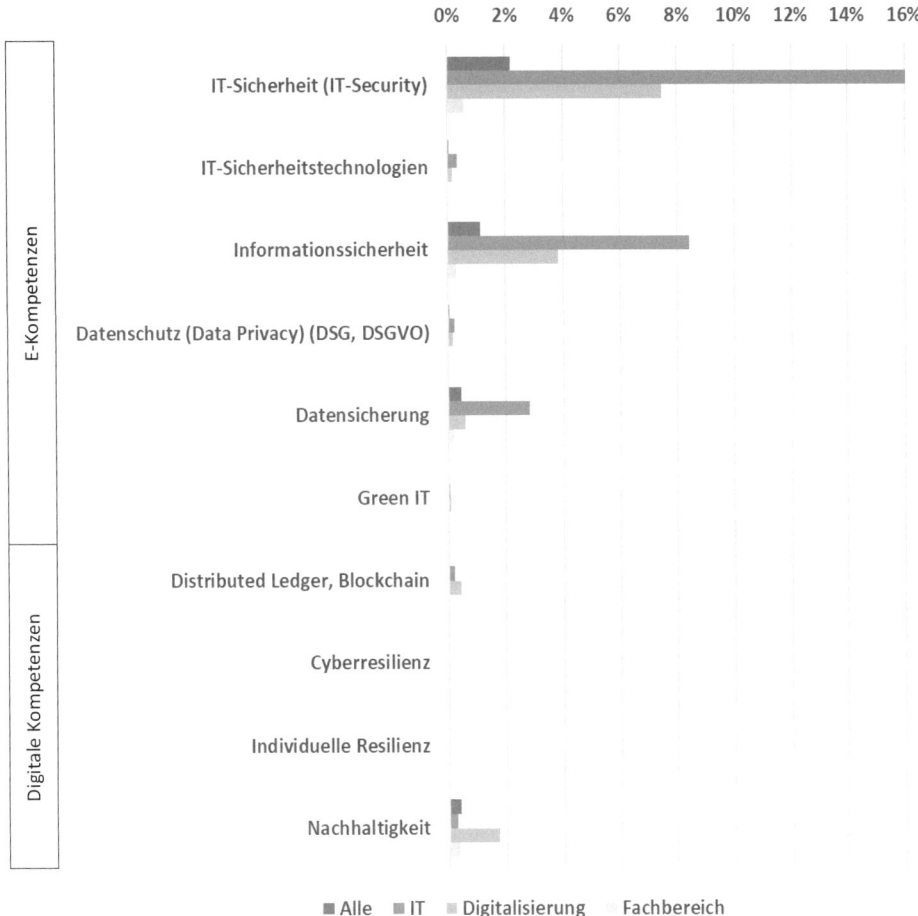

Abb. 5.4 Kompetenzbereich *Sicherheit*

In den Ergebnissen sind bei allen fünf Kompetenzbereichen einzelne Kompetenz-elemente enthalten, für die in der Datenbasis nur sehr geringe oder gar kein Vorkommen ermittelt werden konnten. Im Kompetenzbereich *Informations- und Datenkenntnisse* (Abb. 5.1) betrifft dies beispielsweise das Element *Zahlungsverkehrsplattform* (anwenden können), das aufgrund seiner Einordnung als IT-Basiskomponente des Bundes (vgl. Zypries, 2002) in das zugrunde liegende Kompetenzmodell aufgenommen wurde (wie auch die übrigen Basiskomponenten der Initiative BundOnline, 2005). Für das Nicht-vorkommen lassen sich unterschiedliche Gründe annehmen. Zunächst könnte es sich bei den benutzten Suchwörtern um Begriffe handeln, die für die Beschreibung von Auf-gaben und Anforderungen in einer Stellenanzeige entweder zu speziell oder zu allgemein gefasst sind, also nicht das passende Abstraktionsniveau aufweisen. Weiter könnte es sich um Begriffe handeln, die in der Terminologie der deutschen Verwaltungspraxis (noch)

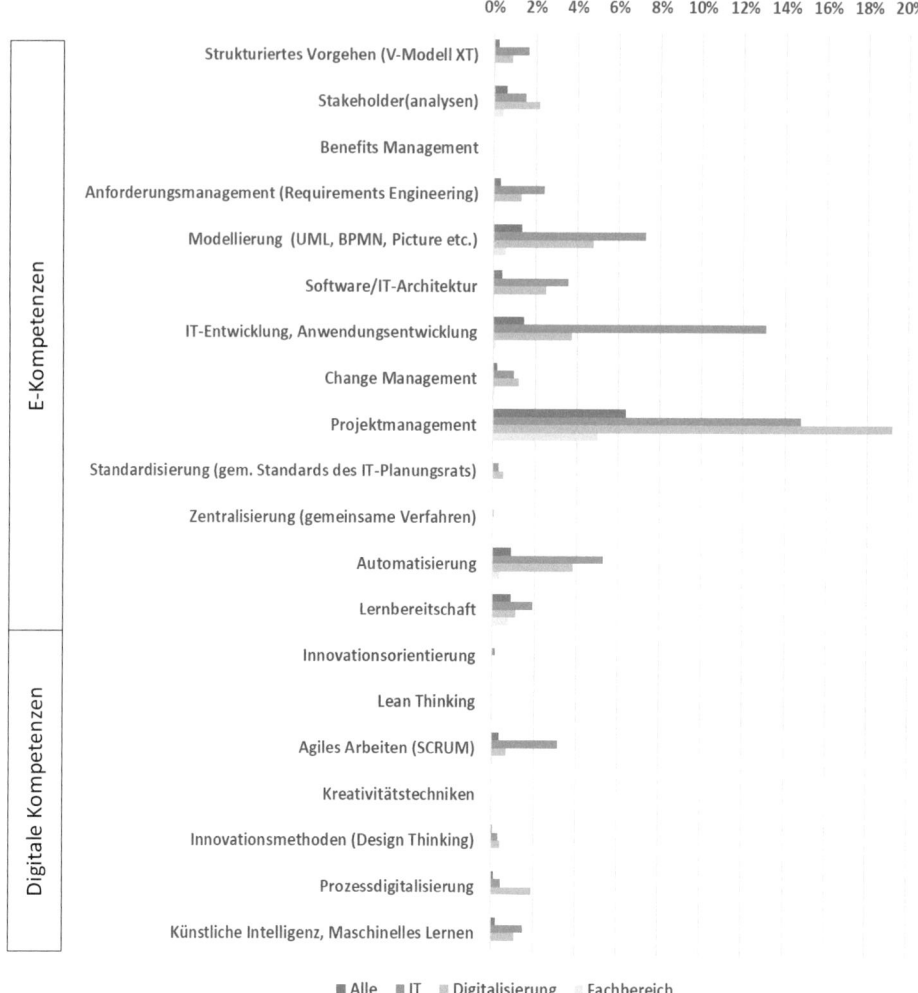

Abb. 5.5 Kompetenzbereich *Problemlösung*

nicht gebräuchlich sind, was im Studienkontext bei neuesten Technik- und Management-
innovationen mit meist englischen Bezeichnungen zutreffen könnte (beispielsweise
Blockchain oder *Robotic Process Automation*). Schließlich könnte es sich auch um
Begriffe handeln, die tatsächlich keine inhaltliche Relevanz für die heutige Verwaltungsarbeit haben bzw. deren Relevanz für die Digitalisierung der Verwaltung von den ausschreibenden Behörden nicht erkannt wurde. Mit der angewandten Forschungsmethodik
lassen sich die tatsächlichen Gründe allerdings nicht näher bestimmen. Hier bieten die
vorgestellten Ergebnisse Ansatzpunkte, um im Rahmen weiterer Analysen mit qualitativen
Methoden wie Experteninterviews zu ergänzenden Erkenntnissen zu kommen.

Die Kompetenzen in Bezug auf *(Web-)Portale* und *Datenschutz* konnten nicht sinnvoll ausgewertet werden, da die zugehörigen Suchwörter in sehr vielen Stellenanzeigen im Rahmen von Verfahrenshinweisen für Stelleninteressierte genutzt wurden. Auf eine Darstellung in den Diagrammen wurde daher verzichtet.

5.6 Fazit und Ausblick

In der Diskussion von Modernisierungsbestrebungen der öffentlichen Verwaltung auf Basis innovativer Informations- und Kommunikationstechnologie, die in den vergangenen Jahren meist unter dem Oberbegriff *E-Government* geführt wurde, ist seit kurzer Zeit eine zunehmende Verwendung des Begriffs *Digitalisierung* bzw. von damit zusammenhängenden Begriffsbildungen wie *Verwaltungsdigitalisierung* oder *Digitale Verwaltung* zu beobachten. Diese begriffliche Veränderung spiegelt eine reale Veränderung der Verwaltungsarbeit durch digitale Technologien und damit verknüpften Service-, Management- und Arbeitskonzepten wider, die zu veränderten Kompetenzanforderungen an das Personal einer digitalen Verwaltung führen.

Im vorliegenden Beitrag konnte gezeigt werden, dass im Hinblick auf die Kompetenzen einer digitalen Verwaltung derzeit eine doppelte Kompetenzlücke zu verzeichnen ist. Zum einen fokussieren aktuelle Kompetenzmodelle für E-Government auf IT-Rollen als die für eine IT-gestützte Verwaltungsmodernisierung zuständigen Spezialisten. Unter der Bezeichnung E-Kompetenzen werden hierbei primär spezielle technikzentrierte Kenntnisse und Fähigkeiten betrachtet, wobei Methoden- und Sozialkompetenzen zur Entwicklung und Einführung technischer Lösungen inkludiert werden. Wenig Berücksichtigung finden allerdings digitale Kompetenzen, die auf Fachseite von Verwaltungsbehörden dringend benötigt werden, um unter Betonung von Innovations-, Kollaborations- und Agilitätsaspekten aktiv am fortwährenden digitalen Wandel teilzuhaben und die Digitalisierung der Verwaltung über alle Ebenen und in der gesamten Breite voranzutreiben. Zur Schließung dieser Lücke schlagen wir ein erweitertes Kompetenzmodell für die digitale Verwaltung vor, welches sich als Weiterentwicklung bisheriger E-Government-Kompetenzmodelle unter Integration spezifischer Digitalisierungsaspekte versteht.

Zum anderen lässt sich in den Ergebnissen der Stellenanzeigenanalyse erkennen, dass diese digitalen Kompetenzen in aktuellen Stellenanzeigen für fachliches Verwaltungspersonal mit einer relativen Häufigkeit von unter einem Prozent so gut wie gar nicht nachgefragt werden. Dies könnte im besten Fall mit der Verwendung ungeeigneter Fachbegriffe bei der Datenanalyse begründet sein, nach anderer Lesart aber auch darauf hindeuten, dass bei der Personalgewinnung für die öffentliche Verwaltung digitalen Kompetenzen wenig oder keine Relevanz für die Durchführung fachlicher Verwaltungsaufgaben beigemessen werden. An dieser Stelle zeigt sich weiterer Forschungsbedarf, um durch zusätzliche empirische Untersuchungen mit geeigneten Methoden die Ursachen dieses Phänomens zu erkunden. Darüber hinaus wird die Notwendigkeit einer weiteren Ausdifferenzierung des vorgeschlagenen Kompetenzmodells für spezielle Behördengruppen verdeutlicht, wie beispielsweise für die Polizeibehörden und deren Transformationsprozess hin zur digitalen Polizeiarbeit, um den Spezifika unterschiedlicher Aufgabenbereiche innerhalb der öffentlichen Verwaltung besser gerecht zu werden. Das in diesem Beitrag vorgeschlagene Kompetenzmodell kann dabei als Ausgangspunkt dienen, sollte zuvor jedoch zur Verbesserung der Validität noch einer fundierten Evaluierung unterzogen werden.

Literatur

Arntz, M., Gregory, T., & Zierahn, U. (2016). *The risk of automation for jobs in OECD countries: A comparative analysis* (No. 189). OECD Social, Employment and Migration Working Papers. doi.org/https://doi.org/10.1787/5jlz9h56dvq7-en.

Auth, G., Christ, J., & Bensberg, F. (2021). Kompetenzanforderungen zur Digitalisierung der öffentlichen Verwaltung: Eine empirische Analyse auf Basis von Stellenanzeigen. In F.Ahlemann, R. Schütte, & S. Stieglitz (Hrsg.), *Innovation durch Informationssysteme – WI als zukunftsweisende Wissenschaft. In 16. Internationale Tagung Wirtschaftsinformatik,* UniversitätDuisburg-Essen, 9–11 März 2021. https://aisel.aisnet.org/wi2021/SSmartCity/Track08/6/. Zugegriffen: 02. Jan. 2022.

Beck, R., Hilgers, D., Krcmar, H., Krimmer, R., Margraf, M., Parycek, P., Schliesky, U., & Schuppan, T. (2017). *Digitale Transformation der Verwaltung – Empfehlungen für eine gesamtstaatliche Strategie.* Bertelsmann Stiftung.

Becker, J., Greger, V., Heger, O., Jahn, K., Krcmar, H., Müller, H., Niehaves, B., Ogonek, N., Räckers, M., Schuppan, T., & Zepic, R. (2016). *E-Government-Kompetenz – Studie im Auftrag der Arbeitsgruppe „E-Government-Kompetenz" des IT-Planungsrat.* Berlin: IT-Planungsrat. https://www.it-planungsrat.de/DE/Projekte/AbgeschlosseneProjekte/E_Government-Kompetenz/e_Kompetenz_node.html. Zugegriffen: 02. Jan. 2020.

Bensberg, F., & Buscher, G. (2016). Job Mining als Analyseinstrument für das Human-Resource-Management. *HMD Praxis der Wirtschaftsinformatik, 53*(6), 815–827. https://doi.org/10.1365/s40702-016-0256-3.

Bitkom (Hrsg.). (2018). *Digitale Kompetenzen in der Verwaltung stärken. Impulspapier.* https://www.bitkom.org/sites/default/files/file/import/181004-Impulspapier-Digitale-Kompetenzen-in-der-Verwaltung-final.pdf. Zugegriffen: 13. März. 2020.

Böhm, M., Müller, S., Krcmar, H., & Welpe, I. (2018). Digitale Transformation in ausgewählten Ländern im Vergleich. In G. Oswald & H. Krcmar (Hrsg.), *Digitale Transformation: Fallbeispiele und Branchenanalysen* (S. 73–85). Springer Gabler. https://doi.org/10.1007/978-3-658-22624-4.

Brynjolfsson, E., & McAfee, A. (2011). *Race against the machine: How the digital revolution is accelerating innovation, driving productivity, and irreversibly transforming employment and the economy.* Digital Frontier Press.

Bughin, J., Hazan, E., Lund, S., Dahlström, P., Wiesinger, A. & Subramaniam, A. (2018). *Skills shift: Automation and the future of the workforce,* McKinsey Global Institute, E-Book. https://www.mckinsey.com/~/media/McKinsey/Featured%20Insights/Future%20of%20Organizations/Skill%20shift%20Automation%20and%20the%20future%20of%20the%20workforce/MGI-Skill-Shift-Automation-and-future-of-the-workforce-May-2018.ashx. Zugegriffen: 07. Jan. 2020.

Bundesministerium des Innern (Hrsg.). (2014). *Digitale Verwaltung 2020, Regierungsprogramm 18. Legislaturperiode*. Berlin. https://www.verwaltung-innovativ.de/SharedDocs/Publikationen/ Pressemitteilungen/programmdokument_div.pdf. Zugegriffen: 10. Dez. 2019.

Carretero, S., Vuorikari, R., & Punie, Y. (2017). DigComp 2.1: The digital competence framework for citizens with eight proficiency levels and examples of use. *JRC Working Papers JRC106281*. http://publications.jrc.ec.europa.eu/repository/handle/JRC106281. Zugegriffen: 10. Nov. 2019.

Czarnecki, C., & Auth, G. (2018). Prozessdigitalisierung durch Robotic Process Automation. In T. Barton, C. Müller, & C. Seel (Hrsg.), *Digitalisierung in Unternehmen – Von den theoretischen Ansätzen zur praktischen Umsetzung* (S. 113–131). Springer Vieweg. https://doi. org/10.1007/978-3-658-22773-9_7.

Dengler, K., & Matthes, B. (2015). Folgen der Digitalisierung für die Arbeitswelt: Substituier- barkeitspotenziale von Berufen in Deutschland. *IAB Forschungsbericht: Aktuelle Ergebnisse aus der Projektarbeit des Instituts für Arbeitsmarkt- und Berufsforschung*. http://doku.iab.de/ forschungsbericht/2015/fb1115.pdf. Zugegriffen: 10. Jan. 2020.

DIN EN 16234-1:2020 (2020). e-Competence Framework (e-CF) – A common European Framework for ICT Professionals in all sectors – Part 1: Framework; German version EN 16234-1:2019.

Distel, B. (2016). Die Einführung der elektronischen Akte in Deutschland: Richtlinien und Ver- fahren am Beispiel von drei Bundesländern. In D. Rätz, M. Breidung, D. Lück-Schneider, S. Kaiser, & E. Schweighofer (Hrsg.), *Digitale Transformation: Methoden, Kompetenzen und Technologien für die Verwaltung* (S. 113–124). Gesellschaft für Informatik e.V.

EGovG. (2013). *Gesetz zur Förderung der elektronischen Verwaltung (EGovernment-Gesetz – EGovG)*, Ausfertigungsdatum: 25.07.2013. http://www.gesetze-im-internet.de/egovg/. Zugegriffen: 13. März. 2020.

EU-Kommission (Hrsg.). (2016). *EU-eGovernment-Aktionsplan 2016–2020: Beschleunigung der Digitalisierung der öffentlichen Verwaltung*, Brüssel, COM(2016) 179 final. https://eur-lex. europa.eu/legal-content/DE/TXT/PDF/?uri=CELEX:52016DC0179. Zugegriffen: 12. Dez. 2019.

EU Science Hub (2019). *The digital competence framework 2.0*. https://ec.europa.eu/jrc/en/ digcomp/digital-competence-framework. Zugegriffen: 09. Jan. 2020.

Frey, B. C., & Osborne, A. M. (2013). The future of employment: How susceptible are jobs to computerisation? *Technological Forecasting and Social Change,* 114(C), 254–280. doi:https:// doi.org/10.1016/j.techfore.2016.08.019.

Gilge, S. (2017). E-Kompetenzen in der öffentlichen Verwaltung. In T. Köhler, E. Schoop, & E. Kahn- wald (Hrsg.), *Wissensgemeinschaften in Wirtschaft, Wissenschaft und öffentlicher Verwaltung: 20. Workshop GeNeMe'17 Gemeinschaften in Neuen Medien* (S. 3–7). Dresden: TUDpress. https://tud. qucosa.de/api/qucosa%3A30860/attachment/ATT-0/. Zugegriffen: 04. Jan. 2020.

Gonzalez Vazquez, I., Milasi, S., Carretero Gomez, S., Napierala, J., Robledo Bottcher, N., Jonkers, K., & Goenaga, X. (2019). *The changing nature of work and skills in the digital age, EUR 29823 EN*. Publications Office of the European Union. https://doi.org/10.2760/679150.

Heuermann, R. (2018). Digitalisierung der Verwaltung – Ziele und Organisation. In R. Heuermann, M. Tomenendal, & C. Bressem (Hrsg.), *Digitalisierung in Bund, Ländern und Gemeinden – IT- Organisation, Management und Empfehlungen* (S. 13–29). Gabler.

Heyer, G., Quasthoff, U., & Wittig, T. (2012). *Text mining: Wissensrohstoff text*. W3L Verlag.

Hill, H. (2011). E-Kompetenzen. In B. Blanke, F. Nullmeier, C. Reichard, & G. Wewer (Hrsg.), *Handbuch zur Verwaltungsreform* (S. 384–391). VS Verlag.

Hohoff, C., & Gelberg, J. (2019). Kompetenzentwicklung: Potenziale der Digitalisierung durch Anwendung des europäischen e-Competence Framework nutzen. In M. Stumpf (Hrsg.), *Digitalisierung und Kommunikation – Konsequenzen der digitalen Transformation für die Wirt- schaftskommunikation* (S. 127–139). Springer Fachmedien.

Homburg, C., Wielgos, D. & Kühnl, C. (2019). Wie die digitale Transformation gelingen kann. *Absatzwirtschaft*, 6(2019), 64–69. https://www.absatzwirtschaft.de/home/archivheft/. Zugegriffen: 09. Nov. 2019.

IT-Planungsrat. (2016). *Digitale.Verwaltung.Jetzt – Das Digitalisierungsprogramm des IT-Planungsrates*. https://www.it-planungsrat.de/SharedDocs/Downloads/DE/Entscheidungen/21_ Sitzung/18_Anlage1_Digitalisierungsprogramm.pdf. Zugegriffen: 13. Jan. 2020.

IT-Planungsrat. (2019). *Digitalisierungsprogramm des IT-Planungsrats: Blaupausen für die Verwaltungsdigitalisierung*. https://www.it-planungsrat.de/SharedDocs/Downloads/DE/OZG-Umsetzung/DigPro_Info_BMI.pdf. Zugegriffen: 12. Jan. 2020.

Krcmar, H. (2018), Charakteristika digitaler Transformation. In G. Oswald & H. Krcmar (Hrsg.), *Digitale Transformation: Fallbeispiele und Branchenanalysen, Informationsmanagement und digitale Transformation* (S. 5–10), Springer Gabler. http://dx.doi.org/10.1007/978-3-658-22624-4.

Kropp, P., Theuer, S., & Fritzsche, B. (2018). Immer mehr Tätigkeiten werden durch Digitalisierung ersetzbar: Aktualisierte Substituierbarkeitspotenziale in Thüringen. *IAB Regional – Berichte und Analysen aus dem Regionalen Forschungsnetz*, 2/2018, http://doku.iab.de/regional/SAT/2018/regional_sat_0218.pdf. Zugegriffen: 10. okt. 2019.

Landesregierung Baden-Württemberg. (2017). *Digitalisierungsstrategie der Landesregierung Baden-Württemberg – digital@bw*. Stuttgart. https://www.baden-wuerttemberg.de/fileadmin/redaktion/dateien/PDF/Digitalisierungsstrategie-BW.pdf. Zugegriffen: 10. Nov. 2019.

Lück-Schneider, D. (2019). Die Digitalisierung der öffentlichen Verwaltung verändert auch Lehre und Forschung. *Forum Wohnen und Stadtentwicklung*, 2(2019), 73–75. https://www.vhw.de/publikationen/forum-wohnen-und-stadtentwicklung/archiv/archiv-detail/magazin/heft-22019-digitale-verwaltung/. Zugegriffen: 02. Jan. 2020.

Lühr, H., Jabkowski, R., & Smentek, S. (2019). *Handbuch Digitale Verwaltung*. Kommunal- und Schulverlag.

Martini, M., Fritzsche, S., & Kolain, M. (2016). Digitalisierung als Herausforderung und Chance für Staat und Verwaltung. *FÖV 85 Discussion Papers*. Deutsches Forschungsinstitut für öffentliche Verwaltung Speyer. http://www.foev-speyer.de/files/de/fbpdf/_vti_cnf/DP-085.pdf. Zugegriffen: 10. Jan. 2020.

Mergel, I. (2019). Digitale Transformation als Reformvorhaben der deutschen öffentlichen Verwaltung. *dms – der moderne staat – Zeitschrift für Public Policy, Recht und Management*, 12(1–2019), 162–171. https://doi.org/10.3224/dms.v12i1.09.

OECD. (2019). Preparing for the changing nature of work in the digital era. *OECD Going Digital Policy Note*. www.oecd.org/going-digital/changing-nature-of-work-in-the-digital-era.pdf. Zugegriffen: 14. März. 2020.

Ogonek, N., Greger, V., Zepic, R., Räckers, M., Becker, J., & Krcmar, H. (2016). Auf dem Weg zu einer innovativen Verwaltung: Rollen und Kompetenzen der Verwaltung im E-Government-Kontext. In D. Rätz, M. Breidung, D. Lück-Schneider, S. Kaiser, & E. Schweighofer (Hrsg.), *Digitale Transformation: Methoden, Kompetenzen und Technologien für die Verwaltung* (S. 13–24). Gesellschaft für Informatik e.V.

Ogonek, N., Räckers, M., Gilge, S., & Hofmann, S. (2020). E-Kompetenzen. In T. Klenk, F. Nullmeier, & G. Wewer (Hrsg.), *Handbuch Digitalisierung in Staat und Verwaltung*. Springer VS Verlag für Sozialwissenschaften (in Erscheinung).

Oswald, G., & Krcmar, H. (2018). *Digitale Transformation: Fallbeispiele und Branchenanalysen, Informationsmanagement und digitale Transformation*. Springer Gabler. https://doi.org/10.1007/978-3-658-22624-4

OZG. (2017). *Onlinezugangsgesetz vom 14. August 2017* (BGBl. I S. 3122, 3138). https://www.gesetze-im-internet.de/ozg/OZG.pdf. Zugegriffen: 14. März. 2020.

Patscha, C., Glockner, H., Störmer, E., & Klaffke, T. (2017), *Kompetenz- und Qualifizierungs-bedarfe bis 2030 – Ein gemeinsames Lagebild der Partnerschaft für Fachkräfte*. Bundes-ministerium für Arbeit und Soziales, Referat Zukunftsgerechte Gestaltung der Arbeitswelt und Arbeitskräftesicherung. https://www.bmas.de/SharedDocs/Downloads/DE/PDF-Publikationen/a758-16-kompetenz-und-qualifizierungsbedarfe.pdf. Zugegriffen: 09. März. 2020.

Räckers, M., Nelke, A., & Gilge, S. (2017). E-Kompetenz im öffentlichen Sektor: Eine Positions-bestimmung. In IT-Planungsrat und Nationales E-Government Kompetenzzentrum (NEGZ) (Hrsg.). https://fb-rvi.gi.de/fileadmin/FB/RVI/Meldungen/GI-NEGZ_Positionspapier_E-Kompetenz_20171019_web.pdf. Zugegriffen: 10. Febr. 2020.

Rätz, D., Breidung, M., Lück-Schneider, D., Kaiser, S., & Schweighofer, E. (2016). *Digitale Transformation: Methoden, Kompetenzen und Technologien für die Verwaltung*. Gesellschaft für Informatik e.V.

Scheer, A.-W. (2015). Thesen zur Digitalisierung. *Whitepaper AWS Institut für digitale Produkte und Prozesse gGmbH*, 7(2015). https://aws-institut.de/wp-content/uploads/2016/02/AWScheer_Whitepaper7_Thesen-zur-Digitalisierung.pdf. Zugegriffen: 10. Jan. 2020.

Schmoelz, A., Erler, I., Proinger, J., Löffler, R., & Lachmayr, N. (2018). Entwurf eines Modells digitaler Kompetenzen für die Berufsbildung. *Medienimpulse*, 56(4), 1–27. https://journals.univie.ac.at/index.php/mp/article/view/mi1312. Zugegriffen: 13. März. 2020.

Schulze, T. (2019). Von der Verwaltungsdigitalisierung zur Open City in Berlin. *vhw Forum Wohnen und Stadtentwicklung*, März–April 2019, 69–72. https://www.vhw.de/fileadmin/user_upload/08_publikationen/verbandszeitschrift/FWS/2019/2_2019/FWS_2_19_Schulze.pdf. Zugegriffen: 10. Dez.2019.

Schuppan, T. (2009). Neue Kompetenz-Anforderungen für (vernetztes) E-Government. *Verwaltung & Management: VM. Zeitschrift für moderne Verwaltung*. Baden-Baden: Nomos-Verl.-Ges, 15(2009), 126–135. http://www.ifg.cc/_pdf/VM_Neue_Kompetenz-Anforderungen.pdf. Zugegriffen: 10. Jan. 2020.

Stifterverband (Hrsg.). (2020). *Future Skills: Welche Kompetenzen in Deutschland fehlen*. https://www.stifterverband.org/download/file/fid/6360. Zugegriffen: 10. März. 2020.

The Potsdam Institute for eGovernment. (2014). *Aktuelle Ausprägung sowie Gestaltungsmög-lichkeiten der E-Government-Aus- und Fortbildung von Fach- und Führungskräften der Verwaltung*, Studie, 2014. http://www.itplanungsrat.de/SharedDocs/Downloads/DE/Ent-scheidungen/15_Sitzung/32_studie_e-gov_lang.pdf. Zugegriffen: 08. Jan. 2020.

Zhu, X., Song, B., Ni, Y., Ren, Y., & Li, R. (2016). Software defined anything – From software-defined hardware to software defined anything. In X. Zhu, B. Song, Y. Ni, Y. Ren, & R. Li (Hrsg.), *Business trends in the digital era* (S. 83–103). Springer. https://doi.org/10.1007/978-981-10-1079-8_5.

Zimmerling, E., Gilge, S., Schoop, E., & Breidung, M. (2017). Transformationsbedarf in der öffentlichen Verwaltung – kompetenzorientiert den demografischen Wandel gestalten. In Y. Sure-Vetter, S. Zander, & A. Harth (Hrsg.), *Tagungsband zur 9. Konferenz Professionelles Wissensmanagement* (S. 186–198). http://ceur-ws.org/Vol-1821/W5_paper5.pdf. Zugegriffen: 10. Jan. 2020.

Zimmerling, E. (2017). Anwendung der E-Kompetenz-Studie im IT-Bereich einer kommunalen Behörde. In T. Köhler, E. Schoop, & E. Kahnwald (Hrsg.), *Wissensgemeinschaften in Wirt-schaft, Wissenschaft und öffentlicher Verwaltung: 20. Workshop GeNeMe'17 Gemeinschaften in Neuen Medien* (S. 57–66). TUDpress. https://tud.qucosa.de/api/qucosa%3A30860/attachment/ATT-0/. Zugegriffen: 04. Jan. 2020.

Zypries, B. (2002). BundOnline 2005 – die nächsten Schritte der eGovernment-Initiative des Bundes. In S. Schubert, B. Reusch, & N. Jesse (Hrsg.), *Informatik bewegt: 32. Jahrestagung der Gesellschaft für Informatik e.V. (GI)* (S. 29–45). Köllen.

Prof. Dr. Julian Christ ist seit 2020 Hochschullehrer für Volkswirtschaftslehre an der FOM Hochschule in Stuttgart sowie Berater mit den Schwerpunkten Geschäftsprozessmanagement und IT-Projektmanagement. Aktuelle Forschungs- und Arbeitsgebiete umfassen digitale Transformation, Standardsetzung in Technologiemärkten sowie industrie- und technologiepolitische Themen.

Prof. Dr. Gunnar Auth ist seit 2019 Inhaber der Professur für Verwaltungsinformatik und E-Government an der Verwaltungshochschule des Freistaats Sachsen in Meißen (HSF). Zuvor war er Professor für Wirtschaftsinformatik an der Hochschule für Telekommunikation Leipzig (HfTL) und hatte Fach- und Führungsfunktionen bei dem Automobilhersteller Daimler inne. Auch fungierte er als Direktor des Rechenzentrums der Universität Leipzig. Aktuelle Arbeitsschwerpunkte umfassen Automatisierungsansätze auf Basis von Softwarerobotern sowie innovationsorientierte Konzepte des IT-Managements.

Prof. Dr. Frank Bensberg ist seit 2015 Hochschullehrer für Wirtschaftsinformatik an der Fakultät für Wirtschafts- und Sozialwissenschaften der Hochschule Osnabrück. Vorher leitete er das Department für Wirtschaft der Hochschule für Telekommunikation in Leipzig (HfTL) und war Senior Expert für Personalentwicklung bei der Deutsche Telekom AG. Forschungs- und Arbeitsgebiete sind die Digitalisierung, Big Data, Data Mining, Job Mining und Text Analytics.

Am Ende der Papierwelt – Führungskräfte in der öffentlichen Verwaltung vor dem nächsten Digitalisierungsschub

6

Götz Richter, Corinna Weber und Mirko Ribbat

Inhaltsverzeichnis

G. Richter (✉) · C. Weber · M. Ribbat
Bundesanstalt für Arbeitsschutz und Arbeitsmedizin, Dortmund, Deutschland
E-Mail: richter.goetz@baua.bund.de

C. Weber
E-Mail: weber.corinna@baua.bund.de

M. Ribbat
E-Mail: ribbat.mirko@baua.bund.de

© Der/die Autor(en), exklusiv lizenziert an Springer Fachmedien Wiesbaden GmbH, ein
Teil von Springer Nature 2022
G. Richenhagen und M. Dick (Hrsg.), *Public Management im Wandel*, FOM-Edition,
https://doi.org/10.1007/978-3-658-36663-6_6

Zusammenfassung

Führungskräfte spielen eine wichtige Rolle, damit Beschäftigte die anstehenden Veränderungsprozesse gesund und motiviert (mit-)gestalten können. Der Beitrag argumentiert tätigkeitsspezifisch und zeigt drei Profile organisationaler Rahmenbedingungen für operative Führungskräfte und arbeitsintegriertes Lernen in der Sachbearbeitung auf, die auf der Grundlage von 24 qualitativen Experteninterviews in sieben Kommunalverwaltungen identifiziert wurden.

Keywords

Digitalisierung · Digitisation · Öffentliche Verwaltung · Public Administration · Lernen · Learning · Führungskräfte · Managers

▶ **Abstract**
   Managers play an important role in ensuring that employees can (co-)design the upcoming change processes in a healthy and motivated manner. This article presents three profiles of organisational frameworks for operational managers and work-integrated learning, which were identified on the basis of 24 qualitative expert interviews in seven local governments. It describes supportive framework conditions that characterise potential-oriented administrations. In addition, inhibitory and contradictory framework conditions are identified.

6.1   Einleitung

Öffentliche Verwaltungen stehen vor großen Herausforderungen. Noch vor dem Auftreten der Corona-Pandemie hat das Bundesministerium des Innern, für Bau und Heimat (vgl. BMI, 2020) den gesellschaftlichen, technologischen und demografischen Wandel sowie die schwierige Haushaltslage und die Internationalisierung bzw. Europäisierung als Zukunftsaufgaben benannt. Seit März 2020 sind weite Bereiche der Verwaltungen von Kommunen und Landkreisen, Ländern sowie des Bundes damit befasst, die schnelle Ausbreitung des Coronavirus (Covid-19) zu verhindern bzw. die Folgen der Gegenmaßnahmen für Wirtschaft, Bildung und Kultur zu bearbeiten oder die massenhaften Impfungen vorzubereiten und zu organisieren. Neben Krankenhäusern, Rettungsdiensten und Polizei sind auch sachbearbeitende Tätigkeiten z. B. in Gesundheitsämtern, Ordnungsämtern, Wirtschaftsämtern, Kita-, Schul- und Kulturämtern und natürlich alle Stellen, die mit der Verwaltung des Personalkörpers des öffentlichen Dienstes beauftragt sind, besonders gefordert. Die Pandemie hat die öffentlichen Verwaltungen mit der Herausforderung konfrontiert, Prozesse und Aufgaben kurzfristig umzuorganisieren, um ihre Dienstleistung unter Zeitdruck erbringen zu müssen.

Um diesen Anforderungen erfolgreich begegnen zu können und die öffentlichen Verwaltungen zukunftsfähig zu machen, sind Veränderungen in Prozessen und Strukturen erforderlich – und wurden zur Bewältigung der Pandemie und ihrer Folgen vielerorts auch bereits verwirklicht. Dazu zählen ein verstärkter Einsatz digitaler Technologien sowie alternative flexible Organisationsformen, welche in stärkerem Maße Partizipation, Selbstorganisation, Dezentralisierung bzw. flache Hierarchien und Agilität berücksichtigen (vgl. Marrold, 2018). Gleichermaßen wichtig sind jedoch arbeitskulturelle Veränderungen. Zum einen, weil die digitale Transformation immer auf einer organisationsübergreifenden Zusammenarbeit basiert (vgl. Fuß, 2020) – ein enges Zuständigkeitsdenken also überwunden werden muss, zum anderen, weil die Norm als Rückgrat des Verwaltungshandelns durch die Notwendigkeit, Entscheidungen unter hoher Unsicherheit und hohem Zeitdruck treffen zu müssen, zunehmend durch „Beta-Lösungen, Rückkoppelungen und iterative Weiterentwicklungen abgelöst" (Hill, 2018, S. 499) wird.

In Veränderungssituationen sind lernförderliche Arbeitsbedingungen für Beschäftigte von besonderer Bedeutung. Denn die Lernförderlichkeit einer Tätigkeit wirkt positiv auf Kompetenz, Motivation und Gesundheit. Lernförderlich gestaltete Arbeit gibt u. a. Impulse zur Reflexion. „Um individuelle und kollektive Entwicklungsprozesse nachhaltig aufeinander beziehen zu können, ist es förderlich, wenn Organisationen reflexive Handlungsfähigkeit ausbilden." (Hiestand, 2020, S. 60). Dies bedeutet, dass Veränderungen zunächst im Austausch (z. B. in Meetings, Workshops oder informell) nachvollzogen und dann auch aktiv mitgestaltet werden können. Beim aktuellen Digitalisierungsschub in öffentlichen Verwaltungen verbindet sich der inkrementelle, aus der Einführung der elektronischen Datenverarbeitung (EDV) in den 80er-Jahren resultierende Charakter mit dem aus der Bewältigung der Corona-Pandemie resultierenden sprunghaft-disruptiven Charakter. Durch lernförderlich gestaltete Arbeit können die öffentlichen Verwaltungen die Veränderungskompetenz ihrer Beschäftigten fördern und so organisationale und individuelle Resilienz aufbauen (vgl. Hartwig et al., 2016).

Dabei ist wichtig zu unterscheiden, inwieweit Qualifizierung durch klassische Lernformen, gegebenenfalls ergänzt durch digitale Unterstützungsmöglichkeiten (wie z. B. E-Learning oder Tutorials) stattfindet oder dadurch, dass die Arbeitsprozesse lernförderlich gestaltet werden. Die lernförderliche Arbeitsgestaltung erfordert eine entsprechende Ressourcenausstattung und Arbeitsformen, die Kooperationen ermöglichen. „Kooperative Arbeitsformen und Freiräume für die wechselseitige Unterstützung sowie eine aktive Einbindung bei der Arbeits- und Technikgestaltung sind zentrale Merkmale eines lernförderlichen Arbeits- und Betriebsklimas." (Kuhlmann, 2017, S. 178). Kuhlmann (2017) schlussfolgert entsprechend, dass die Trennung von Personal-, Organisations- und Prozess-/Technikentwicklung nicht mehr zeitgemäß und sinnvoll ist. Es bedarf neuer Organisationsformen, welche diese Trennungen überwinden. Hier sind insbesondere Führungskräfte gefragt, da sie verantwortlich für die Gestaltung lernförderlicher Arbeitsbedingungen sind.

Bei der Umsetzung organisationaler Veränderungen spielen Führungskräfte eine Schlüsselrolle, denn sie tragen entscheidend zum Erfolg von organisationalen Veränderungen bei (vgl. Richter et al., 2020). Sie sind maßgeblich verantwortlich für diesen und müssen diese Prozesse auch gegenüber ihren Mitarbeitenden verantworten. Sie vermitteln strategische Ideen und Ziele in die Teams. In Veränderungen gestalten und motivieren sie gleichermaßen. Sie initiieren neue Führungs- und Organisationsformen und definieren ihre eigene Rolle möglicherweise neu. Häufig gehen Veränderungsprozesse schief, weil es nicht gelingt, vermittelt über die Führungsebene, die Beschäftigten „mitzunehmen" (vgl. Thomson & Rank, 2018).

Aus einer vorausschauenden und präventiven Perspektive argumentiert dieser Beitrag, dass Führungskräfte ihre Mitarbeitenden durch lernförderliche Arbeitsgestaltung und Lernbegleitung in die Lage versetzen können, den sich abzeichnenden technologischen, arbeitsorganisatorischen und arbeitskulturellen Wandel aktiv zu gestalten. Damit Führungskräfte diese Aufgabe erfolgreich bestreiten können, brauchen sie ihrerseits fördernde Rahmenbedingungen und Unterstützung durch die Organisation.

Doch welche organisatorischen Rahmenbedingungen sind für die Führungskräfte bei der lernförderlichen Arbeitsgestaltung wichtig? Ziel unseres Beitrages ist es, den organisationalen Kontext in verschiedenen öffentlichen Verwaltungen genau in den Blick zu nehmen, um mittels eines qualitativen explorativen Ansatzes hinderliche und förderliche Faktoren für lernförderliches Führungshandeln zu identifizieren. Dazu wird in Abschn. 6.2 zunächst eine arbeitspolitische Einordnung der zentralen Themen – Verwaltungen in Veränderungsprozessen, personalpolitische Strategien und lernförderliche Arbeitsgestaltung – vorgenommen und deren Bedeutungen als sensibilisierende Konzepte für die empirische Analyse herausgestellt. Die dargestellten Themen dienen als Konzepte, um sich dem Untersuchungsgegenstand anzunähern und die Experteninterviews zu strukturieren (vgl. Flick, 1995; Bogner & Menz, 2002). Das methodische Vorgehen wird in Abschn. 6.3 beschrieben. Abschn. 6.4 umfasst die Darstellung der Ergebnisse. Im abschließenden Abschn. 6.5 werden die Befunde diskutiert und Schlussfolgerungen für die Praxis formuliert.

6.2 Arbeitspolitische Einordnung und ihre Implikationen für die empirische Analyse

6.2.1 Verwaltungen in Veränderungsprozessen

Im aktuellen Digitalisierungsschub zeichnen sich Veränderungen von Arbeitsteilung und Arbeitsorganisation, des Aufgaben- und Kompetenzzuschnitts von Einzelnen und Gruppen, aber auch der Aufbau- und Ablauforganisation ab. Hirsch-Kreinsen (2018) schlägt deshalb vor, von Digitalisierung als Organisationstechnologie zu sprechen, und die damit einhergehenden Veränderungsprozesse unter dem Signum der „systemischen Rationalisierung" (vgl. Altmann et al., 1986) zu betrachten. Boes et al. (2017) greifen diesen Gedanken auf und sprechen von der systemischen Integration der Angestelltenbereiche. Die informatorische Durchdringung des Arbeitsprozesses führt zu mehr Transparenz und ermöglicht eine bessere Steuerung und Kontrolle des Gesamtprozesses durch das Management (vgl. Boes et al., 2017).

Kuhlmann (2017) weist in der Tradition von Baethge und Oberbeck (1986) darauf hin, dass Automatisierung, Strukturierung und Formalisierung von informationstechnisch basierten administrativen und Dienstleistungsprozessen nichts Neues sind. Er betont aber, dass sich durch die verstärkte Einbindung von Informationstechnologie eine neue Qualität von Veränderungen auf Arbeitsprozessebene beobachten ließe, die arbeitspolitisch Berücksichtigung finden müssen. In der öffentlichen Verwaltung zeigt sich dies durch die Einführung von E-Akten und digitalen Arbeitsprozessen (vgl. Kuhlmann, 2017).

Die Übertragung von Teilaufgaben an die Software geht mit einem Bedeutungsgewinn kollaborativer Arbeitsformen einher, die durch ein hohes Maß an Interaktion im Team gekennzeichnet sind. Neue Rollen wie Scrum Master, Enabler, Empowerer, Kommunikator und Prozessdesigner kommen mit dem nächsten Digitalisierungsschub in die Verwaltungen (vgl. Fuß, 2020). Diese Rollen sind Bestandteil agiler Methoden der Arbeitsorganisation und Arbeitsgestaltung. Sie sind in der Softwareentwicklung entstanden und inzwischen auch in anderen Bereichen weit verbreitet. Agile Arbeitsformen haben in diesen Arbeitsbereichen die bis dahin vorherrschenden Methoden der projektförmigen Arbeitsorganisation ergänzt bzw. verdrängt. Sie sind durch iterative Prozessgestaltung, kurze Umsetzungszyklen, intensivierte Kommunikation im Team und mit Kundinnen und Kunden sowie die Implementierung flacher Hierarchien gekennzeichnet (vgl. Salomon, 2018). Wenn Digitalisierung als Daueraufgabe und Prozess verstanden wird, der nicht irgendwann aufhört, sondern kontinuierlich neue Niveaus erschließt, müssen Führungskräfte in den genannten Rollen ihre Mitarbeitenden bei der Entwicklung von Kompetenzen und der Aufgabenbearbeitung unterstützen (vgl. Fuß, 2020). Es ist die Aufgabe der Führungskräfte, ihren Mitarbeitenden dabei zu helfen, individuelle Interessen in den Vordergrund zu stellen und Hindernisse beiseite zu räumen. In diesem Verständnis dient die Führungskraft ihren Beschäftigten (vgl. Greenleaf, 1977).

Die neuen Rollen stehen damit allerdings in Spannungsverhältnissen zu den klassisch vorherrschenden Expertenkulturen, Hierarchien und Laufbahnen, möglicherweise auch mit der Stabilitätserwartung vieler Beschäftigter in öffentlichen Verwaltungen. Agile Arbeitsformen setzen auf die Eigenverantwortung der einzelnen Kollaborateure und ersetzen hierarchische Führungsformen durch Konzepte wie „Shared Leadership" (vgl. Pearce & Conger, 2003) oder „Empowering Leadership" (vgl. Amundsen & Martinsen, 2014). Deshalb ist die erfolgreiche Implementierung dieser Rollen von der Bereitschaft der obersten Führungsebene für kollaborative Formen der Zusammenarbeit abhängig. Die skizzierten neuen Rollen stehen zudem für einen organisatorischen Übergang: Spezialwissen wird nicht mehr in der Expertenrolle konzentriert, sondern kollektiviert und in transparentes und jederzeit zugängliches Organisationswissen überführt. Für Boes et al., (2017, S. 189) „spielt die Herauslösung des Einzelnen aus seinem individuellen

‚Expertensilo' in nahezu allen Bereichen der hochqualifizierten Angestelltentätigkeit eine zentrale Rolle". Hier deutet sich das erste Dilemma für operative Führungskräfte (wie z. B. Team-, Gruppen oder Abschnittsleitungen) in öffentlichen Verwaltungen an: In der Vergangenheit wurden sie für die Führungsposition häufig aufgrund ihres herausragenden Fachwissens in einem Spezialgebiet ausgewählt – aber nicht aufgrund der nun noch stärker geforderten kommunikativen Fähigkeiten und Fertigkeiten.

Die Umstellung der Sachbearbeitung in den Verwaltungen von Kommunen und Gebietskörperschaften auf einen digitalen Workflow bringt insbesondere für die Führungskräfte auf der untersten Ebene neue Aufgaben mit sich. Bislang dominiert ein sequenzieller Arbeitsprozess, bei dem Teilbereiche bearbeitet werden und der Vorgang dann weitergereicht wird. Teamförmige Arbeitsprozesse sind auch heute noch selten. Das Grundprinzip der Sachbearbeitung, wie es von Baethge und Oberbeck Mitte der 1980er beschrieben wurde, hat sich bisher nicht geändert. „Die Sachbearbeitung ist meist mit der Vorbereitung oder Erarbeitung einer Entscheidung befasst. In einer Versicherung ist das Ergebnis z. B. eine Schadensregulierung, in einer Bank eine Entscheidung über eine Kreditanfrage, in einer Kommune häufig ein Verwaltungsakt wie die Bewilligung oder Ablehnung eines Antrags. Im Zentrum der Tätigkeit stehen hier […] Leistungsansprüche, die so weit wie möglich kritisch überprüft und gegebenenfalls auch zurückgewiesen werden sollen." (Baethge & Oberbeck, 1986, S. 233) Sachbearbeitung befasst sich in der Regel mit Einzelfällen. Ergebnis und Arbeitsschritte eines Falls bzw. einer Anfrage sind vielfach offen (vgl. Richter, et al., 2018). Das Expertenwissen und -bewusstsein in der Sachbearbeitung beruht auf den in kleineren Organisationen häufig einmaligen Kenntnissen und Erfahrungen in einem Sachgebiet. Besonders in öffentlichen Organisationen resultiert die Relevanz dieses Wissens aus den spezifischen Prozessen und Verfahren des jeweiligen Ortes, den häufig unterschiedlich handelnden Akteuren und aus lokalpolitischen Konstellationen. Die Team-, Gruppen- und Abschnittsleitungen müssen ihre Mitarbeitenden daher auf die anstehende Veränderung der Arbeitsprozesse und Formen der Arbeitsteilung vorbereiten.

Der durch den Digitalisierungsschub hervorgebrachte Veränderungsprozess kann daher als ein „organisationsweiter Lernprozess" verstanden werden. „Die Organisation lernt, wie Verbesserungen bei Prozessen und in der übergreifenden Zusammenarbeit gestaltet werden müssen. Sie wird sich zur lernenden Organisation weiterentwickeln, die vor allem lernt, wie eine Organisation lernt." (Fuß, 2020, S. 119) Diese arbeitsorganisatorischen und arbeitskulturellen Veränderungsanforderungen treffen bei öffentlichen Verwaltungen auf Organisationen mit einer spezifischen Veränderungshistorie.

Seit den 1990er-Jahren hat es vielerorts Aktivitäten zur Verwaltungsmodernisierung unter der Bezeichnung Neues Steuerungsmodell (NSM) gegeben. Bogumil (2017) fasst die Nutzung des Konzeptes Neues Steuerungsmodell auf Basis umfassender repräsentativer empirischer Erhebungen ca. zehn Jahre nach Beginn dieser Reformbewegung zusammen:

„Zweifelsohne haben die deutschen Kommunen seit Beginn der 1990er-Jahre die Modernisierung ihrer Verwaltungen beachtlich vorangetrieben. 92 Prozent der antwortenden Kommunen geben an, seit den 1990er-Jahren Maßnahmen zur Verwaltungsmodernisierung durchgeführt zu haben. Das Konzept des Neuen Steuerungsmodells als umfassendes Reformleitbild wurde allerdings nur in knapp 16 Prozent der Kommunen aufgegriffen. Eine überwiegende Mehrheit (66 %) orientierte sich nur an einzelnen Instrumenten des NSM und sah darin eher einen Werkzeugkasten denn ein holistisches Reformkonzept. Als Auslöser der Modernisierungsanstrengungen nennt eine deutliche Mehrheit der befragten Bürger-meister/-innen die „problematische Haushaltslage" als dringlichstes Problem, gefolgt von „verkrusteten Verwaltungsstrukturen" und der „Trennung von Fach- und Ressourcenver-antwortung". Ein Großteil der modernisierenden Kommunen begann in den Jahren zwischen 1994 und 1997 mit dem Umbau ihrer Verwaltung; nach dieser „Hochkonjunktur" des NSM nahm die Anzahl der Neubeginner deutlich ab (Bogumil, 2017, S. 120)."

Aufgrund der unterschiedlichen Entwicklungspfade bei der Verwaltungsmodernisierung sind die Arbeitsbedingungen auch bei ungefähr gleichgroßen Verwaltungen disparat. Nur in einer Minderheit von ca. einem Sechstel der Kommunen wurde NSM als umfassendes Reformleitbild verwirklicht. In der weit überwiegenden Zahl der Kommunen findet sich heute eine Mischung aus stabilen Hierarchien, spezialisierter Aufgabenbearbeitung und managerieller Bewirtschaftung finanzieller Mittel (vgl. Bogumil, 2017).

Die Beharrungskräfte einer vielerorts stark durch Hierarchien geprägten Aufbau-organisation treffen sich mit dem Sicherheitsbedürfnis eines Teils der Beschäftigten. Grabe et al. (2012) konstatieren auf Basis ihrer empirischen Forschung in Stadtver-waltungen und Stadtwerken, dass für viele der dort angestellten Mitarbeitenden die sichere Beschäftigungsperspektive ein wichtiges Kriterium für die Wahl des Arbeitgebers gewesen ist. Die sichere Beschäftigungsperspektive wird als Grund für Engagement und Loyalitätsverpflichtung angegeben. Zudem geht sie häufig mit der Akzeptanz eines niedrigeren Einkommens, als es in der Privatwirtschaft möglich wäre, einher. Im Gegen-zug erwarten die Mitarbeitenden, dass der öffentliche Dienst Arbeitsplatzsicherheit und die damit verbundene Planbarkeit der beruflichen Laufbahn und der privaten Lebens-planung ermöglicht (vgl. Grabe et al., 2012). Grundlage dieser spezifischen Arbeits-orientierung im öffentlichen Dienst ist ein psychologischer Vertrag (vgl. Hecker & Behrens, 2013), der im reziproken Tausch von Loyalität gegen Würdigung besteht. Hier wird das zweite Dilemma der operativen Führungskräfte in öffentlichen Verwaltungen sichtbar: Diese könnten mit Mitarbeitenden konfrontiert werden, die von ihrem Arbeit-geber Beständigkeit, Spezialisierung und Routine erwarten und wenig Bereitschaft für Veränderungen zeigen.

In der empirischen Analyse werden die maßgeblichen exogenen Einflüsse, denen Kommunalverwaltungen unterliegen, berücksichtigt. Die Lokalpolitik, vertreten durch die Bürgermeisterin oder den Bürgermeister sowie der Rat, geben die Ziele des Ver-waltungshandelns vor bzw. passen von übergeordneter Ebene vorgegebene Ziele an lokale Bedingungen an. Ein weiterer wichtiger exogener Faktor ist die finanzielle Aus-stattung der Kommunen. Schulden und Fehlbeträge beschneiden den Handlungsspiel-raum kommunaler Verwaltungen und wirken meist limitierend auf die kommunale

Personalpolitik. Die Umsetzung des NSM fasst unterschiedliche Reformstrategien zusammen, die durch eine stärker betriebswirtschaftliche Perspektive auf das Verwaltungshandeln gekennzeichnet sind. Zentrale Elemente des NSM sind die marktorientierte Stärkung sowie Einführung von Wettbewerbselementen, die Übernahme privatwirtschaftlicher Managementmethoden, der Aufbau dezentraler Führungs- und Organisationsstrukturen, Privatisierung und Deregulierung, die Einführung von Kontraktmanagement, der Aufbau einer dezentralen Ressourcen- und einer persönlichen Ergebnisverantwortung, eine ergebnisorientierte Steuerung sowie mehr Nähe zur Bürgerschaft bzw. Kundschaft (vgl. Oschmiansky, 2010; vgl. Pohlenz und Seyfried in diesem Band).

6.2.2 Personalpolitische Strategien

Ein Merkmal der Personalpolitik des öffentlichen Sektors besteht darin, unterschiedliche Beschäftigungsbedingungen (Verbeamtung, unbefristetes und befristete Angestelltenverhältnis) sowie Laufbahn- und Karriereoptionen anzubieten. Der Anteil an befristet angestellten Beschäftigten ist höher als in anderen Branchen und der Anteil der Teilzeitbeschäftigten ebenfalls. In der öffentlichen Verwaltung sind gut 40 % der Frauen, aber nur knapp 5 % der Männer in Teilzeit angestellt (eigene Berechnungen auf Grundlage des Mikrozensus 2019, Statistisches Bundesamt 2020). Diese Segmentierung begünstigt ein Nebeneinander unterschiedlicher Arbeitserwartungen und Selbstverständnisse der Beschäftigten. Die Relevanz dieser Grenzziehungen zeigt sich z. B. in einer Untersuchung über das Arbeitsbewusstsein im öffentlichen Dienst. Vogel und Pfeuffer (2016) verweisen darauf, dass beispielsweise Beschäftigte der Projektentwicklung oder des Controllings, die im öffentlichen Dienst zumeist im gehobenen Dienst beschäftigt sind, betonen, „dass der öffentliche Dienst nur dann eine für die gesellschaftliche Entwicklung produktive Zukunft haben wird, wenn er sich neuen Impulsen öffnet, und wenn er innovativ ist und kein (so diese Bediensteten) Beamtenapparat" (Vogel & Pfeuffer, 2016, S. 519). Flecker et al. (2014) weisen auf Basis einer qualitativen Untersuchung u. a. von Kommunalverwaltungen in Süddeutschland, Österreich und der Schweiz ebenfalls auf Grenzziehungen und daraus möglicherweise entstehende Grenzkonflikte zwischen unterschiedlichen Beschäftigtengruppen hin. Im Zuge von New Public Management und neuem Steuerungsmodell kommt es zur Aufwertung bestimmter Gruppen in der öffentlichen Verwaltung, aber auch zur Abwertung anderer. Insbesondere für die Projektentwicklung, das Controlling und die Beratung sehen sie eine Aufwertung ihrer Positionen, die Nachfrage ihrer Qualifikationen und die positive Bewertung ihres Habitus. Dem gegenüber stehen die Repräsentanten der „alten" Verwaltung. „Hier verbinden sich Generationen- und Professionskonflikte zu Statuskonflikten. Die Mittelschicht öffentlicher Professionen befindet sich in einem markanten Strukturwandel. Während sich der eine Teil durch Verwaltungsreformen, durch Privatisierung und neue Betriebswirtschaft deklassiert fühlt, kommen neue Expertisen und Professionen stärker

zum Zug und dominieren Haltung und Ton bei der Produktion öffentlicher Güter."
(Flecker et al., 2014, S. 338) Um diesen Herausforderungen personalpolitisch zu
begegnen, sind verschiedene Strategien denkbar, wie etwa ergebnisorientierte, prozess-
orientierte oder potenzialorientierte Strategien.

Bei derzeit nur schwer absehbaren Folgen der Digitalisierung und einem zunehmend
volatilen Umfeld erscheint eine Ergebnisorientierung vergleichsweise herausfordernd,
da nur schwer vorauszusehen ist, wohin sich Wirtschaft und Arbeitswelt tatsächlich
entwickeln werden. Prozessorientierung und damit eine effiziente Gestaltung neuer
oder angepasster Verfahren kann im Zuge neuer Anforderungen und Erwartungen
als eine Mindestanforderung an Verwaltungen angesehen werden. Sie ermöglicht es,
auf derzeit bekannte Entwicklungen angemessen zu reagieren. Potenzialorientierte
Strategien bieten hingegen die Chance einer Investition in die Veränderungs- und
Gestaltungsfähigkeit der handelnden Akteure. Dies bedeutet, politisch Verantwortlichen, Beschäftigten sowie Bürgerinnen und Bürgern die Mitgestaltung des technischen
und organisationalen Wandels zu ermöglichen. Jürgen Kädtler (2013) nimmt in Bezug
auf Lazonick und O'Sullivan (2000) durch die heuristische Unterscheidung zwischen
Kosten- und Innovationsorientierung eine ähnliche Perspektive auf organisationale
Veränderungsprozesse ein. Er differenziert zwischen den Unternehmen, die kosten-
orientiert die Anforderungen des Marktes und der Technologie als gegeben akzeptieren
und ihr Handeln innerhalb dieses Rahmens optimieren sowie denjenigen, die innovativ
Rahmenbedingungen verändern und für sich nutzen, indem beispielsweise neue
Märkte erschlossen oder Kostenstrukturen grundlegend verändert werden (vgl. Kädtler,
2013). Für Verwaltungen bedeutet dies, die Herausforderungen der Einführung neuer
Technologien, der sich verändernden Erwartungen der Bürgerinnen und Bürger an die
Verwaltung sowie die Erwartungen der Verwaltungsbeschäftigten an ihre Arbeit pro-
aktiv anzugehen, statt auf die immer kürzeren Zyklen von Veränderungen lediglich zu
reagieren.

Potenzialorientierte Strategien sind „durch eine Orientierung an den latent vorhandenen begabungs- und fähigkeitsbezogenen Entwicklungsressourcen sowie den
Neigungen und Wünschen von Mitarbeitenden aktiv in die PE-Aktivitäten integriert"
(Fäckeler, 2014, S. 56). Diese Strategien zielen darauf ab, Ziele der strategischen
Organisationsentwicklung mit Personalentwicklung zu verbinden. Hiestand (2020)
weist auf die Bedeutung der gelebten Fehlerkultur, der Gewinnung von Selbstwirk-
samkeitsüberzeugungen, von individuellen und kollektiven Reflexionsprozessen
sowie einer kooperativen Führungskultur als Voraussetzung einer abgestimmten
Kompetenz- und Organisationsentwicklung hin. Potenzialorientierte Strategien zielen
auf den systematischen Ausbau der fachlichen und persönlichen Ressourcen in den
Verwaltungen. Sie ermöglichen die Entwicklung von Veränderungs- und Gestaltungskompetenz bei den handelnden Akteuren. Dafür bedarf es auf der organisationalen
Ebene neben der vorausschauenden Gestaltung von Restrukturierungen ebenso einer
vorausschauenden und transparenten Personalpolitik und Arbeitsorganisation, die die
Umbrüche begleiten. Die Förderung von arbeitsintegriertem Lernen (Lernen bei und

durch die Arbeit) kann dabei ein zentrales Mittel einer solchen potenzialorientierten Personalpolitik sein (vgl. Richter, et al., 2018).

Vor diesem Hintergrund ist es für die empirische Analyse wichtig, die Ausgestaltung der Personalpolitik und der Personalentwicklung in den Blick zu nehmen. Der Fokus auf die Personalpolitik bezieht sich dabei insbesondere auf Fragen der zeitlichen Ausrichtung, der Konsistenz über die unterschiedlichen Ämter und Dezernate sowie der Systematik, also der Nutzung von Instrumenten wie Stellenbeschreibungen, Gefährdungsbeurteilungen, Altersstruktur- und Qualifizierungsbedarfsanalysen. Unter dem Aspekt der Personalentwicklung wird analysiert, ob es entsprechende Funktionen in der Verwaltung gibt, wo diese angesiedelt sind und wie die Zusammenarbeit mit den unterschiedlichen Ämtern oder Dezernaten bzw. den operativen Führungskräften dort praktisch wirkt. Ein Anhaltspunkt für die Unternehmenskultur ist der Blick auf die dominanten Kommunikationskanäle, wie die Beschäftigten in die interne Kommunikation eingebunden sind, und wie der Austausch organisiert ist. Dieser Aspekt nimmt die Erkenntnis auf, dass „‚professionelle Kommunikation' diejenigen Elemente in die Veränderungsprozesse integriert hat, die im Rückblick als ein wichtiger Erfolgsgarant angesehen werden können" (Kosow, 2020, S. 122).

6.2.3 Arbeitsintegriertes Lernen und die lernförderliche Rolle der Führungskraft

Von Führungskräften wird erwartet, dass sie ihren Fokus nicht nur auf die Aufgabenerfüllung, sondern vor allem auf die Mitarbeitenden und ihre Bedürfnisse richten. Das Zauberwort heißt „Wertschätzung" (vgl. Limbach, 2020, S. 6). Lernen bei der Arbeit beschreibt den Stellenwert des arbeitsintegrierten Lernens und insbesondere, ob operative Führungskräfte dieses fördern und ob sie dabei Unterstützung durch die Fachabteilung Personalentwicklung erhalten.

Für die Beschäftigten stehen beim arbeitsintegrierten Lernen das Aufdecken von Erfahrungswissen und die Generierung von neuem Wissen im Arbeitskontext im Mittelpunkt (vgl. Seufert et al., 2013). Expertise, erfahrungsbasiertes Handeln und unbewusstes Lernen stehen bei zeitlicher und räumlicher Nähe zu den Arbeitsaufgaben und zu den Kolleginnen und Kollegen in einer engen wechselseitigen Beziehung zueinander (vgl. Bigalk, 2006). Arbeitsorganisation und Arbeitsgestaltung haben großen Einfluss darauf, inwieweit Beschäftigte Zugang zu Wissen bekommen, inwieweit sie Raum und Möglichkeiten zur Reflexion ihres Handelns und der Umwelt bekommen, und inwieweit sie in der Lage sind, Kompetenzen im Prozess ihrer Arbeit zu entwickeln (vgl. Fuller & Unwin, 2013). Dies schließt die Würdigung und Nutzung von individuellen Erfahrungen der Lernenden und auch ihre aktive Mitwirkung an Prozessen der Kompetenzentwicklung im Sinne einer „qualifizierenden Arbeitsgestaltung" ein (vgl. Mühlbradt, 2014). Lernförderliches Arbeiten wird „als Prozess, als Handlungsweise, die sich zwischen dem handelnden Subjekt und der von ihm zu bearbeitenden

Aufgabe über die Zeit" (Buschmeyer & Munz, 2020) verstanden. In diesem Verständnis lernförderlicher Arbeit finden die handelnden Personen (Haltung, Werte, Wissen und Kompetenzen, Lebensstil etc.), der Charakter der Arbeitsaufgabe (Sinn, Vollständigkeit, Erfahrungsoffenheit etc.) sowie die rahmenden Faktoren (Arbeitsumgebung, Arbeitsmittel, Arbeitsorganisation, Unternehmenskultur) Berücksichtigung (vgl. Buschmeyer & Munz, 2020). Damit wird unterstrichen, dass der Weg zum arbeitsintegrierten Lernen über die Lernbegleitung durch die Führungskraft führt (vgl. Richter, et al., 2018). Zentrales Medium der lernförderlichen Führung ist das Feedback. Lernförderliches Feedback geht über die Bewertung hinaus, gibt vielmehr eine vielschichtige Rückmeldung, die auch implizite Inhalte vermittelt wie Sinneseindrücke, Stimmungen und Ambivalenzen (vgl. Neumer, 2020; Sonntag et al., 2005).

Führungskräfte als operative Vorgesetzte spielen dafür eine entscheidende Rolle. Zum einen haben sie sowohl große Einflussmöglichkeiten in den täglichen Führungsinteraktionen über die Arbeitsgestaltung und Lernbegleitung auf die Kompetenzentwicklung, die Arbeitsfähigkeit und das Wohlbefinden ihrer Mitarbeitenden (vgl. Richter et al., 2020). Zum anderen sind sie wichtige Akteure bei der Etablierung und Pflege einer Organisations- bzw. Lernkultur (vgl. Schaper et al., 2006). Verbalisierung, Austausch mit der Führungskraft und Reflexion können als Bindeglied von Kompetenz- und Organisationsentwicklung (vgl. Gronewold, 2018) verstanden werden. Lernförderlichkeit liegt daher in der „Schaffung geeigneter, insbesondere qualifikatorischer und kultureller Rahmenbedingungen für das Lernen im Allgemeinen und das Lernen in der Arbeit im Besonderen begründet" (Mühlbradt, 2014, S. 15).

6.3 Methodische Erläuterungen

Die Forschungsfrage nach förderlichen und hinderlichen Rahmenbedingungen für Führungskräfte bei der lernförderlichen Gestaltung von Arbeit in öffentlichen Verwaltungen[1] begründet ein qualitativ induktives Vorgehen, mit dem nicht Altes überprüft, sondern Neues entdeckt werden soll. Dieses impliziert eine Offenheit gegenüber dem Forschungsgegenstand (vgl. Brüsemeister, 2008; Lamnek & Krell, 2016). Die in Abschn. 6.2 dargestellten arbeitspolitischen Einordnungen dienen den Forschenden als sensibilisierende Konzepte, um den Forschungsgegenstand einzugrenzen. Brüsemeister (2008) spricht von für die Datenanalyse notwendigen „Aufmerksamkeitszentren" (Brüsemeister, 2008, S. 157).

---

[1] Das Forschungsprojekt „Lernförderliche Arbeitsgestaltung im Dienstleistungssektor am Beispiel der Sachbearbeitung: Die doppelte Rolle der Führungskraft" wurde von der Bundesanstalt für Arbeitsschutz und Arbeitsmedizin im 11/2015 bis 09/2019 im Themenfeld „demografischer Wandel" aus Eigenmitteln gefördert.

Da auf Basis der Daten sowohl eine thematische Sondierung als auch eine Systematisierung erfolgen sollte, wurden die Daten mittels systematisierender Experteninterviews gewonnen. Das systematisierende Experteninterview zeichnet sich dadurch aus, dass das „aus der Praxis gewonnene, reflexiv verfügbare und spontan kommunizierbares Handlungs- und Erfahrungswissen" (Bogner & Menz, 2002, S. 37) bestimmter Funktionsträger zur systematischen Informationsgewinnung erfragt wird.

Insgesamt wurden 24 Expertinnen und Experten aus sieben Kommunalverwaltungen von Städten mit 40.000–600.000 Einwohnerinnen und Einwohnern aus Niedersachsen und Nordrhein-Westfalen befragt. Dabei handelte es sich um Personalverantwortliche, die Geschäftsführung, Betriebsräte, Verantwortliche für den Arbeitsschutz und Gesundheitsschutz sowie Gleichstellungs- und Schwerbehindertenvertretungen. Entsprechend dem Forschungsinteresse wurden die Experteninterviews durch einen Interviewleitfaden vorstrukturiert (vgl. Bogner & Menz, 2002). Es wurde ein Leitfaden verwendet, der nach dem Prinzip „so offen wie möglich, so strukturiert wie nötig" (Helfferich, 2014, S. 566) erstellt wurde. Der Leitfaden umfasste zunächst übergeordnete, offene Hauptfragen, die sich auf die in Abschn. 6.2 dargestellten Themen bezogen und Erzählanreize schafften. Ergänzende spezifizierende (strukturierte) Teilfragen sorgten dafür, die Erzählungen weiter in Richtung des Forschungsinteresses organisationaler Rahmenbedingungen für Führungskräfte und arbeitsintegriertes Lernen zu leiten. Ein besonderes Augenmerk lag dabei auf den Handlungsspielräumen der operativen Führungskräfte. Insgesamt wurden unter Anwendung des Interviewleitfadens 24 Experteninterviews zwischen 30 und 60 min geführt. Die Gespräche fanden in den Büros der Interviewten statt.

Eine gewichtige mögliche Fehlerquelle hinsichtlich der Validität der Daten besteht in der Interviewsituation, wenn sie Anlässe zu einer verfälschten Darstellung gibt (vgl. Flick, 2006). Die Glaubwürdigkeit der Aussagen wurde dadurch gesteigert, dass alle Experten darüber informiert wurden, dass auch andere Experten aus der Organisation befragt werden. Zur Sicherung der Reliabilität setzt die Darstellung des Materials auf das Prinzip der „prozeduralen Reliabilität" (vgl. Flick, 2006), die darauf abzielt, nachvollziehbar darzustellen, was Aussage der Befragten ist und wo die Interpretation beginnt. Die Reliabilität erhöht sich weiterhin durch eine reflexive Dokumentation des Forschungsprozesses während des gesamten Untersuchungsverlaufes (vgl. Flick, 2006). Die Teilerhebung der Expertengespräche stellt nicht den Anspruch, verallgemeinerbar zu sein.

Die Interviews wurden aufgezeichnet und vollständig transkribiert. Die schriftlich fixierte Aufbereitung der Daten ist notwendig für die wissenschaftliche Analyse (vgl. Kowal und O'Connel 2000) und die kritische intersubjektive Nachvollziehbarkeit hinsichtlich der Interpretationen des Materials (vgl. Lamnek & Krell, 2016). Die verschriftlichten Interviews bildeten die Grundlage für die Datenauswertung und -interpretation.

Die Auswertung der Interviews erfolgte durch eine qualitative Inhaltsanalyse mit dem Auswertungsprogramm MAXQDA. Dieses Vorgehen ermöglicht ein systematisches und für andere nachvollziehbares Vorgehen der qualitativen Datenauswertung und -interpretation (vgl. Mayring, 2010). Die inhaltsanalytische Auswertung der Expertengespräche stützt sich auf ein Kategoriensystem, das auf Grundlage des Leitfadens entwickelt worden ist. Zentrale Aspekte sind die Ausstattung des Personal- und Organisationsbereichs mit Ressourcen (fachlich, materiell, zeitlich) sowie die Charakterisierung der Beziehungen zwischen den betrieblichen Sozialpartnerinnen und -partnern und der betrieblichen Leistungspolitik. Weitere Aspekte sind die generelle Personalausstattung, die innerbetriebliche Mobilität und die Wirksamkeit von Personal- und Organisationsentwicklung. Die Förderung der Qualifizierung und die Nutzung der entsprechenden Angebote sind ein weiterer Auswertungsschwerpunkt. Betriebliche Gelegenheitsstrukturen für arbeitsintegriertes Lernen werden hinsichtlich informeller Lernorte und Lernzeiten betrachtet. Mit Blick auf die Führungskräfte werden die organisationalen Rekrutierungsstrategien sowie das Aufgabenprofil analysiert. Die fachlichen und zeitlichen Ressourcen der Führungskräfte für Arbeitsgestaltung und Aufgabenverteilung werden ebenso betrachtet wie die Nutzung von Feedback und Mitarbeitergesprächen als Mittel der Lernbegleitung.

6.4 Ergebnisse – Rahmenbedingungen für Führungskräfte und arbeitsintegriertes Lernen

Um unterschiedliche Rahmenbedingungen für lernförderliches Führungshandeln zu untersuchen, werden in Abschn. 6.4.1 kontrastierende Aussagen von Experten aus verschiedenen Kommunalverwaltungen gegenübergestellt. Dafür wurden Kommunalverwaltungen aus Nordrhein-Westfalen ausgewählt. So kann sichergestellt werden, dass in den untersuchten Organisationen dieselben rechtlichen Rahmenbedingungen herrschen. In Abschn. 6.4.2 werden anschließend die relevanten Dimensionen, die durch die Analyse der Expertengespräche gewonnen wurden, vorgestellt und ausgewertet.

6.4.1 Personalführung am Ende der Papierwelt – Team- und Gruppenleitungen im organisatorischen Kontext

Die Stadt A liegt in der Peripherie des Landes und hat rund 40.000 Einwohnerinnen und Einwohner. Die Stadtverwaltung hat ca. 520 Beschäftigte. Die Stadt B liegt am Rand eines Ballungsgebietes und hat ca. 80.000 Einwohnerinnen und Einwohner. Die Stadtverwaltung hat ca. 550 Beschäftigte. Die Stadt C hat ca. 40.000 Einwohnerinnen und Einwohner, die Stadtverwaltung hat ca. 550 Beschäftigte. Die Stadt D hat ca. 160.000 Einwohnerinnen und Einwohner und ihre Stadtverwaltung hat ca. 2700 Beschäftigte.

Auf Basis der durchgeführten Experteninterviews lassen sich unterschiedliche Entwicklungspfade erkennen, die sich in Folge der Einführung von NSM entwickelt haben. Einige Stadtverwaltungen haben im Zuge der Verwaltungsmodernisierung konsequent auf den Einsatz moderner personalpolitischer Instrumente gesetzt und zudem klare Verantwortlichkeiten geschaffen. So beschreibt der Personalleiter der Stadtverwaltung A, warum sich seine Stadtverwaltung als moderner Dienstleister wahrnimmt und sich dadurch von anderen Stadtverwaltungen unterscheidet:

> „Die Stadtverwaltung [anonymisiert] hat nach einem Umstrukturierungsprozess einen sehr modernen Weg gewählt. Wir verstehen uns als moderner Dienstleister. Und diesen Prozess haben wir mit sehr fortschrittlichen personalwirtschaftlichen Instrumentarien begleitet und haben dadurch auch einen Stellenwert, der anders ist als in üblichen Verwaltungen. Wir haben uns als eine von wenigen Kommunen eine Zielsetzung gegeben. Wir haben uns Unternehmenswerte, die auch vom Rat verabschiedet worden sind, (...) gegeben. Und auch Führungsleitlinien, die daraus resultieren. … Und das versuchen wir in unserer Kultur auch zu leben. Also das heißt, wir versuchen, eine wertschätzende Kultur zu leben. Das ist uns ein wichtiger Ansatz" (Personalleitung Stadtverwaltung A).

Die aktuellen Rahmenbedingungen für Führungskräfte und arbeitsintegriertes Lernen sind hier durch eine strategische Steuerung der Verwaltung durch die Lokalpolitik und einem integrierten personalpolitischen Ansatz gekennzeichnet. Zu den Aufgaben der Führungskräfte gehört weiterhin die fachliche Aufgabenerledigung, dazu kommt als explizites Ziel die Förderung der Mitarbeitenden, wie in der Aussage des Personalleiters deutlich wird:

> „Also wir haben jetzt nicht der Führungskraft komplett die Aufgabe übertragen, Personalentwickler für ihre Mitarbeiterinnen und Mitarbeiter zu sein. Sondern wir verstehen das Personalentwicklungskonzept als ein Dialogsystem zwischen der Führungskraft, die natürlich weiß, welcher Mitarbeiter müsste entwickelt werden oder welcher Mitarbeiter BRÄUCHTE da was? Und die Personalabteilung ist letzten Endes die Beratungsfunktion dann, was da sinnvoll ist einzusetzen und was könnte man machen und wie könnte man es machen?" (Personalleitung Stadtverwaltung A)

Die zentrale Personalabteilung hat mit dem Personalentwicklungskonzept eine Grundlage geschaffen, auf der Führungskräfte und Beschäftigte in den dezentralen Ämtern Schritte vereinbaren und Instrumente auswählen können. Die Personalabteilung hat den Führungskräften zudem einen Baukasten mit Führungsinstrumenten zur Verfügung gestellt. Darüber hinaus steht die Personalabteilung den Führungskräften bei Rückfragen und Gesprächsbedarf zur Verfügung. Damit wird eine Führungsrolle ermöglicht, die auf ausbalancierte, anspruchsvolle Arbeit und Lernförderung gerichtet ist. Dadurch kann sie potenzialförderlich wirken.

Lern- und entwicklungsförderliches Führungsverhalten ist in Organisationen mit etablierter Personalentwicklung und funktionierenden Arbeitsbeziehungen zwischen den Verantwortlichen für Personalentwicklung und den Organisationseinheiten (das heißt den Fachbereichen, Abteilungen, Ämtern oder Dezernaten) zu finden. Weitere Kennzeichen solcher als förderlich und potenzialorientiert zu charakterisierenden Rahmenbedingungen sind die systematische Anwendung von Instrumenten wie Mitarbeitergesprächen und eine angemessene Personalausstattung. Die Personalleitung ist an strategischen Überlegungen zur Modernisierung beteiligt. Techniknutzung und Organisationsentwicklung werden im Rahmen dieser strategischen Überlegungen abgestimmt.

In anderen Kommunen ist die Verwaltungsmodernisierung dagegen nicht verwirklicht oder abgebrochen worden. Dies hängt vielfach mit wechselnden politischen Vorgaben aus dem Rat oder mit Widerständen gegen Teile des Modernisierungspaketes innerhalb der Verwaltungen zusammen. Ein Interessensvertreter der Stadtverwaltung B beschreibt anschaulich, warum sich Modernisierungspläne und -ideen nicht umsetzen ließen:

> „Wir waren vor dreißig Jahren eine unglaublich junge Verwaltung. Damals kam die Verwaltungsmodernisierung, das Tilburger Modell und was wir alles machen wollten. Dezentrale Ressourcenverantwortung, dezentrale Führungsverantwortung. Also ich will jetzt nicht so weit gehen, Selbstführung oder so. Und dadurch sind wir eben halt auch alle irgendwie gemeinsam alt geworden. Und das Problem ist auch, dass wir gemeinsam die verschiedenen Verwerfungen in dieser Verwaltung erlebt haben, das auf und ab. Erst diese Euphorie: „Oh, wir machen alles neu, wir kriegen alles neu hin." Dann sind verschiedene Sachen versucht worden, die nicht kontinuierlich prozessmäßig weiterverfolgt worden sind. Wo viele Enttäuschungen auch entstanden sind, wo man gesagt hat: Ach, da ist ja nichts draus geworden. Und ich denke, die Verwaltungsmodernisierung ist im Prinzip steckengeblieben". (Interessenvertretung Stadtverwaltung B).

Das Zitat des Interessensvertreters verdeutlicht, dass der Modernisierungsprozess nicht vollendet wurde, sondern „steckengeblieben" ist und dadurch die Erwartungen der Beschäftigten nicht erfüllt wurden. Die enttäuschten Erwartungen werden mit einem resignierten Unterton kommentiert – vom Personalrat und vermutlich auch von den Beschäftigten.

Die unvollendete Verwaltungsmodernisierung ist für Führungskräfte und Beschäftigte in vielen kommunalen Verwaltungen eine bedeutsame Rahmenbedingung. In fast allen Verwaltungen wurden im Zuge der „Neuen Steuerungsmodelle (NSM)" im Laufe der 1990er-Jahre neue Kennziffern und eine betriebswirtschaftliche Steuerung, neue EDV-Systeme und häufig auch Ansätze eines modernen Personalmanagements eingeführt (z. B. flexible Arbeitszeitregelungen). Diese werden seitdem genutzt. „Auf der Strecke geblieben" sind allerdings vielfach die für eine Lernkultur wichtigen Elemente Beurteilung, Feedback und Stärkung von Verantwortung und Entscheidungskompetenzen der Mitarbeiterinnen und Mitarbeitern. Die stark hierarchie- und regelgesteuerte Praxis des Verwaltungshandelns hat in vielen Bereichen der Verwaltung überdauert.

Die „steckengebliebene" Verwaltungsmodernisierung bestätigt Beharrungskräfte und schwächt die individuelle Veränderungsbereitschaft und die berufliche Mobilität. Die erstarrte Organisation lässt wenig berufliche Positionswechsel und kaum Aufstiegsprozesse zu. Anstelle der Orientierung auf berufliche Aufstiegspfade entwickeln die Beschäftigten Job-Crafting-Strategien. Kern des Job-Crafting sind von Mitarbeiterinnen und Mitarbeitern angestoßene Veränderungen, die Anforderungen und Ressourcen mit persönlichen Fähigkeiten und Ressourcen in Einklang zu bringen (vgl. Tims & Bakker, 2010). Dabei übernehmen sie angrenzende, vor- oder nachgelagerte Aufgaben und reichern dadurch Komplexität ihrer Arbeitsaufgabe an, bauen Kompetenzen auf und gewinnen auch außerhalb der Organisation an fachlichem Renommee. Die Passung von Person und Aufgabe wird auf diese Weise erhöht und die Tätigkeiten als bedeutsamer und zufriedenstellender erlebt (vgl. Richter & Mühlenbrock, 2020). Dies wird in der Aussage der Personalleitung von Stadtverwaltung C konkretisiert:

> „… dass eben halt hier keine Wechselkultur im Hause da ist. Das heißt, hier ist es durchaus nicht unüblich, dass Personen zehn, fünfzehn, zwanzig Jahre lang die gleiche Tätigkeit machen. Sie sind dabei aber auch nicht (...) stehengeblieben, sondern sie entwickeln sich NATÜRLICH auch auf diesen Stellen weiter. Sie werden durchaus auch zu anerkannten Experten, durchaus auch außerhalb der Verwaltung" (Personalleitung Stadtverwaltung C).

Die Amtsleitungen verhindern berufliche Mobilität und honorieren den Aufbau von Spezialwissen durch die finanzielle Aufwertung der Stellen. Damit wird für die Beschäftigten berufliche Immobilität attraktiver als Mobilität, wie die Aussage der Personalleitung in Stadtverwaltung C veranschaulicht:

> „Es hat sich, glaube ich, so entwickelt, dass insbesondere dann Amtsleitungen sagen: NEIN, der soll hier BLEIBEN. Das können wir uns gar nicht leisten. Wir kriegen neue Tätigkeiten demnächst noch DAZU. Da hat sich ein Gesetz verändert und der kennt sich da so gut aus. Der soll bleiben. Dann machen wir seine Stelle doch ein bisschen höher, dann bleibt der auch". (Personalleitung Stadtverwaltung C).

Unter solchen Rahmenbedingungen können zwar Potenziale der Beschäftigten gefördert werden, dies erfordert allerdings starke Eigeninitiative und starke Ellbogen oder gute persönliche Beziehungen zur oberen Führungsebene und ist nicht zum strategischen Nutzen der Gesamtorganisation. Führungskräfte entwickeln kurzfristige Strategien des „Sich-Durchwurschtelns", die auf die Bewältigung der Tagesaufgaben gerichtet sind. Diese Form des Führungsverhaltens ist in Organisationen mit markanter Personalunterausstattung, einem hohen Altersdurchschnitt und fehlender oder wirkungsloser Verantwortlichkeit für Personalentwicklung zu finden. Strategische Impulse der Leitungsebene zur Organisationsentwicklung fehlen oder sind nicht mit der Personalarbeit verknüpft. Lernbegleitung und lernförderliche Arbeitsgestaltung spielen für die Führungskräfte keine Rolle. Vielmehr geht es darum, das Tagesgeschäft ohne größere Zwischenfälle zu bewältigen. Solche Rahmenbedingungen können daher für Führungskräfte und arbeitsintegriertes Lernen als limitierende Rahmenbedingungen charakterisiert werden.

Schließlich können Stadtverwaltungen identifiziert werden, in denen der Prozess der Verwaltungsmodernisierung dazu geführt hat, dass einige Abteilungen, Ämter oder Dezernate ein starkes Eigenleben führen. In diesen Fällen fehlt allerdings die fachliche Unterstützung durch eine zentrale Personalentwicklungsstelle. Zu diesen gehört auch die Stadtverwaltung D, deren Interessensvertretung die gelebte Spontanität von Austausch betont:

„Also wir haben da auch eine relativ gute Austauschkultur innerhalb der Küchen. Wir haben auf jeder Etage Küchen, da finden schon mal kleine Meetings statt. Und da werden dann auch fachliche Themen oft ausgetauscht. Also das geht ja da dann auch schon, ich sage mal, austauschen und ein Stück weit auch Lernen letztendlich, voneinander lernen. Auch bereichsübergreifend. Was dann wiederum sehr, sehr gut ist" (Interessenvertretung Stadtverwaltung D).

Die Führungskräfte lassen informelle Treffen zu, die die Beschäftigten unter den widersprüchlichen organisatorischen, räumlichen und arbeitskulturellen Rahmenbedingungen für arbeitsintegriertes Lernen nutzen. Diese kollegialen Lernprozesse sind nicht an den Zuschnitt der Aufbauorganisation gebunden, sondern folgen den Anforderungen der Problemlösung. Diese Widersprüchlichkeit wird von einer Bereichsleitung in Stadtverwaltung D beschrieben.

„Und ich überlege mir halt Schulungsmaßnahmen. Das ist natürlich schon irgendwie strategisch. Aber das passiert jetzt im Tagesgeschäft, ne? Also es gibt jetzt hier keine Personalentwicklung, Personalwirtschaft, eine Abteilung, die sich mit der Ableitung von Schulungskonzepten beschäftigt. Dem ist nicht so" (Bereichsleitung Serviceeinrichtung Stadtverwaltung D).

In diesen widersprüchlichen Rahmenbedingungen ist ein auf die Förderung der Ressourcen gerichtetes eigensinniges Führungsverhalten einzelner Führungskräfte möglich. In organisatorischen Nischen wirken diese Führungskräfte situativ lernförderlich bei der Arbeitsgestaltung sowie als Lernbegleitung. Widersprüchliche Rahmenbedingungen sind in Organisationen zu finden, die durch eine blockierte Hierarchie oder fehlende Zusammenarbeit zwischen Personalentwicklung und Fachbereichen bzw. Dezernaten gekennzeichnet sind. Das unstrukturierte Umfeld lässt Führungskräften Freiräume, die diese im Einzelfall zur Durchsetzung arbeitswissenschaftlich anspruchsvoller Arbeitsbedingungen und für lernförderliche Arbeitsgestaltung nutzen. Allerdings fehlt es einer Feedbackkultur und der Nutzung von Instrumenten wie Altersstruktur- oder Qualifikationsbedarfsanalysen. Jahresgespräche werden seit Langem nicht mehr durchgeführt, es gibt auch keine Personalentwicklung. Die Führungskräfte sowie die räumlichen Gegebenheiten ermöglichen jedoch Lernprozesse auf informeller Ebene.

Unsere Ergebnisse zeigen, dass die Möglichkeiten der Gestaltung einer lernförderlichen Arbeitsgestaltung durch Rahmenbedingungen verschiedener Dimensionen beeinflusst werden. Innerhalb der verschiedenen Dimensionen können förderliche, widersprüchliche und limitierende Rahmenbedingungen identifiziert werden.

6.4.2 Digitalisierung – Passepartout für unterschiedliche Türen?

Tab. 6.1 stellt die drei identifizierten Muster von Rahmenbedingungen für Führungskräfte und arbeitsintegriertes Lernen in Verwaltungen zusammengefasst gegenüber. Die hier gewählte Darstellungsweise ist eine Aggregation der Ergebnisse aus den Interviews

Tab. 6.1 Drei typisierte Rahmenbedingungen für Führungskräfte und arbeitsintegriertes Lernen in Verwaltungen

Dimension	Förderliche Rahmenbedingungen	Widersprüchliche Rahmenbedingungen	Limitierende Rahmenbedingungen
Lokalpolitik und Verwaltung	Haushalt ausgeglichen, strategische Steuerung der Verwaltung,	Haushalt mit Fehlbetrag, Steuerung der Verwaltung in Politik umstritten	Haushalt mit Fehlbetrag, kurzfristige Steuerung der Verwaltung durch Politik,
NSM Umsetzung	Systematisch	Punktuell	Punktuell
Unternehmenskultur	Institutionalisierte Kommunikationskanäle, Wertschätzung als Ziel	Nischenbildung mit Ausbildung spezifischer Kommunikationskanäle	Informelle Kommunikationskanäle wichtig
Personalpolitik	Mittelfristig ausgerichtet, systematisch und instrumentenbasiert, PE, interne Mobilität wird gefördert, Stellenbeschreibungen werden gepflegt, Führungskräftenachwuchsprogramm	Von Amt zu Amt sehr unterschiedlich	Kurzfristig ausgerichtet, von Präferenzen der Amtsleitungen gesteuert, keine interne Mobilität, keine PE, personalpolitische Instrumentennutzung unverbindlich
Rekrutierung der Führungskräfte	Fachlichkeit begleitet durch Qualifizierung der Softskills	Fachlichkeit	Fachlichkeit
Personalentwicklung	Aufgabenteilung zwischen zentraler Personalabteilung und dezentralen Ämtern geklärt	Zusammenarbeit zwischen Personalabteilung und Ämtern abhängig von persönlichen Beziehungen	Aufgabenverteilung zwischen zentraler Personalabteilung und dezentralen Ämtern strittig
Lernen bei der Arbeit	Lernbegleitung durch Führungskräfte mit Unterstützung durch PE	Führungskräfte lassen informelle Lerngelegenheiten zu	Kein Lernimpuls durch Führungskräfte

in allen sieben Kommunalverwaltungen aus zwei Bundesländern. Ein Großteil der untersuchten Verwaltungen weist ein Zusammenspiel von förderlichen, widersprüchlichen und limitierenden Rahmenbedingungen auf. Konsistenz über die verschiedenen Dimensionen hinweg ließ sich nur in wenigen Verwaltungen feststellen.

Die Zusammenschau macht deutlich, dass eine ganze Reihe von Rahmenbedingungen als Voraussetzungen genannt werden können, die es operativen Führungskräften in

öffentlichen Verwaltungen ermöglicht, ihre Mitarbeiterinnen und Mitarbeiter durch lernförderliche Arbeitsgestaltung und Lernbegleitung auf den anstehenden Digitalisierungsschub vorzubereiten. Besonders relevante Differenzierungsmerkmale sind die finanzielle
und politische Unterstützung einer potenzialorientierten Personalpolitik durch die
lokale Politik, eine systematische und mittelfristig ausgerichtete Personalpolitik sowie
Expertise und funktionierende Kooperationsbeziehungen in der Personalentwicklung.
Der Blick auf die widersprüchlichen Rahmenbedingungen zeigt, dass es Konstellationen
gibt, in denen Führungskräfte bestehende Gelegenheitsstrukturen für lernförderliche
Führung nutzen – z. B. durch das Zulassen von Freiräumen für die Eigeninitiative ihrer
Mitarbeitenden.

6.5   Diskussion

Bereits in der letzten Digitalisierungswelle in der Verwaltung, bei der Einführung der
Personal Computer in den 80er-Jahren (anstelle der durch Großrechner geprägten Daten-
verarbeitungssysteme) wurde in arbeitssoziologischen Studien eine stärkere Orientierung
auf die Nutzung der Kompetenzen und Potenziale der Beschäftigten skizziert. Das
Empfinden, Gegebenheiten akzeptieren zu müssen, das die Einführung der zentralen
Datenverarbeitung gekennzeichnet hat, wurde durch die neuen, flexiblen Bürotechno-
logien infrage gestellt. „Die neue Komplexität gilt für die Einführungs- wie für die
Nutzungssituation gleichermaßen. Und damit können Spielräume für die Beteiligung der
Nutzer eröffnet werden." (Weltz, 1986, S. 169) Lernförderliche Führung ist auch heute
in eine ganze Reihe von organisatorischen, kulturellen, wirtschaftlichen und technischen
Rahmenbedingungen eingebettet. Inwieweit Veränderungsprozesse in kommunalen Verwaltungen potenzialorientiert gestaltet werden, ergibt sich daraus, ob die Personalpolitik
kurz- oder mittelfristig ausgerichtet ist, wie die Kooperation zwischen der zentralen
Personalabteilung und den dezentralen Amtsleitungen funktioniert, ob systematisch
hochwertige personalpolitische Instrumente eingesetzt werden und ob und wie Personalentwicklung institutionalisiert ist und praktiziert wird. Diese Rahmenbedingungen
setzen Führungskräfte in die Lage, die Kompetenzen und damit das Potenzial ihrer
Mitarbeitenden durch gezielte Arbeitsgestaltung und aktive Lernbegleitung zu fördern.
Wenn dagegen, z. B. aufgrund einer knappen Personaldecke oder hoher Fehlzeiten,
die Bewältigung des Tagesgeschäftes die ganze Aufmerksamkeit erfordert, wenn es
keine Zusammenarbeit mit der Personalentwicklung gibt und die Organisationsleitung
keine strategischen Impulse gibt und es zudem keine Lernkultur im Hause gibt, können
Führungskräfte die Potenziale ihrer Mitarbeitenden kaum systematisch fördern. Durch-
setzungsstarke Beschäftigte können jedoch auch unter diesen Bedingungen im Sinne
des Job-Crafting durch arbeitsintegriertes Lernen ihr Aufgaben- und Tätigkeitsprofil
anreichern. Unter widersprüchlichen Rahmenbedingungen fehlt Führungskräften die
systematische Unterstützung durch die Organisationsleitung und Personalentwicklung.
Wie aus unseren empirischen Daten hervorgeht, gibt es jedoch Freiräume zur Förderung

der Potenziale der Mitarbeitenden, die die Führungskräfte nutzen, weil sie das Potenzial der bereichsübergreifenden informellen Kommunikation erkennen. Es sind also in starkem Maße endogene, durch die Organisation selbst beeinflussbare Faktoren, die den Grad der Potenzialförderung beeinflussen.

Die Empirie macht allerdings deutlich, dass operative Führungskräfte bei der Förderung des arbeitsintegrierten Lernens auch an Grenzen stoßen. Zum einen sind viele Gruppen-, Sachgebiets- und Teamleitungen aufgrund herausragender Fach- und Methodenkompetenzen auf ihre Position berufen worden, nicht jedoch aufgrund starker Sozial- oder Persönlichkeitskompetenzen und müssten deshalb z. B. durch Coaching (vgl. Stork et al., 2020) bei der Lernförderung unterstützt werden. Zum anderen haben nicht eingehaltene Reformversprechungen aus der Phase der Verwaltungsmodernisierung die Zurückhaltung gegenüber Veränderungen verstärkt. Die „steckengebliebene" Verwaltungsmodernisierung ist durch „Modernisierungsinseln und die selektive Umsetzung einzelner Instrumente gekennzeichnet" (Bogumil, 2017, S. 122). Führungskräfte und Beschäftigte sind dadurch Zielkonflikten ausgesetzt. Operative Führungskräfte brauchen einen eindeutigen und verbindlichen Impuls der Organisationsleitung, z. B. in Form eines Learning Contracts (vgl. Ribbat, 2020) sowie kontinuierliche Begleitung durch die Verknüpfung von Kompetenz- und Organisationsentwicklung (vgl. Hiestand, 2020).

Schon das kleine Sample der vorliegenden Untersuchung hat gezeigt, dass die Arbeitsbedingungen in kommunalen Verwaltungen sehr heterogen sind. Es gibt nicht nur zwischen verschiedenen Verwaltungen große Unterschiede, sondern auch innerhalb einer Verwaltung zwischen verschiedenen Ämtern oder Fachbereichen. Diese Heterogenität der Arbeitsbedingungen erfordert die Entwicklung organisations- oder bereichsspezifischer Strategien der potenzialorientierten Organisationsveränderung. In diesem Zusammenhang sind auch die mit der Digitalisierung häufig verbundenen Entwicklungen hin zu agilem Arbeiten für Verwaltungen bzw. für unterschiedliche Bereiche oder Dezernate speziell zu reflektieren.

Agiles Arbeiten beschreibt eine strukturierte Form der Zusammenarbeit, die auf kurze Intervalle mit klaren Zielen in vergleichsweise kleinen, selbstorganisierten Teams gerichtet ist (vgl. Klaffke, 2019). Hill (2018) untersucht die bestehenden rechtlichen Spielräume und Aufträge des Verwaltungshandelns auf Spielräume für agiles Handeln und kommt zu einem differenzierten Fazit: „Sicher wird nicht in allen Verwaltungsbereichen agiles Verwaltungshandeln angemessen oder vonnöten sein. Wenn aber das Umfeld der Verwaltung sich weiterhin so turbulent und dynamisch wie in den letzten Jahren entwickelt, ist es umso wichtiger, sowohl den dogmatischen Rahmen als auch das praktische Verwaltungshandeln in Richtung einer agilen Verwaltung weiterzuentwickeln, um die Handlungs- und Funktionsfähigkeit der Verwaltung sowie die Wirksamkeit ihres Handelns auch in Zukunft zu erhalten." (Hill, 2018, S. 504) Die Konfrontation mit dem neuen Coronavirus führt deutlich vor Augen, dass Verwaltungen kurzfristig entscheidungs- und handlungsfähig sein müssen, zugleich aber Ressourcen und Reserven langfristig vorhalten müssen. Während von Teilen der Verwaltungsorganisation dynamisches Handeln erwartet wird, stehen andere Bereiche für Stabilität. Diese unterschiedlichen Erwartungen können das Arbeitshandeln der Beschäftigten prägen und sollten beim Übergang von der Papierwelt in die Cloud berücksichtigt werden.

Angesichts der digitalen Transformation besteht die Herausforderung also darin, konservativ die Daseinsvorsorge sicherzustellen und zeitgleich innovativ die Möglichkeiten der weiterentwickelten digitalen Technologien zu nutzen. Organisationen und Beschäftigte müssen dafür eine spezifische Veränderungskompetenz aufbauen.

6.6   Schlussfolgerungen für die Praxis

Lernen ist in der Arbeitswelt kein Selbstzweck, sondern Mittel zum Zweck, um das eigene Erwerbsleben möglichst erfolgreich und gesund gestalten zu können. Damit arbeitsintegriertes Lernen zuverlässig und konsequent gefördert wird, bedarf es klarer Zuständigkeiten in der Organisation. Um nachhaltig erfolgreich zu sein, muss Lernen betrieblich institutionalisiert sein. Hinsichtlich des arbeitsintegrierten Lernens gibt es in den Verwaltungen jedoch ein Zuständigkeitsvakuum. Personalabteilungen haben meist keinen Zugriff auf die Kompetenzentwicklung im operativen Geschäft, Führungskräften fehlen ausreichende zeitliche und fachliche Ressourcen. Da Beratung und Begleitung des (informellen) Lernens immer wichtiger werden, bedarf es einer Weiterentwicklung der Aufbauorganisation und der Bereitstellung entsprechender Kompetenzen. Organisations- und Personalentwicklung müssen zusammen gedacht und die Möglichkeiten der strategischen Personalpolitik genutzt werden, z. B. mit den von der Initiative Neue Qualität der Arbeit im Rahmen des Projektes „Führung in der digitalisierten öffentlichen Verwaltung" (FührDiV, 2020) initiierten Werkzeugen (vgl. Pythia ÖV, 2020).

Um Beschäftigte zum Lernen zu motivieren, benötigt die Förderung von arbeitsintegriertem Lernen passende Anreize und Ressourcen. Der instrumentelle Charakter des Lernens in der Arbeitswelt tritt in den Hintergrund, wenn Lernen unmittelbar arbeitserleichternd wirkt oder wenn es Spaß macht. Digitale Medien können arbeitsplatznahe Lernprozesse ermöglichen und attraktiver machen (vgl. Höhne & Longmuß, 2020). Die Anforderungen an Komplexität und Tempo des Lernens sind so zu dosieren, dass sie nicht zum Verschleiß der motivationalen und gesundheitlichen Ressourcen führen. Beschäftigte und Führungskräfte sollten nicht mit Lernzielen konfrontiert und sich selbst überlassen werden. Vielmehr sollten gemeinsam mit Beschäftigten und betrieblicher Interessenvertretung Lernhemmnisse erkannt, angesprochen und beseitigt werden.

6.7   Fazit

Abschließend ist festzuhalten, dass potenzialorientierte Personalpolitik vor dem Hintergrund aktueller Veränderungsanforderungen, erworbener Veränderungsroutinen und bestehender Veränderungsspielräume Bedingungen schafft, die arbeitsintegriertes

Lernen fördern und Führungskräften Lernförderung ermöglichen. In den hier durchgeführten Fallstudien konnten unterschiedliche Muster von Rahmenbedingungen identifiziert werden, die sich nicht zuletzt aus der Umsetzung der Verwaltungsmodernisierung der 1990er-Jahre ergeben haben. Damit liefert dieser Beitrag praktische Anhaltspunkte für Verwaltungen, ihren bisherigen Modernisierungspfad zu hinterfragen und dadurch Vertrauen bei Beschäftigten und operativen Führungskräften zurückzugewinnen. Die Gestaltung des digitalen Organisationswandels muss nicht nur Personal, Technologie und Organisation zusammendenken (vgl. Heuberger, 2020), sondern auch die Erfahrungen zurückliegender Prozesse der Verwaltungsmodernisierung reflektieren.

Literatur

Altmann, N., Deiß, M., Döhl, V. & Sauer, D: (1986). Ein „Neuer Rationalisierungstyp" – neue Anforderungen an die Industriesoziologie. *Soziale Welt,* 37 (2/3), S. 191–206.

Amundsen, S., & Martinsen, Ø. L. (2014). Empowering leadership: Construct clarification, conceptualization, and validation of a new scale. *The Leadership Quarterly, 25*(3), 487–511.

Baethge, M. & Oberbeck, H (1986). *Zukunft der Angestellten. Neue Technologien und berufliche Perspektiven in Büro und Verwaltung.* Campus.

Bigalk, D. (2006). *Lernförderlichkeit von Arbeitsplätzen – Spiegelbild der Organisation?. Eine vergleichende Analyse von Unternehmen mit hoch und gering lernförderlichen Arbeitsplätzen.* Universität Kassel, Institut für Arbeitswissenschaft.

BMI, Bundesministerium des Innern, für Bau und Heimat (2020). *Moderne Verwaltung.* Abrufbar unter: https://www.bmi.bund.de/DE/themen/moderne-verwaltung/moderne-verwaltung-node.html. Zugegriffen: 14. März 2020.

Boes, A., Kämpf, T., Langes, B. & Lühr, T. (2017). *Lean und agil im Büro. Neue Organisationskonzepte in der digitalen Transformation und ihre Folgen für die Angestellten.* Forschung in der Hans-Böckler-Stiftung (Bd. 193). transcript.

Bogner, A. & Menz, W. (2002). Das theoriegenerierende Experteninterview. Erkenntnisinteresse, Wissensform, Interaktion. In W. Menz (Hrsg.), *Das Experteninterview. Theorie, Methode, Anwendung* (S. 33–70). Springer VS.

Bogumil, J. (2017). Modernisierung lokaler Politik. Erkenntnisse aus den letzten 15 Jahren. In S. Kuhlmann & O. Schwab (Hrsg.), *Starke Kommunen – wirksame Verwaltung. Fortschritte und Fallstricke der internationalen Verwaltungs- und Kommunalforschung* (S. 117–142). Wiesbaden: Springer VS.

Brüsemeister, T. (2008). *Qualitative Forschung.* VS Verlag.

Buschmeyer, J. & Munz, C. (2020). Wie kann Arbeiten lernförderlicher werden? Zur Neubestimmung des traditionellen Konzeptes der lernförderlichen Arbeitsgestaltung. In A. Bolte & J. Neumer (Hrsg.), *Lernen in der Arbeit. Erfahrungswissen und lernförderliche Arbeitsgestaltung bei wissensintensiven Berufen* (S. 105–112). Hampp.

Fäckeler, S. (2014). *Ganzheitliche Personalentwicklung – Eine Analyse wissenschaftlicher und subjektiver Theorien über Personalentwicklungsarbeit.* Dissertation der Universität St. Gallen, Hochschule für Wirtschafts-, Rechts- und Sozialwissenschaften sowie Internationale Beziehungen (HSG). Abrufbar unter: https://www1.unisg.ch/www/edis.nsf/SysLkpByIdentifier/4348/$FILE/dis4348.pdf. Zugegriffen: 11. März 2020.

Flecker, J., Schultheis, F., & Vogel, B. (2014). Der Umbruch der öffentlichen Dienste aus der Sicht der Beschäftigten. Verteilung, Anerkennung und Gemeinwohl. In J. Flecker, F. Schultheis, & B. Vogel (Hrsg.), *Im Dienste öffentlicher Güter, Metamorphosen der Arbeit aus der Sicht der Beschäftigten* (S. 335–350). Edition Sigma.

Flick, U. (1995). *Qualitative Forschung. Theorie, Methoden, Anwendung in Psychologie und Sozialwissenschaften*. Rowohlt.

Flick, U. (2006). *Qualitative Evaluationsforschung: Konzepte – Methoden – Umsetzung. Rowohlts Enzyklopädie*. Rowohlt.

Fuller, A. & Unwin, L. (2013). *Apprenticeship and the concept of occupation*. Abrufbar unter: http://www.gatsby.org.uk/uploads/education/reports/pdf/apprenticesfullpvs.pdf.   Zugegriffen: 16. Dec. 2020.

Fuß, F. (2020). Digitalisierung als Herausforderung für die Führungs-, Arbeits- und Kommunikationskultur. In G. Richter (Hrsg.), *Lernen in der digitalen Transformation. Wie arbeitsintegriertes Lernen in der betrieblichen Praxis gelingt* (S. 111–124). Schäffer-Poeschel.

FührDiV (2020). Führung in der digitalisierten öffentlichen Verwaltung. Abrufbar unter: https:// fuehrdiv.org/projekt-fuehrdiv.html. Zugegriffen: 30. Dec. 2020.

Grabe, L., Pfeuffer, A., & Vogel, B. (2012). „Ein wenig erforschter Kontinent"? Perspektiven einer Soziologie öffentlicher Dienstleitungen. *AIS-Studien, 5*(2), 35–53.

Greenleaf, R. K. (1977). *Servant-Leadership: A journey into the nature of legitimate power and greatness*. Paulist Press.

Gronewold, J. K. (2018). Kompetenz- und Organisationsentwicklung in der wissensintensiven Arbeit – Reflexion als Bindeglied?! In H. Johns & G. Vedder (Hrsg.), *Organisation von Arbeit und berufsbegleitendem Lernen* (S. 129–146). Hampp.

Hartwig, M., Kirchhoff, B., Lafrenz, B. & Barth, A. (2016). *Psychische Gesundheit in der Arbeitswelt – Organisationale Resilienz*. Bundesanstalt für Arbeitsschutz und Arbeitsmedizin.

Hecker, D. & Behrens, B. (2013). Der psychologische Vertrag bei Veränderungsprozessen – Herausforderungen meistern. In: Bundesanstalt für Arbeitsschutz und Arbeitsmedizin (Hrsg.), *Arbeitnehmer in Restrukturierungen. Gesundheit und Kompetenz erhalten* (S. 151–167). Bertelsmann.

Helfferich, C. (2014). Leitfaden- und Experteninterviews. In N. Baur & J. Blasius (Hrsg.), *Handbuch Methoden der empirischen Sozialforschung* (S. 559–574). Springer VS.

Heuberger, M. (2020). Digitaler Organisationswandel. In T. Klenk, F. Nullmeier, & G. Wewer (Hrsg.), *Handbuch Digitalisierung in Staat und Verwaltung* (S. 599–610). Springer VS.

Hiestand, S. (2020). Verknüpfung von Kompetenz- und Organisationsentwicklung. In G. Richter (Hrsg.), *Lernen in der digitalen Transformation* (S. 51–64). Schaeffer-Pöschl Verlag.

Hill, H. (2018). Agiles Verwaltungshandeln im Rechtsstaat. *Die öffentliche Verwaltung, 71*(13), 497–504.

Hirsch-Kreinsen, H. (2018). Das Konzept des Soziotechnischen Systems – revidited. *AIS-Studien, 11*(2), 11–28.

Höhne, B., & Longmuß, J. (2020). Agil und informell lernen – Bedarfsorientierte Kommunikations- und Kollaborationsmethoden. In G. Richter (Hrsg.), *Lernen in der digitalen Transformation* (S. 125–142). Schaeffer-Pöschl Verlag.

Kädtler, J. (2013). Restrukturierung, Innovation und fairer Tausch? In Bundesanstalt für Arbeitsschutz und Arbeitsmedizin (Hrsg.), *Arbeitnehmer in Restrukturierungen. Gesundheit und Kompetenz erhalten* (S. 19–32). Bertelsmann.

Klaffke, M. (2019). Einleitung: Büro als Katalysator agilen Arbeitens. In M. Klaffke (Hrsg.), *Gestaltung agiler Arbeitswelten* (S. 1–5). Springer Fachmedien.

Kowal, S. & O'Connell, D. C. (2000). Zur Transkription von Gesprächen. In U. Flick, E. v. Kardorff & I. Steinke (Hrsg.), *Qualitative Forschung. Ein Handbuch* (S. 437–446). Rowohlt.

Kosow, H. M. (2020). Zum Umgang mit Ängsten und Widerständen bei einer Verwaltungsreform. In J. Groß (Hrsg.), Soziologie für den öffentlichen Dienst (III) (S. 110–123). Maximilian Verlag.

Kuhlmann M. (2017). Digitalisierung und Arbeit: Herausforderungen und Perspektiven. In H. Baumann, M. Gallusser, R. Herzog, U. Klotz, C. Michel, B. Ringger & H. Schatz (Hrsg.), *Jahrbuch 2017: Technisierte Gesellschaft* (S. 167–189). Edition 8.

Lamnek, S., & Krell, C. (2016). *Qualitative Sozialforschung* (6. Aufl.). Beltz.

Lazonick, W. & O'Sullivan, M. (2000). *Perspectives on Corporate Governance, Innovation, and Economic Performance*. European Institute of Business Administration (INSEAD).

Limbach, B. (2020). Aktuelle Herausforderungen für Führungskräfte (im öffentlichen Dienst) – Ein Praxisbericht. In J. Groß (Hrsg.), *Soziologie für den öffentlichen Dienst (III)* (S. 5–10). Maximilian Verlag.

Marrold, L. (2018). Mit Holacracy auf dem Weg zur agilen Organisation. In H. R. Fortmann & B. Kolocek (Hrsg.), *Arbeitswelt der Zukunft* (S. 83–99). Springer Gabler.

Mayring, P. (2010). *Qualitative Inhaltsanalyse. Grundlagen und Techniken*. Beltz.

Mühlbradt, T. (2014). *Was macht Arbeit lernförderlich?: Eine Bestandsaufnahme* (MTM-Schriften Industrial Engineering) Bd. 1. Deutsche MTM-Vereinigung e.V.

Neumer, J. (2020). Lernhemmnisse und Kriterien lernförderlicher Arbeitsgestaltung bei qualifiziert-selbstverantwortlicher Arbeit. In A. Bolte & J. Neumer (Hrsg.), *Lernen in der Arbeit. Erfahrungswissen und lernförderliche Arbeitsgestaltung bei wissensintensiven Berufen* (S. 113–126). Hampp.

Oschmiansky, F. (2010). *Neues Steuerungsmodell und Verwaltungsmodernisierung*. Abrufbar unter: https://www.bpb.de/politik/innenpolitik/arbeitsmarktpolitik/55048/steuerung-modernisierung. Zugegriffen: 10. März 2020.

Pythia, Ö. V. (2020). Strategische Personalplanung für öffentliche Verwaltungen und Organisationen. Entwickelt vom Institut für Beschäftigung und Employability IBE. https://personal-pythia.de/starter-set/nutzungshinweise-pythia-ov/. Zugegriffen: 30. Dec. 2020.

Pearce, C. L. & Conger, J. A. (2003). All those years ago: The historical underpinnings of shared leadership. In C. L. Pearce & J. A. Conger (Hrsg.), *Shared Leadership: Reframing the hows and whys of leadership* (S. 1–18). Sage.

Ribbat, M. (2020). Führungskräfte als Gatekeeper für arbeitsintegriertes Lernen: Mit Learning Contracts die Gestaltung des digitalen Wandels ermöglichen. In G. Richter (Hrsg.), *Lernen in der digitalen Transformation. Wie arbeitsintegriertes Lernen in der betrieblichen Praxis gelingt.* (S. 83–94). Schäffer-Poeschel.

Richter, G. & Mühlenbrock, I. (2020). Kompetenzentwicklung und Arbeitsfähigkeit im digitalen Wandel. In G. Richter (Hrsg.), *Lernen in der digitalen Transformation. Wie arbeitsintegriertes Lernen in der betrieblichen Praxis gelingt.* (S. 95–110). Stuttgart: Schäffer-Poeschel.

Richter, G., Mühlenbrock, I., & Ribbat, M. (2018a). Lernförderliche Arbeitsgestaltung in der Sachbearbeitung – eine Aufgabe für Team- und Gruppenleitungen? *Arbeit, 27*(4), 317–343.

Richter, G., Ribbat, M., & Thomson, B. (2018). Die Digitalisierung der Arbeit: Arbeitsintegriertes Lernen als Strategie vorausschauender Personalpolitik. In T. Redlich, M. Moritz, & J. Wulfsberg (Hrsg.), *Interdisziplinäre Perspektiven zur Zukunft der Wertschöpfung* (S. 219–232). Springer Gabler.

Richter, G., Ribbat, M. & Mühlenbrock, I. (2020). *Lernförderliche Arbeitsgestaltung im Dienstleistungssektor am Beispiel der Sachbearbeitung: Die doppelte Rolle der Führungskraft. (baua: Fokus)*. Bundesanstalt für Arbeitsschutz und Arbeitsmedizin 2020. Abrufbar unter: https://www.baua.de/DE/Angebote/Publikationen/Fokus/Lernfoerderliche-Arbeitsgestaltung.pdf. Zugegriffen: 10. Marz 2020.

Salomon, L. (2018): *Scrum – Belastung – Arbeitsschutz*. Abrufbar unter: https://www.inqa.de/SharedDocs/downloads/scrum-belastungen-arbeitsschutz-wing.pdf. Zugegriffen: 16. Dec. 2020.

Schaper, N., Friebe, J., Wilmsmeier, A., & Hochholdinger, S. (2006). Ein Instrument zur Erfassung unternehmensbezogener Lernkulturen – das Lernkulturinventar (LKI). In R. Rapp, P. Sedlmeier, & G. Zunker-Rapp (Hrsg.), *Perspectives on Cognition* (S. 175–198). Pabst.

Seufert, S., Fandel-Meyer, T., Meier, C., Diesner, I., Fäckeler, S., & Raatz, S. (2013): *Informelles Lernen als Führungsaufgabe. Problemstellung, explorative Fallstudien und Rahmenkonzept*. St. Gallen: Swiss Centre for Innovations in Learning.

Sonntag, K., Schaper, N., Friebe, J. (2005). Erfassung und Bewertung von Merkmalen unternehmensbezogener Lernkulturen. In Arbeitsgemeinschaft QUEM (Hrsg.), Kompetenzmessung im Unternehmen: Lernkultur- und Kompetenzanalysen im betrieblichen Umfeld (S. 1–7). Waxmann.

Statistisches Bundesamt (2020). Bevölkerung und Erwerbstätigkeit. Erwerbsbeteiligung der Bevölkerung – Ergebnisse des Mikrozensus zum Arbeitsmarkt. 2019, Fachserie 1. Reihe 4.1.

Stork, W., Helferich, P., & Pleil, T. (2020). Beschäftigte in der digitalen Transformation – Möglichkeiten des arbeitsintegrierten informellen Lernens. In G. Richter (Hrsg.), *Lernen in der digitalen Transformation. Wie arbeitsintegriertes Lernen in der betrieblichen Praxis gelingt.* (S. 35–50). Schäffer-Poeschel.

Tims, M., & Bakker, A. B. (2010). Job crafting: Towards a new model of individual job redesign. *SA Journal of Industrial Psychology, 36*(2), 1–9.

Thomson, B., & Rank, J. (2018). Die Bedeutung von Führungskräften für Gesundheit und Sinnerleben in Veränderungsprozessen – Vorstellung eines forschungsbasierten betrieblichen Weiterbildungsmoduls. In B. Bandura, A. Ducki, H. Schröder, J. Klose, & M. Meyer (Hrsg.), *Fehlzeiten-Report 2018* (S. 115–131). Springer.

Vogel, B. & Pfeuffer, A. (2016). Amtsethos oder Job? Arbeitsbewusstsein im öffentlichen Dienst. In *WSI-Mitteilungen 7/2016, Schwerpunktheft „Gerechtigkeitsansprüche und Arbeitnehmerbewusstsein heute – neue Ansätze, neue Befunde"* (S. 513–520). Hans-Böckler-Stiftung.

Weltz, F. (1986). Wer wird Herr der Systeme? Der Einsatz neuer Bürotechnologie und die innerbetriebliche Handlungskonstellation. In R. Seltz, U. Mill, & E. Hildebrandt (Hrsg.), *Organisation als soziales System* (S. 151–162). Edition Sigma.

Dr. Götz Richter   Diplom-Sozialwissenschaftler, hat ab 1989 arbeitssoziologische Forschungsprojekte durchgeführt. Seit 2008 ist er wissenschaftlicher Mitarbeiter der Bundesanstalt für Arbeitsschutz und Arbeitsmedizin (BAuA). Er engagiert sich in der „Initiative Neue Qualität der Arbeit".

Dr. Corinna Weber   forscht als wissenschaftliche Mitarbeiterin der Bundesanstalt für Arbeitsschutz und Arbeitsmedizin zu den Themen des Wandels der Arbeit. Ihre Schwerpunkte liegen dabei auf dem Zusammenhang von Gesundheit und Führung in neuen, innovativen Führungs- und Organisationsformen sowie dem Einfluss der digitalen Transformation auf Führungshandeln.

Mirko Ribbat   ist seit 2015 wissenschaftlicher Mitarbeiter bei der Bundesanstalt für Arbeitsschutz und Arbeitsmedizin (BAuA). Forschungsschwerpunkte sind lern- und gesundheitsförderliche Arbeitsgestaltung, digitaler Wandel in der Arbeitswelt, Leadership und Followership. Aktuell ist er beschäftigt im BAuA-Schwerpunktprogramm „Sicherheit und Gesundheit in der digitalen Arbeitswelt".

Zusammenhänge zwischen den Merkmalen eines Change-Prozesses im Public Management und der psychischen Beanspruchung der Beschäftigten in Abhängigkeit vom Sozialkapital der Organisation

7

Manuel Pietzonka und Yvonne Oberbeck

Inhaltsverzeichnis

M. Pietzonka (✉)
FOM Hochschule, Hannover, Deutschland
E-Mail: manuel.pietzonka@fom.de

Y. Oberbeck
Celle, Deutschland

© Der/die Autor(en), exklusiv lizenziert an Springer Fachmedien Wiesbaden GmbH, ein Teil von Springer Nature 2022
G. Richenhagen und M. Dick (Hrsg.), *Public Management im Wandel,* FOM-Edition,
https://doi.org/10.1007/978-3-658-36663-6_7

Zusammenfassung

Es werden Zusammenhänge zwischen den Merkmalen eines Veränderungsprozesses und der empfundenen psychischen Beanspruchung (operationalisiert als kognitive und emotionale Irritation) untersucht. Befragt wurden Beschäftigte einer Organisation aus dem Bereich der öffentlichen Versorgung im Rahmen einer Vollerhebung, die sich zum Zeitpunkt der Befragung in einem umfassenden, über mehrere Jahre angelegten Veränderungsprozess befunden hat ($n = 219$, Rücklauf 59 %). Als Merkmale des Change-Prozesses werden das Ausmaß und der Nutzen der Veränderungen für die Arbeitseinheit, die Auswirkungen der Veränderungen auf den individuellen Arbeitsplatz sowie der Umfang der Beteiligung am Veränderungsprozess betrachtet. Die Ergebnisse zeigen, dass sich bestimmte Merkmale eines Veränderungsprozesses bedeutsam auf die psychische Beanspruchung der Beschäftigten auswirken können. Die Zusammenhänge werden zum Teil durch das organisationale Sozialkapital moderiert.

Keywords

Change-Management · Public Management · Psychische Irritation · Psychological Stress · Merkmale eines Change-Prozesses · Characteristics of a Change-Process · Sozialkapital · Social Capital

▶   **Abstract**

In this chapter, the relationship between the characteristics of a change process in public management and the perceived psychological stress (operationalized as cognitive and emotional irritation) is examined. Employees from an organization undergoing a comprehensive change process were surveyed ($n = 219$, response rate 59 %). The extent and benefit of the changes in relation to the work unit, the effects of the changes on the individual workplace and the extent of participation in the change process are considered as characteristics of the change process. In addition, social resources are taken into account as a moderator variable. The results show that characteristics of a change process can have a significant impact on the psychological stress of the employees.

7.1   Psychische Beanspruchung im Change-Prozess

Im Public Management stehen Wandlungsprozesse nur selten im Fokus empirischer Untersuchungen, obwohl dieser Sektor mit seinen spezifischen Bedingungen im Rahmen von Change-Prozessen vor besonderen Herausforderungen steht. Die gelungene

Gestaltung und Umsetzung von Veränderungsprozessen gewinnt dabei auch im Public Management zunehmend an Bedeutung (vgl. Müller et al., 2011). Arbeitsbezogene Veränderungsprozesse werden häufig von den betroffenen Mitarbeiterinnen und Mitarbeitern als Belastung oder Bedrohung wahrgenommen und können zu Stressreaktionen, Unwohlsein und gesundheitlichen Beeinträchtigungen führen (vgl. Kowalski, 2012). Dass Change-Prozesse sich negativ auf die Gesundheit der Mitarbeiter auswirken können, zeigt eine Metastudie von Quinlan et al. (2001), die bei 36 von 41 Studien negative Zusammenhänge zwischen der Gesundheit der Beschäftigten und organisationalen Veränderungen und ihren Folgen gefunden haben. Negative Folgen von Veränderungsvorhaben auf die psychische Gesundheit der Beschäftigten äußern sich z. B. in Form von emotionaler Erschöpfung oder Burn-out (vgl. z. B. Day et al., 2017; Dubois et al., 2014).

Erschöpfungszustände können entstehen, wenn belastende Veränderungsbedingungen über einen längeren Zeitraum die individuellen Leistungsvoraussetzungen übersteigen und somit notwendige Erholungsprozesse beeinträchtigen (vgl. Rau, 2012). Im Rahmen der vorliegenden Studie werden die Beanspruchungsfolgen im Kontext eines konkreten tiefgreifenden Veränderungsvorhabens im Public Management untersucht. Hierbei wird psychische Beanspruchung gemäß Mohr et al. (2005a) als kognitive und emotionale Irritation definiert. Kognitive Irritation äußert sich darin, dass die Beschäftigten nach der Arbeit nicht abschalten können und zu Hause über diese nachdenken. Emotionale Irritation zeigt sich in Form von gereizten und nervösen Verhaltensweisen. Derartige Irritationen entstehen, wenn Beschäftigte ein Ungleichgewicht zwischen individuellen Ressourcen und den Belastungen durch die Arbeit wahrnehmen. Irritation wird als potenzielle Vorstufe von psychischen Störungen angesehen und entspricht somit dem Schweregrad einer psychischen Beeinträchtigung des Befindens (vgl. Mohr et al., 2005a). Die vorliegende Studie untersucht die Forschungsfrage, welche Merkmale eines Veränderungsprozesses einen Einfluss auf die psychische Beanspruchung der Beschäftigten ausüben und inwiefern dieser Einfluss durch das Sozialkapital der Organisation moderiert werden kann.

7.2 Merkmale von Veränderungsprozessen und ihr Einfluss auf Beanspruchungsfolgen

Obwohl einige Erkenntnisse zu den negativen Auswirkungen von betrieblichen Change-Prozessen auf die psychische Verfassung der Beschäftigten vorliegen, besteht Forschungsbedarf bezüglich der Frage, welche Merkmale der Veränderungssituation sich positiv auf die psychische Verfassung der Beschäftigten auswirken und somit zur Bewältigung der Veränderung beitragen (vgl. Bundesanstalt für Arbeitsschutz & Arbeitsmedizin, 2011; Mohr, 2011). Köper und Richter (2016) sehen außerdem Forschungsbedarf bei der Ermittlung von Faktoren, die den Zusammenhang zwischen dem Veränderungsprozess und der Gesundheit der Befragten moderieren. Dabei muss natürlich berücksichtigt werden, dass sich Individuen darin unterscheiden, wie stark sie von organisationalen Veränderungsprozessen betroffen sind oder wie sie auf diese reagieren (vgl. Caldwell et al., 2004). Im Rahmen der vorliegenden Untersuchung werden daher ausgewählte Merkmale eines Change-Prozesses näher betrachtet, die nachfolgend eingeführt werden. Aufgrund der durchgeführten Literaturrecherche lässt sich vermuten, dass diese Konstrukte einen Einfluss auf die psychische Beanspruchung der Beschäftigten ausüben. Die Auswahl der Change-Merkmale, die im Rahmen der vorliegenden Studie Berücksichtigung finden, ist auch durch die Möglichkeiten ihrer Operationalisierung limitiert, da es hierzu nur wenig validierte Ratingskalen in deutscher Sprache gibt.

Ausmaß der Veränderungen

Als wesentlicher Einflussfaktor, der sich auf die Reaktionen der Beschäftigten auswirkt, wird in unterschiedlichen Studien das Ausmaß einer organisationalen Veränderung genannt (vgl. Caldwell et al., 2004; Fedor et al., 2006; Michel et al., 2009a, 2013; Rafferty & Griffin, 2006). Mit diesem Konstrukt wird erfasst, wie stark sich die Arbeitsweisen und Prozesse einer Arbeitseinheit aus Sicht der Beschäftigten verändert haben. Das wahrgenommene Ausmaß der Veränderung kann die psychische Beanspruchung der Beschäftigten beeinflussen, wie eine Studie von Schraub et al. (2011) verdeutlicht. In einer Studie von Dahl (2011) wird zudem ein Zusammenhang zwischen dem Ausmaß der Veränderung und der Verschreibung von Medikamenten aufgrund von Stresssymptomen festgestellt.

Nutzen der Veränderungen

Neben dem Ausmaß der Veränderung wird auch der Nutzen der Veränderung als wesentliches Merkmal zur Charakterisierung und Untersuchung eines arbeitsbezogenen Veränderungsprozesses angesehen (vgl. Caldwell et al., 2004; Fedor et al., 2006; Michel et al., 2009a, 2013). Beschäftigte unterscheiden sich darin, inwiefern sie die Auswirkungen der Veränderung als positiv bzw. nützlich für den Erfolg ihrer Arbeitseinheit ansehen. Die zuvor genannten Studien zeigen außerdem, dass sich der Nutzen der Veränderung auf die Reaktionsweisen der Beschäftigten auswirkt. Bei der Studie von Michel et al. (2009a) wird beispielsweise ein indirekter Zusammenhang zwischen dem Nutzen der Veränderung für die Arbeitseinheit und der emotionalen Erschöpfung der Befragten festgestellt, der durch die Variable Arbeitsplatzunsicherheit vermittelt wird.

Auswirkungen der Veränderungen auf den individuellen Arbeitsplatz

Zusätzlich zu den Merkmalen eines Change-Prozesses, die sich auf die Arbeitseinheit beziehen, empfehlen Michel et al. (2009a) in weiterführenden Studien auch individuumsbezogene Variablen zu berücksichtigen. Entsprechend betrachten Nebel (2012) sowie Nebel-Töpfer et al. (2012) in ihren Studien negative Auswirkungen der

Veränderung, die sich auf den individuellen Arbeitsplatz eines Beschäftigten beziehen. Beide Untersuchungen stellen zwischen den negativen Auswirkungen der Veränderung auf die eigene Arbeit und den Burn-out-Komponenten emotionale Erschöpfung und Zynismus positive Zusammenhänge fest.

Der Umfang der Beteiligung am Veränderungsprozess
Als weiteres zentrales Merkmal eines Veränderungsprozesses wird die Möglichkeit zur Partizipation angesehen (vgl. Michel, 2008; Stegmaier, 2016). Die Reaktionsweisen der Beschäftigten werden auch dadurch beeinflusst, wie stark sie sich an der Gestaltung der Veränderung beteiligen können (vgl. Stegmaier, 2016; Wanberg & Banas, 2000). Studien haben z. B. festgestellt, dass ein positiver Zusammenhang zwischen der Partizipation am Change-Prozess und dem Wohlbefinden der Beschäftigten besteht (vgl. Sonntag & Spellenberg, 2005; Sverke et al., 2008). Darüber hinaus hängt der Umfang der Beteiligung an Entscheidungen in Unternehmen negativ mit depressiven Verstimmungen der Beschäftigten zusammen (vgl. Rixgens & Badura, 2012).

7.3   Das Sozialkapital einer Organisation im Change-Prozess

Die Gesundheit von Beschäftigten wird nicht nur durch Stressoren, sondern auch durch das soziale System der Organisation beeinflusst (vgl. Ehresmann, 2017). Nach dem Bielefelder Sozialkapitalansatz (vgl. Badura et al., 2013) sind hierbei die Mitarbeiterführung, die Organisationskultur sowie das Beziehungsklima von zentraler Bedeutung. Diese wirken sich positiv auf die Bindung der Beschäftigten, die Güte der Zusammenarbeit und das Wohlbefinden aus (vgl. Badura, 2017). Unter Sozialkapital wird demnach „das soziale Vermögen einer Organisation verstanden, d. h. Umfang und Qualität der internen Vernetzung, der Vorrat gemeinsamer Überzeugungen, Werte und Regeln sowie die Qualität der Menschenführung" (Badura, 2017, S. 38). Studien belegen zudem die negativen Zusammenhänge zwischen dem Sozialkapital einer Organisation und der psychischen Verfassung der Beschäftigten, wie Burn-out (vgl. Ehresmann, 2017) oder emotionaler Erschöpfung (vgl. Driller et al., 2011). Bestimmte Aspekte des Sozialkapitals (z. B. die soziale Unterstützung durch Kolleginnen und Kollegen oder Vorgesetzte) können darüber hinaus den negativen Einfluss von organisationalen Veränderungen auf die Gesundheit der Beschäftigten abmildern (vgl. Day et al., 2017; Rigotti & Otto, 2012). Folglich kann angenommen werden, dass das Sozialkapital einer Organisation eine puffernde Wirkung auf die Beziehung zwischen Change-Merkmalen und der psychischen Beanspruchung der Beschäftigten ausübt und somit die negativen Folgen von Veränderungsprozessen abmildert.

7.4   Methodisches Vorgehen

7.4.1   Untersuchungsdesign

Die vorliegende Studie knüpft an die zuvor genannten Studien an, die bereits Zusammenhänge zwischen den Merkmalen eines Veränderungsprozesses und der emotionalen Erschöpfung bzw. psychischen Beanspruchung der Beschäftigten untersucht haben. Hierzu werden Beschäftigte einer Organisation aus dem Bereich der öffentlichen Versorgung im Rahmen einer Fragebogenerhebung befragt, die sich zum Zeitpunkt der Datenerhebung in einem umfassenden, über mehrere Jahre angelegten Veränderungs-prozess befunden hat. Es wird hierzu bewusst nur eine Organisation ausgewählt. Eine Berücksichtigung mehrerer Organisationen ist bei einer Analyse der Merkmale eines Veränderungsprozesses nicht sinnvoll, da sonst zusätzliche organisationsbezogene Rahmenbedingungen als Störvariablen die Zusammenhänge beeinflussen würden und eine Vergleichbarkeit der Effekte der Change-Prozesse auf eine abhängige Variable nicht gegeben wäre.

Als Merkmale eines Change-Prozesses werden das Ausmaß der Veränderungen (bezogen auf die Arbeitseinheit), der Nutzen der Veränderungen (bezogen auf die Arbeitseinheit), die Auswirkungen der Veränderungen auf den individuellen Arbeitsplatz sowie der Umfang der Beteiligung am Veränderungsprozess als Unabhängige Variablen (UVs) betrachtet. Bisher wurden diese zuvor genannten vier Change-Merkmale noch nicht gemeinsam als UVs in einer Studie im Zusammenhang untersucht. Die psychische Beanspruchung wird in dieser Untersuchung als kognitive und emotionale Irritation operationalisiert und bildet die Abhängige Variable (AV) dieser Studie. Um auch den Einfluss von sozialen Faktoren im Kontext von Veränderungsprozessen betrachten zu können, wird im Rahmen der vorliegenden Untersuchung auch die Moderatorvariable Sozialkapital berücksichtigt. Von dieser wird ein puffernder Effekt auf die Beziehung zwischen Change-Merkmalen und der psychischen Beanspruchung der Beschäftigten erwartet (vgl. Abb. 7.1). Alle involvierten Konstrukte werden mit bewährten und validierten (und zum Teil auch mit normierten) Ratingskalen gemessen.

7.4.2   Organisationsbezogene Rahmenbedingungen

Die Untersuchung wurde am Beispiel einer Organisation aus dem Bereich der öffentlichen Daseinsvorsorge (Energie- und Wasserversorgung) mit 370 Beschäftigten durchgeführt, die zwischen 2015 und 2020 einen tiefgreifenden Veränderungs-prozess durchgeführt hat. Der Change-Prozess betraf u. a. die Bereiche Strategie-findung, Prozessoptimierung, Umstrukturierung sowie Digitalisierung. Hierbei wurden Zuordnungen von Aufgaben und Arbeitsweisen der Beschäftigten stark ver-ändert. Da jedoch nicht alle Bereiche der Organisation gleich stark von den Ver-änderungen betroffen waren, ist davon auszugehen, dass unterschiedliche Bewertungen

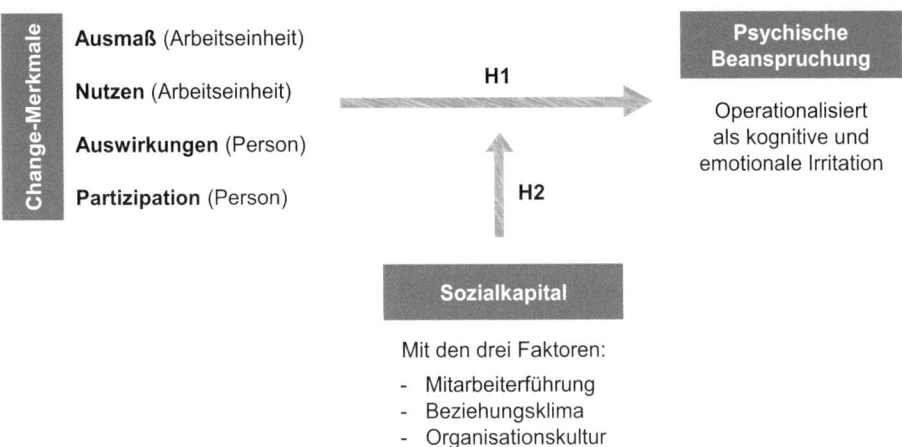

Abb. 7.1 Untersuchungsdesign der Studie. (Eigene Darstellung)

der Beschäftigten in Bezug auf die Merkmale des Change-Prozesses nicht nur auf individuellen Unterschieden in der Wahrnehmung beruhen.

7.4.3 Datenerhebung und Operationalisierung

Zur Erhebung der Daten wurde ein Fragebogen entwickelt, der soziodemografische Items sowie Ratingskalen zu den bereits genannten Konstrukten enthält. Im Rahmen einer Vollerhebung wurde allen 370 Beschäftigten der Fragebogen via E-Mail zur Verfügung gestellt. Alle berücksichtigten Ratingskalen sind valide und haben gute bis exzellente Reliabilitätswerte. Für die Messung des wahrgenommenen Ausmaßes der Veränderung auf die Arbeitseinheit wurde eine Skala von Caldwell et al. (2004) eingesetzt. Für die vorliegende Untersuchung wurde die deutsche Übersetzung der Skala von Molter et al. (2008) verwendet, die eine gute interne Konsistenz aufweist ($\alpha = 0.89$). Der wahrgenommene Nutzen der Veränderung für die Arbeitseinheit wurde ebenfalls mit einer Skala von Caldwell et al. (2004) gemessen, die bereits in mehreren Studien im deutschsprachigen Raum eingesetzt wurde (vgl. Michel et al., 2009a, 2013; Nebel, 2012; Nebel-Töpfer et al., 2012). Für die vorliegende Untersuchung wurde eine neue Übersetzung der Items angefertigt (durch Übersetzen und Rückübersetzen mit Muttersprachlern), die eine exzellente interne Konsistenz aufweist ($\alpha = 0.92$). Die Items der neuen Übersetzung finden sich in Tab. 7.1.

Zur Erhebung der wahrgenommenen Auswirkung der Veränderung auf den individuellen Arbeitsplatz wurde ebenfalls eine Skala von Caldwell et al. (2004) genutzt, die bereits in mehreren deutschsprachigen Studien verwendet wurde (vgl. Nebel, 2012; Nebel-Töpfer et al., 2012; Richter et al., 2010). Für die vorliegende Untersuchung

Tab. 7.1 Items der Skala „Nutzen der Veränderung für die Arbeitseinheit"

1	Die Veränderungen haben meine Abteilung weniger effektiv gemacht
2	Die Veränderungen haben Probleme für meine Abteilung verursacht
3	Die Veränderungen haben die normale Funktionsweise meiner Abteilung gestört
4	Die Veränderungen haben meiner Abteilung geschadet

Anmerkungen. Alle Items sind negativ gepolt. Antwortformat: 5-stufige Likert-Skala von 1 (trifft überhaupt nicht zu) bis 5 (trifft vollständig zu). Eigene Übersetzung von Caldwell et al., (2004, S. 882)

Tab. 7.2 Items der Skala „Auswirkung der Veränderung auf den individuellen Arbeitsplatz"

1	Von mir wird mehr Arbeit als vorher verlangt
2	Die Art meiner Tätigkeit hat sich verändert
3	Meine Aufgaben haben sich geändert
4	Ich empfinde mehr Arbeitsdruck seit dieser Veränderung
5	Durch diese Veränderungen werden auf der Arbeit höhere Anforderungen an mich gestellt
6	Die Arbeitsprozesse und -abläufe, die ich verwende, haben sich verändert

Anmerkungen. Antwortformat: 5-stufige Likert-Skala von 1 (trifft gar nicht zu) bis 5 (trifft genau zu). Eigene Übersetzung von Caldwell et al., (2004, S. 882)

wurde eine neue Übersetzung der Items ins Deutsche angefertigt, die eine gute interne Konsistenz aufweist ($\alpha = 0.87$). Die Items der neuen Übersetzung finden sich in Tab. 7.2.

Der wahrgenommene Umfang der Beteiligung am Veränderungsprozess wurde mit einer Skala von Wanberg und Banas (2000) gemessen. Für die vorliegende Studie wurde die deutsche Übersetzung der Skala von Michel et al. (2009b) verwendet. Die psychische Beanspruchung der Beschäftigten wurde mithilfe der Irritationsskala von Mohr et al. (2005a) erhoben. Die Subskalen kognitive und emotionale Irritation wurden hierbei zu einem Gesamtwert zusammengerechnet, was gemäß der Beschreibung des Messverfahrens möglich ist. Die Messung des Sozialkapitals erfolgte mithilfe des Bielefelder Sozial-kapital-Index von Rixgens (2010). Aus den drei Subskalen Führungskapital (Mitarbeiter-führung), Netzwerkkapital (Beziehungsklima) und Wertekapital (Organisationskultur) wurde hierbei ein Summenindex gebildet, was bei diesem Messinstrument ebenfalls zulässig ist, und somit das Sozialkapital als Ganzes in der Untersuchung betrachtet.

7.4.4 Auswertungsmethoden

Zur Überprüfung der aufgestellten Hypothesen wurden mehrere Regressionsanalysen berechnet. Um festzustellen, welche Merkmale eines Veränderungsprozesses sich auf die Irritation der Beschäftigten auswirken, wurde eine multiple lineare Regressionsana-lyse durchgeführt. Alle vier Merkmale des Veränderungsprozesses sowie ausgewählte soziodemografische Merkmale wurden somit gleichzeitig als unabhängige Variablen (UVs) in das Regressionsmodell aufgenommen, das die Varianz der Kriteriumsvariable aufklären soll. Um zu testen, ob das Sozialkapital einen moderierenden Einfluss auf die Zusammenhänge zwischen den Merkmalen eines Veränderungsprozesses und der Irritation der Beschäftigten nimmt, wurden moderierte Regressionsanalysen durchgeführt. Es wurde somit jeweils ein Merkmal des Change-Prozesses, das Sozialkapital sowie deren Interaktionsterm gemeinsam als UVs in einem Regressionsmodell berücksichtigt. Um Aussagen über den Moderatoreffekt treffen zu können, wurde inferenzstatistisch getestet, ob sich der Regressionskoeffizient der Interaktionsvariablen signifikant von null unterscheidet. Weil Regressionsanalysen leicht von Ausreißern verzerrt werden können (vgl. Eid et al., 2015), wurde vor jeder Regressionsanalyse in dieser Untersuchung je eine robuste lineare Regression durchgeführt und deren Residuen mit dem Hampel-Test auf Ausreißer geprüft. Um darüber hinaus die Zuverlässigkeit der Regressionsanalysen beurteilen zu können, wurden deren Voraussetzungen jeweils mit mehreren Testverfahren überprüft (Shapiro-Wilk-Test, Breusch-Pagan-Test, Durbin-Watson-Test, RESET-Test sowie der Varianzinflationstest).

7.5 Ergebnisse

7.5.1 Beschreibung der Untersuchungsvariablen

Von den 370 Beschäftigten haben $n = 219$ an der Befragung teilgenommen. Das durchschnittliche Alter der Stichprobe beträgt 42.3 Jahre, während das Durchschnittsalter aller Beschäftigten zum Zeitpunkt der Erhebung bei 42.8 Jahren lag. Die durchschnittliche Organisationszugehörigkeit der Stichprobe beträgt 16.6 Jahre, während die durchschnittliche Organisationszugehörigkeit aller Beschäftigten zum Zeitpunkt der Erhebung bei 17.1 Jahren lag. Tab. 7.3 zeigt die Ergebnisse der deskriptiven Statistiken zu den involvierten Konstrukten.

Für die AV Irritation liegen Normwerte vor (vgl. Mohr et al., 2005b). Der Mittelwert und die Standardabweichung liegen bei der vorliegenden Studie etwas über dem Mittelwert und der Standardabweichung der Normstichprobe (M = 24.79, SD = 9.71). Um erste Eindrücke über die Zusammenhänge zwischen den Variablen zu erhalten, wurden die Korrelationskoeffizienten der involvierten Konstrukte berechnet (vgl. Tab. 7.4).

7.5.2 Ergebnisse der multiplen linearen Regressionsanalyse

Wie der Tab. 7.5 zu entnehmen ist, weisen das Ausmaß der Veränderung ($b_1 = -1.09$, $p = 0.003$), der Nutzen der Veränderung ($b_2 = -0.49$, $p = 0.041$) sowie die Auswirkung der Veränderung auf den individuellen Arbeitsplatz ($b_3 = 1.00$, $p < 0.001$) einen signifikanten Einfluss auf die Irritation der Beschäftigten auf. Es liegt im Rahmen der

Tab. 7.3 Deskriptive Statistiken zu den Untersuchungsvariablen

Untersuchungsvariablen	M	SD	Min	Median	Max	Wertebereich	α
1. Ausmaß der Veränderung	11.29	2.74	3	12	15	3–15	0.81
2. Nutzen der Veränderung	10.75	4.65	4	11	20	4–20	0.92
3. Auswirkung der Ver-änderung auf den individuellen Arbeitsplatz	19.89	5.77	6	20	30	6–30	0.87
4. Beteiligung	7.93	3.24	3	8	15	3–15	0.81
5. Sozialkapital	96.67	22.82	30	98	138	30–150	0.92
6. Irritation	26.99	11.92	8	26	56	8–56	0.96

Anmerkungen. N = 219, M = arithmetischer Mittelwert, SD = Standardabweichung, Min = Minimalwert, Max = Maximalwert, α = Cronbachs Alpha

Tab. 7.4 Interkorrelationen der Untersuchungsvariablen

Untersuchungsvariablen	1	2	3	4	5
1. Ausmaß der Veränderung					
2. Nutzen der Veränderung	−0.59*				
3. Auswirkung der Veränderung auf den individuellen Arbeitsplatz	0.55*	−0.52*			
4. Beteiligung	−0.08	0.43*	0.08		
5. Sozialkapital	−0.10	0.45*	−0.19*	0.36*	
6. Irritation	0.14*	−0.29*	0.42*	−0.04	−0.29*

Anmerkungen. N = 219, * p < 0.05

Tab. 7.5 Vollständiges Modell der multiplen Regressionsanalyse zur Überprüfung der Zusammenhangshypothesen

	Regressionskoeffizient b	Standardfehler	t-Wert	p-Wert
Konstante	22.37	6.83	3.27	0.001
Ausmaß der Veränderung	−1.09	0.36	−3.04	0.003
Nutzen der Veränderung	−0.49	0.24	−2.06	0.041
Auswirkung der Veränderung auf den individuellen Arbeits-platz	1.00	0.17	6.00	<0.001
Beteiligung	−0.17	0.27	−0.61	0.541
Alter	0.08	0.10	0.83	0.406
Organisationszugehörigkeit	−0.07	0.10	−0.71	0.479
Geschlecht	1.47	1.63	0.90	0.368

Anmerkungen. Abhängige Variable: Irritation, n = 214, $R^2 = 0.25$, adjustierte $R^2 = 0.23$

multiplen linearen Regression allerdings ein negativer Zusammenhang zwischen dem Ausmaß der Veränderung und der Irritation der Beschäftigten vor. Bei der bivariaten Korrelationsanalyse (vgl. Tab. 7.4) konnte hingegen ein positiver Zusammenhang ($r = 0.14*$) zwischen beiden Konstrukten festgestellt werden. Diese Umkehrung des Vorzeichens ist daher auf eine Wechselwirkung zwischen dem Ausmaß der Veränderung und mindestens einer weiteren UV der multiplen linearen Regression zurückzuführen. Es besteht bei der multiplen linearen Regression darüber hinaus kein signifikanter Zusammenhang zwischen der Beteiligung am Veränderungsprozess und der Irritation der Befragten ($b_4 = -0.17$, $p = 0.541$). Ebenfalls keinen bedeutsamen Einfluss auf die Irritation haben das Alter ($b_5 = 0.08$, $p = 0.406$), die Dauer der Organisationszugehörigkeit ($b_6 = -0.07$, $p = 0.479$) sowie das Geschlecht ($b_7 = 1.47$, $p = 0.368$). Da in dem berechneten Regressionsmodell nicht alle UVs signifikante Regressoren darstellen, wurden die unbedeutenden Variablen entsprechend der bei Eid et al. (2015) beschriebenen Rückwärtselimination schrittweise aus dem Modell entfernt. Das Ergebnis des finalen Modells, das somit nur statistisch bedeutsame UVs enthält, ist in Tab. 7.6 aufgeführt.

Wie bei dem zuvor berechneten Modell haben das Ausmaß der Veränderung ($b_1 = -1.09$, $p = 0.002$), der Nutzen der Veränderung ($b_2 = -0.58$, $p = 0.004$) sowie die Auswirkung der Veränderung auf den individuellen Arbeitsplatz ($b_3 = 0.97$, $p < 0.001$) einen signifikanten Einfluss auf die Irritation der Befragten. Das finale multiple Regressionsmodell erklärt mit einem adjustierten multiplen Determinationskoeffizienten von $R^2_{adj.} = 0.23$ insgesamt 23 % der Varianz der Kriteriumsvariable Irritation. Die Effektgröße der Varianzaufklärung liegt nach Cohen (1988) in einem mittleren Bereich. Neben der Betrachtung der eben genannten Effektgröße wurden zur Beurteilung der Güte des Modells die Modellvoraussetzungen geprüft. Tab. 7.7 zeigt, dass mit Ausnahme der Forderung nach normalverteilten Residuen sämtliche Voraussetzungen des Regressionsmodells erfüllt sind.

Tab. 7.6 Finales Modell der multiplen Regressionsanalyse zur Überprüfung der Zusammenhangshypothesen

	Regressionskoeffizient b	Standardfehler	t-Wert	p-Wert
Konstante	26.09	5.61	4.65	<0.001
Ausmaß der Veränderung	−1.09	0.34	−3.17	0.002
Nutzen der Veränderung	−0.58	0.20	−2.94	0.004
Auswirkung der Veränderung auf den individuellen Arbeitsplatz	0.97	0.15	6.31	<0.001

Anmerkungen. Abhängige Variable: Irritation, n = 218, $R^2 = 0.24$, adjustierte $R^2 = 0.23$

Tab. 7.7 Voraussetzungsprüfungen zum finalen Modell der multiplen Regressionsanalyse

Modellvoraussetzung	Testverfahren	Ergebnis	p-Wert
Normalverteilung	Shapiro-Wilk-Test	W = 0.99	0.021
Homoskedastizität	Breusch-Pagan-Test	BP = 1.92	0.166
Keine Autokorrelation	Durbin-Watson-Test	DW = 1.96	0.766
Linearität	RESET-Test	RESET = 0.42	0.866
Keine Multikollinearität	Variance Inflation Factor	$VIF_{\text{Ausmaß der Veränderung}} = 1.78$ $VIF_{\text{Nutzen der Veränderung}} = 1.66$ $VIF_{\text{Auswirkung der Veränderung}} = 1.55$	

Anmerkung. Im Gegensatz zu anderen statistischen Tests sind die Modellvoraussetzungen erfüllt, wenn die p-Werte der Voraussetzungsprüfungen zur Regressionsanalyse größer als das Signifikanzniveau von $\alpha = 0.05$ sind

7.5.3 Analyse der Moderatorbeziehungen: Einfluss des Sozialkapitals

Die Ergebnisse zum Einfluss des Sozialkapitals zeigen, dass lediglich in einem Modell ein signifikanter Moderatoreffekt der Variablen Sozialkapital gefunden wurde: Das Modell bestätigt, dass das Sozialkapital den positiven Zusammenhang zwischen der wahrgenommenen Auswirkung der Veränderung auf den individuellen Arbeitsplatz und der Irritation der Beschäftigten moderiert (vgl. Tab. 7.8). Hierbei wurde eine puffernde Wirkung des Sozialkapitals festgestellt, sodass der eben beschriebene Zusammenhang umso geringer ist, je stärker das Sozialkapital ausgeprägt ist.

Wie der Tab. 7.8 zu entnehmen ist, weist die Auswirkung der Veränderung auf den individuellen Arbeitsplatz einen signifikanten positiven Einfluss auf die Irritation der Beschäftigten auf ($b_1 = 2.01$, $p < 0.001$). Zwischen dem Sozialkapital und der

Tab. 7.8 Regressionsanalyse zur Überprüfung der Moderationshypothese „Auswirkung der Veränderung auf den individuellen Arbeitsplatz x Sozialkapital"

	Regressionskoeffizient b	Standardfehler	t-Wert	p-Wert
Konstante	−1.80	12.45	−0.14	0.885
Auswirkung der Veränderung auf den individuellen Arbeitsplatz	2.01	0.58	3.46	<0.001
Sozialkapital	0.11	0.12	0.91	0.364
Auswirkung der Veränderung auf den individuellen Arbeitsplatz x Sozialkapital (Interaktionsterm)	−0.01	0.01	−2.04	0.043

Anmerkungen. Abhängige Variable: Irritation, n = 217, $R^2 = 0.27$, adjustierte $R^2 = 0.26$

Irritation der Befragten besteht hingegen kein signifikanter Zusammenhang ($b_2 = 0.11$, $p = 0.364$). Neben dem Moderatoreffekt liegt somit auch ein bedeutsamer Haupteffekt vor, der entsprechend der aufgestellten Hypothese wirkt. Insgesamt erklärt das Modell 26 % der Varianz der Kriteriumsvariable Irritation. Die Effektgröße der Varianzaufklärung ist mit einem adjustierten multiplen Determinationskoeffizienten von $R^2_{adj} = 0.26$ nach Cohen (1988) als groß anzusehen. Neben der Betrachtung der eben genannten Effektgröße wurden zur Beurteilung der Güte des Regressionsmodells die Modellvoraussetzungen geprüft. Die Ergebnisse der Voraussetzungsprüfungen in Tab. 7.9 zeigen, dass die wesentlichen Voraussetzungen mit Ausnahme von zwei Punkten erfüllt sind: Es zeigt sich Multikollinearität zwischen den involvierten UVs und die Residuen stammen nicht aus einer normalverteilten Grundgesamtheit.

Um den festgestellten Moderatoreffekt zu verdeutlichen, wurde dieser in Abb. 7.2 visualisiert. Hierbei wurde entsprechend der Empfehlung von Eid et al. (2015) die Regressionsgerade beispielhaft für drei Werte der Moderatorvariable dargestellt (den Mittelwert sowie die beiden Standardabweichungen über bzw. unter dem Mittelwert). Diese drei Werte wurden in die Gleichung eingesetzt, die sich aus der Regressionsanalyse ergibt und folgendermaßen lautet:

$$\hat{Y} = -1.80 + 2.01 \cdot X_{Auswirkung} + 0.11 \cdot X_{Sozialkapital} - 0.01 \cdot X_{Auswirkung} \cdot X_{Sozialkapital}$$

Für Beschäftigte mit hohen Sozialkapitalwerten ist der Zusammenhang zwischen der Auswirkung der Veränderung auf den individuellen Arbeitsplatz und der Irritation schwächer ausgeprägt als für Beschäftigte mit niedrigen Sozialkapitalwerten, was die erwartete puffernde Wirkung des Sozialkapitals bestätigt. Bei Beschäftigten mit einer geringen Auswirkung der Veränderung auf den individuellen Arbeitsplatz wirkt sich das Sozialkapital somit kaum auf die Höhe der Irritation aus. Bei Befragten mit einer hohen Auswirkung der Veränderung auf den eigenen Arbeitsplatz beeinflusst die Höhe des Sozialkapitals hingegen die Höhe der Irritation deutlich. Personen mit einem hohen Sozialkapitalwert und hohen wahrgenommenen Auswirkungen der Veränderung auf

Tab. 7.9 Voraussetzungsprüfungen zur moderierten Regressionsanalyse

Modellvoraussetzung	Testverfahren	Ergebnis	p-Wert
Normalverteilung	Shapiro-Wilk-Test	$W = 0.99$	0.040
Homoskedastizität	Breusch-Pagan-Test	$BP = 3.02$	0.082
Keine Autokorrelation	Durbin-Watson-Test	$DW = 1.97$	0.811
Linearität	RESET-Test	$RESET = 0.37$	0.832
Keine Multikollinearität	Variance Inflation Factor	$VIF_{Auswirkung} = 22.75$ $VIF_{Sozialkapital} = 14.89$ $VIF_{Interaktionsterm} = 30.70$	

Anmerkung. Im Gegensatz zu anderen statistischen Tests sind die Modellvoraussetzungen erfüllt, wenn die p-Werte der Voraussetzungsprüfungen zur Regressionsanalyse größer als das Signifikanzniveau von $\alpha = 0.05$ sind

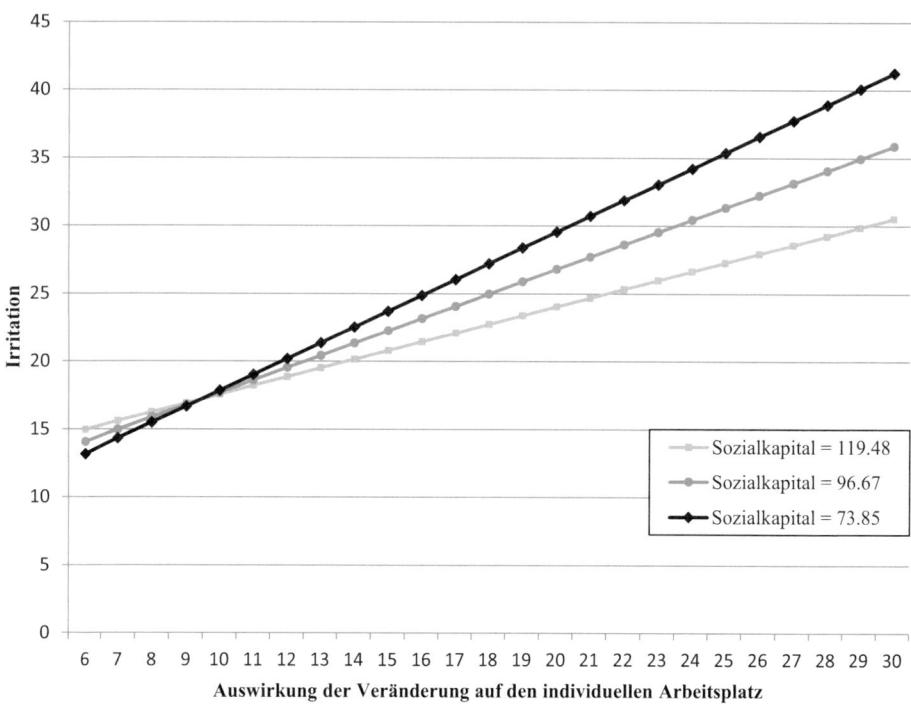

Abb. 7.2 Grafische Darstellung des Moderatoreffekts. (Eigene Darstellung)

den eigenen Arbeitsplatz haben demnach einen sichtbar geringeren Irritationswert als
Befragte mit ebenfalls hohen wahrgenommenen Auswirkungen der Veränderung auf die
eigene Arbeit, aber einem geringen Sozialkapitalwert.

7.6 Diskussion

Die Prinzipien des Change-Managements, die sich in Unternehmen bewährt haben,
lassen sich nicht eins zu eins auf Organisationen mit Public-Management-Strukturen
übertragen. Die funktionellen, strukturellen und strategischen Besonderheiten des Public
Managements sollten daher bei der Gestaltung und Durchführung von Veränderungsprozessen berücksichtigt werden. So ist es beispielsweise für Organisationen aus dem
Public Management oft eine besondere Herausforderung, den Beschäftigten eine klare
Zielvorstellung zu vermitteln sowie diesen den Nutzen, die Dringlichkeit und die Notwendigkeit der Veränderung zu verdeutlichen (vgl. Müller et al., 2011). Darüber hinaus
wird stärker Wert auf partizipative Kommunikations- und Entscheidungsprozesse gelegt
(vgl. Studer, 2007). Veränderungsprozesse in Organisationen mit Public-Management-
Strukturen sind außerdem nur selten Grundlage empirischer Studien.

Die Ergebnisse der vorliegenden Studie verdeutlichen, dass die befragten Personen im Vergleich zur Normstichprobe höhere Ausprägungen der psychischen Beanspruchung während des Change-Prozesses aufweisen. Es bestehen zudem zwischen Merkmalen des Veränderungsprozesses und der Irritation der Beschäftigten bedeutsame Zusammenhänge, die teilweise vom Sozialkapital moderiert werden. Organisationale Veränderungen stellen folglich belastende Situationen für die Beschäftigten dar, die sich auf deren psychische Beanspruchung auswirken können. Die wahrgenommenen Merkmale des Veränderungsprozesses stehen hierbei in unterschiedlichem Maße mit psychischen Beanspruchungsfolgen im Zusammenhang.

7.6.1 Ausmaß der Veränderung für die Arbeitseinheit

Der angenommene positive Zusammenhang zwischen dem Ausmaß der Veränderung auf die Arbeitseinheit und der Irritation hat sich bei der multiplen Regression nicht bestätigt, was eventuell an den sehr unterschiedlichen Abteilungsgrößen der involvierten Organisation liegen könnte. Da die Variable in Bezug auf die Arbeitseinheit bzw. Abteilung erhoben wurde, kann es sein, dass bei großen Abteilungen nur ein Teil der Befragten direkt von den Veränderungen betroffen war. Folglich können Beschäftigte starke Veränderungen in den Abläufen, Arbeitsweisen und Routinen ihrer Abteilung wahrnehmen, ohne selber von diesen betroffen zu sein. Für diesen Erklärungsansatz spricht zudem, dass der stärkste bivariate Zusammenhang zwischen der individuumsbezogenen Variable Auswirkung der Veränderung auf den individuellen Arbeitsplatz und der Irritation der Befragten festgestellt wurde.

Im Gegensatz zu dem Ergebnis der multiplen Regression zeigt sich bei der Betrachtung der Korrelationskoeffizienten (vgl. Tab. 7.4) ein positiver bivariater Zusammenhang zwischen dem Ausmaß der Veränderung auf die Arbeitseinheit und der Irritation der Beschäftigten. In Bezug auf diesen Zusammenhang liegen nicht nur bei dieser Untersuchung uneinheitliche Ergebnisse vor, sondern auch andere Studien haben im Vergleich zueinander konträre Ergebnisse erzielt. Während bei der Studie von Michel et al. (2009a) das Ausmaß der Veränderung auf die Arbeitseinheit keinen signifikanten Einfluss auf die emotionale Erschöpfung der Befragten aufweist, besteht bei der Studie von Schraub et al. (2011) ein bedeutsamer Zusammenhang zwischen dem Ausmaß der Veränderung auf die Arbeitseinheit und der Irritation der Beschäftigten.

7.6.2 Nutzen der Veränderung für die Arbeitseinheit

Zwischen dem wahrgenommenen Nutzen der Veränderung für die Arbeitseinheit und der Irritation der Beschäftigten besteht laut dem Ergebnis der multiplen Regressionsanalyse ein signifikanter negativer Zusammenhang. Die Einschätzung, ob die Veränderungen der eigenen Abteilung genutzt oder geschadet haben, steht somit in Zusammenhang mit der psychischen Beanspruchung eines Beschäftigten. Dieses Ergebnis wird durch die Erkenntnisse der Studien von Nebel (2012) sowie Nebel-Töpfer et al. (2012) gestützt, die ebenfalls einen signifikanten Zusammenhang zwischen dem wahrgenommenen Nutzen bzw. den negativen Auswirkungen der Veränderung für die Arbeitseinheit und den Burn-out-Komponenten emotionale Erschöpfung und Zynismus festgestellt haben. Der wahrgenommene Nutzen einer Veränderung für die Arbeitseinheit stellt somit ein Merkmal dar, das sich bedeutsam auf die psychische Beanspruchung der Beschäftigten auswirkt.

7.6.3   Auswirkungen der Veränderung auf den individuellen Arbeitsplatz

Personen, die stärkere Auswirkungen der Veränderung in Bezug auf ihren eigenen Arbeitsplatz wahrnehmen, weisen signifikant höhere Beanspruchungsfolgen bzw. Irritationswerte auf als Befragte, die nicht direkt von den Veränderungen betroffen sind. Dieses Ergebnis wird durch die Studien von Nebel (2012) sowie Nebel-Töpfer et al. (2012) gestützt, die signifikante positive Korrelationen zwischen der Auswirkung der Veränderung auf die eigene Arbeit und den Burn-out-Komponenten emotionale Erschöpfung und Zynismus festgestellt haben. Die wahrgenommene Auswirkung der Veränderung auf den individuellen Arbeitsplatz kann dementsprechend als wesentliches Merkmal eines Veränderungsprozesses angesehen werden, das sich auf die psychische Beanspruchung der Beschäftigten auswirkt.

7.6.4   Umfang der Beteiligung am Change-Prozess

Im Gegensatz zur Studie von Sverke et al. (2008), bei der sich die Partizipation an Veränderungsmaßnahmen auf das Wohlbefinden der Beschäftigten auswirkt, lässt sich in der vorliegenden Studie kein Zusammenhang zwischen der Beteiligung am Veränderungsprozess und der psychischen Beanspruchung der Beschäftigten feststellen. Die Möglichkeit zur Partizipation am Change-Prozess scheint somit nicht bedeutsam für die Varianzaufklärung der Variable Irritation zu sein. Dies bedeutet allerdings nicht, dass die Beteiligung an der Umsetzung von Veränderungsmaßnahmen nicht wichtig für den Erfolg von Change-Prozessen ist. So zeigt sich auch in der vorliegenden Studie ein signifikanter positiver Zusammenhang zwischen der Beteiligung am Veränderungsprozess und der Einschätzung der Beschäftigten, ob die Veränderungen für ihre Arbeitseinheit von Nutzen sind (vgl. Tab. 7.4).

7.6.5 Sozialkapital als Moderator

Das Sozialkapital moderiert den Zusammenhang zwischen der Auswirkung der Veränderung auf den individuellen Arbeitsplatz und der Irritation der Befragten. Dass die anderen drei Moderationshypothesen sich nicht bestätigt haben, kann eventuell auf die festgestellte Multikollinearität zurückgeführt werden. Bei Multikollinearität können zu wenige Informationen vorliegen, um den Einfluss einzelner UVs auf die AV mit genügender Zuverlässigkeit schätzen zu können (vgl. Auer, 2016). Multikollinearität kann somit zu ungenauen und instabilen Schätzungen oder unerwarteten Vorzeichen führen (vgl. Rottmann & Auer, 2015). Demnach weisen nicht signifikante Ergebnisse bei Multikollinearität nicht zwangsläufig auf die Unbedeutsamkeit der UVs hin, sondern können auch Folge der Multikollinearität sein (vgl. Auer, 2016). Die bei den Regressionsanalysen festgestellten Verletzungen der Normalverteilungsannahme sind aufgrund des zentralen Grenzwertsatzes und des Stichprobenumfangs ($n = 219$) für die Interpretation der Ergebnisse nicht von Relevanz und brauchen nicht näher berücksichtigt zu werden (vgl. Auer, 2016; Eid et al., 2015). Auch wenn sich nur eine der vier Moderationshypothesen bestätigt hat, ist davon auszugehen, dass das Sozialkapital negative Beanspruchungsfolgen von Veränderungsprozessen abmildern kann. Diese Annahme wird zudem durch Studien gestützt, die bereits die puffernde Wirkung von sozialen Faktoren im Kontext von Veränderungsprozessen belegen (vgl. z. B. Day et al., 2017; Rigotti & Otto, 2012). Rigotti und Otto (2012) zeigen beispielsweise in ihrer Studie, dass die soziale Unterstützung durch Kolleginnen und Kollegen sowie Vorgesetzte den Einfluss von betrieblichen Veränderungen auf die gesundheitlichen Beschwerden der Beschäftigten abmildert. Die vorliegende Studie verdeutlicht somit die Bedeutung von positiven Beziehungen zur eigenen Führungskraft und zu Kolleginnen und Kollegen sowie von gemeinsamen Normen und Werten für die psychische Gesundheit der Beschäftigten.

7.6.6 Praxisempfehlungen

Die Ergebnisse haben unterschiedliche Implikationen auf Strategie- und Führungsentscheidungen von Führungskräften in Organisationen mit Public-Management-Strukturen. Es wird deutlich, dass zwischen Merkmalen eines Veränderungsprozesses und der psychischen Beanspruchung der Beschäftigten bedeutsame Zusammenhänge bestehen. Je nützlicher bzw. positiver Befragte die Veränderungen für ihre Arbeitseinheit bewerten, desto geringer ist ihre psychische Beanspruchung. Es empfiehlt sich daher für Organisationen aus dem Public Management, den Beschäftigten stärker aufzuzeigen, welche Vorteile und Verbesserungen für ihre Arbeitseinheit mit den Veränderungen verbunden sind und welchen persönlichen Nutzen sie selbst aus den Veränderungsmaßnahmen ziehen können. Neben einer regelmäßigen Kommunikation der erwarteten Vorteile bietet es sich an, auf erste Erfolge und umgesetzte Verbesserungen zu achten und diese zu würdigen. Auf diese Weise kann den Beteiligten aufgezeigt werden, dass sich die Anstrengungen lohnen, die mit der Umsetzung der Veränderungen verbunden sind. Organisationen sollten zudem während des Change-Prozesses sicherstellen, dass die versprochenen Vorteile und Verbesserungen auch tatsächlich eintreten und somit für die Beschäftigten erlebbar werden. Des Weiteren sollten Führungskräfte im Public Management insbesondere auf die Auswirkungen von Veränderungsmaßnahmen achten, die negative Konsequenzen für die Tätigkeiten bzw. den Arbeitsplatz eines Einzelnen bedeuten. Die vorliegende Studie kann nachweisen, dass die Auswirkungen einer Veränderung auf den individuellen Arbeitsplatz signifikant mit der empfundenen psychischen Beanspruchung zusammenhängen. Bei diesem Zusammenhang wurde allerdings auch eine puffernde Moderatorwirkung des Sozialkapitals festgestellt: Für Beschäftigte mit hohen Sozialkapitalwerten ist der eben beschriebene Zusammenhang deutlich schwächer ausgeprägt. Das Erleben von positiven Beziehungen zur eigenen Führungskraft und zu den Kolleginnen und Kollegen sowie das Wahrnehmen von gemeinsamen Normen und Werten der Organisation scheinen daher von Bedeutung für die psychische Gesundheit von Beschäftigten zu sein. Dementsprechend sollten Führungskräfte auf eine gute Organisationskultur, ein positives Beziehungsklima sowie auf ihr eigenes Führungsverhalten achten und positiv auf diese Faktoren einwirken. Führungskräfte sollten bei Change-Projekten im Public Management somit die „subjektive Dimension" des Organisationswandels nicht vernachlässigen und sicherstellen, dass durch geeignete Maßnahmen der Personal- und Organisationsentwicklung gute zwischenmenschliche und organisationspsychologische Voraussetzungen für den Veränderungsprozess geschaffen werden. Eine mangelhafte subjektive Integration bedeutet in diesem Zusammenhang beispielsweise, dass die Mitarbeiterinnen und Mitarbeiter die Veränderungen weder kennen noch verstehen. Damit ist es ihnen auch nicht möglich, bewusst im Sinne der Konzepte zu handeln und sie aktiv mitzutragen. Bewährte Ansätze berücksichtigen hingegen Partizipation, Kommunikation und Qualifizierung und fördern eine „psychologische Stimmigkeit" sowie eine Passung mit der Kultur der jeweiligen Organisation (vgl. Pietzonka, 2018).

Literatur

Auer, L. v. (2016). *Ökonometrie. Eine Einführung*. Springer.

Badura, B. (2017). Sozialkapital und Gesundheit. In B. Badura (Hrsg.), *Arbeit und Gesundheit im 21. Jahrhundert* (S. 37–70). Springer.

Badura, B., Greiner, W., Rixgens, P., Ueberle, M., & Behr, M. (2013). *Sozialkapital. Grundlagen von Gesundheit und Unternehmenserfolg*. Springer-Gabler.

Bundesanstalt für Arbeitsschutz und Arbeitsmedizin. (2011). *Veranstaltung „Restrukturierung – Anforderungen an Politik, Wirtschaft und Wissenschaft"*. Verfügbar unter https://www.baua.de/DE/Angebote/Veranstaltungen/Dokumentationen/Restrukturierung/pdf/Restrukturierung-2011-Zusammenfassung.pdf?__blob=publicationFile&v=3. Zugegriffen: 21. Oct. 2020.

Caldwell, S. D., Herold, D. M., & Fedor, D. B. (2004). Toward an understanding of the relationships among organizational change, individual differences, and changes in person-environment
  fit. A cross-level study. *Journal of Applied Psychology, 89*(5), 868–882.
Cohen, J. (1988). *Statistical power analysis for the behavioral sciences*. Erlbaum.
Dahl, M. S. (2011). Organizational change and employee stress. *Management Science, 57*(2), 240–
  256.
Day, A., Crown, S. N., & Ivany, M. (2017). Organisational change and employee burnout. The
  moderating effects of support and job control. *Safety Science, 100,* 4–12.
Driller, E., Ommen, O., Kowalski, C., Ernstmann, N., & Pfaff, H. (2011). The relationship between
  social capital in hospitals and emotional exhaustion in clinicians. A study in four German
  hospitals. *International Journal of Social Psychiatry, 57*(6), 604–609.
Dubois, C.-A., Bentein, K., Mansour, J. B., Gilbert, F., & Bédard, J.-L. (2014). Why some
  employees adopt or resist reorganization of work practices in health care. Associations between
  perceived loss of resources, burnout, and attitudes to change. *International Journal of Environ-
  mental Research and Public Health, 11*(1), 187–201.
Ehresmann, C. (2017). *Burn-out und das Sozialkapital von Organisationen – auf die Bindung
  kommt es an. Eine quantitative Analyse zu Sozialkapital, emotionaler Bindung und psychischer
  Erschöpfung am Beispiel von Mitarbeitern in medizinischen Rehabilitationskliniken*. (Nicht
  veröffentlichte Dissertation). Universität Bielefeld.
Eid, M., Gollwitzer, M., & Schmitt, M. (2015). *Statistik und Forschungsmethoden*. Beltz.
Fedor, D. B., Caldwell, S. D., & Herold, D. M. (2006). The effects of organizational changes on
  employee commitment. A multilevel investigation. *Personnel Psychology, 59*(1), 1–29.
Köper, B., & Richter, G. (2016). Restrukturierung und Gesundheit. In B. Badura, A. Ducki, H.
  Schröder, J. Klose, & M. Meyer (Hrsg.), *Fehlzeiten-Report 2016. Unternehmenskultur und
  Gesundheit – Herausforderungen und Chancen* (S. 159–170). Springer.
Kowalski, H. (2012). Change-Management stets mit BGF und Resilienz verknüpfen. In B. Badura,
  A. Ducki, H. Schröder, J. Klose, & M. Meyer (Hrsg.), *Fehlzeiten-Report 2012. Gesundheit in
  der flexiblen Arbeitswelt: Chancen nutzen – Risiken minimieren* (S. 139–145). Springer.
Michel, A. (2008). *Universitäten im Umbruch: Veränderungen so gestalten, dass Mitarbeiter diese
  unterstützen. Empirische Befunde aus einer organisationspsychologischen Perspektive*. (Nicht
  veröffentlichte Dissertation). Universität Heidelberg.
Michel, A., By, R. T., & Burnes, B. (2013). The limitations of dispositional resistance in relation to
  organizational change. *Management Decision, 51*(4), 761–780.
Michel, A., Stegmaier, R., Meiser, D., & Sonntag, K. (2009a). Ausgebrannt und unzufrieden? Wie
  Change-Charakteristika und veränderungsspezifische Arbeitsplatzunsicherheit mit emotionaler
  Erschöpfung, Arbeitszufriedenheit und Kündigungsabsicht zusammenhängen. *Zeitschrift für
  Arbeits- und Organisationspsychologie, 53*(1), 11–21.
Michel, A., Stegmaier, R., Meiser, D., & Sonntag, K. (2009b). Der Elfenbeinturm öffnet sich –
  Veränderungsprozesse im Hochschulbereich. *Zeitschrift für Personalpsychologie, 8*(1), 1–13.
Mohr, G. (2011). *Menschen und Ressourcen in (betrieblichen) Veränderungsprozessen. Aus-
  wirkungen von Restrukturierungen auf Mitarbeiter und Mitarbeiterinnen*. Verfügbar unter
  https://www.baua.de/DE/Angebote/Veranstaltungen/Dokumentationen/Restrukturierung/pdf/
  Restrukturierung-2011-5.pdf?__blob=publicationFile&v=3. Zugegriffen: 21. Oct. 2020.
Mohr, G., Müller, A., & Rigotti, T. (2005b). Normwerte der Skala Irritation. Zwei Dimensionen
  psychischer Beanspruchung. *Diagnostica, 51*(1), 12–20.
Mohr, G., Rigotti, T., & Müller, A. (2005a). Irritation – ein Instrument zur Erfassung psychischer
  Beanspruchung im Arbeitskontext. Skalen- und Itemparameter aus 15 Studien. *Zeitschrift für
  Arbeits- und Organisationspsychologie, 49*(1), 44–48.

Molter, B., Stegmaier, R., Noefer, K., & Sonntag, K. (2008). Autonomie und Commitment to change als Determinanten der Person-Job- und Person-Organisations-Passung. *Zeitschrift für Personalpsychologie, 7*(1), 27–36.

Müller, K., Straatmann, T., Hörning, U., & Müller, F. (2011). Besonderheiten des Change Managements in öffentlichen Verwaltungen. *Verwaltung und Management, 17*(4), 211–218.

Nebel, C. (2012). *Der Organisationsbezogene Selbstwert als personale Schlüsselressource im Arbeitskontext.* (Nicht veröffentlichte Dissertation). TU Dresden.

Nebel-Töpfer, C., Wolf, S., & Richter, P. (2012). Change-Prozesse im Unternehmen. Eine Herausforderung für die Prävention. *Zeitschrift für Arbeitswissenschaft, 66*(4), 277–290.

Pietzonka, M. (2018). Hochschuldigitalisierung als Veränderungsmanagement – Organisationspsychologische Empfehlungen und Good Practice. *HQSL, 65*(3), 51–68.

Quinlan, M., Mayhew, C., & Bohle, P. (2001). The global expansion of precarious employment, work disorganization, and consequences for occupational health. A review of recent research. *International Journal of Health Services, 31*(2), 335–414.

Rafferty, A. E., & Griffin, M. A. (2006). Perceptions of organizational change. A stress and coping perspective. *Journal of Applied Psychology, 91*(5), 1154–1162.

Rau, R. (2012). Erholung als Indikator für gesundheitsförderlich gestaltete Arbeit. In B. Badura, A. Ducki, H. Schröder, J. Klose, & M. Meyer (Hrsg.), *Fehlzeiten-Report 2012. Gesundheit in der flexiblen Arbeitswelt: Chancen nutzen – Risiken minimieren* (S. 181–190). Springer.

Richter, P., Nebel, C., & Wolf, S. (2010). Ja, mach nur einen Plan! Gesundheitsinterventionen in turbulenten Zeiten. In T. Rigotti, S. Korek, & K. Otto (Hrsg.), *Gesund mit und ohne Arbeit* (S. 73–90). Pabst Science Publishers.

Rigotti, T., & Otto, K. (2012). Organisationaler Wandel und die Gesundheit von Beschäftigten. *Zeitschrift für Arbeitswissenschaft, 66*(4), 253–267.

Rixgens, P. (2010). Messung von Sozialkapital im Betrieb durch den „Bielefelder Sozialkapital-Index" (BISI). In B. Badura, H. Schröder, J. Klose, & K. Macco (Hrsg.), *Fehlzeiten-Report 2009. Arbeit und Psyche: Belastungen reduzieren – Wohlbefinden fördern* (S. 263–271). Springer.

Rixgens, P., & Badura, B. (2012). Zur Organisationsdiagnose psychischen Befindens in der Arbeitswelt. *Bundesgesundheitsblatt – Gesundheitsforschung – Gesundheitsschutz, 55*(2), 197–204.

Rottmann, H., & Auer, B. (2015). *Statistik und Ökonometrie für Wirtschaftswissenschaftler. Eine anwendungsorientierte Einführung.* Springer.

Schraub, E. M., Stegmaier, R., & Sonntag, K. (2011). The effect of change on adaptive performance. Does expressive suppression moderate the indirect effect of strain? *Journal of Change Management, 11*(1), 21–44.

Sonntag, K., & Spellenberg, U. (2005). *Abschlussbericht Projekt SERO. Erfolgreich durch Veränderungen – Veränderungen erfolgreich managen.* IPA.

Stegmaier, R. (2016). *Management von Veränderungsprozessen (Praxis der Personalpsychologie, Bd. 33).* Hogrefe.

Studer, T. (2007). Der Umsetzungsprozess. Veränderungsmanagement zur Qualitätsentwicklung. *HQSL, E 6*(3), 1–25.

Sverke, M., Hellgren, J., Näswall, K., Göransson, S., & Öhrming, J. (2008). Employee participation in organizational change. Investigating the effects of proactive vs. reactive implementation of downsizing in swedish hospitals. *Zeitschrift für Personalforschung, 22*(2), 111–129.

Wanberg, C. R., & Banas, J. T. (2000). Predictors and outcomes of openness to changes in a reorganizing workplace. *Journal of Applied Psychology, 85*(1), 132–142.

Prof. Dr. Manuel Pietzonka ist seit 2015 Psychologieprofessor an der FOM Hochschule (AO-Psychologie sowie Methodenlehre) in Hannover. Sein Habilitationsvorhaben untersucht den individuellen Umgang mit Diversität (Diversitätsakzeptanz). Nach dem Psychologiestudium fungierte Manuel Pietzonka von 2006 bis 2015 als Referent und Referatsleiter für die ZEvA. Nebenberuflich promovierte er 2013 im INCHER Kassel über hochschulische Veränderungsprozesse aus organisationspsychologischer Sicht.

Yvonne Oberbeck ist seit 2020 Referentin der Geschäftsführung bei einem Energieversorgungsunternehmen. Sie absolvierte von 2010 bis 2013 ein duales Studium in Betriebswirtschaftslehre (B.A.) mit der Fachrichtung Energiewirtschaft an der Hochschule Weserbergland und studierte berufsbegleitend von 2016 bis 2019 Wirtschaftspsychologie (M.Sc.) mit der Vertiefungsrichtung Organisationsgestaltung an der FOM Hochschule für Oekonomie & Management. Ihre Arbeitsschwerpunkte in der Praxis sind seit 2013 Projekt-, Prozess- und Changemanagement sowie Strategie- und Organisationsentwicklung.

Umgang mit Angst in Veränderungsprozessen der öffentlichen Verwaltung in Deutschland – Psychologische Grundlagen und praktische Ansätze

8

Julia Schorlemmer und Andreas Steffen

Inhaltsverzeichnis

J. Schorlemmer (✉)
FOM Hochschule, Berlin, Deutschland
E-Mail: julia.schorlemmer@fom.de

A. Steffen
WENIGER. UND MEHR., Berlin, Deutschland
E-Mail: andreas.steffen@wenigerundmehr.de

Zusammenfassung

Große gesellschaftliche Entwicklungen, ausgelöst vor allem durch technischen Fort-schritt, bringen einen Wandel für die deutsche öffentliche Verwaltung (ÖV) mit sich. Häufig sind die dort beschäftigten Menschen selbst die entscheidende Barriere für das Gelingen der Transformationen. Angst vor und durch Veränderungen entsteht, wenn diese als bedrohlich wahrgenommen werden und die Ressourcen für den Umgang mit der vermeintlichen Bedrohung als zu gering eingeschätzt werden. Organisationale und demografische Strukturen erhöhen für die ÖV die Herausforderung, mit Angst in Veränderungsprozessen umzugehen. Dieser Beitrag zeigt Ansätze auf für einen konstruktiven Umgang mit menschlichen Ängsten, die durch Veränderungen aus-gelöst werden können. Durch die Verknüpfung bestehender Angsttheorien und Bewältigungsstrategien von Angst mit der praktischen Realität der ÖV werden Hand-lungsansätze herausgearbeitet, z. B. eine Organisationskultur, in der Angst existieren kann und akzeptiert wird, mit klaren Visionen und transparenter Kommunikation, ein aktiver Aufbau von Vertrauen, die Befähigung der Mitarbeitenden zum Wandel und ihre Partizipation an der Transformation und die synergetische Verknüpfung der großen Veränderungsherausforderungen digitale und technische Transformation und Gesundheit.

Schlüsselwörter

Umgang mit Angst · Dealing with Anxiety · Organisationskultur · Organizational Culture Veränderungsprozesse · Change · Transformation · Social and Technological Transformation · Akzeptanz · Acceptance · Führung · Leadership · Öffentliche Verwaltung · Public Administration

▶ **Abstract**
   Major social developments, primarily triggered by technological progress, are bringing change to the German public administration. Mainly the employees themselves are the decisive barrier to a successful transformation. Fear and anxiety of and through change arise when change is perceived as threatening, and the resources for dealing with the supposed threat are considered too small. For the public administration, organizational and demographic structures increase the challenges of dealing with fear in change processes. This article aims to show different approaches to a constructive handling of fear and anxiety that can be triggered by change and transformation. Existing theories of fear are linked with strategies for coping with the negative emotions and are put into practice for the German public sector. Approaches are e.g. an organizational culture in which fear can exist and is accepted, with clear visions and transparent communication, active building of trust,

empowering employees in dealing with change and their participation in the transformation, and finally a synergetic linking of the major challenges of change, digital and technical transformation with health prevention.

8.1   Einleitung

Die öffentliche Verwaltung (ÖV) befindet sich in massiven Umbrüchen und Veränderungsprozessen (vgl. Distel et al., 2018; Prognos, 2019; Projektteam Stein-Hardenberg 2.0, 2014): Im Allgemeinen ausgelöst durch voranschreitende gesellschaftliche und technische Entwicklungen wie Digitalisierung, Künstliche Intelligenz, demografischen Wandel und den Druck von Zivilgesellschaft und Wirtschaft zum serviceorientierten und agileren Handeln (vgl. Heger et al., 2016; Nelke & Steffen, 2019a). Im Konkreten vollziehen sich Entwicklungen, die Arbeitsstrukturen und -prozesse komplett verändern, wie z. B. neue Arbeitsformen durch *New Work* (vgl. Bergmann, 1990; Hackl et al., 2017; Schermuly, 2019) und *New Public Management* (vgl. Reinermann, 2011), ein daraus resultierender Kulturwandel in der ÖV (vgl. Löschner & Niemann, 2019) oder der erhöhte Bedarf, mittels *Employer Branding* als Arbeitsgeber attraktiver zu sein (vgl. Nelke & Steffen, 2019a, b). Ein entscheidender Teil von Transformationen sind immer die beteiligten und betroffenen Menschen; Veränderung kann in Menschen viele Reaktionen auslösen, von euphorisiertem Optimismus bis hin zu lähmender Angst. Jedoch sind die Veränderungen an sich nicht beängstigend für den einzelnen Menschen. Erst wenn die Auswirkungen der Veränderung subjektiv als bedrohlich bewertet wird und die vorhandenen Möglichkeiten im Umgang mit der Bedrohung als zu gering eingeschätzt werden, entstehen Angst und Unsicherheiten. Veränderungen in Arbeitsprozessen, -strukturen und -formen können bei Menschen Sorgen und Ängste auslösen (vgl. z. B. Randstad Stiftung, 2018).

Die ÖV steht angesichts der vorab genannten Transformationen vor besonderen Herausforderungen: Wichtige Veränderungen für erfolgreiches E-Government werden nur langsam umgesetzt (vgl. Nationaler Normenkontrollrat, 2017, 2019); die Bertelsmann Stiftung resümiert: „Das Regelwerk des öffentlichen Rechts erschwert häufig Reformen oder verhindert diese sogar." (Bertelsmann Stiftung, 2017, S. 27) Die Verwaltung hat einen gesetzlichen Erfüllungsauftrag; es ist ihre inhärente Aufgabe dafür zu sorgen, dass die in der Politik beschlossenen, in Gesetzen und Verfahrensvorschriften geregelten Abläufe und Vorgaben akkurat umgesetzt werden (vgl. Initiative Neue Qualität der Arbeit, 2017). Globale und nationale gesellschaftliche Veränderungen führen dazu, dass in der ÖV ein Innovationsdruck besteht (vgl. Distel et al., 2018; United Nations, 2018; Bastin et al., 2019). Bei allen erforderlichen Transformationsprozessen sind Menschen, die letztlich in ihrem täglichen Handeln Veränderungen umsetzen, der entscheidende Hebel für gelungenen Wandel. Menschen sind divers und insbesondere hinsichtlich ihres Bedürfnisses nach Sicherheit und Stabilität auf der einen und dem

Wunsch nach Wachstum, Lernen und Veränderung auf der anderen Seite sehr unterschiedlich (vgl. Next:Public, 2019). Die laut Statistischem Bundesamt derzeit 4,8 Mio. Beschäftigten im öffentlichen Dienst bilden hier keine Ausnahme (vgl. Antidiskriminierungsstelle des Bundes, 2015; Baumann et al., 2019; Zube, 2018), sie sind durch ihre Vielfalt zentral für eine erfolgreiche Veränderung und Erneuerung der ÖV.

In diesem Beitrag soll ein Verständnis für Wirk- und Bewältigungsmechanismen von Angst geschaffen werden, um diese auf Veränderungsprozesse in der deutschen öffentlichen Verwaltung zu übertragen. Dabei werden zunächst Veränderungen in der ÖV in Deutschland beschrieben, es wird auf die Entstehung von Angst und den möglichen Umgang damit eingegangen, danach werden bestehende konstruktive Ansätze dafür aufgezeigt, um daraus abschließend in die Praxis integrierbare Lösungsvorschläge zu formulieren. Ziel dieses Beitrags ist es, Wege aufzuzeigen, wie Wandel aktiv, angstfrei und gewinnbringend für möglichst alle beteiligten Menschen und damit für die Organisationen der Verwaltung auf Bundes-, Landes- und kommunaler Ebene gestaltet werden kann.

8.2 Veränderung in der öffentlichen Verwaltung in Deutschland

Zunächst gilt es zu erfassen, um welche Veränderungen in der ÖV es sich handelt, die möglichst angstfrei bewältigt werden wollen. Mit dem nicht immer eindeutigen Begriff der Digitalisierung sind meist technologische Veränderungen gemeint. Die oftmals sehr heterogenen technologischen Lösungen (vgl. Hunnius et al., 2015) wiederum verändern und beeinflussen zum Teil massiv Prozesse und Abläufe sowie die dafür erforderlichen Fähigkeiten der Beschäftigten.

Es ist eine besondere Herausforderung, empirisch den Status quo zur Veränderung der ÖV in Deutschland exakt zu beschreiben: Bei Modernisierungs- und Transformationsstrategien im Sinne von *New Public Management* (oder *Good Governance)* verlaufen Entwicklungen parallel auf kommunaler, Landes- und Bundesebene (vgl. Reinermann, 2011). Modernisierte Prozesse und weitere Ansätze der Transformation werden an einigen Stellen bereits erfolgreich umgesetzt, haben jedoch an anderen Stellen noch modellhaften Charakter (vgl. Bertelsmann Stiftung, 2017). Eine Zustandsbeschreibung der wahrgenommenen Veränderungsdynamiken kann sich nicht vollständig auf empirisch untersuchte Fakten berufen. Auf technischer und Prozessebene können Näherungskriterien wie Bürokratieabbau (vgl. Nationaler Normenkontrollrat, 2018), Angebot und Nutzung digitaler Behördendienste (vgl. Bastin et al., 2019; Müller, 2018) oder kombinierte Aspekte, wie im E-Government Development Index (EGDI) der Vereinten Nationen (vgl. United Nations, 2018), herangezogen werden.

Aktuelle Untersuchungen wie im Nachwuchsbarometer Öffentlicher Dienst 2019 zeigen, „dass agile, kreativ denkende und für disruptive Arbeitsweisen offene Personen deutlich seltener in den Öffentlichen Dienst streben als konservative auf Sicherheit bedachte Studierende" (Next:Public, 2019, S. 7). Zur erfolgreichen Transformation werden aber Menschen gebraucht, die offen für Neues sind und zudem kreativ handeln und denken sowie flexibel und agil sein können und wollen. Der Bedarf an Menschen mit derartigen Kompetenzen wird immer größer, da die Beschäftigen in der ÖV überdurchschnittlich alt sind und als Folge 2,6 Mio. Beschäftigte bis 2040 aus Altersgründen ausscheiden werden (vgl. Demografie Portal, 2020; Next:Public, 2019). Laut der Umfrage „DGB-Index Gute Arbeit – Der Report 2018" haben 44 % der befragten Arbeitnehmerinnen und Arbeitnehmer nicht das Gefühl, ihre Sorgen oder Probleme mit ihrem Vorgesetzten besprechen zu können. Konkret lautete die Frage: „Erleben Sie in Ihrem Betrieb ein Meinungs-Klima, in dem sich jeder traut, Probleme auch gegenüber Vorgesetzten oder dem Vorstand/der Geschäftsführung offen anzusprechen?" Daraufhin antworteten 12 % mit „gar nicht", bei 32 % lautete die Antwort „in geringem Maß" (vgl. Deutscher Gewerkschaftsbund, 2018). Diese Zahlen sind ein Hinweis für Misstrauen, Unsicherheit und Verschlossenheit, all dies sind mögliche Vorläufer für und Auswirkungen von Angst.

Heutzutage wird eine effiziente, dienstleistungsorientierte ÖV als mitunter entscheidender Wettbewerbsfaktor für die Ansiedlung von Unternehmen angesehen. Die öffentliche Verwaltung hat eine besondere Stellung, sie hatte in der Vergangenheit weder Wettbewerbs- noch akuten Innovationsdruck, wie er etwa angesichts der Digitalisierung auftritt (vgl. Engel et al., 2016; Löschner & Niemann, 2019). Der Umgang mit solch einem Veränderungsdruck ist folgerichtig bislang noch nicht in allen Bereichen der ÖV gelernt und etabliert worden; entsprechende organisatorische, technische, strukturelle und auch persönliche bzw. emotionale Kompetenzen zum Gestalten des Wandels müssen erst aufgebaut werden (vgl. Heger et al., 2016).

Verwaltung ist wenig geübt in Agilität und Veränderungskompetenz. In unterschiedlichsten Bereichen und auf vielen Ebenen ergeben sich daher in der deutschen öffentlichen Verwaltung Unsicherheit und Unklarheit: Welche Chancen und auch Risiken bieten Digitalisierung und deren Teilbereiche wie Data Science oder Künstliche Intelligenz? Wie genau wirken sich die Entwicklungen auf Arbeitsplätze, -inhalte und Rollen aus? Selbst Expertinnen und Experten können auf diese Fragen nur teilweise Antworten geben; bisher ist der Umgang mit Angst und Unsicherheit in der ÖV nicht im erforderlichen Maße erforscht. Zugleich deuten Indikatoren wie die Zahlen und Aussagen in der zuvor genannten DGB-Studie auf den Bedarf hin, mit aus den anstehenden Veränderungen resultierenden Ängsten anders umzugehen.

In einer international orientierten Forschungsarbeit wurden mehrere große Barrieren für eine gelungene Veränderung in der ÖV aufgezeigt: rechtliche Hürden, starre Hierarchien, zu bürokratisch verlaufende Entscheidungsprozesse und organisationale Intransparenz (vgl. Wirtz et al., 2016). Die entscheidende Herausforderung und damit auch größte Barriere von Wandel ist jedoch das Sicherheitsbedürfnis der Mitarbeitenden und der angemessene Umgang mit diesem Bedürfnis (vgl. Wirtz et al., 2016).

8.3   Angst und Veränderung

Für einen aktiven und konstruktiv gestaltenden Umgang mit Angst und Unsicherheit angesichts von Veränderung in der ÖV lohnt der Blick auf die Emotion Angst, ihre Genese, Funktionen, Ausprägungen und den möglichen Umgang damit.

8.3.1   Definitionen und Dimensionen von Angst

Angst ist eine Basisemotion (vgl. Ekman, 1999), die in ihrem Ursprung evolutionär begründete hochfunktionale psychosoziale Reaktionen auslösen kann (vgl. Krohne, 2010). Als starke emotional-negative Reaktion hängt Angst mit Leistungsfähigkeit zusammen und kann diese negativ beeinträchtigen (vgl. Ashkanasy et al., 2016; Krohne, 2010; McCarthy et al., 2016; Seipp, 1991). Die Funktion von Angst für den menschlichen Organismus besteht in einem Schutzmechanismus: Angst versetzt Menschen in die Lage, in gefährlichen und potenziell bedrohlichen Situationen adäquat zu handeln. Dieser Mechanismus ist auf Sicherheit und Risikovermeidung ausgerichtet, worin frühzeitige und teils im Nachhinein betrachtet übertriebene Angstreaktionen begründet sein können (vgl. Nesse, 2001, 2019). Drei Ebenen prägen den Ausdruck von Angst: 1) körperliche bzw. somatische Ebene, 2) Gefühle und Gedanken, 3) Verhalten. Angst kann manifeste Anteile *(Trait)* haben und situationsbedingt *(State)* ausgeprägt sein (vgl. Cattell, 1966; Spielberger, 1966). Handelt es sich um einen festen Teil der Persönlichkeit, so ist meist die Rede von Ängstlichkeit. Ängstliche Menschen fühlen sich schneller unsicher als nicht ängstliche Menschen und entwickeln häufiger Empfindungen von Angst. Unsicherheit ist gleichzeitig ein Vorläufer und eine Folge von Angst, bei dem das Bedürfnis nach Sicherheit stärker ausgeprägt ist als die Affinität zum Risiko. Die meisten Ängste lassen sich zwei übergeordneten Bereichen zuteilen: körperlicher Bedrohung und der Bedrohung des Selbstwertes (vgl. Stöber & Schwarzer, 2000).

Die vielfältigen Definitionen und Theorien zu Angst gehen einher mit Überschneidungen und Parallelen zu anderen Konstrukten und Vorläufern wie Sorge, Unsicherheit, Furcht und Stress (vgl. Eysenck, 2013; Krohne, 2010). Furcht liegt, anders als Angst, dann vor, wenn die Quelle der Gefahr eindeutig zu bestimmen ist und beispielsweise mit Vermeidung reagiert werden kann. Es handelt sich bei Furcht um eine zeitlich kürzer dauernde Reaktion als Angst (vgl. Krohne, 2010). Die kognitiv-transaktionale Theorie beschreibt die Entstehung von Stress und negativen Emotionen wie Angst als Zusammenspiel von als bedrohlich wahrgenommenen Situationen und mangelnden Ressourcen im Umgang mit der Bedrohung (vgl. Lazarus, 1999; Lazarus & Folkman, 1987; Lazarus & Lazarus, 1991). Angst kann demnach entstehen, wenn die kognitive Bewertung einer Situation als bedrohlich ausfällt und die Bewältigungsmöglichkeiten als zu gering eingeschätzt werden. Eine mögliche Angstreaktion ist die Vermeidung der Situation, der Bedrohung oder der als gefährlich eingestuften Verhaltensweisen anderer Menschen. Vermeidungsverhalten ist eine erlernte Reaktion im Umgang mit bedrohlichen Situationen. Wurde Vermeidung erlernt, prägt sie das Anschlussmotiv *Furcht vor Misserfolg* bzw. *Furcht vor Zurückweisung* und damit maßgeblich das Leistungsverhalten und motivationale Antreiber (vgl. Heckhausen & Heckhausen, 2018).

8.3.2 Angst in Veränderungsprozessen

Organisationale Veränderungsprozesse lösen emotionale Reaktionen in den Menschen aus, die von transformierenden Entwicklungen betroffen sind; also genau in denjenigen, die diese mittragen und ausgestalten sollen. Die menschlichen Reaktionen auf Veränderung sind vielfältig und zeigen sich auf emotionaler Ebene und an ihrem Verhalten (vgl. Seo & Hill, 2005). Welche Emotionen ausgelöst werden, wie intensiv diese ausgeprägt sind und darauffolgende Verhaltensweisen hängen von verschiedenen Faktoren ab, z. B. von der Frequenz, mit der Veränderung auf Veränderung folgt oder vom zeitlichen Verlauf von erster Kommunikation bis zur erforderlichen Umsetzung (vgl. Klarner et al., 2011; Smollan et al., 2010; Smollan & Sayers, 2009).

Veränderung muss allerdings nicht grundsätzlich Angst auslösen. Entscheidend ist hier die subjektive Bewertung der sich wandelnden Bedingungen, der Umgang damit sowie die Einschätzung der personalen Ressourcen und Ressourcen aus der Umgebung (vgl. Lazarus, 1999; Stöber & Schwarzer, 2000). Ängste und Sorgen in Veränderungsprozessen können die Folge sein von Unsicherheiten bezüglich der Zukunft, negativen Arbeitsbedingungen und dem Gefühl, ungerecht behandelt zu werden (vgl. Kiefer, 2005; Landes & Steiner, 2013). Alexithymie, eine Gefühlsblindheit, kann ausgelöst werden, wenn Emotionen in Veränderungsprozessen keine Beachtung finden und dadurch die Mitarbeitenden (in ihrem Arbeitsprozess) wenig involviert sind (vgl. Antonacopoulou & Gabriel, 2001). Von alexithymischen Verhaltensweisen sind organisationale Lernprozesse besonders blockiert (vgl. Antonacopoulou & Gabriel, 2001). Ängste, Unsicherheit und dadurch resultierende Stressreaktionen haben als Folge ein erhöhtes Misstrauen, verringerte Motivation, sinkende Leistungsfähigkeit, egozentrierte Verhaltensweisen, aktiv und passiv ausgelebte Widerstände und psychische wie physische Einschränkungen der Gesundheit (vgl. Kiefer, 2005; Klarner et al., 2011; Seo & Hill, 2005; Wanous et al., 2000; Watt & Piotrowski, 2008).

8.3.3 Bewältigung von Angst und der Umgang mit Angst

Zur Bewältigung von Angst gehören alle Schritte, die auf kognitiver und Verhaltensebene dazu führen, eine Bedrohung zu verringern und die durch Bedrohlichkeit ausgelösten emotionalen, somatischen und kognitiven Reaktionen zu regulieren (vgl. Krohne, 2010). Ansätze aus der Beratung, Therapie und dem Change-Management können für die ÖV hilfreiche Anknüpfungspunkte liefern.

Bewältigungsmöglichkeiten von Angst

Ansätze zur Bewältigung von Angst beziehen sich auf a) die Bewertung der Situation, b) das Problem an sich oder c) die emotionale Reaktion (vgl. Billings & Moos, 1984; Skinner et al., 2003). Die erneute Bewertung einer Situation kann dazu führen, die Quelle der Bedrohung nach rationaler Analyse weder besorgniserregend noch bedrohlich zu empfinden. Wird an dem Problem angesetzt, handelt es sich um eine aktive Handlung zur Beseitigung der Bedrohung, die z. B. durch soziale Unterstützung oder Informationssuche im Umgang mit der Situation erfolgt. Emotionszentrierte Bewältigung von Angst fokussiert auf die somatische oder kognitive Regulation der emotionalen Reaktion. Weitere Strategien zur Bewältigung von Angst auf kognitiver und Verhaltensebene sind erhöhte Aufmerksamkeit gegenüber der bedrohlichen Situation oder Vermeidung selbiger (vgl. Krohne, 2010; Stöber & Schwarzer, 2000).

Umgang mit Angst in Beratung und Psychotherapie

Die Behandlung von (spezifischen) Angststörungen in der Psychotherapie zeigt die besten Ergebnisse mithilfe der (kognitiven) Verhaltenstherapie, mit Schwerpunkt auf der Konfrontation mit der Quelle der Angst (vgl. z. B. Deacon & Abramowitz, 2004; Ströhle et al., 2018; Wolitzky-Taylor et al., 2008). Der erste Schritt, Menschen zu helfen, die durch Ängste in ihrer Lebensbewältigung eingeschränkt sind, die also vor Angst krank sind, ist demnach die Angst wahrzunehmen, diese zu akzeptieren und sich ihr dann (unterstützt) aktiv auszusetzen.

Beim neueren Ansatz der akzeptanzbasierten Verhaltenstherapie *(Acceptance and Commitment Therapy – ACT)* steht Akzeptanz an erster Stelle des Prozesses (vgl. Hayes et al., 2011). ACT als therapeutischer Ansatz hat zum Ziel, im Falle von Angst unangenehme emotionale, kognitive und somatische Zustände wahrzunehmen und diese zu akzeptieren. Ausgehend von der Akzeptanz des Ist-Zustandes werden neue Werte, im Sinne positiver Selbstzuschreibungen, erarbeitet und positive, selbstgewählte Handlungsziele gesteckt (vgl. Hayes et al., 2011; Kasper & Volz, 2014; Wittchen & Hoyer, 2011). Bei der Bewältigung von Angststörungen zeigt das Vorgehen der ACT nachweisbare Erfolge (vgl. Arch et al., 2012; Roemer et al., 2008; Wittchen & Hoyer, 2011; Wolitzky-Taylor et al., 2008).

Ein systemischer Ansatz im Umgang mit Angst stellt an erste Stelle ebenfalls die Wahrnehmung der Angst, das Bewusstsein ihrer somatischen und emotionalen Ausdrucksformen. Erst die Akzeptanz des unangenehmen oder bedrohlichen Zustands der Angst kann Menschen dabei helfen, aktiv mit der Situation umzugehen und die Umgebung einzubinden. Aktiver Umgang bedeutet hier u. a., den Widerstand gegen die Bedrohung zu nutzen, um kontrolliert mit den Situationen umgehen zu können und nicht der Angst ausgesetzt zu sein (vgl. Retzlaff et al., 2013; Schumacher, 2011; von Sydow et al., 2010).

Umgang mit Angst in Veränderungsprozessen

Einige Ansätze zum Umgang mit Angst in Beratung und Psychotherapie lassen sich übertragen auf den Umgang mit negativen Emotionen bei Veränderungsprozessen in Organisationen: Ein aktiver und konstruktiver Umgang mit Angst, ausgelöst durch Veränderungen, hat als ersten Schritt das bewusste Wahrnehmen der Ängste und Unsicherheiten, also deren Akzeptanz. Für erfolgreiche Transformationen ist es somit grundlegend, das Vorhandensein von Ängsten, Sorgen, Befürchtungen und Unsicherheiten auf allen Hierarchiestufen, inklusive der darin begründeten Widerstände, wahrzunehmen und zu akzeptieren (vgl. Nippa, 1997; Nippa & Reuer, 2019). Verschiedene Strategien der Organisationsentwicklung und des Change-Managements zeigen unterschiedliche Möglichkeiten, wie Widerstände gelöst werden können (vgl. Kotter & Schlesinger, 1979; Senge, 2017): Mitarbeitende über Entwicklungen zu informieren und einen ständigen Zugang zu Informationen über organisationale Prozesse und deren Änderungen zu gewährleisten sind erfolgversprechende Strategien auf kommunikativer Ebene. Weitere Strategien der Personalentwicklung stellen den Mitarbeitenden als Menschen und seine individuelle Entwicklung im Veränderungsprozess in den Mittelpunkt. Mit Widerstand kann umgegangen werden, indem Menschen, z. B. durch kompetenzfokussierte Weiterbildung, befähigt werden, mit neuen Entwicklungen kompetent und selbstwirksam umzugehen. Je mehr Menschen in den Veränderungsprozess integriert sind, je mehr sie aktiv daran teilhaben, und je mehr ihnen eine positive Einschätzung der Entwicklungen vermittelt wird, desto geringer der Widerstand (vgl. Sulz et al., 2013; Vasu et al., 2017).

Setzt eine Organisation auf Vertrauen durch Transparenz und offene Kommunikation, wandeln sich durch Veränderung ausgelöste negative Emotionen in positive Gefühlszustände wie Hoffnung, Zuversicht und Neugier (vgl. Saunders & Thornhill, 2003). Werden klare Ziele gesetzt und diese erklärt, begründet und transparent kommuniziert, kann eine Leistungsmotivation genährt werden, die auf Annäherung statt – wie bei Angst – auf Vermeidung ausgerichtet ist. Das funktioniert jedoch nur, wenn die Organisationskultur einen offenen und wertschätzenden Umgang mit Fehlern hat (vgl. Putz et al., 2012; Baumgartner & Seifried, 2014). Der aktive Umgang mit Emotionen ist eine Grundvoraussetzung, um organisationale Entwicklung durchführen zu können, da über den bewussten Umgang mit Emotionen Sinn für die Entwicklungen und Veränderungen gestiftet werden kann (vgl. Steigenberger, 2015). Für erfolgreiche Veränderungen ist es zunächst wichtig, Sinnhaftigkeit zu erzeugen, um die betroffenen Menschen zu beteiligen, darüber ihr Wohlbefinden mit der Situation zu erhöhen und perspektivisch ihre Gesundheit zu erhalten. Sinnhaftigkeit, auch als Bedeutsamkeit bezeichnet, ist die motivationale Komponente des Kohärenzgefühls, neben den beiden kognitiven Komponenten Handhabbarkeit und Verstehbarkeit (vgl. Antonovsky, 1979; Eriksson & Lindström, 2006). Bei einem hoch ausgeprägten Kohärenzgefühl sind Menschen in der Lage, alle erforderlichen Ressourcen zur Bewältigung der aktuellen Lebenssituation zu aktivieren: Sie verstehen, warum Veränderung geschieht, sie können mit der Veränderung umgehen und sehen die Bedeutung hinter der Veränderung (vgl. Steffen, 2020a).

Konstruktivistisches Management setzt an dieser Stelle an und stellt die Bedingungen her, damit Mitarbeitende die Bedeutsamkeit, den Sinn, hinter Veränderungen sehen (vgl. Maitlis & Sonenshein, 2010; Weick, 1995).

Eine Organisationskultur ist durch Werte geprägt, also grundlegende Annahmen z. B. über menschliche Beziehungen oder Tätigkeiten (vgl. Nerdinger et al., 2008; Schein, 2010). Werte und der organisationale Umgang mit Emotionen spielen während Veränderungsprozessen eine entscheidende Rolle. Stimmen die Werte der Organisation und der Mitarbeitenden im hohen Maß überein, so kann auf dieser Basis mit Veränderung positiv umgegangen werden (vgl. Smollan & Sayers, 2009). Werte werden oft durch Führungskräfte in Organisationen kommuniziert und transportiert. Das vertrauensvolle und transparente Verhalten von Führungskräften bzw. das Verhältnis von Führungskraft zu den Mitarbeiterinnen und Mitarbeitern ist zusätzlich zu Offenheit für Neues und Flexibilität ein Erfolgsfaktor für gelungene Veränderung (vgl. Amarantou et al., 2018).

8.4   Ansätze für einen konstruktiven Umgang der ÖV mit Veränderung und Angst

Es gibt einige Beispiele für eine erfolgreiche Digitalisierung der Verwaltung, den gelungenen Umgang mit Transformation, technologischen und organisationalen Veränderungen und die Etablierung neuer Arbeitsformen (vgl. z. B. Bertelsmann Stiftung, 2017; Lühr et al., 2019). Im Rahmen der digitalen Vernetzung der Verwaltung existiert schon seit Jahren das Prinzip der *Zuvorkommenden Verwaltung,* welches dadurch definiert ist, „[…] dass die Verwaltung bestrebt ist, den Interaktionsaufwand der Adressaten durch im Wortsinne ‚zuvorkommendes' Handeln zu reduzieren: sie agiert aufmerksam, hilfsbereit und ‚kontextsensibel'" (Brüggemeier, 2010, S. 98). Die Ausrichtung an konkreten, individuellen Lebenslagen von Bürgerinnen und Bürgern findet mittlerweile häufiger Einzug in eine zunehmend service- und kundenorientierte Verwaltung, wodurch beispielsweise grundsätzliche Berührungsängste mit Behördengängen reduziert werden sollen (vgl. Hunnius et al., 2015; Bastin et al., 2019).

So sind *Big Data* und dessen Nutzenspotenziale durch erste nutzenstiftende Anwendungsbeispiele „in der Amtsstube angekommen" (vgl. Nationales E-Government Kompetenzzentrum, 2017), ebenso Neuerungen, die unter dem Begriff *Smart Government* zusammengefasst werden (vgl. Daub et al., 2018; Prognos, 2018, 2019). Ganz aktuell sind die umfangreichen Aktivitäten zum Onlinezugangsgesetz (OZG), das Bund, Länder und Kommunen verpflichtet, bis Ende 2022 ihre Verwaltungsleistungen über Verwaltungsportale auch digital anzubieten und somit den Zugang zu erleichtern und Hemmschwellen abzubauen. Hinzu kommen Initiativen wie *Künstliche Intelligenz in Kommunen* (vgl. Kommunale Gemeinschaftsstelle für Verwaltungsmanagement, 2019) und Veranstaltungen wie etwa die *Smart Country Convention* (vgl. smartcountry.berlin, 2019) oder das *Creative Bureaucracy Festival* (vgl. creativebureaucracy.net, 2019), u. a. mit dem Ziel, Berührungsängste abzubauen und Erfolgsbeispiele zu zeigen. Bei diesen

Veranstaltungen werden Vorteile und Chancen technologischer Veränderungen sowohl für die Verwaltung selbst, als auch für Bürgerinnen und Bürger sowie Unternehmen anschaulich gemacht. Dadurch werden zugrunde liegende Visionen für die Beschäftigten in der ÖV greifbarer, Sinn und Nutzen daraus resultierender Veränderungen werden transparent und konkret.

Ein weiteres Beispiel für den gelungenen Umgang mit Veränderung in der ÖV ist das Projekt *AgilKom – Experimentierräume in der agilen Verwaltung* (vgl. experimentierraeume.de, 2020), das mit betrieblichen Lern- und Experimentier-räumen neue Ansätze zur Bewältigung technologischer und organisationaler Ver-änderungsprozesse für die öffentliche Verwaltung erprobt und innovative Lösungen schafft. Hinsichtlich des Qualifizierungsbedarfs von Beschäftigten und der Methoden zur Vermittlung sogenannter *E-Kompetenzen* (vgl. Heger et al., 2016) sowie zu dem Digitalisierungsverständnis von Führungskräften (vgl. Distel et al., 2018) finden trans-disziplinäre Forschung und erste Umsetzungen in Behörden bereits statt.

Auch für den Umgang mit der Angst vor digitaler Veränderung gibt es bereits Hand-lungsempfehlungen, die „insbesondere darauf abzielen, den betroffenen Beschäftigten vorhandene Ängste und Sorgen im Umgang mit der IT zu nehmen und möglichen Widerständen bereits vor der Einführung neuer Technologie zu begegnen. Zu den Maßnahmen zählt zunächst, die Betroffenen zu jedem Zeitpunkt des Veränderungs-prozesses angemessen über die anstehenden Veränderungen zu informieren und mit den Mitarbeiterinnen und Mitarbeitern zu kommunizieren" (Distel et al., 2018, S. 13). Diese Beispiele sind wichtige Ansatzpunkte für Organisationsverantwortliche und Führungs-kräfte, um Ängste wahrzunehmen und angesichts von Misstrauen, Unsicherheit und Ver-schlossenheit stattdessen Vertrauen aufzubauen, Sicherheit zu geben, Transparenz und Offenheit zu erzeugen.

In einem multikausalen Wirkungsgefüge sind technische Veränderungen und Digitalisierungsprozesse eine Ursache für steigende psychische Beanspruchung mit gesundheitlichen Folgen (vgl. z. B. BauA, 2020). Das behördliche Gesundheits-management, außerhalb der öffentlichen Verwaltung als betriebliches Gesundheits-management (BGM) bezeichnet, hält, insbesondere durch Standarddefinitionen und entsprechende Dienstvereinbarungen, mehr und mehr Einzug in die öffentliche Ver-waltung (vgl. z. B. Ministerium des Innern des Landes Nordrhein-Westfalen 2019; Senatorin für Finanzen der Freien Hansestadt Bremen, 2009; Stadt Mannheim, 2011). Ein stetig steigendes Interesse an Themen der Gesundheitsförderung und deren Ver-knüpfung mit Digitalisierung zeigt sich auch an Weiterbildungsangeboten: Beispiels-weise bietet die Akademie des Deutschen Beamtenbundes (dbb) verschiedene Kurse an, die auf den Erhalt der psychischen Gesundheit abzielen (vgl. dbb Akademie, 2020); ein weiteres Beispiel sind die Kurse der Landesakademie der öffentlichen Verwaltung Brandenburg (LAköV) zum Thema „Arbeiten in der digitalen Welt" (vgl. Landes-akademie der öffentlichen Verwaltung Brandenburg, 2020). Die Maßnahmen des BGM laufen allerdings oftmals ohne strategische Vernetzung untereinander und damit ohne synergetische Verzahnung mit anderen Transformationsprozessen.

8.5   Handlungsansätze für den Umgang mit Angst durch Veränderung in der öffentlichen Verwaltung in Deutschland

Die folgenden Handlungsansätze basieren auf den vorherigen Ausführungen. Die Lösungsvorschläge sind als Möglichkeiten zu verstehen, wie Veränderung in der Verwaltung trotz Blockaden führender Ängste gelingen kann. Es geht darum aufzuzeigen, wie der aktive und konstruktive Umgang mit Angst in Veränderungen der ÖV in die Praxis integrierbar ist. Dafür sollte zunächst eine Vision, ein positives Zukunftsbild als Grundlage für Vertrauen in Veränderung, geschaffen werden. Auf der Basis von Vertrauen können vorhandene Ängste akzeptiert werden. Eine Kultur des Vertrauens kann in der ÖV be- und entstehen, wenn entsprechende Werte gelebt werden, Mitbestimmung, aktives Gestalten, Empowerment und die Möglichkeit zum Ausprobieren und Lernen erlaubt sind. Schlussendlich ist es eine Aufgabe für den gelungenen Wandel der ÖV, die beschriebenen Handlungsansätze zum konstruktiven Umgang mit Angst vor Veränderung konsequent im Denken und Handeln der Mitarbeiterinnen und Mitarbeitern in Ämtern und Behörden zu etablieren.

8.5.1   Visionen, Klarheit und Kohärenz schaffen

Wohin geht die Veränderung in der ÖV? Das ist angesichts all der Transformation eine wichtige und wohl auch die entscheidende Frage. Eine Vision für die ÖV erzeugt ein klares Bild einer erstrebenswerten Zukunft in den Köpfen und Herzen der Mitarbeitenden und ist der erste Schritt für einen gelungenen Umgang mit Veränderung (vgl. Doppelt, 2017; Kotter & Schlesinger, 1979; Landes & Steiner, 2013; Newman, 1994; Nippa & Reuer, 2019). Aus Visionen lassen sich Ziele, Strategien und Maßnahmen auf Bundes-, Landes- und kommunaler Ebene differenziert ableiten. Ziele, hinter denen Führungskräfte stehen, können diese als Voraussetzung für eine „im Sinne einer authentischen, realistischen und motivierenden Mission als Weg zum Ziel" (Löschner & Niemann, 2019, S. 27) vermitteln. Ohne solch ein visionäres Zukunftsbild lässt sich einerseits nur schwer beurteilen, ob und wie digitale Technologien und andere Veränderungen helfen und nutzen können. Und andererseits fehlt ohne Vision oftmals ein Gefühl dafür, dass man sich als Mitarbeiterin und Mitarbeiter der Verwaltung auf diesen neuen Weg begeben möchte. Der Weg ins Ungewisse ist für viele Menschen mit Unsicherheit und Angst verbunden. Hier schaffen inspirierende Visionen und klare Ziele essenziellen Nutzen, Sinn und Bedeutung auf individueller und organisationaler Ebene. Über Visionen Sinn zu stiften, würde dem immer lauter werdenden Wunsch der heutigen Nachwuchskräfte des öffentlichen Dienstes nach Sinnhaftigkeit der eigenen Arbeit entsprechen (vgl. Next:Public, 2019).

8.5.2 Vertrauen und Transparenz erzeugen

Ängste, Unsicherheit und dadurch resultierende Stressreaktionen gehen einher mit Misstrauen (vgl. Kiefer, 2005; Klarner et al., 2011). Klare Kommunikationsregeln und ein transparenter Zugang zu Informationen können Vertrauen schaffen. Eine Kultur des Vertrauens braucht Mut, besonders in den Bereichen der ÖV, in denen systeminhärent Strukturen und Kommunikationsformen bereits seit langer Zeit bestehen. Eine positive Spirale des Vertrauens, in der Vertrauen geschenkt wird und auf dessen Basis die Menschen weiteres Vertrauen aufbauen, sollte durch einen ersten Vertrauensimpuls bzw. -vorschuss ausgelöst werden. Konstituierendes Element „einer solchen ‚Zutrauenskultur' ist eine frühe Einbindung der Mitarbeiter in die Transformation und die Bereitschaft, Freiraum für Eigeninitiative zu gewähren" (Bohn et al., 2017, S. 5). Transparenz durch frühzeitige Information und vor allem kontinuierliche und offene Kommunikation als Basis für selbstverantwortliches und selbstwirksames Handeln sind weitere entscheidende Erfolgs- und Gesundheitsfaktoren im Umgang mit Vorbehalten und Ängsten (vgl. Matyssek, 2012; Prognos, 2018). In einer Vertrauenskultur sind Fehler zulässig, es wird aus ihnen gelernt (vgl. Baumgartner & Seifried, 2014; Putz et al., 2012).

8.5.3 Akzeptanz von Ängsten, konstruktiver Umgang mit Fehlern

Eine Vertrauenskultur macht es möglich zu akzeptieren, dass Unsicherheit, Sorgen und Ängste existieren und Fehler gemacht werden dürfen. Der aktive Umgang mit negativen Emotionen im Arbeitskontext ist herausfordernd und gleichzeitig eine entscheidende Voraussetzung für gelingende Veränderungen (vgl. Landes & Steiner, 2013; Steigenberger, 2015). In besonders hierarchischen Strukturen, wie sie die ÖV heute noch oftmals aufweist, erfordern erfolgreiche Veränderungen innerhalb einer Organisation gerade solche Menschen, die keine Angst vor Fehlern haben; die sich selbst wie auch anderen Menschen Misserfolge, die den Erfahrungsschatz bereichern und Lernmöglichkeiten bieten, zugestehen können. Eine Veränderung in diesem Handlungsbereich beginnt also zunächst bei der Akzeptanz und Toleranz von Fehlern sich selbst gegenüber. Dies betrifft vor allem – aber eben nicht nur – Führungskräfte, die solch eine konstruktive Haltung ausstrahlen und vorleben sollten. Dazu braucht es eine weitgehend rationale und sachliche Analyse der Fehlerursache, um sich dann schnellstmöglich auf die Lösungsfindung zu konzentrieren (vgl. Schenk & Schneider, 2019; Schuppan & Köhl, 2016). Lebenslanges Lernen zu etablieren, um mit Veränderungen umzugehen, ist eine große Chance. Stetige Weiterentwicklung von Fähigkeiten und Kompetenzen ist gleichzeitig Voraussetzung für den Umgang mit Ängsten und Fehlern (vgl. Arnold et al., 2018; Unger, 2019). Oftmals jedoch „wird lebenslanges Lernen mancherorts noch als Strafe, nicht als Chance betrachtet" (Nelke & Steffen, 2019b, S. 25). Um eine positive Haltung gegenüber der Zukunft, Lernen, Entwicklung und Veränderung zu schaffen, braucht man in der ÖV insgesamt eine Basis, eine Kultur, in der die Angst vor Fehlern nicht dazu führt, dass Stillstand entsteht (vgl. Schreyögg, 2007). Entscheidend ist dafür „die Schaffung einer offenen Organisationskultur, in der wahrgenommene ‚Schwächen' eingestanden werden dürfen und eine mutige Herangehensweise an die Digitalisierung belohnt wird" (Distel et al., 2018, S. 19). Hierbei sollten sich Führungskräfte der ÖV ihren Einflussmöglichkeiten als Vorbilder bewusst sein.

8.5.4 Kultur, Werte und Haltung hinterfragen

Werte, Haltungen und grundsätzliche Annahmen über Menschen und Strukturen prägen die Organisationskultur. Wie kann in der ÖV eine Kultur geschaffen werden, in der Veränderung entstehen und wachsen kann? Diese Frage sollte sich jede Behörde für ihren eigenen Kontext und angesichts ihrer Aufgaben und ihrer bisherigen bzw. zukünftigen strukturellen Rahmenbedingungen, ihrer Werte, ihres Leitbildes und ihres Führungsverständnisses stellen. Der konstruktive Umgang mit Angst sollte ebenenübergreifend spürbar und erlebbar sein. Auch Führungskräfte und Verantwortliche dürfen also Ängste und Bedenken haben, sie sollten als Verantwortliche jedoch den Anstoß zur Aktivierung der erforderlichen Ressourcen geben. Die erforderlichen Veränderungen als Basis für Transformation finden erst im zweiten Schritt durch neue Prozesse und Strukturen statt.

8.5.5 Partizipation und aktives Gestalten fördern

Als ein zentraler Faktor für erfolgreiche Veränderungsprozesse kann Mitbestimmung benannt werden (vgl. Bertelsmann Stiftung, 2017; Initiative Neue Qualität der Arbeit, 2017; Gerlach et al., 2017). Werden Menschen von Betroffenen zu Handelnden und gehen bewusst und aktiv aus einer „Opferrolle" heraus (vgl. Heinze, 2004), so kann Veränderung trotz gegebenenfalls bestehender Ängste gelingen. Gleichzeitig sollte es der Verwaltung auch insgesamt darum gehen, nicht Transformation als Selbstzweck anzusehen, sondern den Wandel zielgerichtet, bewusst und aktiv (mit-)zu gestalten. Dafür braucht es „eine offene Verwaltung, die die Menschen in Entscheidungsprozesse einbezieht, offen für deren Anliegen ist und transparent agiert" (Bertelsmann Stiftung, 2017, S. 24). Der Partizipation zu- oder abträglich ist das Verhalten von Führungskräften. Führungsstile wie transformationale (vgl. Avolio et al., 2012; Felfe et al., 2018), dienende oder minimale Führung (vgl. Fischer & Stahl, 2014; Kissel & Tschinkel, 2018; Steffen, 2020a), fördern die Übernahme von Verantwortung durch die Mitarbeitenden. Menschen sollten strukturell und individuell dazu befähigt werden, mit der Veränderung aktiv umgehen zu können. Die Beteiligung kann durch generelle Demokratisierungsansätze (vgl. Möltgen & Pippke, 2009) erfolgen. Im Alltagshandeln können Kollegialität und Partizipation zusätzlich gefördert werden über (Qualität-)Zirkel und fallbezogenen Austausch (vgl. Bahrs, 2013; Derboven et al., 2003) oder aktive organisationale Einbindung (vgl. Dollhausen, 2013).

8.5.6 Psychologisches Empowerment und Flow im beruflichen Kontext erzeugen

Verschiedene Studien zeigen, dass psychologisches Empowerment, bestehend aus dem Erleben von Kompetenz, Bedeutsamkeit, Einfluss und Selbstbestimmung (vgl. Spreitzer, 1995), einen positiven und konstruktiven Umgang mit Angst bewirken kann (vgl. Schermuly, 2019): Empowerment reduziert Stresserleben (vgl. Larrabee et al., 2010; Schermuly, 2016), wirkt protektiv gegen emotionale Erschöpfung (vgl. Schermuly & Meyer, 2016), Depersonalisation und verminderte Leistungsfähigkeit (vgl. Kundu & Kumar, 2017; Tian et al., 2014). Empowerment kann unterstützt werden z. B. durch flache Hierarchien, in denen Verantwortungen und Entscheidungen partizipativ verteilt sind, durch Wertschätzung aktiver Weiterentwicklung und -bildung (vgl. Spreitzer 2008). Die erlebte Kompetenz durch Empowerment führt zu höherer Motivation: Menschen, die ihre Fähigkeiten und Kompetenzen im Einklang mit den an sie gestellten Anforderungen wahrnehmen, erleben häufiger *Flow*-Momente und sind motivierter (vgl. Csikszentmihalyi, 1987; Csikszentmihalyi et al., 2014; Demerouti & Fullagar, 2016). Umso wichtiger ist es, dieses Empowerment in die Praxis und den Arbeitsalltag der Behörden zu bringen.

8.5.7 Räume und Rahmenbedingungen zum Ausprobieren

Agile Prinzipien und entsprechende Prozesse können für den Umgang mit Fehlern hilfreich sein (vgl. Lang & Scherber, 2015). Jedoch sind diese Agilitätsmethoden nicht für alle Vorhaben und organisationalen Kontexte stets passend (vgl. Steffen, 2020b). Besonders in der Verwaltung gilt es – im Sinne organisationaler Ambidextrie (vgl. Kaschube et al., 2014; Schneeberger & Habegger, 2020) – vorab zu prüfen, ob es um das gesetzestreue Umsetzen von bestehenden Vorgaben, um Prozesse für das Auffinden neuer Möglichkeiten oder um gegebenenfalls disruptive Innovationen geht. Die Etablierung entsprechend agiler Workflows kann es ermöglichen, dass Fehler gefunden werden, bevor sie Schaden anrichten können. Dafür sind Rahmenbedingungen, die Möglichkeiten zum Ausprobieren und Experimentieren erlauben, unabdingbar. Schriftformerfordernisse, teils unbegründete Vorschriften für Datenschutz und Datensicherheit sowie Ressortprinzipien und föderale Verantwortungsaufteilungen sollten neues Denken und Experimentieren nicht von Beginn an beschränken; sie sollten vielmehr im Lichte veränderter Möglichkeiten neu interpretiert werden (vgl. Prognos, 2019; Bertelsmann Stiftung, 2017). Umso wichtiger ist es, weitere Experimentierklauseln zu vereinbaren und entsprechende Handlungsspielräume für das – angstfreie – Erproben neuer Verfahren und Abläufe zu schaffen.

8.5.8 Übergreifendes, vernetztes und strategisches Denken und Handeln

Mit Blick auf systemische Veränderungsfähigkeit sollten die verschiedenen Entscheidungs- und Handlungsperspektiven von Transformation mehr als bisher miteinander in den Dialog gebracht werden. Strategische Synergiepotenziale können durch die Verknüpfung von Entwicklungen unterschiedlichen Ursprungs genutzt werden. So wäre es sinnvoll, das in seinen Grundzügen strategisch machtvolle BGM (vgl. Badura et al., 2015; Matusiewicz &Kaiser, 2018; Pfannstiel & Mehlich, 2016) als Managementstrategie zu nutzen und nicht wie bisher als rein physischen Effizienzaspekt oder gar nur aus Sicht des Employer Brandings als Marketingargument zu betrachten. Im größeren Kontext von Veränderungen wird mittels BGM eine wichtige Grundlage durch psychische Gesundheit und Resilienz auch im Sinne von *„Change Fitness"* geschaffen (vgl. Mutaree, 2018), wenn Veränderung und Gesundheit intelligent und strategisch miteinander verknüpft werden (vgl. Mutaree, 2018).

Viele der beschriebenen Ansätze ergänzen und überschneiden sich, wirken reziprok und vielschichtig. Besonders aufgrund der synergetischen Wirkung gilt es für die ÖV, sich schrittweise dem Thema Angst durch Veränderung zu öffnen, um aktiv damit umzugehen. Wissenschaftliche Fragestellungen sollten diesen Weg begleiten und ihn durch den Dialog mit der Praxis für die deutsche öffentliche Verwaltung tauglich gestalten. Vertiefende Erkenntnisse für die konkreten Ursachen und die Auswirkungen von Ängsten durch Veränderungsprozesse können dabei helfen, den Blick nicht nur auf wirtschaftliche Kennzahlen zu richten, sondern insbesondere auf die emotionalen und menschlichen Aspekte.

Literatur

Amarantou, V., Kazakopoulou, S., Chatzoudes, D., & Chatzoglou, P. (2018). Resistance to change: An empirical investigation of its antecedents. *Journal of Organizational Change Management*.

Antidiskriminierungsstelle des Bundes. (2015). Diversity-Prozesse in und durch Verwaltungen anstoßen: Von merkmalsspezifischen zu zielgruppenübergreifenden Maßnahmen zur Herstellung von Chancengleichheit. https://www.antidiskriminierungsstelle.de/SharedDocs/Downloads/DE/publikationen/Diversity_Mainstreaming/Handreichung_Diversity_Mainstreaming_Verwaltung_20120412.pdf?__blob=publicationFile&v=2.

Antonacopoulou, E. P., & Gabriel, Y. (2001). Emotion, learning and organizational change. *Journal of Organizational Change Management*.

Antonovsky, A. (1979). *Health, stress, and coping*. Jossey-Bass.

Arch, J. J., Wolitzky-Taylor, K. B., Eifert, G. H., & Craske, M. G. (2012). Longitudinal treatment mediation of traditional cognitive behavioral therapy and acceptance and commitment therapy for anxiety disorders. *Behaviour Research and Therapy, 50*(7–8), 469–478.

Arnold, D., Bellmann, L., Steffes, S., & Wolter, S. (2018). *Digitalisierung am Arbeitsplatz: Technologischer Wandel birgt für die Beschäftigten Chancen und Risiken*. https://www.iab-forum.de/arbeitsmarktdigitalisierung/?pdf=497.

Ashkanasy, N. M., Zerbe, W. J., & Hartel, C. E. (2016). *Managing emotions in the workplace.* Routledge.

Avolio, B. J., Sosik, J. J., & Berson, Y. (2012). Leadership models, methods, and applications: Progress and remaining blind spots. Handbook of Psychology, Second Edition, 12.

Badura, B., Ducki, A., Schröder, H., Klose, J., & Meyer, M. (Hrsg.). (2015). *Neue Wege für mehr Gesundheit – Qualitätsstandards für ein zielgruppenspezifisches Gesundheitsmanagement: Mit 140 Abbildungen und 269 Tabellen.* Springer.

Bahrs, O. (2013). Partizipative Qualitätsentwicklung durch Qualitätszirkel. *Der Mensch, 46,* 23–27.

Bastin, M., Exel, S., Krcmar, H., Motzet, K., Müller, L. S., & Scheiber, P. (2019). *eGovernment MONITOR 2019: Nutzung und Akzeptanz digitaler Verwaltungsangebote – Deutschland, Österreich und Schweiz im Vergleich.* Initiative D21 e. V. und fortiss gGmbH.

BauA. (2020). *Stressreport Deutschland 2019: Psychische Anforderungen, Ressourcen und Befinden.* Dortmund: Bundesanstalt für Arbeitsschutz und Arbeitsmedizin.

Baumann, A.-L., Feneberg, V., Kronenbitter, L., Naqshband, S., Nowicka, M., & Will, A.-K. (2019). *Ein Zeitfenster für Vielfalt – Chancen für die interkulturelle Öffnung der Verwaltung.* Friedrich Ebert Stiftung. http://library.fes.de/pdf-files/fes/15794.pdf.

Baumgartner, A., & Seifried, J. (2014). Error climate and how individuals deal with errors in the workplace. In C. Harteis, A. Rausch, & J. Seifried (Hrsg.), *Discourses on professional learning: on the boundary between learning and working* (S. 95–111). Springer Netherlands. https://doi.org/10.1007/978-94-007-7012-6_6.

Bergmann, F. (1990). Neue Arbeit (New Work). Das Konzept und seine Umsetzung in der Praxis. In *Jahrbuch Arbeit und Technik* (S. 71–80). Dietz. chrome-extension://efaidnbmnnnibpcajpcglcl efindmkaj/viewer.html?pdfurl=http%3A%2F%2Fttfreiburg.de%2Fwp-content%2Fuploads%2F 2018%2F03%2FBergmann_Neue-Arbeit_1990.pdf&clen=107800&chunk=true.

Billings, A. G., & Moos, R. H. (1984). Coping, stress, and social resources among adults with unipolar depression. *Journal of personality and social psychology, 46*(4), 877.

Bohn, U., Crummenerl, C., Graeber, F., & Schaefer, D. (2017) *Culture First! Von den Vorreitern des digitalen Wandels lernen – Change Management Studie 2017.* Capgemini Consulting.

Brüggemeier, M. (2010). Auf dem Weg zur No-Stop-Verwaltung. *VM Verwaltung & Management, 16*(2), 93–101.

Cattell, R. B. (1966). Anxiety and motivation: Theory and crucial experiments. *Anxiety and behavior, 1,* 23–62.

creativebureaucracy.net. (2019). Für Innovatoren im Öffentlichen Sektor. https://www. creativebureaucracy.net.

Csikszentmihalyi, M. (1987). *Das Flow-Erlebnis: Jenseits von Angst und Langeweile: Im Tun aufgehen.* Klett-Cotta.

Csikszentmihalyi, M., Abuhamdeh, S., & Nakamura, J. (2014). Flow. In Csikszentmihalyi (Hrsg.), *Flow and the foundations of positive psychology* (S. 227–238). Springer.

Daub, M., Domeyer, A., & Polier, S. (2018). Smart Government – Wie die öffentliche Verwaltung Daten intelligent nutzen kann. McKinsey & Company, Inc. und Bitkom Bundesverband Informationswirtschaft, Telekommunikation und neue Medien e. V.

dbb Akademie. (2020). Ihre Seminare zum Thema „Betriebliches/Behördliches Gesundheitsmanagement". https://www.dbbakademie.de/offenes-programm/dbb-akademie-seminare/ berufliche-und-persoenliche-fortbildung/personalentwicklung-und-gesundheitsmanagement/ gesundheitsmanagement/betrieblichesbehoerdliches-gesundheitsmanagement.html.

Deacon, B. J., & Abramowitz, J. S. (2004). Cognitive and behavioral treatments for anxiety disorders: A review of meta-analytic findings. *Journal of clinical psychology, 60*(4), 429–441.

Demerouti, E., & Fullagar, C. J. (2016). Experiencing flow in the workplace and what individuals and organizations can do to foster it. In R. J. Burke & C. L. Cooper (Hrsg.), *The fulfilling workplace: The organization's role in achieving individual and organizational health* (S. 91–110). Routledge.

Demografie Portal. (2020). Altersstruktur im öffentlichen Dienst. https://www.demografie-portal.de/SharedDocs/Informieren/DE/ZahlenFakten/Oeffentlicher_Dienst_Altersstruktur.html.

Derboven, W., Dick, M., & Wehner, T. (2003). Zirkel als Räume zur Schaffung, Aneignung und Diffusion von Wissen. *Wirtschaftspsychologie, 3,* 72–78.

Distel, B., Hofmann, S., Ogonek, N., Räckers, M., & Rehouma, M. B. (2018). Digitalisierungsverständnis von Führungskräften. Nationales E-Government Kompetenzzentrum e. V.

Dollhausen, K. (2013). Kollegialität oder funktionale Partizipation? – Zum Einsatz partizipativer Verfahren in Weiterbildungsorganisationen. In S. M. Weber, M. Göhlich, A. Schröer, C. Fahrenwald, & H. Macha (Hrsg.), *Organisation und Partizipation: Beiträge der Kommission Organisationspädagogik* (S. 219–227). Springer Fachmedien. https://doi.org/10.1007/978-3-658-00450-7_19.

Doppelt, B. (2017). *Leading change toward sustainability: A change-management guide for business, government and civil society.* Routledge.

Ekman, P. (1999). Basic emotions. *Handbook of cognition and emotion, 98*(45–60), 16.

Engel, P., Nelke, A., & Steffen, A. (2016) *Die richtige Einstellung: Chancen und Herausforderungen für Employer Branding in der öffentlichen Verwaltung.* Nationales E-Government Kompetenzzentrum e. V .

Eriksson, M., & Lindström, B. (2006). Antonovsky's sense of coherence scale and the relation with health: A systematic review. *Journal of epidemiology & community health, 60*(5), 376–381.

experimentierraeume.de. (2020). Experimentierräume in der agilen Verwaltung (AgilKom). https://www.experimentierraeume.de/projekte/inqa-experimentierraeume/agilkom/.

Eysenck, M. W. (2013). *Anxiety: The cognitive perspective.* Psychology Press.

Felfe, J., Krick, A., & Reiner, A. (2018). Wie kann Führung Sinn stiften?–Bedeutung der Vermittlung von Sinn für die Gesundheit. In B. Badura, A. Ducki, H. Schröder, J. Klose, & M. Meyer (Hrsg.), *Fehlzeiten-Report 2018* (S. 213–223). Springer.

Fischer, H. R., & Stahl, H. K. (2014). Führen als Dienen. *Zur Dialektik des Führens. Konfliktdynamik, 3*(3), 238–243.

Gerlach, P., Stuska, T., & Widmann, A. (2017) *An astronaut's guide to change.* Moonroc Institute of Economic Research.

Deutscher Gewerkschaftsbund. (2018). *DGB-Index Gute Arbeit – Der Report 2018.* Institut DGB-Index Gute Arbeit.

Hackl, B., Wagner, M., Attmer, L., & Baumann, D. (2017). *New work: Auf dem Weg zur neuen Arbeitswelt: Management-Impulse, Praxisbeispiele.* Springer-Verlag.

Hayes, S. C., Strosahl, K. D., & Wilson, K. G. (2011). *Acceptance and commitment therapy: The process and practice of mindful change.* Guilford Press.

Heckhausen, J., & Heckhausen, H. (Hrsg.). (2018). *Motivation und Handeln* (5. Aufl.). Springer.

Heger, O., Jahn, K., & Niehaves, B. (2016). *E-Kompetenz stärken – Bildungsangebote für die digitale Verwaltung gestalten.* Nationales E-Government Kompetenzzentrum e. V.

Heinze, R. (2004). Keine Angst vor Veränderungen. *Change-Prozesse erfolgreich bewältigen.* Carl-Auer Verlag.

Hunnius, S., Schuppan, T., & Stocksmeier, D. (2015). *Top 100 – Die wichtigsten und am häufigsten genutzten Verwaltungsleistungen für Bürger.* Nationales E-Government Kompetenzzentrum e. V.

Initiative Neue Qualität der Arbeit. (2017). *Verwaltung der Zukunft – Praxisreport mit Beispielen für eine moderne Personalpolitik.* Initiative Neue Qualität der Arbeit.

Kaschube, J., Renzl, B., & Rost, M. (2014). Organisationale Ambidextrie – Mit Kompetenz-modellen Mitarbeiter einbinden und Veränderung kommunizieren. In M. Stumpf & S.Wehmeier (Hrsg.), *Kommunikation in Change und Risk. Europäische Kulturen in der Wirtschafts-kommunikation* (Bd. 18). Springer VS.

Kasper, S., & Volz, H.-P. (2014). *Psychiatrie und Psychotherapie compact: Das gesamte Facharzt-wissen* (3. Aufl.). Thieme.

Kiefer, T. (2005). Feeling bad: Antecedents and consequences of negative emotions in ongoing change. *Journal of Organizational Behavior: The International Journal of Industrial, Occupational and Organizational Psychology and Behavior, 26*(8), 875–897.

Kissel K., & Tschinkel, W. (2018) *Das Prinzip der minimalen Führung – Effektive Führung im Wandel.* (3. Aufl). Windmühle.

Klarner, P., By, R. T., & Diefenbach, T. (2011). Employee emotions during organizational change – Towards a new research agenda. *Scandinavian Journal of Management, 27*(3), 332–340.

Kommunale Gemeinschaftsstelle für Verwaltungsmanagement. (2019). Künstliche Intelligenz in Kommunen. https://www.kgst.de/kuenstliche-intelligenz-in-kommunen.

Kotter, J. P., & Schlesinger, L. A. (1979). *Choosing strategies for change.* Harvard Business Review.

Krohne, H. W. (2010). *Psychologie der Angst: Ein Lehrbuch.* Kohlhammer Verlag.

Kundu, S. C., & Kumar, S. (2017). Effects of psychological empowerment on firms performance: Mediation of affective commitment. *Journal of Organisation and Human Behaviour, 6*(1), 41.

Landes, M., & Steiner, E. (2013). Psychologische Auswirkungen von Change-Prozessen: Wider-stände, Emotionen, Veränderungsbereitschaft und Implikationen für Führungskräfte. In *Psycho-logie der Wirtschaft* (S. 721–750). Springer.

Landesakademie der öffentlichen Verwaltung Brandenburg. (2020). *Jahresprogramm.* http://www.lakoev.brandenburg.de/cms/detail.php/bb1.c.263349.de.

Lang, M., & Scherber, S. (2015). *Agiles management: Innovative methoden und best practices.* Symposion Publishing GmbH.

Larrabee, J. H., Wu, Y., Persily, C. A., Simoni, P. S., Johnston, P. A., Marcischak, T. L., Mott, C. L., & Gladden, S. D. (2010). Influence of stress resiliency on RN job satisfaction and intent to stay. *Western Journal of Nursing Research, 32*(1), 81–102.

Lazarus, R. S. (1999). *Stress and emotion: A new synthesis.* Springer Publishing Co.

Lazarus, R. S., & Lazarus, R. S. (1991). *Emotion and adaptation.* Oxford University Press on Demand.

Lazarus, R. S., & Folkman, S. (1987). Transactional theory and research on emotions and coping. *European Journal of personality, 1*(3), 141–169.

Löschner, J., & Niemann, F. (2019). Für Digitalisierung in der öffentlichen Verwaltung ist ein Kulturwandel notwendig – Thesenpapier von Capgemini Invent und PAC/teknowlogy Group

Lühr, H. H., Jabkowski, R., & Smentek, S. (Hrsg.). (2019). *Handbuch Digitale Verwaltung.* Kommunal- und Schul-Verlag.

Maitlis, S., & Sonenshein, S. (2010). Sensemaking in crisis and change: Inspiration and insights from Weick (1988). *Journal of management studies, 47*(3), 551–580.

Stadt Mannheim. (2011). *Dienstvereinbarung Betriebliches Gesundheitsmanagement.* Stadt Mann-heim; Fachbereich Personal.

Matusiewicz, D., & Kaiser, L. (2018). *Digitales Betriebliches Gesundheitsmanagement.* Springer.

Matyssek, A. K. (2012) Gesundheitsmanagement als Führungsaufgabe in der öffentlichen Ver-waltung. In *Bundesgesundheitsblatt,* 205–210. Springer.

McCarthy, J. M., Trougakos, J. P., & Cheng, B. H. (2016). Are anxious workers less productive workers? It depends on the quality of social exchange. *Journal of Applied Psychology, 101*(2), 279.

Ministerium des Innern des Landes Nordrhein-Westfalen. (2019). *Mindeststandards im Behördlichen Gesundheitsmanagement (BGM) der Landesverwaltung Nordrhein-Westfalen.* Ministerium des Innern des Landes Nordrhein-Westfalen.

Möltgen, K., & Pippke, W. (2009). New Public Management und die Demokratisierung der öffentlichen Verwaltung. In E. Czerwick, W. H. Lorig, & E. Treutner (Hrsg.), *Die öffentliche Verwaltung in der Demokratie der Bundesrepublik Deutschland* (S. 199–224). VS Verlag. https://doi.org/10.1007/978-3-531-92115-0_10.

Müller, L.-S. (2018). Digitale Verwaltung – in Deutschland (noch) kaum ein Thema Digitalisierung im Spannungsfeld von Politik, Wirtschaft, Wissenschaft und Recht, 285–290. https://doi.org/10.1007/978-3-662-55720-4_28.

Mutaree. (2018). *Change-Fitness-Studie 2018/2019 – Ambidextrie: Mit beiden Händen Organisationen verändern.* Mutaree GmbH.

Nationales E-Government Kompetenzzentrum. (2017). Big Data ist in der Amtsstube angekommen. https://negz.org/2017/02/21/big-data-ist-in-der-amtsstube-angekommen. Nationales E-Government Kompetenzzentrum e. V.

Nelke, A., & Steffen, A. (2019a). Visionen und Empowerment: Wie Employer Branding in der öffentlichen Verwaltung funktionieren kann. In B. Hermeier, T. Heupel, & S. Fichtner-Rosada. *Arbeitswelten der Zukunft* (S. 517–539). Springer Gabler.

Nelke, A., & Steffen, A. (2019b) Wandel, Werte und Kultur. *Innovative Verwaltung, 3,* 24–26. Springer.

Nerdinger, F. W., Blickle, G., & Schaper, N. (2008). *Arbeits- und Organisationspsychologie.* Springer.

Nesse, R. M. (2001). The smoke detector principle. *Annals of the New York Academy of Sciences, 935,* 75–85.

Nesse, R. M. (2019). *Good reasons for bad feelings: Insights from the frontier of evolutionary psychiatry.* Penguin.

Newman, J. (1994). Beyond the vision: Cultural change in the public sector. *Public Money & Management, 14*(2), 59–64.

Next:Public. (2019). Nachwuchsbarometer Öffentlicher Dienst 2019. https://www.nachwuchsbarometer-oeffentlicher-dienst.de/wp-content/uploads/2019/06/Inhaltsverzeichnis_verlinkt_Nachwuchsbarometer_Oeffentlicher_Dienst_2019.pdf.

Nippa, M. (1997). Erfolgsfaktoren organisatorischer Veränderungsprozesse in Unternehmen. In *Implementierungsmanagement* (S. 21–57). Springer.

Nippa, M. (1997). Erfolgsfaktoren organisatorischer Veränderungsprozesse in Unternehmen. In M. Nippa & H. Schwarfenberg (Hrsg.), *Implementierungsmanagement* (S. 21–57). Springer.

Nationaler Normenkontrollrat. (2017). Wir brauchen einen stärkeren Veränderungswillen bei der Digitalisierung der Verwaltung [Pressemitteilung 17. Mai 2017]. https://www.normenkontrollrat.bund.de/nkr-de/service/presse/pressemitteilungen/wir-brauchen-einen-staerkeren-veraenderungswillen-bei-der-digitalisierung-der-verwaltung-754184.

Nationaler Normenkontrollrat. (2018). Bundesregierung setzt wichtige Impulse für Bürokratieabbau und bessere Rechtsetzung. https://www.normenkontrollrat.bund.de/nkr-de/aktuelles/bundesregierung-setzt-wichtige-impulse-fuer-buerokratieabbau-und-bessere-rechtsetzung-1558986.

Nationaler Normenkontrollrat. (2019). Monitor Digitale Verwaltung #3. https://www.normenkontrollrat.bund.de/nkr-de/stellungnahmen/monitor-digitale-verwaltung-3-1675866.

Pfannstiel, M. A., & Mehlich, H. (Hrsg.). (2016). *Betriebliches Gesundheitsmanagement.* Springer Fachmedien Wiesbaden. https://doi.org/10.1007/978-3-658-11581-4.

Prognos. (2018). *Trendreport 2018: Auf dem Weg zur digitalen Organisation – Neue Arbeits- und Steuerungsformen für die öffentliche Verwaltung 2030.* ProPress, Prognos AG.

Prognos,. (2019). *Trendreport 2019: Digitalisierung der Verwaltung: Ein Hürdenlauf.* Behörden Spiegel, ProPress, Prognos AG.

Putz, D., Schilling, J., & Kluge, A. (2012). Measuring organizational climate for learning from errors at work. In J. Bauer & C. Harteis (Hrsg.), *Human Fallibility: The Ambiguity of Errors for Work and Learning* (S. 107–123). Springer Netherlands. https://doi.org/10.1007/978-90-481-3941-5_7.

Reinermann, H. (2011). New Public Management. In V. Lewinski-Reuter & S. Lüddemann (Hrsg.), *Glossar Kulturmanagement* (S. 263–271). Springer.

Retzlaff, R., von Sydow, K., Beher, S., Haun, M. W., & Schweitzer, J. (2013). The efficacy of systemic therapy for internalizing and other disorders of childhood and adolescence: A systematic review of 38 randomized trials. *Family Process, 52*(4), 619–652.

Roemer, L., Orsillo, S. M., & Salters-Pedneault, K. (2008). Efficacy of an acceptance-based behavior therapy for generalized anxiety disorder: Evaluation in a randomized controlled trial. *Journal of consulting and clinical psychology, 76*(6), 1083.

Saunders, M. N., & Thornhill, A. (2003). *Organisational justice, trust and the management of change: An exploration. personnel Review, 32*(3), 360–375.

Schein, E. H. (2010). *Organizational culture and leadership* (Bd. 2). John Wiley & Sons.

Schenk, B., & Schneider, C. (2019). *Mit dem digitalen Reifegradmodell zur digitalen Transformation der Verwaltung Leitfaden für die Organisationsgestaltung auf dem Weg zur Smart City.*

Schermuly, C. C. (2016). *Empowerment: Die Mitarbeiter stärken und entwickeln. In Handbuch Mitarbeiterführung* (S. 15–26). Springer.

Schermuly, C. C. (2019). *New Work – Gute Arbeit gestalten: Psychologisches Empowerment von Mitarbeitern* (Bd. 10167). Haufe-Lexware.

Schermuly, C. C., & Meyer, B. (2016). Good relationships at work: The effects of leader-member exchange and team-member exchange on psychological empowerment, emotional exhaustion, and depression. *Journal of Organizational Behavior, 37*(5), 673–691.

Schneeberger S. J., & Habegger A. (2020). Ambidextrie – der organisationale Drahtseilakt. In J. Schellinger, K. Tokarski, & I. Kissling-Näf (Hrsg.), *Digitale Transformation und Unternehmensführung.* Springer Gabler.

Schreyögg, A. (2007). Fehlerkultur, Fehlermanagement und ihre Bedeutung für Maßnahmen der Personalentwicklung in Kliniken. *Organisationsberatung, Supervision, Coaching, 14*(3), 213–222. https://doi.org/10.1007/s11613-007-0033-9.

Schumacher, B. (2011). Systemische Angsttherapie-in einer Sitzung. *Kontext, 42*(3) 272–294

Schuppan, T., & Köhl, S. (2016). Verwaltung 4.0: Modernisierungsrelevant oder alter Wein in neuen Schläuchen? *Verwaltung & Management, 22*(1), 27–33. https://doi.org/10.5771/0947-9856-2016-1-27.

Seipp, B. (1991). Anxiety and academic performance: A meta-analysis of findings. *Anxiety research, 4*(1), 27–41.

Senatorin für Finanzen der Freien Hansestadt Bremen. (2009). Dienstvereinbarung zum Gesundheitsmanagement im bremischen öffentlichen Dienst. Die Senatorin für Finanzen der Freien Hansestadt Bremen; Gesamtpersonalrat für das Land und die Stadtgemeinde Bremen; Gesamtschwerbehindertenvertretung für das Land und die Stadtgemeinde Bremen; Gesamtrichterrat für das Land Bremen.

Senge, P. M. (2017). *Die fünfte Disziplin – Kunst und Praxis der lernenden Organisation* (11. Aufl.). Schäffer-Poeschel.

Seo, M.-G., & Hill, N. S. (2005). Understanding the human side of merger and acquisition: An integrative framework. *The Journal of Applied Behavioral Science, 41*(4), 422–443.

Skinner, E. A., Edge, K., Altman, J., & Sherwood, H. (2003). Searching for the structure of coping: A review and critique of category systems for classifying ways of coping. *Psychological bulletin, 129*(2), 216.

smartcountry.berlin. (2019). Programm Smart Country Convention 2019. https://www.smartcountry.berlin/SmartCountryConvention/Programm/index.jsp.

Smollan, R. K., & Sayers, J. G. (2009). Organizational culture, change and emotions: A qualitative study. *Journal of Change Management, 9*(4), 435–457.

Smollan, R. K., Sayers, J. G., & Matheny, J. A. (2010). Emotional responses to the speed, frequency and timing of organizational change. *Time & Society, 19*(1), 28–53.

Spielberger, C. D. (1966). Theory and research on anxiety. *Anxiety and behavior,* 1(3).

Spreitzer, G. M. (1995). Psychological empowerment in the workplace: Dimensions, measurement, and validation. *Academy of management Journal, 38*(5), 1442–1465.

Spreitzer, G. M. (2008). Taking stock: A review of more than twenty years of research on empowerment at work. *Handbook of organizational behavior, 1,* 54–72.

Steffen, A. (2020a). *Agile Spielzüge: Was man vom Basketball für Führung.* Springer.

Steffen, A. (2020b). (2020b) Werkzeuge für agiles Arbeiten. *Innovative Verwaltung, 1–2,* 17–19.

Steigenberger, N. (2015). Emotions in sensemaking: A change management perspective. *Journal of Organizational Change Management, 28*(3), 432–451. https://doi.org/10.1108/JOCM-05-2014-0095.

Projektteam Stein-Hardenberg 2.0. (2014). *Zukunft der Verwaltung/Stein-Hardenberg 2.0 – Thesenartige Zusammenfassung der Ergebnisse – Handlungskorridore für die Verwaltungspraxis.* IfG.CC – Institute for eGovernment.

Bertelsmann Stiftung. (2017). Digitale Transformation der Verwaltung. Empfehlungen für eine gesamtstaatliche Strategie. https://www.bertelsmann-stiftung.de/fileadmin/files/Projekte/Smart_Country/DigiTransVerw_2017_final.pdf.

Randstad Stiftung. (2018). *Zwischen Angst und Verheißung – wie erleben Menschen die Digitalisierung der Arbeitswelt?* Randstad Stiftung und Rheingold Institut.

Stöber, J., & Schwarzer, R. (2000). *Angst. In Emotionspsychologie: Ein Handbuch* (S. 189–198). Beltz/PVU.

Ströhle, A., Gensichen, J., & Domschke, K. (2018). The diagnosis and treatment of anxiety disorders. *Deutsches Ärzteblatt International, 115*(37), 611.

Sulz, S., Hauke, G., Kress, B., & Graf, C. (2013). Mit den Emotionen gehen: Anleitung für Strategisches Change Coaching. *Organisationsentwicklung: Zeitschrift für Unternehmensentwicklung und Change Management, 32*(3), 36–43.

Tian, K., Sautter, P., Fisher, D., Fischbach, S., Luna-Nevarez, C., Boberg, K., Kroger, J., & Vann, R. (2014). Transforming health care: Empowering therapeutic communities through technology-enhanced narratives. *Journal of Consumer Research, 41*(2), 237–260.

Unger, F. (2019). *Lebenslanges Lernen in der Öffentlichen Verwaltung fördern: Bedarfserhebung und Handlungsansätze zur Entwicklung von Modulen wissenschaftlicher Weiterbildung. In Aktuelle Diskurse in der Sozialwirtschaft II* (S. 35–56). Springer.

United Nations. (2018). UN E-Government Survey 2018. https://www.un.org/development/desa/publications/2018-un-e-government-survey.html.

Vasu, M. L., Stewart, D. W., & Garson, G. D. (2017). *Organizational Behavior and Public Management.* Routledge.

von Sydow, K., Beher, S., Schweitzer, J., & Retzlaff, R. (2010). The efficacy of systemic therapy with adult patients: A meta-content analysis of 38 randomized controlled trials. *Family process, 49*(4), 457–485.

Wanous, J. P., Reichers, A. E., & Austin, J. T. (2000). Cynicism about organizational change: Measurement, antecedents, and correlates. *Group & Organization Management, 25*(2), 132–153.

Watt, J. D., & Piotrowski, C. (2008). Organizational change cynicism: A review of the literature and intervention strategies. *Organization Development Journal, 26*(3).

Weick, K. E. (1995). *Sensemaking in organizations* (Bd. 3). Sage.

Wirtz, B. W., Piehler, R., Thomas, M.-J., & Daiser, P. (2016). Resistance of public personnel to open government: A cognitive theory view of implementation barriers towards open government data. *Public Management Review, 18*(9), 1335–1364.

Wittchen, H.-U., & Hoyer, J. (2011). *Klinische Psychologie & Psychotherapie* (Bd. 1131). Springer.

Wolitzky-Taylor, K. B., Horowitz, J. D., Powers, M. B., & Telch, M. J. (2008). Psychological approaches in the treatment of specific phobias: A meta-analysis. *Clinical psychology review, 28*(6), 1021–1037.

Zube, B. (2018). Wer Visionen hat, sollte zum Amt gehen – Digitale Führung für die öffentliche Verwaltung trainieren. In M. A. Ciesielski & T. Schutz (Hrsg.), *Digitale Führungskräfteentwicklung: Konzepte, Impulse und Trainingsformate aus der Praxis* (S. 33–40). Springer Berlin Heidelberg. https://doi.org/10.1007/978-3-662-54557-7_3.

Prof. Dr. Julia Schorlemmer ist hauptberuflich Professorin an der FOM Hochschule im Bereich Gesundheitsmanagement. Sie ist tätig am ifpm Institut für Public Management und am ifgs Institut für Gesundheit & Soziales der FOM Hochschule. Forschungsschwerpunkte sind psychische Aspekte von Gesundheit im Arbeitskontext, Stress, Prävention und gesunde Routinen, Verhaltensveränderung und gesunde Führung. Sie ist systemische Beraterin, betriebliche Gesundheitsmanagerin und Trainerin und begleitet öffentliche und privatwirtschaftliche Organisationen durch Veränderungsprozesse, mit Schwerpunkten auf Führungskräfteentwicklung und Gesundheitsförderung.

Andreas Steffen ist systemischer Coach und strategischer Counselor. Bereits in seinen Tätigkeiten als Prozess-, Change- und Kommunikationsberater, Innovationsmanager und Geschäftsführer des Nationalen E-Government Kompetenzzentrums (NEGZ) hat er sich seit 1996 mit Themen der Digitalisierung beschäftigt und unterstützt auch heute Unternehmen und Behörden unter anderem zu Führung, Teamplay und digitaler Transformation.

Teil III

Fallstudien zur praktischen Umsetzung von Agilität

Beweglichkeit erzeugen – Fallstudie über Wege und Umwege zu einem agilen Führungssystem

9

Christoph Clases, Manuela Jales Hon und Martin Steffen

Inhaltsverzeichnis

C. Clases (✉)
AOC Unternehmensberatung, Zürich, Deutschland
E-Mail: clases@aoc-consulting.com

M. J. Hon
Green Datacenter AG, Lupfig, Deutschland

M. Steffen
Offconsult AG, Zürich, Deutschland
E-Mail: martin.steffen@gmx.ch

© Der/die Autor(en), exklusiv lizenziert an Springer Fachmedien Wiesbaden GmbH, ein
Teil von Springer Nature 2022
G. Richenhagen und M. Dick (Hrsg.), *Public Management im Wandel*, FOM-Edition,
https://doi.org/10.1007/978-3-658-36663-6_9

Zusammenfassung

Im Kontext einer Fallstudie, die bei einem kantonalen Energieversorger in der Schweiz realisiert werden konnte, wurde die Einführung eines rollenbasierten Führungs- und Kooperationsmodells begleitet. Dieses sollte den Wechsel von einer spartenorientierten zu einer Matrixorganisation unterstützen. Eines der zentralen, mit diesem Organisationsentwicklungsprozess verbundenen Veränderungsziele war die Erhöhung der Agilität der untersuchten Organisationseinheit. In dem Beitrag wird der Begriff der Agilität konzeptuell verortet und auf die Beweglichkeit von Organisationsstrukturen zugespitzt. Sodann werden die Ergebnisse der formativen Evaluation diskutiert, die im Rahmen der Begleitforschung erarbeitet werden konnten. Dabei werden förderliche und hinderliche Faktoren auf dem Weg zu einem agilen Führungssystem diskutiert, die uns im Laufe des Forschungsprozesses begegnet sind.

Schlüsselwörter

Führung · Leadership · Zusammenarbeit · Collaboration · Agile Transformation · Evaluation

► **Abstract**
This chapter is based on research conducted in a case study at a Swiss energy supplier where we were able to observe the implementation of a role-based leadership and collaboration model. This model was meant to support the change to a functional oriented matrix organization. One of the core objectives connected to this endeavor was an increase of the responsiveness of the overall organization. In our paper we conceptually discuss and clarify various possible understandings of agile organizations. At the core of the paper is the presentation of empirical results stemming from our formative evaluation of the change process. We discuss supportive and hindering factors for the energy supplier on its way to an agile organization.

9.1   Einleitung

Die Psychologie der Führung kennt für ihren Gegenstand eine ganze Reihe von Definitionen. Zum Teil unterscheiden sich die Zugänge in so grundsätzlicher Art und Weise, dass bereits auf der theoretischen Ebene kaum mehr vom gleichen Gegenstand die Rede sein kann. Dennoch kann die Arbeits- und Organisationspsychologie auf eine lange Forschungstradition zurückblicken, die das Thema in seinen vielfältigen Facetten zu verstehen, zu erklären oder gar bestimmte Zusammenhänge zu prognostizieren versucht (vgl. Avolio et al., 2009; Clases & Frei, 2012; Felfe, 2012; Neuberger, 2002; Wegge & Rosenstiel, 2007).

Dabei weisen psychologische Zugänge zum Thema Führung, über konzeptuelle Differenzen hinweg, eine auffällige Gemeinsamkeit auf. Sie wählen vornehmlich einen verhaltens- und keinen verhältnisbezogenen Zugang. Mit anderen Worten: Das Forschungsinteresse fokussiert auf die Wirkungen des Führungsverhaltens oder des Führungsstils. Es finden sich dagegen nur wenige Zugänge, bei denen es um die Wirkungen des *Führungssystems* geht, in dem sich Führungshandeln sowie die Interaktionen zwischen Führungskraft und Mitarbeitenden vollziehen. Genau diesen Schwerpunkt hat unsere Forschung (vgl. Abschn. 5.2). Es geht uns um das Verständnis der Wirkungen von Führungssystemen und um die Frage von deren Agilität. Damit fokussieren wir auf die Beweglichkeit von Führungssystemen im Sinne ihrer kontinuierlichen Wandel- und Veränderbarkeit. Diese Agilität soll es erlauben, das Führungssystem eines Unternehmens entlang organisationsexterner wie interner Dynamiken weiterzuentwickeln. Es geht um die Gestaltung von Führungssystemen, die aufgrund ihrer Funktionslogik dazu prädestiniert sind, kontinuierlichen Change zu prozessieren.

Der Begriff der Agilität spielte in einer frühen Phase der Digitalisierung eine große Rolle. Sie wurde im Jahre 2001 in einem Manifest der agilen Softwareentwicklung ausformuliert (www.agilemanifesto.org) und führte zu einer Neudefinition der Art und Weise, wie Software produziert wird.[1]

Als zentrale Aspekte wurden dort bereits hervorgehoben,

- die lebendige Interaktion zwischen Menschen,
- die Sinnhaftigkeit der angestrebten Produkte,
- die Kooperation und Vernetzung mit Kunden sowie
- die Fähigkeit, in schnell wandelnden Umgebungen mit Abweichungen, mit Unerwartetem, mit Opportunitäten und mit dynamischen Zielhorizonten produktiv umgehen zu können.

In den letzten Jahren löste sich die Verwendung des Agilitätsbegriffs von der strengen Bindung an Kontexte der Softwareentwicklung. Der Diskurs zum Thema vervielfältigte und verselbstständigte sich, was nicht unbedingt zu einer Schärfung des Begriffs führte. Es kann in der Praxis, oftmals in ein und derselben Organisation, keinesfalls von einem gemeinsamen Verständnis von Agilität ausgegangen werden. Allerdings lassen sich aus

---

[1] Im Vordergrund steht die Arbeit mit Minimal Viable Products (d. h. Prototypen) sowie eine klare Strukturierung der Arbeitsphasen in Sprints und Retrospektiven. Mittels eines iterativen Vorgehens wird die Kontrolle über den Entwicklungsprozess erhöht, indem auf eine klare Taktung von Entscheidungen sowie eine Steigerung ihrer Frequenz bei gleichzeitiger Verringerung der Auswirkungen einer jeden einzelnen Entscheidung gesetzt wird. Interessanterweise findet sich dieses Denkmuster in der Arbeitspsychologie bereits in den 1980er-Jahren im Konzept der „effizient-divergenten Zielplanung" nach Oesterreich (1981).

unserer Sicht grundsätzlich drei Typen von Zugängen unterscheiden, die allerdings völlig unterschiedliche Ebenen fokussieren.

1. Zum einen wird Agilität – gemäß dem „Agilen Manifest der Softwareentwicklung" – als eine bestimmte Art und Weise des Arbeitens begriffen. Typischerweise bezieht man sich hier auf ein Set von agilen Verfahrensweisen und Methodiken.
2. Des Weiteren gibt es eine Reihe von Ansätzen, die mit Agilität auf eine bestimmte Haltung oder aber Eigenschaft von Personen abzielen.
3. Und schließlich lässt sich der Begriff auch als Charakteristikum eines sozialen Systems, wie z. B. eines Teams oder einer Organisation begreifen.

Unser Zugang stellt Fragen der Agilität von Führungssystemen ins Zentrum der Forschung und Beratung, womit wir uns auf der dritten beschriebenen Ebene bewegen.

Es geht uns dabei um einen Gestaltungsfokus, der anstrebt, die Responsivität von Teams und Organisationen, also ihre Antwort- und Resonanzfähigkeit auf Veränderungen im Umfeld zu stärken. Ebenso wird die Beweglichkeit der Aufbau- und Ablauforganisation erhöht, indem inkrementelle, evolutionäre Entwicklungen befördert werden. Wir bewegen uns hier in einem interdisziplinären Feld, das keineswegs aus der Wissenschaft, sondern vielmehr aus der Praxis heraus vorangetrieben wurde. Konzepte wie das der *evolutionären Organisation* (vgl. Laloux, 2014), der *connected company* (vgl. Gray, 2012), *soziokratische Modelle* (vgl. Zeuch, 2015), sowie die *Holakratie* (vgl. Robertson, 2014) stehen für mehr oder weniger konkret ausformulierte Angebote mit allerdings sehr verschiedenen ideologischen Hintergründen und Menschenbildern.

9.2 Führung und Agilität – die konzeptuelle Basis unserer Forschung und Beratung

Inzwischen liegt eine beeindruckende Bandbreite an Publikationen zu agilen Formen von Führung und Zusammenarbeit vor, die hier nur angedeutet werden kann (vgl. Oestereich & Schröder, 2017; Hofert, 2018; Majkovic et al., 2019; Stellman & Greene, 2019; Slogar, 2020). Wie zuvor hervorgehoben, zielen wir auf die Ebene des *Führungssystems* ab. Damit positionieren wir unseren Ansatz, ohne dabei andere Zugänge zum Thema auch nur im Ansatz abwerten zu wollen. Diese Ansätze – wie z. B. das große Feld der agilen Methodiken und Verfahrensweisen – sind lediglich nicht unser Fokus.

Wir gehen mit Luhmann (1997, 2000) davon aus, dass das Wesen von Organisationen darin besteht, Entscheidungen zu prozessieren. Deshalb stehen Entscheidungen im Zentrum unseres Rahmenmodells für die Gestaltung agiler Führungssysteme. Die im Führungssystem formulierten Prinzipien der Governance schaffen die formalen und strukturellen Grundlagen für das Treffen von Entscheidungen. Im Führungshandeln bzw. in den führungsbezogenen Interaktionen werden Entscheidungsprozesse realisiert.

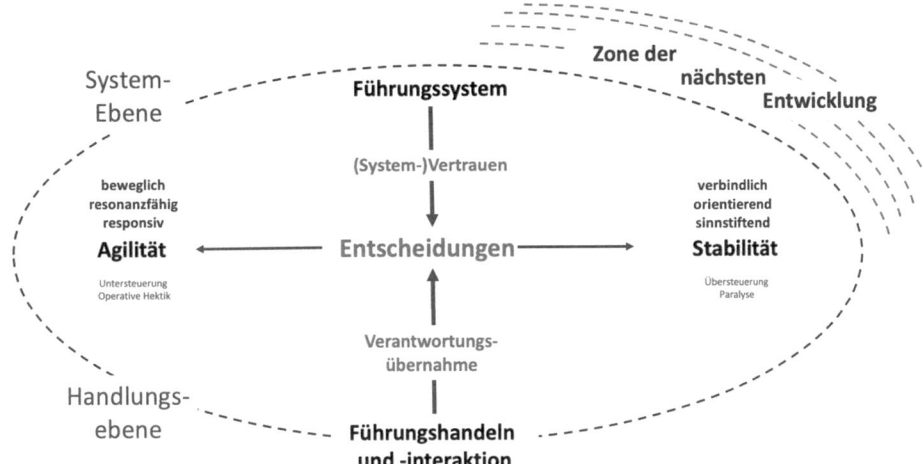

Abb. 9.1 Rahmenmodell für die Gestaltung agiler Führungssysteme. (Quelle: In Anlehnung an Clases, 2018)

Gelingt es Führung nicht, in nützlicher Frist Entscheidungen herbeizuführen, so werden Organisationen paralysiert. Es ist deshalb (auf allen Ebenen eines Unternehmens) die Königsdisziplin der Führung, Entscheidungen besonders auch angesichts von Unsicherheiten, Ambiguitäten, Zielkonflikten, Dilemmata oder Paradoxien herbeizuführen.[2]

Unsere erste Arbeitshypothese lautet deshalb: Gelingt es einem Unternehmen Systemvertrauen (vgl. Luhmann, 2014; Clases, 2013) in das Führungssystem aufzubauen, dann sind auch die mit Führungsaufgaben betrauten Menschen – dies müssen keineswegs nur die formal festgelegten Führungskräfte sein – in größerem Maße bereit, in ihrem Handeln Entscheidungen zu treffen und dafür auch die Verantwortung zu übernehmen.

Unsere zweite, gestaltungsbezogene Arbeitshypothese lautet: Systemvertrauen ergibt sich (unter anderem), wenn ein Führungssystem die Erwartungen sowohl von Agilität als auch von Stabilität erfüllen kann. Aus unserer Sicht ideal ist eine Balance (vgl. Clases & Frei, 2012), das heißt ein „Sowohl-als-Auch" von Agilität und Stabilität (vgl. Abb. 9.1). Ein Zuviel an Stabilität übersteuert das System und kann es lähmen, während ein Zuviel an Agilität es untersteuert und die in vielen Betrieben anzutreffende „operative Hektik" auslösen kann.

---

[2] Die Beratungsindustrie hat hier das griffige Akronym VUKA erfunden, wonach unsere betrieblichen Umwelten zunehmend durch Volatilität, Unsicherheit, Komplexität und Ambiguitäten geprägt seien. Gestiegen ist sicher die Komplexität unserer Arbeitswelten (steigende Vernetzungsdichte, -geschwindigkeit sowie die entsprechenden nicht mehr zu prognostizierenden Rückkoppelungseffekte). Volatil, unsicher und mehrdeutig waren Arbeit und Leben hingegen vermutlich schon immer.

Demgegenüber – auch hier bewegen wir uns im Bereich der Grundannahmen unserer Forschung – ermöglicht ein System, das sowohl auf Stabilität als auch auf Agilität setzt:

- Verbindlichkeit, Orientierung und Sinnstiftung (durch Stabilität) und
- Beweglichkeit, Resonanzfähigkeit und Responsivität (durch Agilität).

Es geht aus unserer Sicht also darum, sich von der Idee zu lösen, das Verhältnis von Stabilität und Agilität sei als „Trade-Off" zu verstehen, der das Schaffen von Agilität mit einem Verlust von Stabilität verbindet und im Schaffen von Stabilität einen Verlust von Agilität antizipiert. Bereits im Competing-Value-Paradigma der Organisationskulturforschung (vgl. Quinn & Rohrbaugh, 1983) wurde nahegelegt, dass Stabilität und Agilität, in diesem Kontext als Flexibilität bezeichnet (vgl. auch Denison & Mishra, 2006), zwei einander widersprechende Prinzipien bzw. Werte repräsentieren, denen jeweils Sorge zu tragen sei, die jedoch eben miteinander in „Wettbewerb" stehen. Ähnlich klingt es auch im Kontext der Diskussion um organisationale Ambidextrie (vgl. Gibson & Birkinshaw, 2004; Bledow et al., 2009), wo Effizienz (getrieben durch Stabilität) und Flexibilität als in einem Konfliktverhältnis stehend konstruiert werden.

Gerade den holakratischen Ansatz nach Robertson (2014) zeichnet jedoch aus, dass es nicht um klassische Flexibilität geht. Dort sehen wir ein neues Verständnis organisationaler Flexibilität, eben der Agilität. Diese ergibt sich auf Basis einer Stabilität gebenden Organisationsstruktur (inkl. Formulierung verbindlicher Governance-Mechanismen) und entwickelt sich entlang auftretender Konflikte bzw. Spannungen im Arbeitsalltag als Auslöser für (entlang der formulierten Governance zu erzielenden) Anpassungen der Organisationsstruktur selbst. Agilität wird somit *strukturell* in eine Organisation (weil Erwartungen explizit koordinierende Struktur) „eingeschrieben". Es geht nicht um Stabilität hier und Agilität dort, sondern um *Beweglichkeit (Agilität) auf Basis von Stabilität.*

Schließlich soll noch darauf hingewiesen werden, dass wir im tätigkeitstheoretischen Sinne davon ausgehen, dass jede Organisation ihre eigene *Zone der nächsten Entwicklung* kennt (vgl. Engeström, 1987; Wygotski, 1992). Durch Kooperationen der internen Akteure sowie dem Einbezug von organisationsexterner Expertise sind bestimmte, jedoch nicht beliebige Entwicklungssprünge möglich. Diesen Möglichkeitshorizont, den die Zone der nächsten Entwicklung öffnet, gilt es zu erkunden. Dies hat im hier beschriebenen Fall zur Formulierung der neuen Organisationsform und des damit verbundenen Zielsystems geführt (vgl. Abschn. 9.4).

9.3 Prozessbegleitende Evaluationsforschung und Beratung – das methodologische Grundverständnis

Unser Forschungszugang ist durch das methodologische Grundverständnis der auf Kurt Lewin (1948) zurückgehenden Aktionsforschung gekennzeichnet. Es greifen praktische Interventionen der Forschenden – die damit auch zu Beratenden werden – und deren wissenschaftliche Evaluation ineinander. Dies bedeutet, dass die gleiche Akteursgruppe sowohl ein beraterisches wie auch ein wissenschaftliches Mandat hat. Die beraterische Seite zeigt sich an konzeptuellen und methodischen Inputs, während sich die wissenschaftliche Seite der *entwickelnden Arbeitsforschung* (vgl. Engeström, 1990), einem prozessorientieren, formativen Evaluationsansatz verpflichtet fühlt. Ganz im Sinne der Aktionsforschung sind hier weder Forschung noch Beratung dem Gegenstand gegenüber objektiv, sondern agieren involviert und interessiert: interessiert an Erkenntnisgewinn einerseits und am Gelingen des Veränderungsprozesses andererseits. Eine Konstellation, die nicht auf die in vielen Forschungsansätzen entweder geforderte oder aber schlicht suggerierte „Neutralität" der Forschenden setzt, sondern die Perspektivengebundenheit und damit den möglichen „Bias" der Forschenden anerkennt und produktiv werden lassen will.

Ziel unseres Ansatzes ist es nicht, die beobachteten sozialen Prozesse zu erklären oder gar zu prognostizieren, sondern diese im konkreten Einzelfall zu verstehen. Damit folgen wir einem fallorientierten Ansatz. Uns interessiert nicht die klassische Repräsentativität der Erkenntnisse. Wir können jedoch sehr wohl Ansprüche hinsichtlich praktischer Relevanz und Dichte unserer Beschreibungen im Sinne von Clifford Geertz (2015) erheben. Die ökologische Validität von Fallstudien, die auf einem vertieften Verständnis des Forschungskontextes basieren, ermöglicht es, Möglichkeitsräume zu beschreiben. Diese vermögen aufzuzeigen, wie komplexe Zusammenhänge im Einzelfall *verstanden werden können*.

Wir wollen den Transfer der Erkenntnisse auf mehr oder weniger ähnliche Kontexte erleichtern, indem wir unsere Erkenntnisse in einen klaren Entstehungszusammenhang stellen. Die Interpretation, welche (Anteile der) Ergebnisse konkret auf einen anderen Fall übertragen werden können, muss letztlich durch die jeweiligen Rezipienten unserer Forschung in deren Praxis bzw. Wissenschaft übernommen werden.

Die entwickelnde Arbeitsforschung verwendet klassische sozialwissenschaftliche Methoden, welche im Sinne einer formativen Evaluation (vgl. Wottawa, 1998) eingesetzt werden. Diese erlauben es, auf Basis der in einem bestimmten Prozessschritt gewonnenen Erkenntnisse, Impulse für den je nächsten Schritt und damit Empfehlungen für mögliche Anpassungen eines Veränderungsprozesses zu geben.

Im vorliegenden Fall wurden – auch im Sinne einer Methodentriangulation – leitfadengestützte Experteninterviews, teilnehmende und nicht teilnehmende Beobachtungen, die Moderation von Team- und Großgruppenworkshops sowie von uns initiierte strategische Retrospektiven mit dem Kernteam (als Spezialfall eines Workshops, der mit agilen Elementen arbeitet) dokumentiert und ausgewertet. Um die in Abschn. 9.5 beschriebenen, zentralen Erkenntnisse unserer Forschung angemessen einordnen zu können, werden im folgenden Abschnitt der unternehmerische Kontext und die Entstehungszusammenhänge des beforschten Organisationsentwicklungsprozesses skizziert.

9.4   Unternehmerischer Kontext

Im Fokus der hier beschriebenen Forschung steht die Einführung eines auf agilen Prinzipien basierenden Führungssystems im Geschäftsbereich Integrierte Energie- lösungen (GBI) der Industriellen Werke Basel (IWB). Der Beitrag referiert die Ausgangslage und bewertet den Verlauf, den Stand sowie die Perspektiven dieses Organisationsentwicklungsprozesses.

Die IWB versorgen ihre Kunden in der Region Basel und darüber hinaus in den Bereichen Energie, Wasser, Telekom und E-Mobilität. Sie verstehen sich als führende Dienstleisterin für erneuerbare Energie und Energieeffizienz. Der Eigner des selbst- ständigen Unternehmens ist der Kanton Basel-Stadt. Der Geschäftsbereich Integrierte Energielösungen ist in den Sparten Telekom, Mobilität und dezentrale Energie (Wärme, Strom) tätig. Der GBI kümmert sich um die marktfähige und professionelle Bereit- stellung sowie den Betrieb aller dezentralen Infrastrukturen beim Kunden. In den Sparten Telekom und Mobilität gestaltet er aktiv die Weiterentwicklung mit, organisiert die Marktbearbeitung und stellt die Wertschöpfung sicher. Bei der Weiterentwicklung des Energiegeschäfts unterstützt der GBI mit seiner Expertise.

Im Mai 2018 begann ein Kernteam innerhalb des GBI, sich mit einer möglichen organisationalen Transformation zu beschäftigen. Das Kernteam bestand aus der Geschäftsbereichsleitung, einem Mitarbeitenden des Geschäftsbereichs als Projekt- koordinator und einer Vertreterin des HR. Zudem wurden Vertretende des Forschungs- teams zu ausgewählten Sitzungen eingeladen, um dort sowohl – in teilnehmender Beobachtung – die Datenerhebung zu unterstützen, als auch ihre gestaltungsbezogene Expertise zu nutzen.

Ausgangspunkt der Überlegungen zum Entwicklungsprozess war die Einschätzung, dass die spartenorientierte Organisationsform dem zu erwartenden Marktwachstum in allen drei Sparten nicht gewachsen sein würde. Zudem wurde die angesichts der eher übersichtlichen Anzahl von etwa 50 Mitarbeitenden verhältnismäßig steile Hierarchie als Barriere für Kooperation innerhalb des Bereichs empfunden. Es war die Rede von „Silodenken", das zu unproduktiven Abgrenzungen führte. Es gab viele kleine Teams mit Doppelspurigkeiten in den Tätigkeiten. Zwar gab es objektive Aufgabenzusammenhänge zwischen den Teams sowie Optionen, Synergien zu erzeugen. Diese wurden jedoch nicht genutzt. Dadurch entstanden sehr unterschiedliche Vorgehensweisen bei vergleichbaren Tätigkeiten, wie z. B. dem Projektmanagement oder der Produktentwicklung, die einer Kooperation über die Sparten hinweg zusätzlich im Wege standen. Kulturell tief ver- ankert war – dies zeigte sich in unserer Forschung ganz deutlich im Laufe des Change – die Betrachtungsweise, dass jede Sparte mit ihren Besonderheiten kaum oder aber über- haupt nicht vergleichbar mit den anderen sei. Schärfer formuliert: Die Loyalität schien bei den Sparten zu liegen, nicht beim Geschäftsbereich.

Im   Kernteam   wurden   unterschiedliche   Optionen   diskutiert,   welche Systemoptimierungen im bisherigen, spartenorientierten Modus und welche Prozess- musterwechsel (vgl. Kruse, 2004) in einem grundsätzlich neuen Modus von Führung und Zusammenarbeit möglich wären.

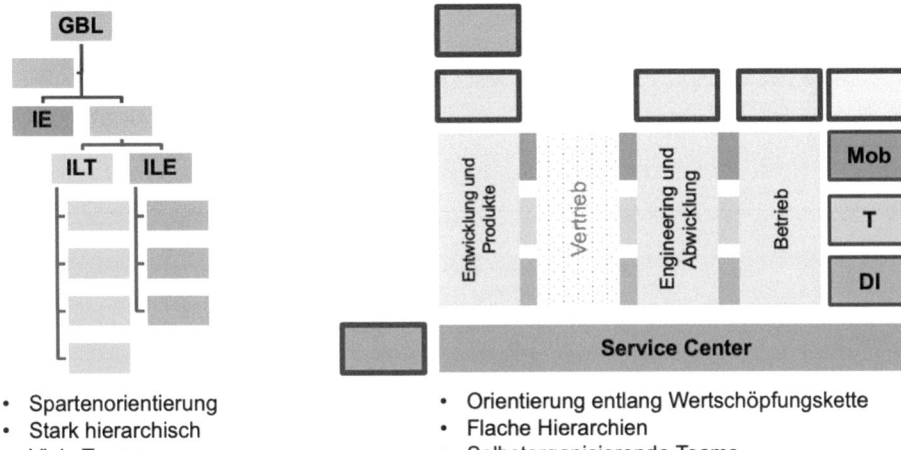

- Spartenorientierung
- Stark hierarchisch
- Viele Teams

- Orientierung entlang Wertschöpfungskette
- Flache Hierarchien
- Selbstorganisierende Teams

Abb. 9.2   ng-I („next generation I"). Von der Spartenorientierung zur Matrix.

Schließlich wurde im Kernteam – basierend auf einer systematischen Bewertung der erarbeiteten Prototypen – die von allen Teammitgliedern getragene Entscheidung für einen Prozessmusterwechsel getroffen. Der angestrebte Prozessmusterwechsel hatte zwei Ebenen.

- Auf einer ersten Ebene wurde beschlossen, den GBI von einer rein spartenorientierten Aufstellung in eine Matrixorganisation überzuführen, deren Hauptachse nicht mehr an Sparten, sondern an Funktionen orientiert sein sollte (vgl. Abb. 9.2).
- Auf einer zweiten Ebene wurde beschlossen, ein agiles Führungssystem zu etablieren. Dieses basiert auf einem Rollenkonzept, welches die Arbeit in selbstorganisierten Teams und damit mehr lokale Verantwortungsübernahme durch die fachlichen Expertinnen und Experten befördern sollte. Schließlich wurden – in Anleihe an holokratische Konzepte (vgl. Robertson, 2014) – neue Sitzungsformate auf allen Ebenen definiert, durch welche die Möglichkeit der Veränderung der Organisation strukturell verankert wurde, um kontinuierlichen, iterativen Wandel zu ermöglichen.

Wäre die erste Ebene der Veränderung angestrebt worden, so hätte es sich um einen klassischen Change-Prozess von einer divisionalen Organisation zu einer funktional orientierten Matrixorganisation gehandelt. Die zweite Ebene führte den entscheidend größeren Prozessmusterwechsel ein, da ein rollenbasiertes, agiles Führungssystem etabliert werden sollte. Mit Unterstützung der prozessbegleitenden Evaluationsforschung stellte das Kernteam ein Zielsystem für die angestrebte neue Organisation auf, um die erreichten Veränderungen qualitativ und, wo sinnvoll, auch quantitativ bewerten zu können (vgl. Abb. 9.3).

Abb. 9.3 Zielsystem ng-I

Während des Entwicklungsprozesses wurde formuliert, dass diese Veränderung für den Geschäftsbereich mit Sicherheit ein großer Schritt sein würde, für dessen Umsetzung vermutlich ein langer Atem notwendig wäre. Zudem bestanden Zweifel – dies zeigte sich im Zuge der Risikoanalyse – ob die Mitarbeitenden für einen solch radikalen Wechsel zu gewinnen wären. Entsprechend wurde dieser Aspekt in der Umsetzungsplanung mitberücksichtigt.

Die prozessbegleitende Evaluationsforschung fokussierte sich deshalb im Verlaufe von Vorbereitung, Umsetzung und Stabilisierung des Veränderungsprozesses auf den Aspekt der Agilität. Dabei ist zum einen hervorzuheben, dass sich das Kernteam entschloss, das Buzzword „Agilität" für den GBI durch die Formulierung „Beweglichkeit erzeugen" zu ersetzen. Es wurde antizipiert, dass mit dem Begriff Agilität ein zu unscharfer und womöglich eher negativ konnotierter Assoziationsraum geöffnet würde. Die angestrebte Beweglichkeit auf der Ebene des Führungssystems wurde sodann durch die Formulierung von vier Unterzielen konkretisiert. Auf diese Weise sollte es für den GBI und alle seine Mitarbeitenden vereinfacht werden, ein gemeinsam getragenes, klares Verständnis von diesem Ziel der Veränderung zu entwickeln (vgl. die Spalte „Beweglichkeit erzeugen" in Abb. 9.3). Von den in der Abbildung formulierten vier Unterzielen beziehen sich drei auf strukturelle Elemente der neuen Organisation und eines, das Dritte, auf einen kulturellen Aspekt:

1. Durch das Rollenkonzept werden Gestaltungs- und Entscheidungsspielräume strukturell an die Rollenträgerinnen und -träger delegiert. Das „Was" der Rolle wird über sogenannte „Lieferobjekte" festgelegt. Das „Wie" hingegen wird vollständig an die Rolle delegiert, mit Ausnahme der Fälle, in denen übergreifende Prozesse zu beachten sind.

2. Es werden funktionsorientierte Teams geschaffen, welche die Regulation von Störungen und Schwankungen im Arbeitsprozess selbstorganisiert übernehmen.
3. Als eigenständiges Ziel des Prozesses wurde formuliert, die Handlungsbereitschaft zur tatsächlichen Nutzung der neuen Freiräume zu stärken – weil alle Beteiligten (seien es Führungskräfte oder nicht) im stark hierarchischen System gut eintrainierte Verhaltensmuster aufwiesen. Es wurde deshalb nicht davon ausgegangen, dass strukturell bereitgestellte Optionen zur Verantwortungsübernahme durch explizite Delegation, auch durch die Mitarbeitenden, wahrgenommen würden.
4. Es wurde für alle Mitarbeitenden in ihrem jeweiligen Umfeld eine Plattform eröffnet, um Initiativen zur Veränderung der Organisation (durch Umdefinition von Rollen und/oder Abläufen) zu schaffen. Diese Plattform bestand in zwei neuen, für alle Funktionsbereiche analog eingeführten Sitzungsformaten: den „Strategischen Meetings" und den „Operativen Meetings". Die Meetingformate basieren konzeptuell auf den Vorschlägen von Holacracy (vgl. Robertson, 2014), wurden jedoch auf die Bedürfnisse des GBI angepasst.

Auf Basis der zunächst erarbeiteten Rollen und selbstorganisierte Teams in den jeweiligen Funktionsbereichen (vgl. Abb. 9.2) stellt das agile Führungssystem durch die Meetingformate allen Mitarbeitenden die Option bereit, auf Basis ihrer alltäglichen Erfahrungen sogenannte *Spannungen* zu formulieren und diese mit einem Veränderungs-vorschlag zu versehen. *Spannungen* können erlebte Ineffizienzen in Arbeitsabläufen, wahrgenommene Zielkonflikte, Ressourcenengpässe, als nicht angemessen erlebte Vor-gaben und vieles mehr sein. Damit werden erlebte *Spannungen* als latente Konflikte strukturell zum Ausgangspunkt für Veränderung und Innovation gemacht, ein Kern-element von Holacracy.

Verändert werden können grundlegende Bausteine, nicht jedoch die strukturelle Integrität der Organisation. Bausteine sind die definierten Rollen, welche redefiniert werden können; es können dabei auch bestehende Rollen in mehrere Rollen auf-geteilt oder aber zuvor getrennten Rollen integriert werden. Es können auch Prozess-abläufe angepasst werden und dies sowohl innerhalb eines Funktionsbereichs wie auch funktionsbereichsübergreifend.

Die strukturelle Integrität der Organisation wurde in einem für alle verbindlichen Dokument festgelegt, welches grundsätzliche Prinzipien der Governance beschrieb. Somit sollte – um auf unsere theoretischen Ausführungen zurückzukommen – Stabili-tät und klare Orientierung erzeugt werden. Die in den Sitzungsformaten vorgesehenen Veränderungsmechanismen hingegen sollen die Beweglichkeit der Organisation ein-lösen. Durch die Struktur der Sitzungsformate sowie die Bereitschaft aller Beteiligten zur Formulierung von Spannungen und zum Einbringen von Veränderungsvorschlägen wird die Resonanzfähigkeit und Responsivität des sozialen Systems insgesamt gestärkt. Damit gibt es für alle klar ersichtliche Mechanismen, um auf Unvorhergesehenes, Abweichungen, externe und interne Entwicklungen etc. in nützlicher Frist reagieren zu können.

Um die Bereitschaft zur Nutzung dieses Mechanismus zu stärken, wurden im Kernteam die kulturellen Elemente für die Umsetzung der neuen Organisation diskutiert. Dieser Austausch, der durch die Inputs der formativen Evaluation/Beratung unterstützt wurde, resultierte in folgenden sechs Leitsätzen hinsichtlich der von allen gewünschten Haltung für die neue Organisation:

- Nur die Bearbeitung von Spannungen und Konfliktfeldern bringt die Organisation weiter (auch wenn es anstrengend ist).
- Zentral ist für uns die Bereitschaft, Verantwortung im lokalen Umfeld und damit für die gesamte Organisation zu übernehmen.
- Es braucht Bereitschaft, Undefiniertes als Gestaltungsmöglichkeit wahrzunehmen.
- Wir haben Mut, bei Unsicherheit im Sinne und Geist der Rolle zu operieren.
- Es ist wichtig, wohlwollend hinsichtlich der Sache und der Organisation zu agieren.
- Wir wollen kooperationsorientiertes Handeln leben.

Diese sechs Leitsätze wurden in verkürzter Form auf Dutzende von Würfeln gedruckt. Diese wurden zum Start der neuen Organisation im September 2019 im Geschäftsbereich in großer Zahl verteilt. Seither können die Würfel in bilateralen Gesprächen, Teamsitzungen sowie Führungsdialogen genutzt werden, um ein gemeinsam zu reflektierendes Thema entweder zu bestimmen oder zufällig zu erwürfeln.

Der Organisationsentwicklungsprozess startete in konzeptueller Hinsicht im Mai 2018 und war in mehrere Teilprojekte aufgeteilt (Organisation, Prozesse, Systeme, Personal etc.). Im Januar 2019 wurde die angestrebte neue agile Organisationsform innerhalb des GBI an alle Mitarbeitende kommuniziert. In den darauffolgenden Monaten wurden die Rollendefinitionen zunächst im Kernteam und danach unter Beteiligung aller betroffenen Mitarbeitenden im gesamten GBI formuliert. Zudem wurde in den funktionalen Teams die neuen Sitzungsformate vorgestellt und die Teamleiter qualifiziert, diese Formate zu moderieren. Dies wurde mit Unterstützung der externen Beratung realisiert. Sie war – nach einer Orientierung zum Vorgehen – jeweils auch in Folgesitzungen als nicht teilnehmende Beobachtung anwesend, um Feedback auf den Prozess zu geben.

Da das Kernteam zunächst den Plan hatte, die Organisation spartenweise umzustellen, wurde im Frühsommer 2019 zunächst das die Funktionsbereiche übergreifende Servicecenter im Alltagsgeschäft etabliert. Aufgrund der ersten Erfahrungen zeichnete sich schnell ab, dass die initial geplante, sukzessiv spartenweise Umstellung auf die neue Organisation viel Unruhe auslöste, weil dadurch eine Gleichzeitigkeit von alter und neuer Organisationsform erzeugt wurde. Deshalb beschloss das Kernteam, die Organisation im September 2019 komplett auf das neue Muster umzustellen. Zu diesem Zeitpunkt konnte das Unternehmen auf ein halbes Jahr zurückblicken, in dem Erfahrungen mit der tatsächlichen Umsetzung im Alltag gemacht werden konnten.

Die im folgenden präsentierten Ergebnisse der formativen Evaluation des Organisationsentwicklungsprozesses zeigen zentrale ausgewählte Erkenntnisse auf, die von der Initiierung bis hin zur Umsetzung gemacht werden konnten. Trotz vielfältiger

Widerstände gegen den Change ist die Bereichsleitung vom Sinn und Zweck sowie der Zukunftsfähigkeit des gewählten Modells überzeugt. Ihre Sicht wurde gestärkt, weil sich im Vorjahr am Markt genau das vollzog, was ein zentraler Motor für den Change war: ein in gewissen Bereichen durchaus signifikantes Wachstum bei durch den GBI bereitgestellten Produkten und dezentralen Dienstleistungen.

Die neue Organisation ist aktuell operativ und im Hinblick auf die im Zielsystem formulierten (Unter-)Ziele in unterschiedlichem Maß erfolgreich. Davon wird nun zu berichten sein, wobei der Fokus auf das Hauptziel „Beweglichkeit erzeugen" gelegt wird.

9.5   Ergebnisse der formativen Evaluation

Im Rahmen dieses Beitrags werden nur die wesentlichen Erkenntnisse präsentiert.[3] Diese beziehen sich auf förderliche und hinderliche Faktoren im Organisationsentwicklungsprozess (Abschn. 9.5.1) und auf die Frage, welche angestrebten Ziele des Change-Prozesses ein halbes Jahr nach Inkraftsetzen der neuen Organisation erreicht werden konnten (Abschn. 9.5.2). Dabei greifen wir im Wesentlichen auf drei Datenquellen zurück.

1. *Ergebnisprotokolle der sieben strategischen Retrospektiven mit dem Kernteam,* die im Zeitraum von März bis Dezember 2019 stattfanden. Dort wurde jeweils systematisch von allen Beteiligten ihre Einschätzung zu den förderlichen und hinderlichen Begebenheiten der zurückliegenden Wochen erhoben, reflektiert und priorisiert. Die hinderlichen Themen mit der höchsten Priorität – getriggert durch die Fragen: „Wo stehen wir an? Was macht uns Mühe?" – wurden vertieft besprochen, um sodann entsprechende Maßnahmen abzuleiten sowie Verantwortlichkeiten für deren Umsetzung festzulegen. Diese Themen wurden an den nächsten Retrospektiven nachverfolgt.
2. *Ergebnisse der ersten vertiefenden Evaluationswelle* im Juni und Juli 2019 mit je einem Workshop im Leitungsteam des GBI, im neuen Servicecenter sowie einem Großgruppen-Workshop mit allen Mitarbeitenden des GBI.
3. *Ergebnisse der zweiten vertiefenden Evaluationswelle* im Januar bis März 2020 basierend auf 13 leitfadengestützten Interviews mit Führungskräften und Mitarbeitenden des GBI, in denen erste Bewertungen der Zielerreichung erfragt wurden (vgl. Abschn. 9.5.2).
4. *Beobachtungen* der Forschenden in spontan sich ergebenden, nicht formal-methodisch herbeigeführten Kontexten wie etwa bilateralen Gesprächen mit Mitarbeitenden im Vorfeld oder Nachgang von Sitzungen.

---

[3] Interessierte Leserinnen und Leser seien hier verwiesen auf die innerhalb des Forschungsprojekts erarbeiteten studentische Arbeiten (vgl. Abrahamsson et al., 2020; Jales Hon, 2020).

9.5.1 Förderliche und hinderliche Faktoren des Organisationsentwicklungsprozesses

Die *erste vertiefende Evaluationswelle im Frühsommer 2019* und die bis zu diesem Zeitpunkt realisierten *strategischen Retrospektiven* zeigten auf: Im Leitungsteam war eine starke Geschlossenheit und Entschiedenheit gewachsen, den Prozess gemeinsam voranzutreiben. Zudem wurde als förderlich wahrgenommen, dass mehr Mitarbeitende offen und neugierig auf die neue Organisation reagierten, als das Leitungsteam erwartet hatte. Weil vorgesehen war, dass Rollenübernahmen in anderen Funktionsbereichen ermöglicht werden sollten, wurde die Anpassungsfähigkeit der Organisation als „coole Vision" gesehen mit mehr Möglichkeiten für Flexibilität und persönliche Entwicklung aller Mitarbeitenden. Die regelmäßigen Updates und Informationen wurden geschätzt und – besonders das durch das Teilprojekt Systeme und Prozesse organisierte „Eisenbähnle". Hier wurden anhand einer Serious-Gaming-Methode konkrete Mikroabläufe innerhalb der neuen Organisation gemeinsam durchgespielt und auf ihre Solidität hin geprüft.

Ein zunächst als sehr heikel erscheinender Punkt wurde im Zuge der Organisationsentwicklung als vornehmlich positiv eingeschätzt: die Suche nach den „neuen Orten" für die Mitarbeitenden in der neu angestrebten Organisation. Das Kernteam formulierte Vorschläge, welche in bilateralen Gesprächen mit den „alten" und „neuen" Führungskräften diskutiert werden konnten. Dieser Prozess wurde im Grundsatz von allen Beteiligten als fair und transparent erlebt.

Wichtiger Treiber für das konkrete Erleben der neuen Organisation waren die neuen Meetingformate. Vor allem im Leitungsteam wurde hervorgehoben, dass man dort – verglichen mit dem bisherigen Modus – in effizienter Art und Weise zu Entscheidungen und konkreten Problemlösungen komme. Als ebenfalls hilfreich wurden der sich abzeichnende Erfolg und das damit verbundene Wachstum in den für die GBI relevanten Domänen bewertet. Konkret wurde dies sichtbar aufgrund der zunehmenden Auftragseingänge und Vertragsabschlüsse. Einer der ursprünglichen Gründe für die Reorganisation wurde auf diese Weise in der Praxis legitimiert.

Als dritte förderliche Bedingung wurde die externe Begleitevaluation und Beratung hervorgehoben. Deren Feedbacks und Empfehlungen hätten das Vertrauen in die Solidität der im Leitungsteam getroffenen Entscheidungen gestärkt. Die durch die Evaluation angeregten und moderierten strategischen Retrospektiven, in denen auch fachliche Positionierungen vorgenommen wurden, wurden als zusätzliche Orientierung für die Prozessgestaltung wertgeschätzt.

Als *hinderlich* zeigte sich die erst nach der Kommunikation der neuen Organisationsform im Januar 2019 einsetzende breitere Partizipation der Mitarbeitenden bei der konkreten Ausarbeitung der neuen Rollen und Prozesse. Das Zielbild war in seiner Abstraktheit notwendigerweise unscharf. Zwar war der formale Rahmen vorhanden, aber diverse Mitarbeitende zeigten sich enttäuscht, dass die Rolleninhalte im Detail nicht durch das Leitungsteam vorgegeben wurden, sondern durch sie selbst ausgestaltet werden sollten. Dies wurde in der Kommunikation durch das Leitungsteam als nicht deutlich genug formuliert wahrgenommen.

Aus unserer Optik lässt sich diese Schwierigkeit im Organisationsentwicklungsprozess hin zu mehr Agilität wie folgt reformulieren: Es wurden seitens der Mitarbeitenden deutlich mehr und vor allem konkretere Vorgaben erwartet, als das Kernteam aus sachlogischen Gründen, die in den Prinzipien der neuen Organisation zu finden sind, geben wollte. Besonders die strukturelle Delegation des „Wie" an die Rollenträgerinnen und Rollenträger erfordert in der Transitionsphase spezifisches Fach- und Prozesswissen bei der Ausformulierung von Arbeitsinhalten und Vorgehensweisen.

Die große Herausforderung bestand darin, die Koexistenz von a) klaren Rahmenvorgaben für ein rollenbasiertes, agiles Führungssystem und b) dem Fehlen einer konkreten Ausformulierung der Rollen im Detail verständlich und nachvollziehbar zu erklären. Bei vielen Mitarbeitenden gelang dies nur teilweise, wodurch bei ihnen Unsicherheiten entstanden. Dies wurde offensichtlich dadurch verstärkt, dass viele Mitarbeitende sich zu lange als „Betrachtende des OE-Prozesses" erlebten und zu wenig Möglichkeiten sahen, in einer frühen, konzeptuellen Phase, eigene Beiträge zu leisten. Die zuvor angesprochene Geschlossenheit und Entschiedenheit im Leitungsteam hatten den Preis einer (wenn auch nicht intendierten) Distanzierung zu Teilen der Mitarbeitenden. Die Erwartungen gingen in der Folge teilweise auseinander und die Tiefe des Verständnisses für die der neuen Organisation zugrunde liegenden Mechanismen war dadurch unterschiedlich ausgeprägt. Einerseits war der Prozess der gedanklichen Aneignung der neuen Organisation im Leitungsteam zu diesem Zeitpunkt gelungen. Andererseits wurden die Zeit und die Bereitschaft zur aktiven Auseinandersetzung unterschätzt, welche die Mitarbeitenden benötigen, um diese Erkenntnisleistung ebenfalls nachzuvollziehen.

Das Argument, dass der GBI für die Zukunft fit gemacht werden müsse, wurde verstanden. Ebenso wurde die Restrukturierung von vielen Mitarbeitenden als Chance gesehen. Aber die konkrete Umsetzung der Ziele wurde von vielen noch nicht verstanden. Zudem zeigte sich, dass die im Leitungsteam erfolgte Planung selbst ebenfalls – geradezu systembedingt – mit Fehlern bzw. Fehleinschätzungen behaftet war. Diese boten allen Skeptikerinnen und Skeptikern die Gelegenheit zur Fundamentalkritik an der neuen Organisation, weil Unklarheiten bezüglich der Abgrenzung von Rollen erst noch diskutiert und entschieden werden mussten und nicht schon durch das Führungsteam im Vorfeld geklärt waren.

Als hartnäckige, jedoch für Diskussionen immer offene Kritikerinnen und Kritiker der neuen Organisation zeigten sich die Mitarbeitenden des neu etablierten Servicecenters. Sie waren vom Sinn und Zweck einer funktional orientierten, rollenbasierten Organisation lange nicht überzeugt. Im entsprechenden Workshop wurde von einigen sogar eine starke Ablehnung des Rollenkonzepts formuliert. Sie erkannten keinen Mehrwert gegenüber dem bisherigen Modell. Vor allem aber zeigte sich hier ein für den Wechsel zu einer rollenbasierten Organisation vermutlich wichtige Erkenntnis. Während in der „alten Welt" die Stellenbezeichnung klärte, ob man nun Spezialistin bzw. Spezialist für Telekom, Mobilität oder Wärmetechnik war, waren nun die

Rollenbezeichnungen gegenüber den Sparten neutral formuliert. So wurde das Rollen-konzept im Servicecenter als Bedrohung der persönlichen beruflichen Identität bzw. Perspektiven wahrgenommen („Was schreibe ich dann auf meine Visitenkarte?"/„Ich finde meine Identität und Expertise im Rollenkonzept nicht wieder."/„Fachspezialist Servicecenter – was soll das sein?"). Es standen somit massive Bedenken im Raum, dass die eigene berufliche Spezialisierung nicht mehr sichtbar würde. Damit *richtete sich* die *Kritik am rollenbasierten Modell weniger auf das Konzept an sich,* sondern eher auf dessen „Begleiterscheinung": den antizipierten Verlust von Status und beruflicher Identität.

Im Zuge der Konkretisierung der neuen Organisation wurde vielen Mitarbeitenden klar, dass die Übernahme des neuen Rollenkonzepts von ihnen einen Entwicklungs-schritt hin zu einem veränderten professionellen Selbstverständnis verlangt. Obwohl dies in Workshops, die durch die Personalabteilung organisiert wurden, wiederholt thematisiert wurde, entstand dennoch eine widersprüchliche Gemengelage aus Neugier, Kritik, Unverständnis und offenem Widerstand. Letzterer erwies sich als sehr hilfreich, um entlang der sich manifestierenden Konfliktlinien in den Dialog zu treten. Es wurde deutlich, dass das Rollenkonzept einen Prozessmusterwechsel erforderte, der sich nicht nur auf die Ebene der Organisation, sondern auch auf die Ebene der Personen vollziehen musste. Obwohl im Zuge der Restrukturierung auch Formate zur persönlichen Reflexion im Team angeboten wurden, kann als Schwäche des Veränderungsprozesses hervor-gehoben werden, dass den erforderlichen Veränderungen auf Ebene der Person zu wenig Rechnung getragen wurde.

Dabei wurde noch eine *weitere Barriere* für die Umsetzung erkennbar: die über Jahre eingeübte *Prozessorientierung* in Unternehmen. Im Denken der Mitarbeitenden schien das Bedürfnis zur Definition von Prozessen für die neue Organisation zu dominieren gegenüber dem Bedürfnis, die (eigene) Rolle zu definieren. Rollen weisen Ver-antwortungsbereiche zu, klären den Sinn der jeweiligen Tätigkeit im Sinne ihres Beitrags zum gesamten und formulieren Erwartungen an den Output, im GBI „Lieferobjekte" genannt. Sie klären damit das „Was", aber nicht das „Wie". Für das „Wie" öffnen sie Optionen der Gestaltung für die Rolleninhaber. Unsere Arbeitshypothese hierzu lautet: Der Dialog über Prozesse vermittelte den Mitarbeitenden Sicherheit, der über (ihre) Rollen hingegen nicht.

Als weiteres hinderliches Element für die erfolgreiche Umsetzung der neuen Organisation erwies sich das Bedürfnis des Kernteams, sich für den Prozess-musterwechsel Zeit zu lassen und Schritt für Schritt die drei Sparten auf die neue Organisationsform umzustellen. Auf diese Weise sollte aus jedem Schritt gelernt und die Erfahrungen für den nächsten Schritt genutzt werden. Dieses Vorgehen erwies sich, nachdem das neue Führungsteam gebildet und das Servicecenter als erste neue Organisationseinheit operativ war, als nicht zielführend. Nicht nur die Mitglieder des Führungsteams, sondern auch diverse Mitarbeitende befanden sich nun in einer Doppel-rolle und dem „Spannungsfeld zwischen alter und neuer Welt". Aus diesem Grund wurde im Juli 2019 die Entscheidung getroffen, die gesamte Organisation im darauffolgenden

September auf das neue Modell umzustellen. Der geplante Weg erwies sich als Umweg, der allerdings auch das Gesamtverständnis erhöhte.

Besonders in den strategischen Retrospektiven immer wieder thematisierte hinderliche Faktoren für den Wandel waren die kantonal verankerten, formalen Regularien für die Industriellen Werke Basel. Angesprochen sind Vorgaben des kantonalen Personalrechts, namentlich die formalen Erwartungen an Stellenbeschreibungen und die relativ starre Kompetenzordnung der Organisation. Diese siedelt den Kader auf drei unterschiedlichen Ebenen an und lässt es formal nicht zu, die Unterscheidung zwischen unterem, mittlerem und oberen Kader aufzuheben. Aufgrund des bereits früh etablierten Problembewusstseins in dieser Hinsicht gab es bereits frühe Rücksprachen mit weiteren Akteuren innerhalb der IWB, die für die Umstellung auf die neue Organisation ihre Unterstützung ankündigten. Es stellte sich dann jedoch heraus, dass diese Unterstützung gegen die Macht der über Jahrzehnte geronnenen Verordnungen nichts ausrichten konnte. So mussten im GBI schließlich doch einige Elemente aus der Welt der kantonalen Verwaltung übernommen werden, obwohl diese – zumindest für eine Übergangszeit – dem Sinn und Geist der neuen Organisation im Kern zuwiderliefen.

9.5.2 Erste Bewertungen der Zielerreichung von ng-I

Über die im Zielsystem formulierten Ziele zu „Beweglichkeit erzeugen" (vgl. Abb. 9.3) lassen sich bisher nur allgemeine Tendenzen hinsichtlich ihrer Erreichung feststellen. Im Folgenden seien zu jedem der vier Unterziele Hinweise gegeben.[4]

Das erste Teilziel bestand in der *Stärkung von Gestaltungs- und Entscheidungsspielräumen auf Ebene der Rolle*. Die Rollen sind nun in allen Funktionsbereichen etabliert und werden gelebt. Allerdings erfordert es weitere Zeit und Ressourcen, um die Rollen in neue Routinen zu überführen. Bedingt wird dies durch den Druck des Tagesgeschäfts und teils noch nicht übertragenen Aufgaben aus der „alten Welt". Es ist noch nicht vollständig gelungen, die von den Beteiligten als „Altlasten" bezeichneten Aufgabenbereiche klar und transparent an die neuen Rollen zu delegieren. Nennenswert ist der Beitrag der Führungskräfte, welche die neuen Gestaltungs- und Entscheidungsspielräume für ihre Mitarbeitenden dadurch aufzeigen, dass sie sich bei der Rollendefinition deutlich zurückhalten. Während dies von einigen Mitarbeitenden geschätzt wird, erzeugt dies für andere „ein Vakuum zwischen Führung und Mitarbeitenden". Aus deren Sicht weisen Führungskräfte Anfragen um Unterstützung bzw. Problemlösungen zurück, welche früher viel stärker aufgegriffen wurden. Während dieses Verhalten aus Sicht der Führung dem Grundprinzip des Rollenkonzeptes entspricht, nehmen einige Mitarbeitende dies als eine Nicht-Übernahme von Führungsverantwortung wahr. Dies kann als Hinweis gewertet

---

[4] Die Masterthesis von Manuela Jales Hon (2020) kann für eine detaillierte Darstellung der gewonnenen Erkenntnisse konsultiert werden.

werden, dass das Rollenkonzept von ihnen noch nicht angeeignet wurde. Eine Form der Zurückhaltung der Führungskräfte gereicht jedoch auch zum Nachteil für die Umsetzung des Rollenkonzeptes. Eine Mehrzahl der Befragten äußerte sich kritisch bezüglich der fehlenden Konsequenz, mit der die Führungskräfte die Einhaltung des neuen Rollenkonzeptes einforderten. Es würde zu wenig die Rollenprofile reflektiert, die neu geschaffenen Sitzungsformate wahrgenommen oder neues Rollenverhalten eingefordert. Es zeichnet sich ab, dass die Beteiligten noch weitere Zeit benötigen, um mehr Vertrauen in die neuen Arbeitsgrundlagen und Entscheidungsmechanismen zu gewinnen.

Das zweite Ziel im Kontext „Beweglichkeit erzeugen" bestand darin, die *Aufgabenerledigung und Prozessgestaltung in selbstorganisierten Teams* zu ermöglichen. Hier zeigt sich, dass die Teams die Optionen zur Selbstorganisation nutzen, wenn auch vorwiegend noch entlang der Sparten. Allerdings zeigen sich erste verstärkte Kooperationen auch spartenübergreifend. Bereits im Zuge der strategischen Retrospektiven sowie der zweiten Evaluationswelle war das Thema „Prozesse und Schnittstellen" sowohl zentral als auch spannungsgeladen. Es scheint aktuell noch nicht hinreichend gelungen zu sein, dieses Thema – das als Basis für erfolgreiche Selbstorganisation gesehen wird – erfolgreich zu bearbeiten. Dabei wirken auch die Schnittstellen zum Konzern (vor allem zum Vertrieb der IWB) als hinderlich. Die Mehrheit der Befragten bewertet die neuen Meetingformate als hilfreiche Unterstützung des Informationsflusses und somit indirekt zuträglich für die Selbstorganisation im Team. Kritisch äußern sich einzelne Befragte dahingehend, dass durch die neue Organisation das bisher eingeübte Zusammenspiel in den bisherigen Teams gestört worden sei. Dadurch habe zunächst einmal allgemeine Desorientierung geherrscht. Jedoch zeigen sich auch erste konkrete Erfolge in der Umsetzung der neuen Organisation, beispielsweise in Kundenprojekten, die im neuen Format spartenübergreifend und selbstorganisiert bearbeitet werden konnten.

Das dritte Ziel, die *Förderung der Bereitschaft zur Nutzung der neuen Gestaltungs und Entscheidungsspielräume,* wurde in vielen Bewertungen der Befragten anhand des divergenten Fachwissens der Mitarbeitenden in den einzelnen Funktionsbereichen thematisiert. Es wird davon ausgegangen, dass die Differenz in der Fachkompetenz ein Hindernis zur vollen Nutzung der Gestaltungs- und Entscheidungsspielräume darstellt. Es wird zu überprüfen sein, inwiefern bestimmte Rollen für ihre Ausformulierung und Klärung ein stärkeres fachliches Kompetenzprofil benötigen. Dies könnte die Bereitschaft erhöhen, in einer neu zu definierenden Rolle die entsprechende Verantwortung zu übernehmen. Als hilfreicher Baustein der neuen Organisation – das zeigt sich klar in den Retrospektiven und ansatzweise auch in der zweiten Evaluationswelle – werden die neuen Sitzungsformate gesehen. Die dortigen Entscheidungsfindungsprozesse würden die Sicherheit erhöhen und dadurch die Bereitschaft zur Verantwortungsübernahme stärken.

Das vierte Unterziel war, *allen Mitarbeitenden unkomplizierte Wege zur Veränderung der Organisation bereitzustellen.* Bisher scheint diese Facette der neuen Organisation,

die primär in den neuen Sitzungsformaten zur Diskussion von Spannungen und Ver-
änderungsvorschläge besteht, noch wenig präsent. Dennoch werden einige Beispiele
benannt, die – ganz im Sinne der neuen Organisation – zu neuen Rollenbildungen
führten. Aufgrund der Beobachtung, dass eine stabile Grundlage der Kooperation innerhalb der neuen Organisation fehlt, kann dieser Mechanismus noch nicht umfassend
greifen. Eine klares, von allen verstandenes und von „Altlasten" befreites Rollenportfolio
ist zwar theoretisch formuliert, aber noch nicht praktisch verankert. Auch hier zeigt sich
tendenziell eine Diskrepanz zwischen der Leitungsebene und den Funktionsbereichen.
Während auf der Leitungsebene Problemlösungen und Entscheidungen im neuen Modus
hergestellt werden können, scheint dies auf Ebene der einzelnen Teams noch nicht ausreichend realisiert.

In allen vier Teilzielen zeichnen sich erste Erfolge bei der Umsetzung der neuen
Organisation ab. Es wird jedoch noch mehr Zeit und Konsequenz in der gemeinsamen
Umsetzung benötigt, um den Organisationsentwicklungsprozess im Sinne des Ziel-
systems erfolgreich zu gestalten. Auszubalancieren ist hier vermutlich einerseits der
Anspruch an Klarheit und Stringenz, sowie andererseits die Geduld mit sich selbst und
der Beharrungstendenz von Organisationen, welche nur ungern kollektiv gut eingeübte
Muster von Führung und Zusammenarbeit verlassen.

9.6   Diskussion

Wir haben in diesem Beitrag die Frage aufgeworfen, welche förderlichen und welche
hinderlichen Faktoren einen Transformationsprozess hin zu einem agilen Führungssystem kennzeichnen können. Im Zuge der beschriebenen Fallstudie sind wir zu
Erkenntnissen gekommen, die selbstverständlich nicht vorbehaltlos zu verallgemeinern
sind. Die Grenzen der Verallgemeinerbarkeit resultieren im Kern aus den besonderem
Kontext der untersuchten Organisationseinheit innerhalb der IWB sowie aus dem
Umstand, dass der Transformationsprozess sowohl den Neuaufbau einer Matrixorganisation und zugleich einer rollenbasierten, agilen Organisation anstrebte. Es
lässt sich methodisch nicht klären, ob wir die gleichen förderlichen bzw. hinderlichen
Faktoren identifiziert hätten, wenn es „nur" um die Transformation zu einer agilen
Führungsstruktur gegangen wäre. Wir gehen methodisch – und das ergibt sich schon
allein aus dem Fallstudiendesign – davon aus, dass eine allfällige Verallgemeinerung
der Ergebnisse nur durch Akteure aus anderen Kontexten gelingen kann. Was wir
definitiv sagen können ist, dass die beschriebenen Ergebnisse Möglichkeitsräume aufzeigen, welche Faktoren in einem solchen Organisationsentwicklungsprozess auftreten
können. Damit kann unsere Fallstudie zumindest als Referenzprojekt genutzt werden,
um andere Unternehmen und Organisationen für Themenbereiche zu *sensibilisieren,*
die ihnen auf ihren Wegen und Umwegen zu einer agilen Führungsstruktur begegnen
können.

Abschließend möchten wir einige Hypothesen formulieren und Reflexionen vornehmen, welche für ähnlich gelagerte Transformationsprozesse von Wert sein könnten.

Die Transformation in Richtung auf eine agile Organisationsform benötigt ein sehr enge Koppelung von konzeptueller Orientierung und praktischer Befähigung der Mitarbeitenden; dies sowohl im Sinne von Prozesswissen als auch hinsichtlich der in der Regel neu von ihnen verlangten Übernahme von Problemlöse-, Entscheidungs- und Gestaltungskompetenzen. Agile Organisationsformen streben an, Entscheidungen möglichst nah an der betreffenden Expertise sowie nah am Kunden treffen zu lassen. In „hierarchisch gut trainierten" Unternehmen ist nicht davon auszugehen, dass dies leicht gelingt, da mit der Übernahme von Verantwortung auch immer die Übernahme von Risiken und die Aufforderung zur Entscheidungsfindung in Unsicherheitszonen verbunden ist.

Nicht klar abzuleiten, aber hypothetisch zu formulieren, ist die Annahme, dass die Gleichzeitigkeit des Wechsels von einer Spartenorientierung auf eine matrixbasierte Funktionsorientierung sowie die parallele Einführung eines rollenbasierten Organisationsmodells schlicht eine Überforderung für alle Beteiligte darstellen kann, seien sie nun direkt Beteiligte oder aber vom Wandel Betroffene. Damit eng verbunden erscheint uns die Frage nach dem Vertrauen in den Prozess des Wandels selbst zu sein (vgl. Clases et al., 2008). Während in einer agilen Transformation zwar grundlegende konzeptuelle Fragen und Entscheidungen getroffen werden können, so ist die konkrete inhaltliche Ausgestaltung von organisationalen Unsicherheitszonen nur lokal und im Arbeitsalltag zu vollziehen. Was im vorliegenden Fall zur Stabilisierung des Vertrauens beigetragen hat, waren sicherlich die regelmäßigen Retrospektiven im Leitungsteam. Im Transformationsprozess wurde jedoch der Bereitstellung bzw. der konsequenten Umsetzung analoger Formate in den verschiedenen involvierten Teams vermutlich zu wenig Aufmerksamkeit geschenkt.

Die Erfordernis eines „langen Atems", den organisationale Transformationen (nicht nur in Richtung auf Agilität) erfordern, kann in Widerspruch dazu stehen, klar vereinbarte Spielregeln und Ablösungen auch tatsächlich mit Nachdruck wechselseitig einzufordern. Der „lange Atem" kann sozusagen das Anspruchsniveau an kurzfristig erforderliche Veränderungen senken. Man ist schon zufrieden mit bestimmten Elementen der Umsetzung und ersten Hinweisen auf Schritte in die richtige Richtung. Die Gefahr besteht – und hat sich im beschriebenen Fall auch konkretisiert – dass zentrale Elemente der neuen Organisation eben nicht umgesetzt werden. Die von Argyris (1990) beschriebenen defensiven Routinen können sehr erfolgreich gegen den Change eingesetzt werden, um die Etablierung neuer Spielregeln in Sitzungen oder aber die volle Übernahme von Rollen zu verhindern. Im Fallbeispiel wird dieses Phänomen im über vermutlich zu lange Zeit aufrecht erhaltenen oszillierenden Zustand zwischen „alter und neuer Welt", ein in der Tat immer wiederkehrendes Thema in den Retrospektiven. Führungspersonen wie auch Mitarbeitende hielten diese Spannung aus. Dabei führten sie die erlebte Spannung weder im Rahmen der neuen Sitzungsformate einer Lösung zu,

noch wurde im Alltag wirklich darauf geachtet, das nicht mehr erwünschte Rollenverhalten tatsächlich zu verlernen. Doch nicht nur die Organisation war insgesamt über zu
lange Zeit in der Schwebe zwischen „alt" und „neu". Die Führungskräfte introjizierten
diesen Konflikt vermutlich, indem sie den Nachdruck, mit dem sie in der alten Führungsrolle auf die Durchsetzung der beschlossenen Veränderungen hätten hinarbeiten können,
in ihrem neuen Führungsverständnis nicht mehr an den Tag gelegt haben. Dort haben
sie sich eben „in der neuen Welt" viel stärker zurückgehalten, um den Mitarbeitenden
die Räume für Entscheidung und Gestaltung zu öffnen. Diese wurden eben nur bedingt
genutzt. Selbst wenn das Commitment zur neuen Organisation klar formuliert ist, sind
die impliziten Gegen-Commitments, welche Immunität gegenüber Wandel (vgl. Kegan
& Lahey, 2009) erzeugen, immer noch aktiv. Dies gilt nicht nur, aber sicher verstärkt
für einen grundsätzlichen Prozessmusterwechsel, wie er durch die in der Fallstudie
beschriebene Transformation in die Wege geleitet wurde.

Insgesamt und abschließend möchten wir die für uns übergeordnete Hypothese
formulieren, dass ein Erfolgsfaktor bei der Transformation in Richtung auf eine agile
Organisation darin besteht, den Organisationsentwicklungsprozess selbst entschieden
mit den gleichen agilen Prinzipien auszugestalten, wie sie sich dann in der neuen
Organisation finden sollen. Prozess und angestrebtes Resultat sollten sozusagen selbst-
ähnliche Muster haben, um bereits im Prozess die neuen Muster der „Zielorganisation"
einüben zu können. In der Fallstudie wurde diese anzustrebende Selbstähnlichkeit
zwischen Prozess und Resultat zwar in Ausschnitten (z. B. mittels Retrospektiven)
umgesetzt, war jedoch nicht zentrales Element des Change-Designs selbst. Für unsere
eigene Praxis und Forschung ist dies vielleicht die zentrale Erkenntnis aus einer insgesamt äußerst spannenden und erkenntnisreichen Kooperation.

Literatur

Abrahamsson, M.; Erbacher, K.; Müller, F., & Nussbaumer, N. (2020). *Entwicklung und
Anwendung eines Prototyps eines Beobachtungsinstruments für Holacracy-Sitzungen.*
Unveröff. Bericht einer Forschungswerkstatt im Rahmen des Masterstudiengangs in
Angewandter Psychologie an der Fachhochschule Nordwestschweiz.

Argyris, C. (1990). *Overcoming Organizational Defenses.* Prentice-Hall.

Avolio, B. J., Walumbwa, F., & Weber, T. J. (2009). Leadership: Current theories, research, and
future directions. *Annual Review of Psychology, 60,* 421–449.

Bledow, R., Frese, M., Anderson, N., Erez, M., & Farr, J. (2009). A dialectic perspective on
innovation: conflicting demands, multiple pathways, and ambidexterity. *Industrial and
Organizational Psychology, 2,* 305–337.

Clases, C., Ryser, T., & Jeive, M. (2008). Prozessvertrauen. „Missing-Link" zwischen inter-
personalem Vertrauen und Systemvertrauen. *Wirtschaftspsychologie, 10*(1), 20–26.

Clases, C., & Frei, F. (2012). Führung in Balance-kritischer Entwicklung. *Wirtschaftspsychologie*
(Heft 2), 4–13.

Clases, C. (2013). Vertrauen. In M. A. Wirtz (Hrsg.), *Dorsch. Lexikon der Psychologie* (16. Aufl.,
S. 1639). Verlag Hans Huber.

Clases, C. (2018). Ernst nehmen – nicht hyperventilieren! Agile Führung und Zusammenarbeit in der digitalen Transformation aus arbeits- und organisationspsychologischer Sicht. *Handelszeitung/Schweizer Versicherung* (04/18), 42–44.

Denison, D. R., & Mishra, A. K. (2006). Towards a theory of organizational culture and effectiveness. *Organization Science, 6*(2), 202–223.

Engeström, Y. (1987). *Learning by Expanding. An activity-theoretical approach to developmental research*. Orienta-Konsultit.

Engeström, Y. (1990). *Learning, Working and Imagining. Twelve studies in activity theory*. Orienta-Konsultit.

Felfe, J. (2012). *Arbeits- und Organisationspsychologie 2: Führung und Personalentwicklung*. Kohlhammer.

Geertz, C. (2015). *Dichte Beschreibung. Beiträge zum Verstehen kultureller Systeme*. Suhrkamp.

Gibson, C. B., & Birkinshaw, J. (2004). The antecedents, consequences, and mediating role of organizational ambidexterity. *Academy of Management Journal, 47*(2), 17.

Gray, D. (2012). *The connected company*. O'Reilly Media.

Hofert, S. (2018). *Agiler führen – Einfache Maßnahmen für bessere Teamarbeit, mehr Leistung und höhere Kreativität* (2. Aufl.). Springer Gabler.

Jales Hon, M. (2020). *Agile Arbeitselemente in der Praxis. Evaluation eines Organisationsentwicklungsprozesses*. Unveröffentlichte Masterarbeit im Rahmen des Masterstudiengangs in Angewandter Psychologie. Fachhochschule Nordwestschweiz, Olten, Schweiz.

Kegan, R., & Lahey, L. L. (2009). *Immunity to change*. Harvard Business Review Press.

Kruse, P. (2004). *next practice. Erfolgreiches Management von Instabilität. Veränderung durch Vernetzung*. GABAL.

Laloux, F. (2014). *Re-inventing organizations*. Nelson Parker.

Lewin, K. (1948). Tatforschung und Minderheitenprobleme. In: Gertrud Weiß Lewin (Hrsg.): *Die Lösung sozialer Konflikte*. Christian Verlag.

Luhmann, N. (1997). *Die Gesellschaft der Gesellschaft*. Suhrkamp.

Luhmann, N. (2000). *Organisation und Entscheidung*. Springer VS.

Luhmann, N. (2014). *Vertrauen. Ein Mechanismus der Reduktion sozialer Komplexität* (5. Aufl.). UVK.

Majkovic, A.-L., Gundrum, E., Benz, S. M., Dzsula, N., & Huber, R. (2019). *IAP Studie 2019. Agile Arbeits- und Organisationsformen in der Schweiz. Ergebnisse der qualitativen Interviews*. Institut für Angewandte Psychologie der Zürcher Hochschule für Angewandte Wissenschaften.

Neuberger, O. (2002). *Führen und führen lassen* (6. Aufl.). Enke.

Oesterreich, R. (1981). *Handlungsregulation und Kontrolle*. Urban & Schwarzenberg.

Oestereich, B., & Schröder, C. (2017). *Das kollegial geführte Unternehmen: Ideen und Praktiken für die agile Organisation von morgen*. Vahlen.

Quinn, R. E., & Rohrbaugh, J. (1983). A spatial model of effectiveness criteria: Towards a competing values approach to organizational analysis. *Management Science, 29*(3), 363–377.

Robertson, B. J. (2014). *Holacracy. The new management system for a rapidly changing world*. Henry Holt & Co.

Slogar, A. (2020). *Die agile Organisation* (2. Aufl.). Hanser.

Stellman, A., & Greene, J. (2019). *Agile Methoden von Kopf bis Fuß* (7. Aufl.). O'Reilly.

Wegge, J., & von Rosenstiel, L. (2007). Führung (S. 475–512). In H. Schuler (Hrsg.), *Lehrbuch Organisationspsychologie* (4. Aufl.). Huber.

Wottawa, H. (1998). *Lehrbuch Evaluation*. Hans Huber Verlag.

Wygotski, L. S. (1992). *Geschichte der höheren psychischen Funktionen*. LIT Verlag.

Zeuch, A. (2015). *Alle Macht für niemand. Aufbruch der Unternehmensdemokraten*. Murmann Publishers.

Prof. Dr. Christoph Clases ist Geschäftsführer der AOC Unternehmensberatung. Seine Arbeitsschwerpunkte liegen in den Themen Führung, Zusammenarbeit und Organisationsentwicklung. Als Arbeits- und Organisationspsychologe lehrt Christoph Clases an verschiedenen Schweizer Hochschulen.

Manuela Jales Hon hat im Juli 2020 den Master of Science in Angewandter Psychologie an der Fachhochschule Nordwestschweiz erfolgreich abgeschlossen. Ihre Studienschwerpunkte liegen in der Arbeits-, Organisations- und Personalpsychologie. Aktuell ist sie als Personalentwicklerin in der IT-Branche tätig.

Martin Steffen ist Arbeits- und Organisationspsychologe und erforschte mehrere Jahre an der Hochschule für Angewandte Psychologie FHNW organisationale Arbeitsbedingungen. Aktuell berät er für die Offconsult AG zahlreiche Firmen bei „New Work" – der Ausgestaltung und Weiterentwicklung ihrer räumlichen, technischen und organisationalen Umwelt.

Personalentwicklung in Kindertageseinrichtungen – Fallstudie eines kommunalen Trägers

10

Petra Strehmel

Inhaltsverzeichnis

Zusammenfassung

Träger von Kindertageseinrichtungen sind angesichts des Fachkräftemangels im Arbeitsfeld der Frühen Bildung herausgefordert, qualifiziertes Personal zu gewinnen und zu binden, um eine exzellente pädagogische Qualität in ihren Einrichtungen zu gewährleisten. Die Trägerlandschaft ist heterogen, ein knappes Drittel der Kindertageseinrichtungen wird von Kommunen betrieben. Öffentliche Träger arbeiten im

P. Strehmel (✉)
Hochschule für Angewandte Wissenschaften, Hamburg, Deutschland
E-Mail: petra.strehmel@haw-hamburg.de

© Der/die Autor(en), exklusiv lizenziert an Springer Fachmedien Wiesbaden GmbH, ein
Teil von Springer Nature 2022
G. Richenhagen und M. Dick (Hrsg.), *Public Management im Wandel*, FOM-Edition,
https://doi.org/10.1007/978-3-658-36663-6_10

Hinblick auf das Personalmanagement tendenziell weniger professionell als freie Träger, was auf effizientere Unterstützungsstrukturen für die freien Träger durch Wohlfahrtsverbände zurückgeführt wird. In einer qualitativen multiplen Fallstudie wurden auf der Grundlage eines tätigkeitstheoretischen Modells Arbeitssysteme der Personalentwicklung bei vier Kita-Trägern empirisch untersucht. Der kommunale Träger entwickelte eine Strategie der „Markenbildung", um in der Konkurrenz zu freien Trägern seine Attraktivität als Arbeitgeber zu erhöhen. Ziel war es, den Wiedererkennungswert des Trägers und das Profil der Kitas zu schärfen sowie den Ruf der Kommune im Hinblick auf die Arbeitsbedingungen für das Kita-Personal zu verbessern. Der kommunale Träger näherte sich damit den Organisationskulturen freier Träger an, die meistens durch ein hohes Maß an Partizipation der Beschäftigten und eine stärkere Identifikation mit dem Träger gekennzeichnet sind.

Schlüsselwörter

Kommunen · Municipalities · Arbeitgeberattraktivität · Employer Attractiveness · Kindertageseinrichtungen · Daycare Centres · Personalentwicklung · Markenbildung · Personnel Development

▶   **Abstract**

In view of the lack of skilled workers in the field of Early Childhood Education, providers of day-care centers for children are challenged to recruit and retain qualified staff in order to guarantee excellent pedagogical quality in their centers. The provider landscape is heterogeneous; almost a third of the day-care centers are operated by municipalities. Public providers tend to work less professionally than independent agencies in terms of personnel management, which is attributed to more efficient support structures for the independent institutions by welfare associations. In a qualitative multiple case study, work systems of personnel development in four daycare providers were empirically examined on the basis of an activity-theoretical model. The municipal provider developed a strategy of "branding" in order to increase its attractiveness as an employer in competition with independent organizations. The aim was to sharpen the recognition value of the provider and the profile of the daycare centers as well as to improve the reputation of the municipality with regard to the working conditions for the daycare center staff. The municipality thus approached the organizational cultures of independent providers, which are usually characterized by a high degree of participation of the employees and a stronger identification with the organization.

10.1   Einleitung und theoretischer Bezugsrahmen

Frühkindliche Bildung, Betreuung und Erziehung sind Auftrag des SGB VIII (§ 22 ff.) im Rahmen der Kinder- und Jugendhilfe. Frühe Bildung findet statt in öffentlicher Verantwortung, das heißt gefördert und kontrolliert durch den jeweils zuständigen öffentlichen Kinder- und Jugendhilfeträger (vgl. Hoffmann, 2018). Etwa ein Drittel der über 57.000 Kindertageseinrichtungen in Deutschland wird von Kommunen betrieben, die als öffentliche Träger zugleich die Aufsichtsfunktion für alle Kindertageseinrichtungen in ihrem Verantwortungsbereich innehaben. Zwei Drittel der Kita-Träger werden von freien – meist gemeinnützigen – Trägern betrieben (vgl. Strehmel & Overmann, 2018, S. 18). Innerhalb aller Trägergruppen zeigt sich eine große Heterogenität hinsichtlich pädagogischer Konzeptionen sowie der Größe und Professionalität von Trägern und Einrichtungen. Nach dem Subsidiaritätsprinzip dürfen Kommunen erst als Betreiber eigener Kindertageseinrichtungen tätig werden, wenn freie Träger kein ausreichendes Angebot an Kita-Plätzen zur Verfügung stellen können. Jedoch stehen kommunale Träger im Wettbewerb mit freien Trägern, wenn es beispielsweise in einer Situation des Fachkräftemangels um die Gewinnung und Bindung von Fachpersonal für die Kindertageseinrichtungen geht. Kommunale Träger stehen zudem ebenso wie freie Träger unter einem Professionalisierungsdruck, der u. a. durch die Bildungsprogramme der Länder und Elternanfragen forciert wird (vgl. Cloos, 2016).

Damit stellt sich die Frage, wie Kommunen als Träger und Betreiber von Kindertageseinrichtungen Personalentwicklung gestalten und inwieweit sie sich darin von freien Trägern unterscheiden. Welche neuen Wege schlagen Kommunen ein, um die Herausforderungen insbesondere in der Personalgewinnung und -bindung zu bewältigen?

Im Folgenden wird auf der Basis einer qualitativen Fallstudie (vgl. Strehmel & Overmann, 2018) exemplarisch gezeigt, wie ein kommunaler Kita-Träger einer mittelgroßen Stadt die Personalentwicklung für die Fach- und Leitungskräfte in seinen Kindertageseinrichtungen ausrichtet, um Personal zu gewinnen, zu binden und professionell weiterzuentwickeln.

10.1.1 Trägeraufgaben und Trägerlandschaft: Stand der Forschung

Als Aufgaben von Trägern von Kindertageseinrichtungen wurden in einer standardisierten Befragung mit 2318 Rechtsträgern (vgl. Kalicki, 2003) zehn Bereiche identifiziert: Neben arbeitsfeldtypischen Aufgaben der Kindertagesbetreuung wie die Entwicklung der pädagogischen Qualität, die Konzeptionsentwicklung und die Kooperation mit den Eltern gehören dazu das Finanzmanagement, das Personalmanagement, das Management der Bau- und Sachausstattung und die Öffentlichkeitsarbeit. Hinzu kommen die Organisations- und Dienstleistungsentwicklung sowie die Angebots- und Bedarfsplanung. Die Aufgaben sind arbeitsfeldspezifisch geprägt (z. B. durch die Kita-Finanzierung im sozialrechtlichen Leistungsdreieck, bauliche

Vorschriften für Kindertageseinrichtungen, eine zielgruppenspezifische, auf Eltern ausgerichtete Öffentlichkeitsarbeit usw.) und sind eng miteinander verzahnt. Die Arbeitsteilung zwischen Trägern und Leitungskräften ist dabei nicht festgelegt, sondern wird je spezifisch ausgehandelt (vgl. Oberhuemer et al., 2003).

Kleine Träger mit nur einer oder wenigen Einrichtungen und manchmal auch mittelgroße Träger werden häufig von ehrenamtlichen, nicht fachlich versierten Personen geleitet bzw. verantwortet. Dies gilt für alle Trägergruppen gleichermaßen: Ehrenamtliche Bürgermeisterinnen und Bürgermeister kleinerer Kommunen, Pfarrer und kirchliche Gremien oder Vorstände kleiner und mittlerer gemeinnütziger Vereine sind als Rechtsträger und Arbeitgeber verantwortlich für das Betreiben von Kindertageseinrichtungen bzw. von Sozialunternehmen mit verschiedenen Angeboten im Bildungs-, Sozial- und Gesundheitsbereich. Häufig, aber nicht zwingend, besitzen die ehrenamtlichen Führungskräfte Kompetenzen in Teilbereichen, die für die verantwortungsvolle Ausübung der Trägerrolle von Bedeutung sind, beispielsweise durch ihre beruflichen Qualifikationen, Berufserfahrungen oder vorherige ehrenamtliche Tätigkeiten (vgl. Beher et al., 2008). Mittlere und größere Träger verfügen häufiger über hauptamtliche Geschäftsführungen, während kleinere Träger (z. B. Elterninitiativen) ihre Verwaltung und den Zugang zu Fachberatung sowie zu spezifischer Fort- und Weiterbildung für das Kita-Personal oft über die Zugehörigkeit zu Dachverbänden (Spitzenverbänden der Wohlfahrtspflege, Elterninitiativ-Verbänden usw.) mit entsprechenden fachspezifischen Angeboten und Dienstleistungen organisieren (vgl. Falkenhagen et al., 2017; Strehmel & Overmann, 2018). Unklar ist, inwieweit Kommunen auf solche fachspezifischen Angebote in ihren Verbänden zurückgreifen können.

Die Trägergruppen sind in sich sehr heterogen und auch zwischen den Gruppen finden sich kaum systematische strukturelle Unterschiede (vgl. Autorengruppe Fachkräftebarometer, 2019). Kommunen als Träger von Kindertageseinrichtungen unterscheiden sich beispielsweise erheblich voneinander hinsichtlich ihrer Größe und ihrer Verwaltungsstrukturen, sodass auch hier die Arbeitsteilung zwischen Träger und Leitungskräften in heterogenen Mustern zu beobachten ist. Insbesondere große Kommunen haben manchmal Eigenbetriebe gegründet, welche Kindertageseinrichtungen mit eigener Verwaltung und Fachkultur betreiben.

Damit stellt sich die Frage, ob sich – angesichts unterschiedlicher Organisationskulturen – typische Muster in den Personalentwicklungsstrategien zwischen den Trägergruppen zeigen. Nur wenige einschlägige Studien treffen Aussagen zu dieser Frage.

Im Mittelpunkt des Projekts KONTI („Kontinuierliche Erwerbstätigkeit in der Kindertagesbetreuung", Klaudy et al., 2016) stand die Frage, wie geeignete personalwirtschaftliche Konzepte für Kindertageseinrichtungen gestaltet werden können, um den demografischen Herausforderungen angemessen begegnen zu können (vgl. Klaudy et al., 2016, S. 7). Dazu wurden 22 Träger von Kindertageseinrichtungen in drei Bundesländern befragt, darunter acht Kommunen. Bei allen befragten Trägern in dieser Studie war die Gesamtverantwortung für Organisation und Management der

Kindertageseinrichtungen – einschließlich des Personaleinsatzes, der Personalführung und Vertretungsregelungen bei Personalausfällen – an die Kita-Leitungskräfte delegiert.

Die AQUA-Studie („Arbeitsplatz und Qualität in Kitas", Schreyer et al., 2014) untersuchte Arbeitszufriedenheit, Commitment und Belastungen in Kindertageseinrichtungen in Abhängigkeit von Merkmalen der Träger, der Einrichtungen sowie individuellen Merkmalen der Befragten. In einer repräsentativen Stichprobe wurden 1556 Kita-Leitungen, 5050 pädagogische Mitarbeiterinnen und Mitarbeiter ohne Leitungsverantwortung sowie 1524 Trägervertretungen standardisiert befragt. Auch hier zeigten sich hinsichtlich der Arbeitsbedingungen (Gehalt, Befristung usw.) kaum systematische Unterschiede zwischen den Trägergruppen. Die Kommunen setzten jedoch seltener als die freien (konfessionellen und nicht konfessionellen) Träger spezifische Qualifikationen für das Leitungspersonal voraus. Sie verfügten seltener über Stellenbeschreibungen für die Fach- und Leitungskräfte in den Kindertageseinrichtungen (vgl. Schreyer et al., 2014, S. 168) und weniger häufig über Zertifizierungen im Rahmen des Qualitätsmanagements etwa durch Gütesiegel. Auch im Personalmanagement zeigten sich Unterschiede: Im Vergleich zu freien Trägern befragten Kommunen ihre Mitarbeiterinnen und Mitarbeiter weniger regelmäßig nach ihren Wünschen. Sie honorierten gute Leistungen weniger häufig durch einen Zuwachs an Verantwortung, sondern eher durch (einmalige) finanzielle Zulagen (vgl. Schreyer et al., 2014, S. 171). Die kommunalen Träger ermittelten die Fortbildungsbedarfe ihres Personals weniger oft in systematischer Weise, z. B. durch Mitarbeitergespräche (vgl. Schreyer et al., 2014, S. 180).

In einer neueren bundesweiten Studie zur Personalgewinnung, Personalentwicklung und Personalbindung in Kindertageseinrichtungen (vgl. Geiger, 2019) wurden 1431 Kitas standardisiert befragt (vgl. Geiger, 2019, S. 13). Auch hier wurden Personalentwicklungsaufgaben in erheblichem Umfang an die Einrichtungsleitungen delegiert. „Diese sind in fast allen Kindertageseinrichtungen in Aufgaben der Personalentwicklung einbezogen und nicht selten überwiegend oder voll dafür verantwortlich." (Geiger, 2019, S. 63) Ähnlich wie in der AQUA-Studie zeigte sich, dass die Klärung der Arbeitsteilung zwischen Trägern und Leitungskräften bei Kommunen weniger ausgeprägt ist als bei den freien Trägern (vgl. Geiger, 2019, S. 63). Es fanden sich auch hier kaum systematische strukturelle Unterschiede zwischen den Trägergruppen der kommunalen, freien und privat-gewerblichen Betreiber von Kindertageseinrichtungen. Einzig die Größe der Einrichtungen erwies sich in einigen Elementen der Personalentwicklung als bedeutsam, beispielsweise im Hinblick auf eigene Angebote der Fort- und Weiterbildung.

Fazit aus diesem Forschungsüberblick: Die bereits vorhandenen Studien zu Strukturen und Personalmanagementstrategien im Bereich der Kindertagesbetreuung zeigten eine große Heterogenität innerhalb, aber wenig systematische Unterschiede zwischen den Trägergruppen auf. Hinsichtlich des Personalmanagements zeigten die Kommunen nach den vorliegenden Befunden weniger Professionalität: Freie Träger arbeiteten häufiger als kommunale Träger der Kindertagesbetreuung nach professionellen Standards des Personalmanagements wie beispielsweise Stellenausschreibungen und Aufgabenklärung, systematischen Erhebungen der Fortbildungsbedarfe oder Mitarbeitergesprächen.

Dies überrascht zunächst angesichts des vermutlich höheren Anteils ehrenamtlicher Führungskräfte bei freien Trägern der Kinder- und Jugendhilfe und der damit verbundenen Vielfalt an Organisationskulturen und Führungsphilosophien. Kommunale Träger haben möglicherweise nicht immer die Möglichkeit, auf Angebote von Fachverbänden bzw. fachspezifische Netzwerke zurückzugreifen und weisen vermutlich deshalb auch weniger häufig Merkmale professioneller Personalentwicklung in ihren Kindertageseinrichtungen auf.

10.1.2 Personalentwicklung: Begriff und theoretisches Modell

Personalentwicklung beinhaltet „alle Maßnahmen der Bildung, der Förderung und der Organisationsentwicklung, die von einer Organisation oder Person zielorientiert geplant, realisiert und evaluiert werden" (Becker, 2009, S. 218). Dieser weite Begriff umfasst Lern- und Entwicklungsprozesse bei einzelnen Personen, in Teams wie auch in der gesamten Organisation. Daran anknüpfend wird Personalentwicklung hier aufgefasst als Gestaltung von Lerngelegenheiten und -anlässen für Fach- und Leitungskräfte, um zum einen professionelle Weiterentwicklung hinsichtlich der Qualität der pädagogischen Arbeit zu ermöglichen und zum anderen Arbeitszufriedenheit wie auch die Bindung an den Träger zu fördern. Sie umfasst neben der Fort- und Weiterbildung (als Personalentwicklung im engeren Sinne) auch die Personalgewinnung und -einarbeitung sowie die Personalführung und Personalbindung (vgl. Strehmel & Overmann, 2018).

Theoretische Basis zur Beschreibung der Maßnahmen und Handlungsstrategien zur Personalentwicklung ist ein tätigkeitstheoretisches Modell (vgl. Engeström, 2008), welches Arbeitssysteme über subjektive Ziele, Methoden und Maßnahmen, die Wissensbasis und gesetzliche Grundlagen sowie die Arbeitsteilung mit anderen organisationalen Einheiten beschreibt. Verschiedene Aufgabenfelder wie z. B. die Personalentwicklung können damit über die subjektiven Ziele der tätigen Personen, die Methoden, Arbeitsformen und Instrumente sowie die Wissensbasis und die Arbeitsteilung innerhalb des Trägers beschrieben werden (vgl. Abb. 10.1):

Ausgangspunkt ist die tätige Person (hier: die oder der Personalverantwortliche) mit ihren jeweiligen Qualifikationen und Erfahrungen, der subjektiv geprägten Auffassung ihrer Aufgaben im Bereich des Personalmanagements sowie individuellen Schwerpunktsetzungen. Mit ihrem Handeln verfolgt sie *Ziele* bzw. erwartet ein bestimmtes *Ergebnis* im Kontext der Personalentwicklung (z. B. im Hinblick auf die Qualität der pädagogischen Interaktionen oder die Arbeitszufriedenheit der pädagogischen Fachkräfte). Dabei bedient sie sich bestimmter *Instrumente und Methoden* (z. B. Teamtage mit Lerngelegenheiten durch kollegialen Austausch oder Personalgespräche).

Der Kontext, in dem das professionelle Handeln stattfindet, ist beeinflusst durch soziale und gesellschaftliche Faktoren: Dazu gehören *rechtliche Grundlagen und Gesetze,* z. B. das SGB VIII mit dem Auftrag der Bildung, Betreuung und Erziehung von

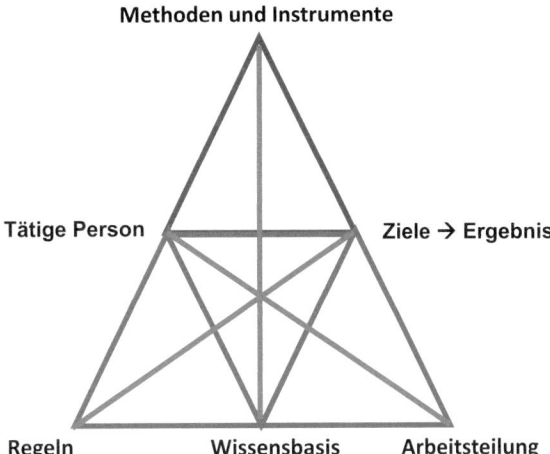

Abb. 10.1 Arbeitssysteme der Personalentwicklung. (Quelle: Eigene Darstellung in Anlehnung an Engeström, 2008)

Kindern im Rahmen der Kindertagesbetreuung (§ 22 SGB VIII) oder Bestimmungen aus dem Arbeitsschutzgesetz. Die fachliche Gemeinschaft stellt *Wissen* über Personalführung und Personalentwicklung (z. B. über Effekte kollegialen Austauschs) bereit, und die *Arbeitsteilung* ist durch formale Positionen sowie informelle Absprachen geregelt. Das Modell stellt die Elemente in ihrem Zusammenhang dar, sodass deutlich wird, wie sie miteinander zusammenhängen.

10.2   Empirische Methoden

Die Studie wurde als qualitative multiple Fallstudie (vgl. Yin, 2009) konzipiert, die folgende Elemente enthält (Abb. 10.2):

- einen theoretischen Bezugsrahmen, der für alle Fallstudien forschungsleitend ist,
- die theoriegeleitete Entwicklung von *Erhebungsinstrumenten* und die Auswahl der Fälle,
- einzelne *Fallstudien*, die auf der Grundlage des theoretischen Bezugsrahmens und vergleichbarer Erhebungsinstrumente konzipiert und durchgeführt werden,
- die *vergleichende Analyse* der Ergebnisse aus den einzelnen Fallstudien.

Zur Erforschung von Strukturen und Prozessen in Organisationen muss zwischen Untersuchungseinheiten und Untersuchungssubjekten unterschieden werden: *Untersuchungseinheiten* sind hier die Trägerorganisationen als Betreiber von Kindertageseinrichtungen. *Untersuchungssubjekte* sind die Personen, die bestimmte Positionen innerhalb der Organisation bekleiden und diese repräsentieren. In unserem Fall sind dies die in den Trägerorganisationen verantwortlichen Personen für die Personalentwicklung.

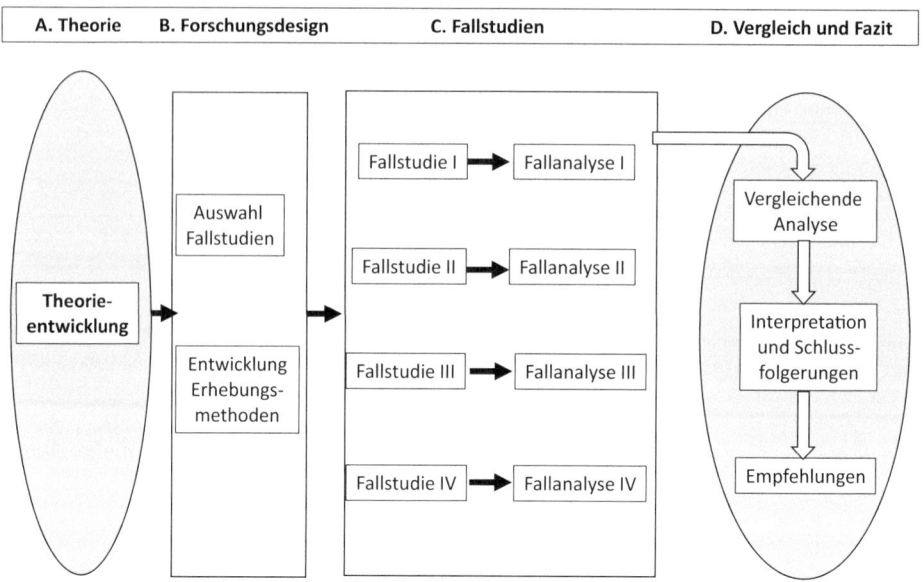

Abb. 10.2 Design der Studie. (Quelle: Strehmel & Overmann, 2018, S. 9)

Über die *Auswahl der Fälle* wurde nach einer Felderkundung zur Trägerlandschaft mit Dokumentenanalysen und Experteninterviews entschieden (ausführlich: vgl. Strehmel & Overmann, 2018, S. 28 ff.). Exemplarisch wurden eine Kommune, ein Sozialunternehmen eines frei-gemeinnützigen Trägers, ein kirchlicher Träger und eine Elterninitiative in unterschiedlichen Regionen in Deutschland ausgewählt. Der kommunale Träger lag in einer mittelgroßen Stadt mit einer eigenen Fachabteilung für Kindertagesbetreuung und ca. zehn eigenen Einrichtungen. Er steht exemplarisch für einen öffentlichen Betreiber von Kindertageseinrichtungen, der einer kommunalen Verwaltung angeschlossen sind. Die Auswahl der zu interviewenden Personen wurde entsprechend der Strukturen der jeweiligen Träger getroffen. Zuerst wurde die den Kita-Leitungen vorgesetzte Person befragt und anschließend weitere in die Personalentwicklung involvierte Fachleute, z. B. Leitungskräfte und Fachberatungen.

Erhebungsmethoden waren neben Dokumentenanalysen leitfadengestützte, qualitative Interviews mit Fragen, die sich am theoretischen Bezugsrahmen orientierten. Themen der Interviews waren u. a. die jeweiligen Strategien, um Personal zu gewinnen, zu halten und professionell weiterzuentwickeln.

Das qualitative Material wurde entlang der theoretischen Kategorien inhaltsanalytisch aufbereitet (vgl. Miles et al., 2014). Die qualitativen Aussagen wurden deduktiv herausgearbeitet, strukturiert nach den theoretischen Kategorien aus dem Modell von Engeström. Dabei wurden die qualitativen Aussagen nach den jeweiligen Aufgaben und subjektiven Zielen, den Methoden, Instrumenten und Maßnahmen sowie nach der Arbeitsteilung mit internen und externen Kooperationspartnerinnen und -partnern sortiert. Die Aussagen wurden für die verschiedenen Bereiche der Personalentwicklung (Personalgewinnung, -auswahl und -einarbeitung, Personalführung und -bindung sowie der Personalentwicklung im engeren Sinne) verdichtet. Damit konnten Instrumente und Strategien der Personalentwicklung bei den einzelnen Trägern theoriegeleitet beschrieben und vergleichend analysiert werden.

10.3 Ergebnisse

10.3.1 Strukturen und Rahmenbedingungen für das Personalmanagement beim kommunalen Träger

Der untersuchte kommunale Träger einer mittelgroßen Stadt im Westen Deutschlands verfügte über eine eigene Fachabteilung für die Kindertageseinrichtungen, in welcher neben einer Einheit zur Betreuung der einzelnen Kita-Standorte Unterabteilungen für Verwaltung und Fachberatung existierten. Die Fachberatung war für alle Kindertageseinrichtungen in der Stadt zuständig, also auch für die der freien Träger.

Die Kindertageseinrichtungen arbeiteten nach Aussagen der befragten Führungskraft und von Kita-Leitungen weitgehend autonom mit je eigenen pädagogischen Konzepten. Zwischen der Leitung der Fachabteilung und den einzelnen Leitungskräften fänden jährlich Personalgespräche statt, während Gespräche mit den Mitarbeitenden in den Einrichtungen an die Leitungen delegiert wären. Hinsichtlich der Arbeitsteilung zwischen dem kommunalen Träger und den Kita-Leitungskräften wurden nach den Schilderungen der Befragten Verwaltungsaufgaben überwiegend von der entsprechenden Organisationseinheit beim Träger übernommen. Bei der Qualitätssicherung und Qualitätsentwicklung würden sie durch die Fachberatung unterstützt und könnten ein Gütesiegel durch einen externen Anbieter erwerben.

Bei der Personalbeschaffung und -auswahl waren – nach den Aussagen der Befragten – die Führungskraft der Fachabteilung, die Personalverwaltung, der Personalrat sowie zwei Leitungskräfte stellvertretend für die Einrichtungen beteiligt. Da die Passung neuer pädagogischer Fachkräfte in das jeweilige Kita-Team von hoher Bedeutung sei, würde – auf Forderung der Leitungskräfte – neuerdings darauf geachtet, dass die Kita-Leitung, für deren Einrichtung eine neue Kraft eingestellt werden sollte, beteiligt sei. Ein neues verbindliches Verfahren sei noch in der Entwicklung.

Alle neuen Leitungskräfte seien verpflichtet zur Teilnahme an einer Führungskräfteschulung, die für neue Führungskräfte in der Stadtverwaltung – Abteilungsleitungen des Finanzamtes, die Leitung der Feuerwehr usw. – angeboten würde. Dort würden sie vor allem zu Aspekten der Personalführung unterrichtet, doch werde nicht auf arbeitsfeldspezifische Anforderungen eingegangen.

Für die Fortbildungsplanung für das Kita-Personal würden die Bedarfe der Kindertageseinrichtungen abgefragt. Entscheidungen über die Auswahl, gegebenenfalls Ergänzungen im Programm sowie die Bewilligung von Anträgen zur Teilnahme an

Fortbildungen würden von der Abteilungsleitung gemeinsam mit der Fachberatung getroffen. Fortbildungen seien für das Kita-Personal in der Regel kostenlos, die Freistellung erfolge im Rahmen der gesetzlichen Regelungen (vgl. Strehmel & Overmann, 2018, S. 38).

10.3.2 „Markenbildung" und Profilierung als Maßnahmen der Personalgewinnung und -bindung

Im Mittelpunkt der Personalentwicklungsmaßnahmen in der Kommune stand nach Aussagen der befragten Führungskraft die Positionierung des Trägers als attraktiver Arbeitgeber. Vor dem Hintergrund des Fachkräftemangels gehe es darum, *„dass letztendlich in der Konkurrenz vieler Träger wir mehr präsent sein müssen auch bei denen, die ins Feld kommen und bei denen, die zurückkommen"* (Strehmel & Overmann, 2018, S. 39).

Die Anziehungskraft der Kommune als öffentlichem Arbeitgeber habe nachgelassen: *„Unsere Mitarbeiterinnen, die sind früher mal ganz dankbar gewesen, im öffentlichen Dienst tätig zu sein (…), weil dieses plakative: ‚Im öffentlichen Dienst bist du unkündbar, im öffentlichen Dienst kannst du bis zu deiner Verrentung in Ruhe arbeiten', immer so dastand. Und wir haben aber gemerkt, dass das nicht mehr das Pfund ist, das die Leute haben wollen, sondern die haben andere Schwerpunkte."* (Strehmel & Overmann, 2018, S. 39).

Mit einer „Markenbildung" wolle die Kommune ihre Anziehungskraft für potenzielle neue Kita-Mitarbeitende ausbauen:

> *„Man kannte die AWO-Kitas, man kannte die kirchlichen Kitas, man kannte die Rote-Kreuz-Kita (…). Da ging man selten in die Kita, sondern man ging zum Roten Kreuz, man ging zur Kirche. Bei der Stadt ging man oft zu der Kita. Und dieses ‚Stadt A' dahinter, das fehlte uns. Und wir sind jetzt seit zwei Jahren dabei zu sagen, wir wollen versuchen in eine Marke reinzukommen. Wir wollen mit unseren Kollegen versuchen das hinzukriegen, dass sie sich mehr identifizieren mit dem Arbeitgeber, denn alleine nur mit der Einrichtung."* (Strehmel & Overmann, 2018, S. 39)

Dazu gehörten Veranstaltungen, bei denen neuen Fachkräften Wertschätzung entgegengebracht werden sollte, z. B. bei „Willkommensworkshops": *„Dass die überhaupt mal wissen: Wie ist das eingebunden? Die hier in die Zentrale kommen, um mal zu gucken: Wo sitzen die Menschen eigentlich und so? Das ist sehr gut angekommen bei unseren Kollegen, bei den neuen Kollegen, die hinterher in so einer kleinen Evaluation mal gesagt hatten: Das hätten sie sich gar nicht vorgestellt, weil die haben sich beworben für die Kita und nicht für dieses System."* (Strehmel & Overmann, 2018, S. 41).

Damit sich auch die Fach- und Leitungskräfte, die bereits längere Zeit beim städtischen Träger tätig waren, wahrgenommen und wertgeschätzt fühlten und ihre Arbeitgeber als große Organisation mit Identifikationspotenzial erleben konnten, wurde nach der Schilderung der Führungskraft ein regelmäßiger Neujahrsempfang initiiert. Eine weitere Gelegenheit zum Austausch und zum gemeinsamen Lernen boten gemeinsame Fortbildungswochenenden aller in den Kitas Beschäftigten mit positiver Resonanz für dieses einrichtungsübergreifende, stadtinterne Angebot: *„Dass sie mit ganz vielen Kollegen aus anderen Kitas zusammengekommen sind, dass sie viel mitgenommen haben, viele Menschen kennengelernt haben, die für uns arbeiten."* (Strehmel & Overmann, 2018, S. 41).

Eine weitere Strategie, die Identifikation der Mitarbeitenden zu stärken, war eine Gesamt-Dienstbesprechung des Arbeitsfeldes in der Kommune: *„Wir haben seit drei Jahren jetzt eine regelmäßige Dienstversammlung des gesamten Bereiches – wo dann in einem Riesensaal zwar 250 Leute zusammenkommen, wir aber merken, dass sie damit die Identifikation anders aufbauen. Weil sie kommen zusammen, sie treffen Menschen, mit denen sie zusammen arbeiten irgendwo. Sie treffen unsere Verwaltungskräfte, unsere Kindertagespflegekräfte; sie lernen, sehen sich anders."* (Strehmel & Overmann, 2018, S. 42).

10.3.3 Neue Wege in der Führung und Entwicklung der Kita-Leitungskräfte

In monatlichen halbtägigen Besprechungen aller Leitungskräfte und ihrer Stellvertretungen wurden Informationen weitergegeben sowie Konzepte zur Weiterentwicklung der Einrichtungen diskutiert bzw. Spezialaufgaben in Arbeitsgruppen bearbeitet. Zudem wurde Raum gegeben für Austausch und kollegiale Beratung. Diese partizipative Ausgestaltung des Leitungskreises hatte die eher formal gestalteten Dienstbesprechungen zwischen Abteilungsleitung und Leitungskräften abgelöst:

> *„Wir wollen das Wir stärken."* (…) *„Was können wir tun, damit wir auch wirklich alle im Gespräch sind? Dass keiner alleine ist. Dass, wenn Sorgen und Probleme sind, wenn jemand Rat braucht, wenn jemand Unterstützung braucht; dass er uns nicht wegrutscht, sondern dass er sich in diesem System durch kollegiale Beratung, durch einen freundschaftlichen Hinweis dann auch gestärkt fühlt und sich auch traut. Und das ist auf einem guten Weg."* (Strehmel & Overmann, 2018, S. 43)

Zu Markenbildung gehöre auch die Entwicklung eines pädagogischen Rahmenkonzepts: *„Der Wunsch der Führungsebene hier war, wenn wir über Marke Kita reden – ein einheitliches pädagogisches Konzept, was es zurzeit auch nicht gibt, als Träger darzulegen. (…) Wir wollen, dass der pädagogische Ansatz der städtischen Kindertagesstätten ein einheitlicher ist, damit auch die Mitarbeiter wissen, welche Richtung sie im Grunde mit uns vertreten. Damit die Eltern wissen: Was wird in der Kita gelebt?"* (Strehmel & Overmann, 2018, S. 42).

Dieses Vorhaben war auch durch die Entwicklungen und Vorgaben durch die Bildungsprogramme des Landes motiviert. *„Wir werden das jetzt überholen müssen mit der Frage: Wie gehe ich mit Kinderschutz um? Wie gehe ich mit Rechten der Kinder* *um? Wie gehe ich mit Partizipation um? Wie gehe ich mit Beschwerdemanagement um? Und da ist so ein Punkt, wo wir ganz klar sagen: ‚Da werden wir Vorgaben machen.'"* (Strehmel & Overmann, 2018, S. 42).

Damit verband sich ein klarer Führungsanspruch der Trägerebene, um das Handeln der Leitungskräfte stärker als bisher sichtbar zu machen, verbindlich zu regeln und damit auch zu professionalisieren. In den Kindertageseinrichtungen stieß dieses Anliegen nach den Aussagen der befragten Führungskraft bei den Fach- und Leitungskräften auf Skepsis und Widerstand, da diese ihre Autonomie wie auch ihre Autorität als Führungskraft gegenüber ihrem Team infrage gestellt sähen. Dies war der Abteilungsleitung bewusst: *„Da brechen wir im Grund eine ganz alte Kultur auf."* Bisher sei die Qualität der pädagogischen Arbeit in den Kindertageseinrichtungen Ergebnis des je individuellen Engagements und der Freiwilligkeit der jeweiligen Leitungskräfte gewesen und dies weitgehend ohne Einmischung des Trägers. Nun sei – auch im Zuge der „Markenbildung" – eine größere Verbindlichkeit und Professionalisierung erforderlich: *„Wir fangen an, diese Fragen zu stellen. Und wir fangen an, einen Weg zu gehen."* (Strehmel & Overmann, 2018, S. 42) Dabei wurde versucht, die Leitungskräfte durch die Partizipation bei der Erarbeitung des Leitbildes einzubinden und zu motivieren.

10.4 Diskussion

In diesem Beitrag wurde exemplarisch gezeigt, wie ein kommunaler Kita-Träger einer mittelgroßen Stadt die Personalentwicklung für die Fach- und Leitungskräfte in seinen Kindertageseinrichtungen ausrichtet. Personalentwicklung wurde dabei in einem weiten Sinne verstanden als ein Bündel von Maßnahmen, die den Beschäftigten Lern- und Entwicklungsmöglichkeiten eröffnen. Entlang der theoretischen Dimensionen des Modells von Engeström wurde herausgearbeitet, mit welchen Maßnahmen und Instrumenten der kommunale Träger die Gewinnung, Führung und professionelle Weiterentwicklung des Personals gestaltet, um einerseits – mit Blick auf die Konkurrenz um Fachkräfte – pädagogisches Personal zu gewinnen und zu binden und andererseits den gewachsenen Professionalisierungsansprüchen gerecht zu werden.

Die Ergebnisse können angesichts der großen Heterogenität in der Trägerlandschaft der Kindertagesbetreuung nicht repräsentativ sein. Doch weisen sie auf eine Tendenz hin, dass kommunale Träger in der Personalentwicklung neue Wege beschreiten, um sich auf dem Markt der Kindertagesbetreuung gegenüber freien Trägern behaupten zu können.

Die wenigen, meist quantitativen Studien zur Personalentwicklung im Arbeitsfeld der Kindertagesbetreuung deuten darauf hin, dass Kommunen als Träger von Kindertageseinrichtungen weniger professionell arbeiten als freie Träger, wobei innerhalb aller Trägergruppen von einer großen Streuung auszugehen ist (vgl. Geiger, 2019).

Angesichts des Fachkräftemangels im Arbeitsfeld der Kindertagesbetreuung entwickelte der untersuchte Träger Strategien im Sinne einer „Markenbildung", mit der er sich als attraktiver Arbeitgeber in Konkurrenz zu anderen Trägern darstellen wollte. Die Kommune sah sich einem Arbeitsmarkt gegenüber, in welchem die Vorteile einer Beschäftigung im öffentlichen Dienst an Anziehungskraft verloren hätten. Ein gutes Arbeitsklima, Wertschätzung und berufliche Lern- und Entfaltungsmöglichkeiten – nicht nur vertikal im Sinne eines beruflichen Aufstiegs, sondern auch horizontal im Sinne inhaltlicher Spezialisierung und Vertiefung – seien wichtiger geworden. Wertschätzende Einarbeitungsmaßnahmen für neue Kräfte sowie Gelegenheiten für die Beschäftigten, sich selbst als Angehörige einer großen Organisation wahrzunehmen, sich auszutauschen und einrichtungsübergreifend kennenzulernen, sollten dazu beitragen, das Kita-Personal an den kommunalen Träger zu binden. Weitere Maßnahmen, um das Identifikations-potenzial zu erhöhen, waren Anlässe zur professionellen Weiterentwicklung durch Partizipation. Die Kita-Leitungskräfte wurden im regelmäßig stattfindenden Leitungs-kreis auf der Trägerebene in der Stadtverwaltung eingebunden in Prozesse der konzeptionellen Weiterentwicklung des Fachbereichs. Durch die Teamentwicklung im Leitungskreis konnten sie darüber hinaus kollegiale Beratung erhalten und erfuhren in Krisensituationen Unterstützung durch Kolleginnen und Kollegen.

An zwei hier dargestellten Verfahrensweisen zeigten sich Reibungspunkte zwischen kommunalen Praktiken und der Kultur in den Kindertageseinrichtungen, durch die sich die Leitungskräfte in ihrer Autonomie eingeschränkt fühlten: bei der Personalauswahl und bei der Entwicklung eines gemeinsamen Leitbildes für den Träger:

- Das Verfahren der Personalauswahl stellte bisher nicht sicher, dass die Leitungskräfte in Personalentscheidungen über neue pädagogische Fachkräfte für ihre Einrichtung eingebunden waren. Dies ist bei freien Trägern – und auch bei anderen kommunalen Trägern – selbstverständlicher, da die Kooperation im Team als entscheidender Faktor für die Qualität der pädagogischen Arbeit in den Kindertageseinrichtungen gesehen wird. Kitas unterscheiden sich als dezentrale Kleinbetriebe in verschiedenen Stadt-teilen von anderen Bereichen der zentralen Stadtverwaltung. Der Träger der unter-suchten Kommune sondierte aus dieser Erkenntnis heraus ein Verfahren, das der besonderen Situation der Kindertageseinrichtungen besser gerecht würde.
- Die Entwicklung des Leitbildes sah der Träger als Antwort auf die gestiegenen Anforderungen an die Professionalisierung der Kindertageseinrichtungen z. B. durch Bildungsprogramme, Kinderschutz, Inklusion und die Erwartungen der Eltern. Die Arbeit in den Kitas sollte verbindlich und transparent dargestellt werden und die „Marke" der Stadt repräsentieren. Durch diese neue, ungewohnte Einmischung der Kommune in die pädagogische Konzeption der Kindertageseinrichtungen sahen Leitungskräfte ihre Autonomie als Führungskraft infrage gestellt. Indessen griff die Kommune damit Strategien freier Träger auf, die häufig schon einrichtungsüber-greifende Profile entwickelt hatten und Qualitätsstandards setzten, die in Qualitäts-handbüchern (z. B. vgl. BETA und DQE, 2015) beschrieben sind. In der untersuchten Kommune war diese Vorgehensweise ein Novum.

In der Kommune zeigten sich Modernisierungsstrategien durch „Markenbildung", den Aufbau einer Corporate Identity und Professionalisierungsbestrebungen u. a. durch entsprechende Maßnahmen für das Personal in den Kindertageseinrichtungen. Die neuen Maßnahmen wurden vor allem durch die veränderte Situation auf dem Arbeitsmarkt mit einem eklatanten Fachkräftemangel bei gleichzeitigen Rechtsansprüchen der Eltern auf Kindertagesbetreuung begründet. Auf der einen Seite öffnete sich die Kommune dabei den Besonderheiten der Kindertageseinrichtungen etwa bei der Personalauswahl und versuchte Sonderregelungen gegenüber traditionellen Bestimmungen in der Stadtverwaltung zu finden. Auf der anderen Seite strebte sie an, die Kindertageseinrichtungen durch eine höhere Verbindlichkeit und Transparenz in einem gemeinsamen Leitbild zu professionalisieren. Dies wurde flankiert durch Partizipationsangebote für die Leitungskräfte, u. a. um Widerstände gegen eine (vermeintliche) Infragestellung der Autonomie der Einrichtungen abzumildern. Muster der Arbeitsteilung (vgl. Engeström, 2008) wurden einerseits verschoben in Richtung einer stärkeren Partizipation und andererseits in Richtung einer stärkeren Orientierung auf die Ziele des Trägers, verbunden mit einer Infragestellung der bisher weitgehenden Autonomie der Kita-Leitungskräfte. Mit diesen innovativen Strategien näherte sich der untersuchte kommunale Träger den Organisationskulturen freier Träger an.

Literatur

Autorengruppe Fachkräftebarometer. (2019). *Fachkräftebarometer Frühe Bildung 2019*. DJI.

Becker, M. (2009). *Personalentwicklung. Bildung, Förderung und Organisationsentwicklung in Theorie und Praxis* (5. Aufl.). Schäffer-Poeschel.

Beher, K., Krimmer, H., Rauschenbach, T., & Zimmer, A. (2008). *Die vergessene Elite. Führungskräfte in gemeinnützigen Organisationen*. Juventa.

BETA und DQE – Bundesvereinigung Evangelischer Tageseinrichtungen für Kinder e. V./ Diakonisches Institut für Qualitätsentwicklung Diakonie Deutschland – Evangelischer Bundesverband Evangelisches Werk für Diakonie und Entwicklung e. V. (2015). *Bundesrahmenhandbuch Diakonie-Siegel KiTa: Evangelisches Gütesiegel BETA – Leitfaden für den Aufbau eines Qualitätsmanagementsystems in Tageseinrichtungen für Kinder* (5., erweiterte Aufl.). BETA und DQE.

Cloos, P. (2016). Kindheitspädagogik. In M. Dick, W. Marotzki, & H. Mieg (Hrsg.), *Handbuch Professionsentwicklung* (S. 577–585). Klinkhardt/utb.

Engeström, Y. (2008). *Entwickelnde Arbeitsforschung: Die Tätigkeitstheorie in der Praxis*. Lehmann.

Falkenhagen, H., Frauendorf, T., & Bender, N. (2017). *Auf Augenhöhe. Leitung von Elterninitiativen in gemeinsamer Verantwortung von Eltern, Erzieherinnen und Erziehern*. Bertelsmann.

Hoffmann, H. (2018). Kooperation der öffentlichen und freien Jugendhilfe im Bereich der Kindertageseinrichtungen aus verwaltungsrechtlicher Sicht. In U. Lohrentz (Hrsg.), *Das große Handbuch Recht in der Kita* (S. 317–351). Carl Link.

Geiger, K. (2019). *Personalgewinnung. Personalentwicklung. Personalbindung. Eine bundesweite Befragung von Kindertageseinrichtungen* (Weiterbildungsinitiative Frühpädagogische Fachkräfte, WiFF-Studien, Bd. 32). DJI.

Kalicki, B. (2003). Qualitätssteuerung durch Rechtsträger. Ergebnisse einer bundesweiten Befragung. In W. Fthenakis, K. Hanssen, P. Oberhuemer, & I. Schreyer (Hrsg.), *Träger zeigen Profil. Qualitätshandbuch für Träger von Kindertageseinrichtungen* (S. 19–29). Beltz.

Klaudy, E. K., Köhling, K., Micheel, B., & Stöbe-Blossey, S. (2016). *Nachhaltige Personalwirtschaft für Kindertageseinrichtungen. Herausforderungen und Strategien.* Hans-Böckler-Stiftung.

Miles, M. B., Huberman, A. M., & Saldaña, J. M. (2014). *Qualitative data analysis: A methods sourcebook* (3. Aufl.). Sage.

Oberhuemer, P., Schreyer, I., & Hanssen, K. (2003). Das Trägerprofil – ein mehrdimensionales Konzept. In W. Fthenakis, K. Hanssen, P. Oberhuemer, & I. Schreyer (Hrsg.), *Träger zeigen Profil. Qualitätshandbuch für Träger von Kindertageseinrichtungen* (S. 32–41). Beltz.

Schreyer, I., Krause, M., Brandl, M., & Nicko, O. (2014). *AQUA – Arbeitsplatz und Qualität in Kitas. Ergebnisse einer bundesweiten Befragung.* http://www.aqua-studie.de/Dokumente/AQUA_Endbericht.pdf. Zugegriffen: 23. Nov. 2020.

Strehmel, P., & Overmann, J. (2018). *Personalentwicklung in Kindertageseinrichtungen. Ziele, Strategien und Rolle der Träger* (Weiterbildungsinitiative Frühpädagogische Fachkräfte, WiFF-Studien, Bd. 28). Deutsches Jugendinstitut. https://www.weiterbildungsinitiative.de/publikationen/details/data/personalentwicklung-in-kindertageseinrichtungen/. Zugegriffen: 23. Nov. 2020.

Yin, R. K. (2009). *Case study research. Design and methods.* Sage.

Prof. Dr. Petra Strehmel arbeitet im Bereich der Arbeits- und Organisationspsychologie. Ihre Forschungsschwerpunkte sind Leitung und Management im System der Kindertagesbetreuung sowie Personal-Organisationsentwicklung in Sozialunternehmen.

„Was brauchen die Menschen auf der anderen Seite des Schreibtisches?" – Anwendung der Methode Design Thinking im öffentlichen Sektor

11

Almut Lahn

Inhaltsverzeichnis

A. Lahn (✉)
FOM Hochschule, Essen, Deutschland
E-Mail: almut.lahn@fom.de

Zusammenfassung

Im Rahmen dieses Beitrags wird die Fragestellung diskutiert, inwieweit die Methode des Design Thinkings einen Beitrag leisten kann, um die Entwicklung von Innovationen im öffentlichen Sektor zu fördern und eine stärkere Berücksichtigung der Perspektive von Anwenderinnen und Anwendern zu ermöglichen. Neben dem Aspekt der Nutzer- bzw. Nutzerinnenorientierung liegt hierbei der Fokus auf einem experimentellen Vorgehen und der Einbindung unterschiedlicher Akteurinnen und Akteure im Sinne eines co-kreativen Prozesses. Auf Basis eines qualitativ-empirischen Forschungsansatzes werden die Anwendungserfahrungen öffentlicher Organisationen analysiert.

Schlüsselwörter

Design Thinking · Service-Design · Öffentlicher Sektor · Public Sector · Soziale Innovation · Social Innovation

▶   **Abstract**
Within the scope of this article, the question is discussed to what extent design thinking can contribute to promoting the development of innovations in the public sector and to giving greater consideration to the perspective of users. In addition to the aspect of user orientation, the focus here lies on an experimental approach and the involvement of different actors in the sense of co-creation. The application experiences of public and private organizations are analysed on the basis of a qualitative-empirical research approach.

11.1   Einleitung

„Die Verwaltung muss einerseits im Regelbetrieb gut funktionieren und andererseits für Krisen gewappnet sein." (Nationaler Normenkontrollrat, 2018, S. 51) Durch die Flüchtlingskrise, die im Jahr 2015 die Behörden quasi „überrollt" (vgl. Hahlen & Kühn, 2016, S. 157) hat, wurde einerseits deutlich, wie schnell und agil öffentliche Verwaltungen angesichts des hohen Drucks von außen reagieren können. Andererseits wurden aber auch die Schwachstellen des öffentlichen Sektors sichtbarer: Diese betreffen die Kooperation zwischen unterschiedlichen Behörden, eine unzureichende bereichsübergreifende Zusammenarbeit sowie Defizite bei der Digitalisierung (vgl. Hahlen & Kühn, 2016). Die Erfahrungen aus der Flüchtlingskrise haben dazu geführt, dass das Handlungsfeld der digitalen Transformation deutlich stärker priorisiert wurde. Ein Bespiel hierfür ist die Verabschiedung des Onlinezugangsgesetzes 2017, das Bund, Länder und Kommunen verpflichtet, ihre Verwaltungsleistungen bis zum Ende des Jahres 2022 digital anzubieten (vgl. Bundesministerium des Inneren, für Bau und Heimat, 2020).

Des Weiteren wurden öffentliche Verwaltungen durch die Verbreitung des Corona-virus herausgefordert. Es galt beispielsweise, Pandemiepläne zu aktualisieren, Krisen-stäbe einzurichten und zügig Testkapazitäten bereitzustellen. Auch die Corona-Pandemie wird, von öffentlichen und privaten Organisationen, als Digitalisierungstreiber gesehen: So zeigt eine Studie zu Auswirkungen der Coronakrise, dass die Pandemie nach Ein-schätzung der Teilnehmenden zu einer schnelleren und konsequenteren Umsetzung der digitalen Transformation führen wird (vgl. Rump et al., 2020).

Die Entwicklung und Einführung neuer Technologien bildet allerdings nur einen Aspekt der Transformation ab: Um die Robustheit und Flexibilität öffentlicher Organisationen vor dem Hintergrund einer zunehmend komplexen, unsicheren, volatilen Umwelt (vgl. Bennet & Lemoine, 2014) zu stärken, ist eine Erhöhung der Innovationsfähigkeit erforderlich, die sich nicht nur auf Technologien, sondern ins-besondere auch auf neue soziale Praktiken bezieht (vgl. z. B. Thom & Ritz, 2017; Howaldt & Schwarz, 2019). Eine soziale Innovation ist „eine von bestimmten Akteuren bzw. Akteurskonstellationen ausgehende intentionale, zielgerichtete Neukombination bzw. Neukonfiguration sozialer Praktiken in bestimmten Handlungsfeldern bzw. sozialen Kontexten, mit dem Ziel, Probleme oder Bedürfnisse besser zu lösen bzw. zu befriedigen" (Howaldt & Schwarz, 2010, S. 54). Die Forschung zu sozialen Innovationen bezieht sich auf ein breites Feld von Methoden und Anwendungsfeldern: Eines davon ist Design Thinking, eine Innovationsmethode, die durch ein interdisziplinäres, experimentelles sowie nutzerinnen- bzw. nutzerorientiertes Vorgehen charakterisiert ist (vgl. Schaper-Rinkel & Wagner-Luptacik, 2014; Mulgan, 2014). Die Zielsetzung ist hier, Innovationen bereichsübergreifend und unter Einbeziehung der Perspektive von Bürgerinnen und Bürgern und weiteren Anspruchsgruppen zu entwickeln (vgl. z. B. Blomkamp, 2018; McGann et al., 2018; Clarke & Craft, 2019).

Im Rahmen dieses Beitrages wird auf Basis eines explorativen, qualitativen Forschungsansatzes die Fragestellung diskutiert, inwieweit die Methode des Design Thinkings einen Beitrag leisten kann, um die Entwicklung von Innovationen im öffentlichen Sektor zu fördern. Dabei geht es einerseits um den Nutzen im Hinblick auf die in Design-Prozessen entwickelten Lösungen, etwa durch eine stärkere Berück-sichtigung der Perspektive von Anwenderinnen und Anwendern, sowie weitere mögliche Auswirkungen auf die Organisation.

11.2 Design Thinking als Innovationsmethode im öffentlichen Sektor

Die Anwendung der Methode Design Thinking hat sich in privatwirtschaftlichen Unter-nehmen innerhalb eines relativ kurzen Zeitraums etabliert (vgl. Lockwood & Papke, 2018). Zunehmend wird auch im Hinblick auf den öffentlichen Sektor diskutiert, inwieweit die Methode einen Beitrag leisten kann, um Innovationen zu fördern und eine stärkere Berücksichtigung der Nutzerinnen- und Nutzerperspektive zu ermöglichen (vgl.

z. B. Blomkamp, 2018; Clarke & Craft, 2019; Dribbisch, 2015). Dabei wird argumentiert, „that design thinking can inform and enrich governance by helping policy designers produce more adaptable designs, better appreciate the behavioral dynamics of public sector design, and leverage networked approaches to social problem solving" (Clarke & Craft, 2019, S. 5).

Design Thinking zeichnet sich dabei durch einen iterativen und selbstkorrigierenden Prozess aus, in dessen Mittelpunkt das Prototyping steht (vgl. McGann et al., 2018). Ein klassisches Anwendungsfeld von Design Thinking im öffentlichen Sektor stellt das Onlinezugangsgesetz dar. Hierbei wird deutlich, dass bei einer scheinbar nur technischen Neuerung auch soziale Innovationen relevant sind. Denn der Gesetzgeber fordert, dass sich die Umsetzung der Digitalisierung von Verwaltungsleistungen nicht an *behördlichen Zuständigkeiten,* sondern insbesondere „an der Nutzerperspektive von Bürgerinnen und Bürgern sowie Unternehmen" orientiert (vgl. Bundesministerium des Inneren, für Bau und Heimat, 2020). Dies deutet darauf hin, dass Design Thinking als Methode für Herausforderungen, wie der Digitalisierung von Verwaltungsleistungen, prädestiniert zu sein scheint, da die Berücksichtigung der Perspektive von Anwenderinnen und Anwendern ein zentrales Element darstellt und in verschiedenen Phasen des Design-Thinking-Prozesses umgesetzt wird.

11.2.1 Design Thinking

Design Thinking ist eine „Innovationsmethode, die auf Basis eines interaktiven Prozesses nutzer- und kundenorientierte Ergebnisse zur Lösung von komplexen Ergebnissen liefert" (Uebernickel et al., 2015, S. 16). Bei einem Design-Thinking-Prozess handelt es sich um einen Zyklus, der mehrfach durchlaufen wird, sodass das zu entwickelnde Produkt bzw. die Dienstleistung sukzessive konkretisiert wird.

In der Literatur existieren unterschiedliche Beschreibungen der Phasen des Design-Prozesses. Diese Gliederungsstrukturen stellen allerdings insofern eine Vereinfachung dar, als Innovationsprozesse nicht linear verlaufen. Stattdessen sind innerhalb einzelner Phasen Schleifen und Wiederholungen typisch, teilweise ist es auch erforderlich, mehrere Schritte zurückzugehen und eine vorherige Phase wiederholt zu durchlaufen (vgl. Stickdorn & Schneider, 2011).

Trotz der Unterschiede bei der Abgrenzung der Phasen besteht bei den Autoren eine hohe Übereinstimmung bezüglich der grundsätzlichen Inhalte sowie der Abfolge von Schritten (vgl. z. B. Lewrick et al., 2018; Lockwood & Papke, 2018; Stickdorn & Schneider, 2011). Im Folgenden bezieht sich die Darstellung auf den aus fünf Phasen bestehenden Mikrozyklus des Design Thinkings nach Uebernickel et al. (2015). Die Phasen werden hier bezeichnet als Problemdefinition und Re-Definition, Need Finding und Synthese, Ideengenerierung, Prototyping und Storytelling sowie Testen (vgl. Abb. 11.1).

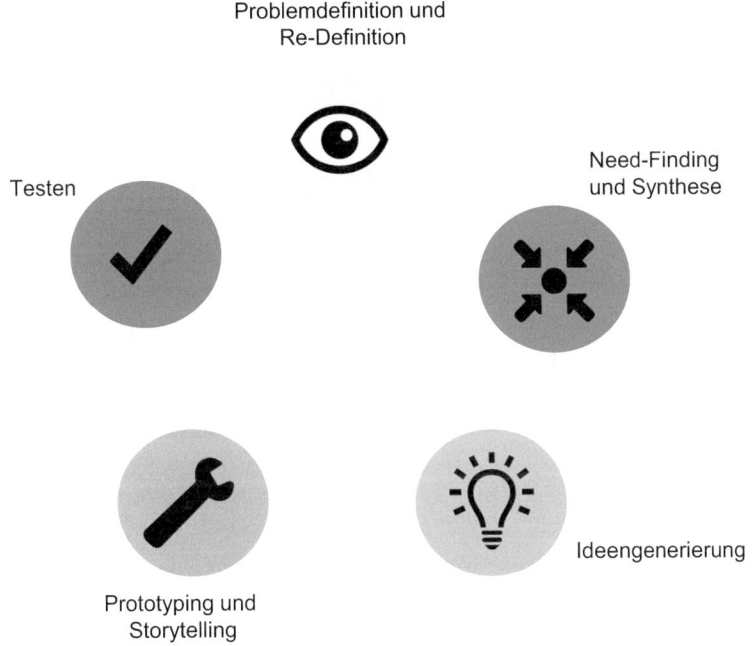

Problemdefinition und
Re-Definition

Need-Finding
und Synthese

Testen

Ideengenerierung

Prototyping und
Storytelling

Abb. 11.1   Der Mikrozyklus des Design Thinkings. (Quelle: Uebernickel et al., 2015, S. 25)

Problemdefinition und Re-Definition
Die erste Phase des Design-Thinking-Prozesses zielt darauf ab, ein genaues Verständnis des Problems zu entwickeln. Zentral ist hierbei zunächst die Formulierung einer „guten und zielgerichteten Fragestellung" (vgl. Uebernickel et al., 2015, S. 26). Diese Fragen beziehen sich auf die Produkte und Serviceleistungen, die in Design-Prozessen entwickelt werden, sowie die anvisierten Zielgruppen. Des Weiteren werden die Rahmenbedingungen beschrieben, die sich auf das zu entwickelnde Objekt auswirken, dabei kann es sich beispielsweise um gesetzliche Anforderungen handeln.

Need Finding und Synthese
Die Phase des Need Findings fokussiert die Identifikation der Bedürfnisse von Anwenderinnen und Anwendern sowie weiterer Stakeholder: „This is achieved through observation, fieldwork and research, an empathetic approach to discovering stated plus unarticulated user needs, and open inquiry." (Lockwood & Papke, 2018, S. 23).

Die Techniken, die in der Phase des Need Findings eingesetzt werden, stammen u. a. aus dem Kontext der qualitativen Forschung bzw. der Ethnologie und wurden für das Design Thinking und das Service-Design adaptiert. Die Beobachtungen beziehen sich beispielsweise auf die Verwendung von Produkten oder die Inanspruchnahme von Serviceleistungen von Nutzerinnen und Nutzern. Die Interviews zielen darauf ab, zusätzliche Informationen aus der Innenperspektive, z. B. zu typischen Gewohnheiten oder „consumer pain points" (vgl. Von Reventlow & Thesen, 2019, S. 95) zu gewinnen. Bei der Teilnahme nehmen Designerinnen bzw. Designer die Rolle von Kundinnen bzw. Kunden ein, um einen Perspektivwechsel vorzunehmen; das heißt, spezifische Anwendungssituationen werden selbst erfahren.

Das Synthetisieren der in dieser Phase erhobenen Informationen erfolgt u. a. in Form von Personas. Bei Personas handelt es sich um „idealtypische Repräsentationen" oder Archetypen von Kunden- bzw. Kundinnengruppen oder auch weiterer relevanter Stakeholder (vgl. Uebernickel et al., 2015, S. 125). Ein zentraler Aspekt des Design-Thinking-Zyklus ist, dass in dieser Phase noch nicht der Versuch unternommen wird, Lösungen zu entwickeln: Ein Bedürfnis ist zunächst nur ein „Bedarf für eine Änderung einer Situation" (Uebernickel et al., 2015, S. 27). Währenddessen stellen Lösungen bereits konkrete Gestaltungsansätze dar und werden erst in der folgenden Phase der Ideengenerierung entwickelt.

Ideengenerierung

In der Phase der Ideengenerierung werden insbesondere Kreativitätstechniken eingesetzt, um auf Basis der zuvor gesammelten Daten Lösungsansätze zu entwickeln. Beispiele für solche Techniken sind das Brainstorming, Brainwriting oder das „laterale Denken", das es ermöglicht, Fragestellungen gezielt aus unterschiedlichen Perspektiven zu betrachten (vgl. Uebernickel et al., 2015). Die Phase der Ideengenerierung zielt zunächst darauf ab, ein möglichst hohes Maß an Quantität zu erzielen. Anschließend erfolgt die Strukturierung und Bewertung: „Structuring, such as with concept maps, improves the clarity of the ideas and makes it easier for the team to plan the next steps and tackle them in a focused way." (Lewrick et al., 2018, S. 99).

Prototyping

In der Phase des Prototypings testen Anwenderinnen bzw. Anwender funktionsfähige, aber vereinfachte und vorläufige Modelle von Produkten oder Serviceleistungen. Sie geben somit bereits in einer frühen Phase des Entwicklungsprozesses Feedback, das dann in folgenden Schritten berücksichtigt werden kann (vgl. Uebernickel et al., 2015). Grundsätzlich werden zunächst niedrig aufgelöste Prototypen entwickelt, die im weiteren Verlauf des Design-Thinking-Prozesses sukzessive konkretisiert werden. Die Prototypen werden in unterschiedlichen Formen erstellt, Beispiele sind Zeichnungen, Wireframes für Softwareanwendungen, Videos oder physische Modelle. Im Hinblick auf die Entwicklung nicht-materieller Leistungsaspekte kann das Prototyping durch Techniken wie Rollenspiele oder Storytelling unterstützt werden. Dies ermöglicht es, auch die Inanspruchnahme von Serviceleistungen oder Produktanwendungen zu simulieren.

Testen

In der Phase des Testens werden die erarbeiteten Ideen und Prototypen gemeinsam mit Nutzerinnen und Nutzern sowie weiteren Stakeholdern erprobt. Dabei wird geprüft, ob die Annahmen, die der Modellentwicklung zugrunde lagen, zutreffend sind oder gegebenenfalls revidiert werden müssen. Nach Einschätzung von Lewrick et al. (2018) ist es zielführend, parallel mehrere Varianten des Prototyps oder unterschiedliche Szenarien zu präsentieren, um differenziertere und konkretere Rückmeldungen zu gewinnen. Auf Basis des Feedbacks von Nutzerinnen und Nutzern erfolgt eine Anpassung des Modells, gegebenenfalls wird in dieser Phase auch deutlich, dass der verfolgte Lösungsansatz nicht zielführend ist und der Prototyp verworfen wird (vgl. Uebernickel et al., 2015).

11.2.2 Anwendung von Design Thinking im öffentlichen Sektor

Sowohl mit Blick auf öffentliche Organisationen in Deutschland als auch im europäischen und außereuropäischen Ausland kann eine zunehmende Anwendung von Design Thinking beobachtet werden (vgl. z. B. McGann et al., 2018; Blomkamp, 2018; Vonhof, 2018; Dribbisch, 2015; UK Design Council, 2013). Clarke und Craft (2019, S. 5) beschreiben, dass Design Thinking „increasingly calls into question established governance institutions and practices. It claims to offer an alternative style of cognitive processing and a different approach to problem definition and resolution than currently employed within today's governments".

Ein Nutzenaspekt von Design Thinking oder Service-Design für den öffentlichen Sektor wird insbesondere darin gesehen, dass strukturelle Mängel bei der Erbringung von Dienstleistungen sowie bei der Politikgestaltung überwunden werden können (vgl. UK Design Council, 2013). Die in öffentlichen Organisationen bestehenden Silostrukturen werden als ein zentrales Hemmnis betrachtet, um schnelle Lösungen zu entwickeln und alle relevanten Akteurinnen und Akteure einzubinden. Wie zuvor beschrieben, ist die interdisziplinäre Zusammensetzung der beteiligten Akteurinnen und Akteure ein zentrales Charakteristikum des Design-Thinking-Prozesses. Somit werden die bereichsübergreifende Zusammenarbeit und das Einfließen unterschiedlicher Wissensbereiche ermöglicht. Mulgan bemerkt dazu in seinem Beitrag zu „Design in Public and Social Innovation":

> At their best design methods and design thinking catalyse people to see issues and possibilities in a fresh way. They spark creativity and help us to spot the possible connections between things, which so often become obscured by the silos of daily life which dominate governments and businesses alike (Mulgan, 2014, S. 6).

Ein weiteres Argument für die Anwendung der Methode des Design Thinkings ist die Möglichkeit, die Perspektive von Bürgerinnen und Bürgern und weiterer Anspruchsgruppen kontinuierlich in Entwicklungsprozesse einzubeziehen. Zwar stellte die

Kundenorientierung bereits einen wichtigen Gestaltungsansatz im Rahmen des New Public Managements dar. Dies umfasst beispielsweise die Erfassung von Leistungs-erwartungen oder auch die Einbeziehung von „Kundinnen und Kunden in die Leistungs-spezifikation", beispielsweise über Qualitätszirkel (vgl. Schedler & Proeller, 2011, S. 136). Allerdings erfolgt die Kundenorientierung häufig noch zu stark auf Basis „einer spekulativen Innenperspektive" (Vonhof, 2018, S. 176).

Design Thinking kann es ermöglichen, dass unterschiedlichen Rollen von Bürgern bzw. Bürgerinnen entsprochen werden kann. Bogumil (1999) differenziert drei Rollen in der Beziehung zwischen der kommunalen Verwaltung und Bürgerinnen und Bürgern: Die erste Rolle ist die des Kunden und Adressaten der Leistungserstellung. Zweitens hat der Bürger bzw. die Bürgerin die Rolle des politischen Auftraggebers inne. Drittens sind Bürgerinnen und Bürger auch Mitgestalter des Gemeinwesens und Koproduzenten bei der Leistungserstellung (vgl. Bogumil, 1999). Design Thinking kann dabei unterstützen, dass insbesondere auch die gestaltende Rolle von Bürgerinnen und Bürgern gestärkt werden kann, diese „bezieht sich konsequenterweise sowohl auf die Problemdefinitionen wie die Entwicklung von Lösungswegen" (Vonhof, 2018, S. 177).

Bei den Verwaltungsleistungen, die für Bürgerinnen bzw. Bürger, Unternehmen, Behörden oder auch interne Anspruchsgruppen erbracht werden, handelt es sich in der Regel um Dienstleistungen bzw. Prozesse. Insofern ist Design Thinking im öffentlichen Sektor häufig Service-Design. Service-Design zielt ab auf die interdisziplinäre Gestaltung von Dienstleistungen, die aus der Anwenderperspektive hohen Nutzen sowie hohe Nutzbarkeit aufweisen (vgl. Mager & Gais, 2009; Stickdorn & Schneider, 2011). Aus Sicht des Anbieters bzw. der Anbieterin sollen diese Services sowohl effizient, effektiv und auch unterscheidbar sein (vgl. Mager & Gais, 2009). Der Analyse- und Gestaltungsfokus liegt auf den Kundenkontaktpunkten: Hier finden physische oder virtuelle Interaktionen zwischen der Organisation, die die Dienstleistung erbringt (bei-spielsweise der öffentlichen Verwaltung) und der Anwenderin bzw. dem Anwender statt. Dribbisch et al. (2019, S. 17) halten es für erforderlich, so „früh wie möglich [...] einen Überblick über die Erfahrung von Nutzer:innen im Zeitverlauf zu schaffen. Visualisierungen von Nutzerwegen über verschiedene Transaktionen und Berührungs-punkte mit Verwaltungen hinweg bündeln zahlreiche Ebenen in einer Darstellung und können so Komplexität abbilden". Bei diesen Berührungspunkten handelt es sich bei-spielsweise um Texte auf Webseiten und Formularen, Warteräume in Bürgerämtern, Webchats und Callcenter-Angebote. Bei der Analyse und Weiterentwicklung der Nutzungspfade können Verwaltungsprozesse so gestaltet werden, dass, z. B. mithilfe plattformübergreifender interner Informationssysteme, Medienwechsel ermöglicht werden und somit ein höheres Maß an Inklusion erreicht wird (vgl. Dribbisch et al., 2019).

Design Thinking wird im öffentlichen Sektor für unterschiedliche Zielsetzungen genutzt, im Folgenden werden einzelne Anwendungsbeispiele aus dem öffentlichen Sektor vorgestellt. Ein klassisches Anwendungsfeld bildet die Erstellung von digitalen

Services. Die britische Regierung hat hierfür ein digitales Handbuch erstellt, das Verwaltungseinheiten bei der Entwicklung und Bereitstellung von öffentlichen Dienstleistungen unterstützt (vgl. Government Digital Service, 2020). Hier werden Service-Standards formuliert und die Phasen eines Design-Prozesses beschrieben. Des Weiteren wird das Vorgehen zu einzelnen Methoden beschrieben, z. B. die Analyse der „Customer Journeys".

In Deutschland wurden für die Umsetzung des Onlinezugangsgesetzes auf Vorschlag des Normenkontrollrats ebenfalls Qualitätsprinzipien in Form von Servicestandards entwickelt (vgl. Nationaler Normenkontrollrat, 2018). Eine Kategorie des Servicestandards bildet die Nutzerzentrierung: „Nutzeranforderungen und -bedürfnisse werden erhoben, verstanden und bewertet. Sie bilden die Grundlage für die Konzeption und Gestaltung, die Realisierung und den Betrieb von digitalen Angeboten der Verwaltung. Nutzerinnen und Nutzer sollten dabei, wenn möglich, direkt beteiligt werden." (Bundesministerium des Inneren, für Bau und Heimat, 2020) Um diesen Servicestandard umzusetzen, werden einzelne Methoden des Design Thinkings vorgeschlagen, wie z. B. die Entwicklung von Personas, die unterschiedliche Typen von Bürgerinnen und Bürger repräsentieren oder auch „Nutzerreisen", durch die das Verhalten von Anwenderinnen und Anwendern während der Nutzung von digitalen Angeboten getestet wird (vgl. Bundesministerium des Inneren, für Bau und Heimat, 2020).

Ein weiteres Anwendungsbeispiel in der öffentlichen Verwaltung ist die Arbeit der Projektgruppe Digital Innovation Team des BMI, die 2019 gegründet wurde (vgl. DIT Bund, 2020). Die Zielsetzung dieses „Think & Do Tanks" ist es, Innovationsprojekte im Kontext der Digitalisierung der Bundesverwaltung zu begleiten. Hierbei werden u. a. Design-Thinking-Workshops durchgeführt, um die Anforderungen Nutzerinnen und Nutzer zu erheben, Prototypen zu erarbeiten und zu testen.

Ein Feld, in denen sich die Anwendung von Design Thinking etabliert hat, sind öffentliche Bibliotheken. Beispiele sind die Bibliotheken Aarhus und Chicago, deren Erfahrungen bei der Entwicklung eines „Toolkits for patron-centered design" (vgl. IDEO, 2014) einflossen. Ein weiteres Beispiel ist das Projekt „Lernraum Bibliothek 2015" der Universitätsbibliothek Rostock, bei dem Methoden der partizipativen Nutzerforschung angewendet wurden (vgl. Ilg, 2016). Im Rahmen dieses Projekts wurden u. a. Design-Workshops mit Nutzerinnen und Nutzern durchgeführt, die Prototypen in Form von Grundriss- bzw. Raumskizzen entwickelten: „Anstelle allein verbalisiert vorliegender Lernraumnutzerbedürfnisse, liefern Nutzer hier von ihnen in Raumkonzepte übersetzte Lernraumbedürfnisse, die zudem komplexe Nutzungsvorgänge abbilden können." (Ilg, 2016, S. 357).

Die zunehmende Anwendung sowie die Erfahrungsberichte weisen darauf hin, dass durch den Einsatz von Design Thinking im öffentlichen Sektor Defizite überwunden und Innovationspotenziale besser genutzt werden können:

> Contrary to what design thinking caricatures as the more "closed" traditional design processes led by government actors, typically within designated policy or program specific "silos", and characterized by long-term, pre-implementation planning processes design thinking privileges interdisciplinarity, systems thinking, user centrism, regular iteration and experimentation, creativity and risk taking, and "co" modes of doing such as co-production and co-delivery (Clarke & Craft, 2019, S. 5 f.).

Clarke und Craft (2019) weisen daneben aber auch Grenzen des Design Thinkings im öffentlichen Sektor auf. Erstens stellt die Nutzerorientierung nicht immer ein geeignetes Gestaltungsprinzip dar, dies ist beispielsweise bei politisch umstrittenen, unpopulären Entscheidungen der Fall. Zweitens bestehen Grenzen im Hinblick auf die Skalierbarkeit: Aufgrund der Ressourcenintensität, der erforderlichen Reihenfolge des Prozesses und des Zeithorizonts ist Design Thinking nur für einen Teil des Aufgabenspektrums der öffentlichen Verwaltung geeignet (vgl. Clarke & Craft, 2019).

11.3 Forschungsdesign

Im Rahmen der Untersuchung soll die Forschungsfrage beantwortet werden, welchen Beitrag die Methode des Design Thinkings leisten kann, um die Entwicklung von Innovationen im öffentlichen Sektor zu fördern. Dabei geht es einerseits um den Nutzen im Hinblick auf die in Design-Prozessen entwickelten Lösungen, etwa durch eine stärkere Berücksichtigung der Perspektive von Anwenderinnen und Anwendern, aber auch um weitere Auswirkungen auf die Organisation.

Die Untersuchung ist explorativ angelegt, insofern erfolgte die Erhebung und Analyse der Daten mithilfe eines qualitativ-empirischen Designs. Konkret erfolgt die Auswertung mithilfe der Grounded Theory in Form der Gioia-Methodik (vgl. Gioia et al., 2013; Glaser & Strauss, 1967; Corbin & Strauss, 2015). Das Verfahren der Grounded Theory ist charakterisiert durch kontinuierliche „collection and analysis of data based on concepts derived during the research process" (Corbin & Strauss, 2015, S. 8).

Die Entwicklung der Forschungsfrage erfolgt im qualitativen Paradigma offener und weniger spezifisch als bei quantitativer Forschung (vgl. Corbin & Strauss, 2015). Die Zielsetzung der Grounded Theory besteht eher darin, Hypothesen zu entwickeln als diese zu testen, insofern erfolgt die Formulierung der Forschungsfrage „with sufficient flexibility and freedom to explore a topic in some depth" (Corbin & Strauss, 2015, S. 35).

Die Schwerpunktsetzung der *Datenerhebung* bildeten halbstrukturierte Interviews. Die Datenerhebung umfasste die Durchführung von neun Interviews. Acht Interviewpartnerinnen und -partner waren Mitarbeitende in öffentlichen Organisationen, bei einer teilnehmenden Person handelte es sich um einen Berater für Design-Thinking-Prozesse, der auch Projekte in öffentlichen Verwaltungen begleitet. Die Interviews wurden im Rahmen eines Promotionsprojekts zur Anwendung agiler Methoden im privaten und öffentlichen Sektor geführt.

Es ist charakteristisch für die Grounded Theory, dass das Vorgehen nicht linear ist, sondern dass ein kontinuierlicher Wechselprozess zwischen der Datenerhebung und -analyse stattfindet: „Analysis is a process that goes on throughout the research. Researchers are constantly updating and revising concepts, identifying new properties and dimensions, and seeing new relationships between concepts." (Corbin & Strauss, 2015, S. 69) Im Folgenden werden zentrale Schritte, die im Rahmen der Analyse durchlaufen wurden, skizziert (vgl. Gioia et al., 2013; Corbin & Strauss, 2015; vgl. auch Przyborski & Wohlrab-Sahr, 2014).

Vorgehen bei der Datenanalyse

Bezüglich der Auswertung sehen Gioia et al. (2013) eine Organisation der Daten in Kategorien erster und zweiter Ordnung vor, um sie später strukturieren und aggregieren zu können. Die Datenanalyse beginnt dabei bereits nach der Erhebung der ersten Datenquelle. Bei der Analyse wurden die Daten zunächst sequenziell und „expansiv" (vgl. Przyborski & Wohlrab-Sahr, 2014, S. 200) durchgegangen mit der Zielsetzung, erste, vorläufige Konzepte zu identifizieren. Dieses induktive Vorgehen entspricht dem offenen Kodieren bei Corbin und Strauss (2015). Diese Analyse der Kategorien erster Ordnung „tries to adhere faithfully to informant terms" (Gioia et al., 2013, S. 20).

Im weiteren Verlauf wurden Vergleiche im Hinblick auf Ähnlichkeiten und Unterschiede vorgenommen. Diese Vergleiche zielen darauf ab, einzelne Konzepte und Kategorien präziser beschreiben zu können. Weiterhin wurde eine Aggregation der Kategorien erster Ordnung vorgenommen, die sich auf gleiche Phänomene beziehen und es wurden Kategorien auf einem abstrakteren Niveau zusammengefasst (vgl. Przyborski & Wohlrab-Sahr, 2014). Dieser Prozess entspricht dem axialen Codieren bei Corbin und Strauss (2015) und das Ergebnis stellten Kategorien zweiter Ordnung dar. Auch bei der Formulierung von Kategorien bzw. den Labels wurde darauf geachtet, dass sie nahe an den Begriffen der Informanten bleiben (vgl. Gioia et al., 2013).

Erst bei der Ableitung von Kategorien zweiter Ordnung wurden Rückbezüge zu einzelnen theoretischen Konzepten, hier zu Literatur zu sozialer Innovation und des Design-Thinkings, hergestellt. Des Weiteren wurde besonderes Augenmerk auf solche Konzepte gelegt, bei denen keine direkte Entsprechung zu bestehender Literatur vorliegt. Außerdem wurden solche Kategorien bzw. Konzepte fokussiert, „that 'leap out' because of their relevance to a new domain" (Gioia et al., 2013, S. 20). Im Folgenden wurde der Versuch unternommen, die Daten noch weiter zu aggregieren und die Kategorien zweiter Ordnung Dimensionen auf höherem Abstraktionsniveau zu überführen, Gioia et al. (2013, S. 20) bezeichnen sie als „aggregate dimensions".

Fallauswahl

Der Prozess der Fallauswahl entspricht dem theoretischen Sampling nach Corbin und Strauss (2015; vgl. Gioia et al., 2013). Hierbei ergibt sich die Auswahl weiterer Untersuchungseinheiten aus dem Analyseprozess. Ausgehend von vorläufigen Konzepten orientiert sich die weitere Fallauswahl an Möglichkeiten „to develop concepts in terms of their properties and dimensions, uncover variations, and identify relationships between concepts" (Corbin & Strauss, 2015, S. 134). Die Zielsetzung ist dabei, eine theoretische Sättigung zu erzielen.

11.4 Ergebnisse der Datenanalyse

Im Folgenden werden die Ergebnisse der Datenanalyse vorgestellt, die Strukturierung erfolgt dabei anhand von aggregierten Dimensionen.

11.4.1 Stärkere Berücksichtigung der Bedarfe von Nutzerinnen und Nutzern

Die erste Dimension bezieht sich auf eine stärkere Berücksichtigung der Perspektive und Bedarfe von Anwenderinnen und Anwendern bzw. Bürgerinnen und Bürgern. Die Daten zeigen, dass erstens ein hoher Handlungsbedarf beschrieben wird: Nach Einschätzung der Interviewpartnerinnen und -partner werden die Bedarfe von Bürgerinnen und Bürgern noch nicht in ausreichendem Maße in den Blick genommen: Bei der Entwicklung von Produkten und Serviceleistungen in öffentlichen Organisationen werden Kundenerfahrungen und -erlebnisse sowie die Erwartungen der Anwender und Anwenderinnen noch zu wenig berücksichtigt. Nach Einschätzung der Interviewpartnerinnen und -partner bleibt die Entwicklung von Produkt-, Service oder Prozessinnovationen noch zu stark einem Denken aus Sicht der Organisation verhaftet. Somit bleibt *„im Prinzip das Produktangebot, das der Kunde erlebt, eigentlich nur ein zufälliger Spiegel der internen Organisationsstruktur des Unternehmens"*.

Der Einsatz von Design Thinking wird hierbei als ein pragmatischer Lösungsbaustein betrachtet, um einen empathischeren Zugang zu den Bedürfnissen der Nutzerinnen und Nutzer zu entwickeln: *„Was brauchen die Menschen auf der anderen Seite des Schreibtisches?"*. Durch die intensive Auseinandersetzung mit der Anwenderinnen- bzw. Anwenderperspektive wird nach Einschätzung der Teilnehmenden die Chancen erhöht, etwas wirklich Neues zu entwickeln: *„Und das ist letztendlich auch das Disruptive, weil damit […] der Raum so groß ist."*

Ein entscheidender Vorteil des Design Thinkings wird insbesondere darin gesehen, dass die Kundinnen- bzw. Kundenperspektive hier schon *von Beginn an* einbezogen wird: *„wie sich das vom Kunden gedacht anfühlt […] das ist meiner Erfahrung nach aber das Wichtigste"*. Dabei wird als entscheidend wahrgenommen, dass innerhalb der ersten beiden Phasen, der „Problemdefinition und Re-Definition" und des „Need-Findings", (vgl. Uebernickel et al., 2015) der Lösungsraum offen bleibt. Nach Einschätzung der Teilnehmenden ermöglicht dies, dass die funktional richtige Antwort auf

die Frage gegeben werden kann, die der Kunde stellt. Bei klassischen Entwicklungs-
prozessen werden im Gegensatz dazu häufig Voraussetzungen bzw. Annahmen als
gegeben angenommen, die ein genaues Verständnis des eigentlichen Problems verhindern.

11.4.2 Erhebung der Bedarfe von Nutzerinnen und Nutzern mit der Persona-Methode

Die Ergebnisse der Interviews zeigen, dass insbesondere die Persona-Methode starke
Anwendung findet. Personas werden in den Verwaltungen als *„fiktive Prototypen"* für
unterschiedliche Anspruchsgruppen, wie z. B. Vertreterinnen und Vertreter der Stadt-
gesellschaft, Mitarbeitende sowie Nutzerinnen und Nutzer anderer Behörden, entwickelt.
Diese werden dann in Projekten und Workshops von unterschiedlichen Bereichen bzw.
Ämtern eingesetzt.

Diesen Personas werden bestimmte Charaktereigenschaften sowie auch *„ein klares
Nutzungsverhalten"* zugeordnet. In der Regel erfolgt eine Visualisierung der Personas
mithilfe von Zeichnungen und Fotos, außerdem werden demografische Daten, wie z. B.
Alter, Familienstand etc., zugeordnet. Der Differenzierungsgrad der Personas unterscheidet sich: Beispielsweise werden den Personas Informationen zu Wohnort und
-situation, Beruf, Arbeitgeberin bzw. Arbeitgeber, Nutzung von städtischen Angeboten,
bevorzugte Mobilitätsformen sowie das Nutzungsverhalten in Bezug auf digitale Medien
und Endgeräte zugewiesen. Weiterhin werden einzelnen Personas auch „weiche",
persönlichkeitsbezogene Eigenschaften und Verhaltensweisen zugeordnet. Dabei
erfolgt die Beschreibung von positiven als auch negativen Aspekten *(z. B. „verläss-
lich", „gut organisiert" „defensiv")*. Dies ist insofern wichtig, als damit auch bestimmte
„Schmerzpunkte" im Hinblick auf die Wahrnehmung städtischer Angebote oder Herausforderungen bei der Interaktion zwischen Bürgerinnen und Bürgern und der Stadtverwaltung antizipiert werden können.

Daneben werden Personas auch für spezifische Fragestellungen, die sich z. B. im
Rahmen von Organisationsentwicklungsprozessen ergeben, entwickelt. Zum Beispiel
wird die Methode in dem Design-Thinking-Prozess einer Stadtverwaltung genutzt,
um einen neuen bereichsübergreifenden Prozess zu gestalten. In diesem Zusammenhang werden Personas von Geflüchteten entwickelt, das zentrale Kriterium zur
Differenzierung bildete dabei die Bleibeperspektive, also die Aussicht auf einen dauer-
haft rechtmäßigen Aufenthalt in der Bundesrepublik.

Des Weiteren wird eingeschätzt, dass die Persona-Methode hilfreich ist, um im
Hinblick auf entwickelte Lösungsansätze eine Interessenabwägung unterschiedlicher
Anspruchsgruppen vorzunehmen: „[…] *was ist aus Sicht der Persona das Beste (.) was
ist aus Sicht der Organisation und aus der Mitarbeitersicht das Beste"*.

11.4.3 Design Thinking als co-kreativer Prozess

Bei Design Thinking bzw. Service-Design handelt es sich um co-kreative Prozesse, an denen unterschiedliche Stakeholder beteiligt sind.

Nach Einschätzung der Interviewpartnerinnen und -partner wirkt sich die mangelnde Kooperation zwischen Bereichen und Abteilungen hemmend auf eine wirklich kundenorientierte Gestaltung von Produkten und Serviceleistungen aus: *„Das heißt, es bleibt bei irgendwelchen Ideen, und das Problem ist in diesem Sinne also nicht vernetzt und das ist meiner Erfahrung nach hat der größte Showstopper. Dass Du halt immer noch einzelne vertikale Silos hast und der Kunde erlebt das horizontal, und überall da, wo quasi die Abteilungsgrenzen gegeneinander stoßen ist irgendwie ein (Klitsch) im Kundenerlebnis."*

Der Einsatz der Methoden des Design Thinkings führt jetzt dazu, dass ganz unterschiedliche Disziplinen beteiligt sind. Damit kann schon zu Beginn eines Entwicklungsprozesses eine höhere Bandbreite der Wissensressourcen genutzt werden. Durch die Kooperation in siloübergreifenden Arbeitsgruppen entstehen Arbeitsbeziehungen und informelle Netzwerke, die über Bereiche und Standorte und Hierarchieebenen hinausgehen. Stickdorn und Schneider (2011) bemerken in Bezug auf Service-Design-Projekte, dass die enge interdisziplinäre Kooperation auch die folgenden Prozesse bei der Erbringung der Dienstleistung fördern: „Furthermore, co-creation during the design process facilitates a smooth interaction between the stakeholders during the actual service provision – essential for both sustainable customer and employee satisfaction." (Stickdorn & Schneider, 2011, S. 24) Ähnliches wird auch von Interviewpartnerinnen bzw. -partnern beschrieben, und zwar, dass die positiven Effekte über die inhaltlichen Projektziele hinauswirken: *„[…] da werden Netzwerke geknüpft, die über Hierarchie- und Organisationsgrenzen hinaus funktionieren und auch den Arbeitsalltag und auch die gesamte Struktur effizienter und effektiver machen".*

11.4.4 Experimentelles Vorgehen

Die Herausforderungen des öffentlichen Sektors sind zunehmend komplex, häufig handelt es sich dabei um sogenannte „wicked problems" (Hill, 2016, S. 494) für die keine besten und optimalen Lösungsansätze existieren. Das experimentelle Vorgehen im Design-Prozess ermöglicht das Testen von Methoden, Praktiken und Ideen innerhalb realer Kontexte.

Das bedeutet, dass vor einer vollständigen Implementierung innerhalb eines kleinen Maßstabes Vorgehensweisen erprobt, reflektiert und weiterentwickelt werden. So berichten die Interviewpartnerinnen bzw. -partner, dass statt der Erarbeitung vollständiger Lösungskonzepte im Rahmen des Design Thinkings mit Prototypen gearbeitet wird, die erprobt, getestet, verbessert oder gegebenenfalls auch wieder verworfen werden. Die Prototypen, die in den öffentlichen Organisationen erarbeitet werden, weisen dabei unterschiedliche Formen und Auflösungsgrade auf. Es handelt sich dabei z. B. um Konzeptvideos, statische Wireframes, Zeichnungen oder dreidimensionale Modelle.

So wird beispielsweise in dem Fall einer Stadtverwaltung im Rahmen von Workshops ein neuer Soll-Prozess erarbeitet, um die neuen Anforderungen des Bundesteilhabe-gesetzes umzusetzen. Die gesetzlichen Änderungen führen zu der Gründung eines neuen Fachdienstes und der Entwicklung eines neuen Standorts. Als erste Version wird hier ein relativ niedrig aufgelöster Prototyp visualisiert: Er bildet den Gesamtprozess ab mit Grobskizze der Kontaktpunkte zwischen Bürgerinnen bzw. Bürgern und der Verwaltung. Dieser Prototyp wird dann iterativ verfeinert: Dazu werden der Durchlauf unterschied-licher Personas im Verwaltungssystem simuliert. Des Weiteren erfolgen die Zuordnung der Verwaltungsaufgaben zu einzelnen Ämtern und Abteilungen sowie eine genauere Charakterisierung von Kontaktpunkten und Kommunikationswegen (z. B. Onlineantrag, E-Mail, Telefonate, direkte Kommunikation).

In einem anderen städtischen Unternehmen wird ein Prototyp zur Visualisierung der Auslastung von Nahverkehrszügen entwickelt. Das Konzept wird hier in Form eines Videos präsentiert und über Social-Media-Kanäle kommuniziert, um so Rückmeldungen von Nutzerinnen und Nutzern einzuholen. Als nächster Schritt wird dann, mithilfe eines LED-Bandes, ein erster technischer Prototyp entwickelt, der es dem Design-Team ermöglicht, auch das Nutzungsverhalten von Kundinnen und Kunden zu beobachten.

Im Hinblick auf die Phasen des „Prototypings" und „Testens" (vgl. Uebernickel et al., 2015) wird insbesondere die Erfahrungsorientierung des Design-Prozesses hervor-gehoben: Es ist möglich, die vereinfachten Modelle oder vorläufigen Lösungen visuell und teilweise auch haptisch wahrzunehmen: *„[…] deshalb ist Design da so wichtig, weil man das erfühlen und erfahren muss".* Als besonders förderlich wird auch eine räum-liche Inszenierung eingeschätzt.

Gerade der experimentelle Charakter des Design Thinkings scheint dazu beizutragen, dass innovativere Lösungen entwickelt werden, die zügig im Hinblick auf Praktikabili-tät geprüft werden: „Tinkering seems to play a vital role in all kinds of innovation, involving trial and error, hunches and experiments that only in retrospect look rational and planned." (Mulgan, 2019, S. 17).

11.4.5 Design Thinking als niederschwellige Methode

Ein Vorteil der Methode Design Thinking wird darin gesehen, dass sie niederschwellig angewendet werden kann. Es ist nicht erforderlich, Strukturen oder Rollen in der Organisation anzupassen. Erfolge werden während des Design-Prozesses schnell sicht-bar, auch das führt dazu, dass die Methode von den Beteiligten ein hohes Maß an Akzeptanz findet.

Design Thinking wird auch deshalb als niederschwellig beschrieben, weil es nicht unbedingt erforderlich ist, dass alle Teilnehmenden im Vorfeld Kompetenzen im Hinblick auf die Methode erwerben müssen. Als Moderatoren bzw. Moderatorinnen werden teils externe Trainer bzw. Trainerinnen eingesetzt. Teilweise besteht auch ein Pool aus internen Mitarbeitenden, die in Design Thinking ausgebildet wurden und die von den Ämtern oder Fachbereichen zur Begleitung von Design-Prozessen zu spezifischen Fragestellungen angefordert werden können.

11.4.6 Die Überführung von Ergebnissen aus Design-Thinking-Prozessen in Regelprozesse ist herausfordernd

Problematisiert wird im Hinblick auf die Anwendung von Design Thinking, dass zwar die einzelnen Workshops ein hohes Maß an Akzeptanz bei Führungskräften und Mitarbeitenden erfahren und auch zu kreativen, nutzerorientierten Lösungen führen. Teilnehmende der Interviews beschreiben allerdings, dass es sehr schwierig ist, *„aus dem design thinking ein doing [zu] machen"*. Dies betrifft die Überführung der Ergebnisse aus der Design-Phase in die Regelprozesse.

Die Ergebnisse liegen im Anschluss an Workshops, Testläufe etc. vor, allerdings ist die Organisation häufig nicht darauf eingestellt ist, diese dann auch zu verarbeiten. Als ein Schwachpunkt wird beschrieben, dass aus personeller Sicht oft nicht geklärt ist, wer die erarbeiteten Lösungen weiterverfolgt und umsetzt. Auch wenn in Design-Prozessen diszplin- und bereichsübergreifend gearbeitet wurde, erfolgt die Umsetzung in einer Organisation, die durch Abteilungen und Bereiche strukturiert ist: „[…] *und wer entscheidet das jetzt, die Architektur für Haltestellen oder die Abteilung für Automaten"*. Das heißt, dass es auch nach den Workshops erforderlich ist, unterschiedliche Entscheidungsträgerinnen und -träger einzubinden.

11.4.7 Design Thinking führt nicht per se zu organisatorischen Veränderungen

Die *„Achillesferse des Design Thinkings"* ist nach Einschätzung von Teilnehmenden, dass es bei der Anwendung häufig einer isolierten Methode bleibt, weil *„innerhalb der Organisation keine Orchestrierung im Sinne des Kunden"* erfolgt. Was dagegen erforderlich wäre, ist die Implementierung einer *„Governance, die quer zu Abteilungen und Silos"* liegt, bzw. eine Instanz, die nach dem Design die Umsetzung verantwortet.

Insofern besteht die Gefahr, dass die Gestaltungspotenziale von Design Thinking nicht ausgeschöpft werden. Ein Teilnehmender bezeichnet dies als *„Innovationstheater"*: Bestimmte agile Methoden werden entsprechend dem Zeitgeist angewendet. Allerdings werden davon teilweise keine nachhaltigen organisatorischen oder kulturellen Veränderungen angestoßen.

11.5   Fazit und Ausblick

Der öffentliche Sektor unterscheidet sich, z. B. aufgrund seiner hoheitlichen Aufgaben, von privatwirtschaftlichen Unternehmen. Angesichts des Handlungsdrucks, z. B. aufgrund von Krisen, Budgetkürzungen, demografischem Wandel, erscheint es wichtig, dass öffentliche Organisationen ihre Innovationsfähigkeit und -schnelligkeit erhöhen.

Die Ergebnisse der Untersuchung zeigen, dass die Methode des Design Thinkings über das Potenzial verfügt, Innovationsprozesse in öffentlichen Organisationen zu unterstützen. Dies bezieht sich beispielsweise auf die Entwicklung virtueller Serviceleistungen, die Optimierung der Auslastung im öffentlichen Personennahverkehr oder die Umsetzung neuer gesetzlicher Vorgaben wie dem Bundesteilhabegesetz.

Von öffentlichen Verwaltungen wird die stärkere Berücksichtigung der Nutzerinnen- und Nutzerperspektive eingefordert, sei es vonseiten der Bürgerinnen und Bürger, deren Anspruchshaltung sich erhöht hat oder, wie das Beispiel des Onlinezugangsgesetzes zeigt, auch vonseiten des Gesetzgebers. Design Thinking kann hier ein Ansatz sein, um Prozesse und Dienstleistungen zu gestalten, die zu einer höheren Kundinnen- bzw. Kundenorientierung führen. Gleichzeitig scheint Design Thinking das Potenzial aufzuweisen, auch die Wege zur Erbringung von Leistungen aus Sicht der Organisation zu verbessern.

Die Entwicklung neuer, kundenorientierter, kreativer Lösungen mit Design Thinking scheint auch deshalb möglich, weil unterschiedliche Hierarchieebenen und Bereiche beteiligt werden. Unter anderem aufgrund des demografischen Wandels zeichnet es sich ab, dass unterschiedliche Mitarbeitendengruppen zukünftig deutlich stärker bei Veränderungsprozessen eingebunden werden. So wird erwartet, dass diese auch von den Fachabteilungen bzw. von Mitarbeitenden der Sachbearbeitungsebene getrieben werden. Aus den Interviewergebnissen kann geschlossen werden, dass die Beteiligung unterschiedlicher Hierarchieebenen bei Innovationsprozessen fruchtbar ist. Ein Vorteil von Design Thinking ist weiterhin, dass es sich um einen relativ niedrigschwelligen Ansatz handelt. Eine grundsätzliche Änderung von Strukturen, wie bei der Einführung von Scrum, ist nicht erforderlich.

Gleichzeitig zeigt sich, dass die Überführung von Ergebnissen aus Design-Thinking-Prozessen in die Regelprozesse der Organisationen noch herausfordernd ist. Es scheint, dass es häufig bei isolierten Initiativen bleibt, die keine nachhaltigen Wirkungen auf die Organisation haben.

Die Studie und die abgeleiteten Schlussfolgerungen sind allerdings insofern limitiert, als es sich hierbei um eine explorative Untersuchung mit einer begrenzten Stichprobe handelt. Um Chancen und Risiken des Design Thinkings im öffentlichen Sektor differenzierter zu erfassen und auch eine höhere Übertragbarkeit der Ergebnisse zu erreichen, ist es erforderlich, eine größere Anzahl von Fällen zu erheben und insbesondere auch die langfristige Wirkung bzw. Nachhaltigkeit der Lösungen sowie die Auswirkungen auf die Organisationskultur zu untersuchen.

Öffentliche Organisationen haben die besondere Aufgabe, unterschiedliche Interessenslagen auszutarieren, sie müssen politische Entscheidungen umsetzen und vor allem auch Stabilität sicherstellen. Richenhagen (2018) betont daher in Bezug auf das Bild der agilen Verwaltung, dass die Weberschen Ideale Gültigkeit behalten werden und auch sollen. Als Zielbild beschreibt er die Beidhändigkeit oder Ambidextrie: Demnach könnten, parallel zu der Weberschen Struktur, in wenig strukturierten Prozessen und Innovationsprojekten agile Managementmethoden eingesetzt werden (vgl. Richenhagen, 2018). Design Thinking ist eine der Methoden, die in diesem Kontext einen Baustein bilden kann.

Literatur

Bennet, N., & Lemoine, J. (2014). What VUCA really means for you. *Harvard Business Review, 92,* 27–28.

Blomkamp, E. (2018). The promise of co-design for public policy. *Australian Journal of Public Administration, 77,* 729–743.

Bogumil, J. (1999). Auf dem Weg zur Bürgerkommune? Der Bürger als Auftraggeber, Mitgestalter und Kunde. In H. Kubicek, H.-J. Braczyk, & D. Klumpp (Hrsg.), *Multimedia @ Verwaltung. Jahrbuch Telekommunikation und Gesellschaft* (S. 51–61). Hüthig.

Bundesministerium des Inneren, für Bau und Heimat. (2020). *Onlinezugangsgesetz.* https://www.bmi.bund.de/DE/themen/moderne-verwaltung/verwaltungsmodernisierung/onlinezugangsgesetz/onlinezugangsgsetz-node.html. Zugegriffen: 22. März 2020.

Clarke, A., & Craft, J. (2019). The twin faces of public sector design. *Governance, 32,* 5–21.

Corbin, J., & Strauss, A. (2015). *Basics of qualitative research. Techniques and procedures for developing grounded theory.* Sage.

DIT Bund. (2020). *Projektgruppe „Konzeption und Aufbau eines Digital Innovation Teams/E-Government-Agentur".* http://dit.bund.de/. Zugegriffen: 31. Okt. 2020.

Dribbisch, K. (2015). Innovation by design: Kann design thinking Verwaltungen innovativer machen? In C. Verenkotte, R. C. Beutel, & T. Bönders (Hrsg.), *Change management* (S. 130–135). Nomos.

Dribbisch, K., Jordan, M., Martin, P., Thapa, B., & Welzel, C. (2019). *Einfach, agil, mobil. Leitfaden für benutzerfreundliche digitale Verwaltungsangebote.* Kompetenzzentrum Öffentliche IT.

Gioia, D., Corley, K. G., & Hamilton, A. (2013). Seeking qualitative rigor in inductive research. *Organizational Research Methods, 16,* 15–31.

Glaser, B., & Strauss, A. (1967). *The discovery of grounded theory: Strategies for qualitative research.* Aldine Publishing Company.

Government Digital Service. (2020). *GOV.UK service manual.* https://www.gov.uk/service-manual/design/scoping-your-service. Zugegriffen: 31. Okt. 2020.

Hahlen, J., & Kühn, H. (2016). Die Flüchtlingskrise als Verwaltungskrise – Beobachtungen zur Agilität des deutschen Verwaltungssystems. *VM Verwaltung & Management, 22*(3), 157–167.

Hill, H. (2016). Innovation Labs – Neue Wege zu Innovation im öffentlichen Sektor. *Die öffentliche Verwaltung, 12,* 493–501.

Howaldt, J., & Schwarz, M. (2010). *Soziale Innovation im Fokus. Skizze eines gesellschaftstheoretisch inspirierten Forschungskonzepts.* transcript.

Howaldt, J., & Schwarz, M. (2019). Soziale Innovationen. In B. Blättel-Mink, I. Schulz-Schaeffer, & A. Windeler (Hrsg.), *Handbuch Innovationsforschung* (S. 1–17). Springer VS.

IDEO. (2014). *Design thinking for libaries. Toolkit for patron-centered design.* https://drive. google.com/drive/folders/18FN76ofJLHvRMpwqZQ1nMuV-AeGPvsZK. Zugegriffen: 15. Okt. 2020.

Ilg, J. (2016). Mehr Spielräume: Methoden der partizipativen Lernraumgestaltung. *Bibliothek Forschung und Praxis, 3*, 347–360.

Lewrick, M., Link, P., & Leifer, L. (2018). *The design thinking playbook. Mindful digital transformation of teams, products, services, businesses and ecosystems.* Wiley.

Lockwood, T., & Papke, E. (2018). *Innovation by design. How any organization can leverage design thinking to produce change, drive new ideas, and deliver meaningful solutions.* Career Press.

Mager, B., & Gais, M. (2009). *Service design.* Fink.

McGann, M., Blomkamp, E., & Lewis, J. M. (2018). The rise of public sector innovation labs: Experiments in design thinking for policy. *Policy Sciences, 51*, 249–267.

Mulgan, G. (2014). *Design in public and social innovation: What works and what could work better.* National Endowment for Science, Technology and the Arts (Nesta).

Mulgan, G. (2019). *Social innovation: How societies find the power to change.* Policy Press.

Nationaler Normenkontrollrat. (2018). *Deutschland: weniger Bürokratie, mehr Digitalisierung, bessere Gesetze. Einfach machen! Jahresbericht 2018 des Nationalen Normenkontrollrates.* Zarbock.

Przyborski, A., & Wohlrab-Sahr, M. (2014). *Qualitative Sozialforschung* (4., erweiterte Aufl.). De Gruyter.

Richenhagen, G. (2018). Erhöhte Krankenstände im öffentlichen Sektor – Ein Erklärungsversuch mit einem Ausblick auf die agile Verwaltung. Vorabdruck aus: D. Matusiewicz, V. Nürnberg & S. Nobis (Hrsg.), *Gesundheit und Arbeit 4.0 – Wenn Digitalisierung auf Mitarbeitergesundheit trifft.* Medhochzwei.

Rump, J., Brandt, M., & Eilers, S. (2020). *Personalpolitik in der Corona-Krise.* Institut für Beschäftigung und Employability.

Schaper-Rinkel, P., & Wagner-Luptacik, P. (2014). Design thinking. In J. Howaldt, A. Butzin, D. Domanski, & C. Kaletka (Hrsg.), *Theoretical approaches to social innovation – A critical literature review. A deliverable of the project: 'Social Innovation: Driving Force of Social Change'* (S. 97–103). Sozialforschungsstelle.

Schedler, K., & Proeller, I. (2011). *New public management* (5. Aufl.). Haupt UTB.

Stickdorn, M., & Schneider, J. (2011). *This is service design thinking.* BIS.

Thom, N., & Ritz, A. (2017). *Public management. Innovative Konzepte zur Führung im öffentlichen Sektor* (5. Aufl.). Springer Gabler.

Uebernickel, F., Brenner, W., Pukall, B., Naef, T., & Schindlholzer, B. (2015). *Design thinking. Das Handbuch.* Frankfurter Allgemeine Buch.

UK Design Council. (2013). Design for public good. *Annual Review of Policy Design, 1*, 1–50.

Vonhof, C. (2018). Bibliotheken und Agilität – Welten begegnen sich? In M. Bartonitz, V. Lévesque, T. Michl, W. Steinbrecher, C. Vonhof, & L. Wagner (Hrsg.), *Agile Verwaltung. Wie der Öffentliche Dienst aus der Gegenwart die Zukunft entwickeln kann* (S. 169–183). Springer Gabler.

Von Reventlow, C., & Thesen, P. (2019). *The digital shift.* Steidl.

Almut Lahn (M.A.) ist seit 2017 wissenschaftliche Mitarbeiterin an der FOM Hochschule. Schwerpunkte ihrer Arbeit sind agile Arbeitsformen sowie qualitative Forschungsmethoden. Sie studierte Arbeits- und Organisationspsychologie an der Bergischen Universität Wuppertal.

MIX
Papier aus verantwortungsvollen Quellen
Paper from responsible sources
FSC® C105338

If you have any concerns about our products,
you can contact us on
ProductSafety@springernature.com

In case Publisher is established outside the EU,
the EU authorized representative is:
Springer Nature Customer Service Center GmbH
Europaplatz 3, 69115 Heidelberg, Germany

Printed by Libri Plureos GmbH
in Hamburg, Germany